AF522747

Danke, Gustav!
Mein schwules Jahrhundert

Impressum

Bibliografische Informationen der Deutschen Nationalbibliothek
Die Deutsche Nationalbibliothek verzeichnet diese Publikation in der Deutschen Nationalbibliografie; detaillierte bibliografische Daten sind im Internet über http://dnb.d-nb.de abrufbar.

ISBN: 978-3-86408-334-1

Lektorat/Korrektorat: textbaustelle Berlin GbR,
Dr. Franziska und Dr. Malte Heidemann
Vergangenheitsverlag, Dr. Alexander Schug
Titelgestaltung, Stefan Berndt · www.fototypo.de
Satz und Layout: Darius Samek · www.dariussamek.de
Coverabb.: Ali Görmez · www.ali-görmez.de
Foto hintere Klappe: Heinz Ernst Schuster

www.vergangenheitsverlag.de

tär – stell dir das vor! – der sogar Reisen organisierte und den Butler und Kofferträger und sonst noch was alles gleichzeitig machte.

Solch schillernde Privilegien erlaubte sich Onkel Julius, Oma Kölns hoch geschätzter Schwager, ein reicher älterer Bruder meines Großvaters. Denn Onkel Julius war schlicht und einfach elegant gewesen, sehr elegant! Ich habe ein Foto von ihm aus 1936, dem Jahr meiner Geburt. Er sitzt entspannt, ein Bein übers andere, auf der Bank eines Kurparks, mindestens Wiesbaden, vielleicht Karlsbad, eventuell gar Marienbad. Er trägt einen tadellos geschneiderten, großzügig und doch diskret karierten Dreiteiler aus hellem Tuch, hochgeknöpfte Weste, graues Plastron mit mattglänzender Perle um den „jugendlich" geknickten Stehkragen – immerhin hier schon etwa Mitte siebzig, klein, aber schlank, silbergraues Hinterhaupt, hohe Stirnglatze, eleganter, kurz getrimmter, an den Enden leicht geschweifter Oberlippenbart. Er lächelt am Betrachter vorbei. Tritt hinter dem Fotografen etwa gerade der ominöse Privatsekretär in die Szene, Karten für das abendlich aufspielende Kurorchester in der Hand? Alles spekulativ, aber vorstellbar. Onkel Julius ist bald danach, noch vor Kriegsausbruch, verstorben, mit einem Testament, welches zur Seligsprechung innerhalb der Familie ausgereicht hätte, dazu noch von Ort und Umständen her filmreif: Der Privatsekretär war es, der die traurige Botschaft aus einem Hotel in Westerland/Sylt telegrafisch vermeldete. Man nahm es mit gebotener Erschütterung und leichtem Kopfschütteln darüber, dass ausgerechnet jener Privatsekretär den vielleicht sogar größten Teil des Erbes erhalten habe.

Die andere Großmutter, Oma „Celle", entstammte der kinderreichen Familie eines Justizobersekretärs aus der Stadt Lüchow im östlichen Niedersachsen. Sie hatte sich, wie damals üblich, früh auf den Beruf der Hausfrau und Mutter vorbereitet und dabei stark in sozialen Projekten der protestantischen Kirche engagiert. Sie war eine tiefgläubige, bedingungslos gottvertrauende Frau. Den „Führer" konnte sie nicht ausstehen! Ihr jüngster Bruder Karl, die für mich in diesem Kontext interessante männliche Erscheinung aus ihrer Familie, war schon mit achtzehn Jahren zur See gegangen. Er wird uns sehr viel später in Gestalt eines neunzigjährigen Handelsmarineoffiziers als mein „Uncle Carl“ (Großonkel nach deutscher Lesart) in der Bay Area of San Francisco begegnen. Carl war ein kleiner, robuster, toller Hecht mit der aufregenden Lebensgeschichte eines Draufgängers, von einfachem, offenem und ehrlichem Charme, dem ich ebenso schnell erlag wie immer schon dem seiner Schwester, meiner Oma Celle. Beide hatten, selbst im hohen Alter noch, strahlend wasserblaue Augen und sehr ähnliche lange, feingliedrige Hände, die gleichen langen formvollendeten Fingernägel.

Selbst nach dem Ende des Zweiten Weltkriegs hatte Familiengeschichte in unserer Familie wie eh und je eine große Rolle gespielt. Ich hatte sie verinnerlicht, kannte alle Vettern und Cousinen, die gleich mir in den Dreißiger- bis Fünfzigerjahren „an den Start gegangen“ waren und von allen vergleichend beobachtet wurden. Nach meiner Pubertät waren diese Vorgeschichten, die Vorfahren und Vorfälle, all diese aktuellen Hochzeits- und Karriereplanungen, alles „im Vergleich zu früher“, sosehr sie auch in der neuen Gesellschaft der bundesrepublikanischen Demokratie an Bedeutung verloren hatten, für mich dennoch anhaltende Belastung. Je mehr ich vor mir zugeben musste, ganz „anders“ zu werden und damit in diese vorgegebenen Muster überhaupt nicht hineinzupassen, umso mehr bedrückte mich Familiengeschichte. Nur Onkel Julius aus der väterlichen und Uncle Carl aus der mütterlichen Linie waren Lichtblicke gewesen. Oma Köln hatte mir in aller vorgegebenen Ahnungslosigkeit mit Onkel Julius zu jenem „Missing Link“ in der Familie väterlicherseits verholfen, welches ich dringend brauchte: Da hatte es wohl offenbar schon mal jemanden wie mich gegeben! Uncle Carl hingegen, Oma Celles jüngster Bruder, der schon als Achtzehnjähriger im Jahre 1896 per Dampfsegelschiff dem Ruf des Goldes folgend später in San Francisco Bay als furchtloser „German Sailor“ an Land gegangen war, hat mir Kalifornien in den Kopf gesetzt! Erst zu Weihnachten 1972, kurz nach meiner dortigen Ankunft, konnte ich endlich ihm gegenüber auf der Terrasse seines Cottages auf der Roosevelt Avenue in Berkeley Platz nehmen. Er war ein untersetzter, im Alter gelassen gewordener Seewolf mit silbergrauem Haupthaar, den Kopf voller Erinnerungen, derb-witzig, stoisch, ein alter Fahrensmann, der lange vor Eröffnung des Panamakanals das Kap Hoorn mehrfach umschippert hatte und damit keiner weiteren Legitimation bedurfte, ernst genommen zu werden. Er kannte alles, hatte alles gesehen, alles verstanden und signalisierte mir schnell, dass jedermann gerne so sein konnte, wie er wollte, wenn er dabei nur ein ans'tändiger Kerl (mit dem norddeutschen betonten s – getrennt vom t) geblieben war! Dieses „Ein-ans'tändiger-Kerl-geblieben“ mochte ich 1972, immerhin schon in meinen Dreißigern, auf einmal doch gerne wieder hören! Uns, Carl und mir, blieb fürs Auf- und Abwickeln von Seemannsgarn wenig mehr als ein kurzes Jahr, wir brauchten wenig Worte und wurden ganz dicke Freunde.

4 Juppi und die Feuermännchen

Dreißig Jahre zuvor, 1942, dem Jahr meiner Einschulung, fand ich mich im Alter von sechs Jahren allerdings bereits mitten in der Realität eines schrecklichen Krieges, des Zweiten Weltkrieges. Was das bedeutete, konnten meine beiden Brüder und ich anfangs nicht voll begreifen. Wir wohnten in einer Kleinstadt in der Nähe von Köln. Dort war es idyllisch – und alles andere weit weg. Das änderte sich schnell. In der ersten Klasse lernte ich gleich auch meinen ersten echten Freund „Juppi" (Hans-Josef) kennen, meinen Banknachbarn. Bald schon bewunderte ich ihn. Er war etwas älter und größer als ich, kräftig, platzte vor Jungenhaftigkeit und hatte schlicht nur Unsinn im Kopf. Selbst im Alter von gerade mal sieben Jahren hatte Juppi schon etwas Männliches im Gesicht: ein ausgeprägtes Kinn mit Grübchen in der Mitte, seine volle Unterlippe deutlich größer geraten als die ebenfalls fest gestaltete Oberlippenpartie. Gern schob er die Unterlippe als Zeichen von Trotz noch etwas weiter vor: Vorwarnung! In der Mitte bildete sich noch eine Senkrechtfalte: Er höhnte! Sein halb geöffneter Mund erfuhr eine zusätzliche rechtsseitige Verlängerung, wenn er grinste; dabei grub sich zu allem Überfluss in die rechte Wange ein weiteres tiefes Grübchen – der Punkt auf dem i. Er grinste ständig, die personifizierte Frechheit und Aufsässigkeit.

Harm-Peter Dietrich

Danke, Gustav!

Mein schwules Jahrhundert

Inhalt

Der spätere Bundespräsident **Dr. Gustav Heinemann** (1899–1976) leitete als Bundesjustizminister der Großen Koalition (1966–1969) eine grundlegende Reform des §175 SGB in die Wege. Die Bundesrepublik hatte die NS-Fassung von 1936 unverändert übernommen und sexuelle Handlungen zwischen Männern weiterhin unter Strafe gestellt. Auf sein Betreiben hin entschärfte der Deutsche Bundestag den Paragrafen zum 1. September 1969 im Zuge der liberalen Großen Strafrechtsreform. Einvernehmlicher Sex, unabhängig vom Geschlecht, wurde von da an straffrei. Es ist von Heinemann das Wort überliefert: „Ehebruch und Homosexualität zwischen erwachsenen Männern gehören nicht ins Strafgesetzbuch." Dass ihm die Rechte von Benachteiligten am Herzen lagen, zeigte er auch mit Initiativen, unverheirateten Müttern ein Sorgerecht für ihre Kinder zu gewähren und uneheliche Kinder mit gleichem Erbrecht wie eheliche auszustatten. Manche seiner Forderungen wurden erst deutlich nach seiner Zeit geltendes Recht.

Prolog

Nein!, rief das Rumpelstilzchen,
ich will nicht Gold und nicht Edelstein,
ich will einen lebenden Menschen,
ein Mensch ist kostbarer als alle Schätze der Welt!

Rumpelstilzchen, Märchen der Brüder Grimm

Ich bin nicht, was mir widerfahren ist,
ich bin, was ich entschied zu werden.

Carl Gustav Jung (1875–1961)

Berlin, Montag, 1. Januar 2014, Neujahrsmorgen

… Ja, so habe ich endlich doch damit angefangen, erste Sätze aufzuschreiben. Mir war ein wenig übel zumute, der Hangover vom Vorabend. Obwohl noch die halbe Flasche Crémant im Kühlschrank stand, wollte ich am Neujahrstag (!) jetzt lieber bei meinen gerade gefassten guten Vorsätzen bleiben und mit der Niederschrift der oft märchenhaften Erinnerungen an mein Leben anfangen und sie auch zügig abschließen. Also habe ich mir zum Wachwerden eine Kanne Ostfriesentee aufgebrüht. Im Kamin glühten ein paar Scheite, ich schob zwei ganz dicke nach, nahm mir eine Wolldecke für die Füße, setzte mich vor den PC und schaute mich um … Wie sollte ich anfangen? Womit anfangen?

Wann ich damit begonnen hatte, aus meinem Leben zu erzählen, kann ich nicht mehr genau sagen. War es schon in den Siebzigern in München, im Garten von Caro und Fredo, im Freundeskreis nach einem Joint, gar früher? Ich erinnere mich, wie man mir vorgeschlagen hatte, meine Geschichten aufzuschreiben. Um dies auch wirklich umzusetzen, musste ich ziemlich alt werden.

Im Sommer 1993, als ich noch in Wiesbaden wohnte, hatte ich vom Völklinger Kreis erfahren, dem Bundesverband schwuler Führungskräfte. Leitende schwule Mitarbeiter größerer Unternehmen im Saarland hatten sich unter diesem hübschen Namen 1991 hier zusammengetan. Dieses schöne und ruhige, ein bisschen langweilige Bundesland war bis dato nicht durch aufregendes Nachtleben oder Schrecklicheres, wie Schwulenbars, in Verruf geraten. Die Herren fanden es *nolens volens* interessanter, sich in Diskussionsgruppen privat und diskret zu treffen. Die Idee griff um sich. Bald gab es in jedem Bundesland eine Gruppe oder mehr. Ich besuchte 1993 eine Veranstaltung der Wiesbadener Gruppe in einem Lokal in meiner Nachbarschaft. Damals stand ich vor einer letzten beruflichen Verpflichtung in den Fernen Osten und dachte, wenn ich in drei Jahren zurück bin, wäre das eine gute, nahe Kontaktmöglichkeit. Aber erst nach meinem Umzug nach Berlin habe ich 2002 Kontakt bei der Berliner Gruppe gesucht und bin 2004 Mitglied geworden. Für mich ist der Kreis bis heute interessant geblieben, obwohl ich bei meinem Eintritt mit fast siebzig Jahren noch ziemlich schwul, aber kein bisschen Führungskraft mehr war. Dort gelang es mir, lange und besonders interessante Freundschaften zu schließen. Es gibt immer auch noch schrille Individuen, spezielle Arbeitsgruppen, aber bei so vielen Technokraten ist es schön, jemanden zu finden, der abends auch mal kurzentschlossen mit in ein Händeloratorium geht.

Der Völklinger Kreis wirbt neue Mitglieder auch über einem Stand beim jährlichen Lesbisch-schwulen Stadtfest in Berlin-Schöneberg, üblicherweise an einem Juniwochenende nahe Kreuzung Motz- und Kalkreuthstraße. Ich hatte mich am Samstagvormittag in jenem Frühsommer 2011 zusammen mit René aus unserem Regionalrat zum Standdienst eingefunden. René meinte plötzlich: „Sag mal, wie war das eigentlich für dich als Kind, als schwuler Junge oder als Student oder noch später als schwuler Mann im Berufsleben? Man hört so einiges über Schwulenverfolgung, aber keiner weiß was Genaues."

Ich sagte ihm, dass ich über Kriegs- und unmittelbare Nachkriegszeit in diesem Kontext nichts wisse. Damals nahmen Erwachsene Kinder mit Problemen in der Pubertät noch nicht sonderlich ernst, sie hatten ihre eigenen Sorgen. Aber mit Beginn meines Studiums Mitte der Fünfziger gab es für mich zunehmend Probleme.

Ich begann zu erzählen und erzählte … und René reagierte lange nicht. Nach geraumer Zeit sah ich in sein Gesicht, es schien verändert, fast berührt. Ich sagte ihm, ich müsse davon nicht unbedingt reden, ich könne jederzeit aufhören; vieles hätte sich ja auch verändert, wen interessiere das schon noch. René reagierte lebhaft: Er sei völlig betroffen, von diesen Dingen im Detail zu hören. Ich solle unbedingt im Kreis darüber sprechen. Er könne sich vorstellen, dass daran großes Interesse bestehe. Die meisten wüssten davon allenfalls aus der Zeitung oder aus ungefilterter politischer Meinungsmache im Fernsehen.

Ein halbes Jahr später organisierten wir einen solchen Vortragsabend. Ich hatte mir mit der Vorbereitung Mühe gegeben und einen Zeitrahmen von eineinhalb Stunden eingeplant. Nach zwei Stunden machten wir die erste Pause, nach drei Stunden kam der Vorschlag, die andere Hälfte im Jahr darauf vorzutragen. Ein Jahr später haben wir zwei Termine angesetzt, und am Schluss sagte jemand schlicht: „Schreib das doch alles mal auf, auch so komische Dinge wie mit dem Jungfernhäutchen. Ich würde das bestimmt lesen oder meinem jungen Freund schenken, der von so was keine Ahnung hat."

Wann soll ich denn das alles aufschreiben? Womit anfangen? Was hatte ich nicht alles erlebt – im richtigen Leben so oft und so schrill, so erschreckend und zugleich – ja, oft so märchenhaft! Alle Szenen und Augenblicke, plötzlich stürmen sie auf mich ein. Alles auf einmal – ein Märchen nach dem anderen? Immer mit der Ruhe! Aber mit einem Märchen, einem echten, dem allerersten, einem Klassiker, der seltsamerweise dennoch genau mich betraf, muss es einfach beginnen, wie damals, vor vielen, vielen Jahren, als ich noch klein war … in der Wirklichkeit.

1 Hänsel und Gretel

Die erste Kinokarte meines Lebens schenkte mir der Nikolaus. Sie steckte in einem Briefumschlag in meinem Kinderschuh, den ich am Vorabend auf Weisung unseres Kindermädchens Tante Irmgard vor die Tür unseres Kinderzimmers gestellt hatte. Dazu gab es einen Apfel, ein paar Nüsse – mehr war damals nicht drin – Kriegszeit! Aber was für eine tolle Idee war das denn überhaupt vom Nikolaus gewesen: eine Kinokarte! Die allererste! Es war Anfang Dezember 1942, ich war sechs Jahre alt, wir waren mittendrin im Krieg, den die Erwachsenen „Zweiter Weltkrieg" nannten. Wir wohnten in einer Kleinstadt nördlich von Köln. Mehr war mir als Kind noch nicht bewusst, ich lernte durch den Krieg aber schnell.

Am folgenden Samstag ging es dann endlich ins Kino, einen muffigen Kasten in der Leverkusener Innenstadt. Ich war total aufgeregt, der silberne Vorhang vor der Leinwand wirkte abenteuerlich geheimnisvoll. Endlich wurde er nach beiden Seiten aufgezogen, es begann zu flimmern, zu regnen, und dann kam der Schriftzug „Hänsel und Gretel". Natürlich kannte ich diese schreckliche Geschichte von den Kindern vom Besenbinder Peter, der sie aus größter Not und Verzweiflung in den tiefen Wald geführt hatte, um sie ihrem Schicksal zu überlassen. Aber dass ich sie alle jetzt quasi lebend vor mir sah, hat mich dann doch noch tiefer beeindruckt. Besonders Hänsel, ein hübscher blonder Zwölfjähriger, erschien mir (ich war ja gerade erst in die Schule gekommen) wie einer jener großen Jungen von der Sorte, die auf dem Schulhof richtig Eindruck machen. Und der sollte nun im Stall eingesperrt, gemästet und anschließend von der Hexe gefressen werden? Unmöglich! Auf der Filmleinwand, sozusagen „lebend“, erschien mir das alles noch viel schrecklicher.

Gretel war im Film das ältere der Geschwisterkinder, etwa vierzehn Jahre alt. Ich verortete sie in eine der älteren Mädchenklassen, zu denen man auf dem Schulhof sowieso keinen Zugang hatte. Deswegen interessierte sie mich hier auch nicht weiter. Das bekannte gute Ende – Hexe zuletzt selbst in den Ofen gestoßen, Kinder von den Eltern gefunden und wieder aufgenommen –, das hat mich auch hier durchaus beruhigt. Die Umarmungen beim Wiedersehen waren erkennbar echt und ergreifend. Aber noch auf dem Heimweg hielt mich der Film schwer beschäftigt. In der folgenden Nacht hatte ich einen Traum, der mich so bewegte, dass ich ihn am Morgen gleich Tante Irmgard erzählen musste: „Ich habe geträumt, dass ich mit Hänsel zusammen im Käfig sitze. Obwohl ich doch so viel kleiner und jünger bin, habe ich mich einfach neben ihn gesetzt, ihm meinen Arm um die Schultern gelegt und gesagt: ‚Hänsel, solange ich bei dir bin, wird dir niemand was tun …‘ Dabei hatte ich ein so wunderbares, warmes Gefühl, das mich ganz einhüllte, mir durch und durch ging … Ich glaube … ich weiß nicht … ich glaube, ich habe mich in ihn verliebt!?“

Tante Irmgard wandte sich jäh und fast erschrocken um. Mit einem leicht verschärften Ton sagte sie: „Verliebt? Aber du bist doch ein Junge! Ein Junge verliebt sich in keinen Jungen, er liebt Mädchen. Hast du nicht vielleicht doch eher an die Gretel gedacht?“

Es war eigenartig. Ich fühlte mich durch ihre Reaktion ganz plötzlich irgendwie bedrängt, fast schuldig – da war etwas falsch, unheimlich, bedrohlich, und ich sagte ganz schnell: „Aber die Gretel, die war doch gar nicht im Käfig …“

Tante Irmgard schien, wie ich selbst, überrascht von meiner in jeder Hinsicht passenden, irgendwie „schlagfertigen“ Antwort und wechselte sofort das Thema. Mich allerdings hielt ihre Reaktion lange beschäftigt.

So passte es, dass ich ein Jahr später meine zweite Kinokarte gemeinsam mit meinem älteren Bruder erhielt, diesmal von unserem Vater. Tante Irmgard, inzwischen vom „Winterhilfswerk" eingezogen und damit nicht mehr Teil unserer Familie, ging gerne noch einmal mit – sie hatte schon von dem Film gehört. Der mit Spannung erwartete Hauptfilm hieß *Junge Adler,* eine Ufa-Produktion von Alfred Weidemann mit bekannten Stars wie Paul Dahlke, Willy Fritsch und Paul Henkels. Es war, thematisch vorgegeben, ein reiner Männerfilm, und jetzt kam auch noch eine ganze Horde toller Hitlerjungen dazu, so zwischen vierzehn und sechzehn Jahren alt. Dazu gehörten Hardy Krüger (im Vorspann noch bieder Eberhard Krüger genannt), Gunnar Möller und der leibhaftige Dietmar Schönherr. Alle waren so wahnsinnig jung – und doch standen alle drei damit genau am Beginn ihrer späteren großen Filmkarrieren. Dass es ein sehr raffiniert gemachter NS-Jugendpropagandafilm war, ahnte man nicht, schon gar nicht nach der genannten Reihe seriöser Schauspieler. Was war denn das überhaupt ... „Propaganda"? Nicht mal die Erwachsenen hatten Erfahrung damit. Joseph Goebbels hatte als „Reichsminister für Propaganda und Volksaufklärung" seine ganz großen Nummern noch vor sich, und wir als Kinder hatten keine Ahnung. Ich weiß nur, dass mein Vater hinterher sehr verärgert war, weil der Film nahelegte, dass Kindererziehung in Zukunft weniger eine Angelegenheit der Eltern, sondern des Systems werden solle. „Das wäre ja noch schöner!", schimpfte der in Erziehungssachen sehr konservative Patriarch.

Die Geschichte war in einer auffallend rasanten Ästhetik gefilmt: Schon zu Anfang sah man pausenlos tief startende, landende, röhrende, in großen Höhen hingegen leise und elegant segelnde Propellerflugzeuge. Dazu war der Film in einer bisher ungewöhnlich schnellen Schnittfolge aufbereitet – so hatte ich mich später belesen. Damit erschien er optisch sehr dynamisch, irgendwie heldenhaft. Sonst war er eher einfach: Eine Gruppe Hitlerjungen arbeitet in einer Flugzeugmontagefabrik an der Ostsee. Es geht um Kameradschaft, Ehrgeiz, Ehrlichkeit, Zuverlässigkeit, Tapferkeit, Gemeinsinn,

Uneigennützigkeit und natürlich auch um Heldentum. All das, raffiniert gemischt, suggerierte den Wunschtraum, bald selbst ein richtiger Flieger und schon als Junge ein zuverlässiger und tapferer Held zu werden. Ein verwöhnter Fabrikantensohn (Dietmar Schönherr gab hier das schwarze Schaf) macht einfach nicht mit, schert aus, will unbeteiligt bleiben. Er sieht seinen Verhaltensfehler erst ein, als seine Kameraden, obwohl sie ihn eigentlich inzwischen längst hassen müssten, vor dem Ertrinken retten. Das war uns Kindern (meist unter zehn, wenige älter) voll eingängig. Klar doch! Ehrensache!

Viel aufregender für mich war allerdings der Jüngste unter den „Jungen Adlern", wegen seiner kleinen Statur „Bäumchen" genannt, die Projektionsfigur des ganzen Films: Hardy Krüger! Klein, knuffig, vierzehn Jahr – blondes Haar, der absolute Schnuckelputz. Und mit ihm drängt alles zur höchst emotionalen Schlussszene: Die Jungs halten auf ihrer Kasernenstube in einem eher zu klein geratenen Käfig einen jungen Adler. „Bäumchen", der am Morgen dieses Tages erstmals auf einem richtig großen Flieger in höchste Höhen hatte aufsteigen dürfen, ist von diesem Erlebnis so überwältigt, dass er in der folgenden Nacht im Mondlicht den Käfig ans Fenster stellt, um den Jungadler mit tränenerstickter Stimme zu verabschieden und ihm die Freiheit zu geben. Er öffnet schließlich die Käfigtür, und der Vogel rauscht auf weit ausgebreiteten Schwingen in den Nachthimmel ...

Das Licht ging an. Das Kino schwamm ebenfalls in Tränen. Große weiße, dazu noch waschechte Leinentaschentücher wurden aus Manteltaschen gezerrt, selbst feucht noch an den Zipfeln gemeinsam benutzt. Ich heulte ebenfalls hemmungslos. Tante Irmgard schien zufrieden, dass ich wohl doch noch die einzig richtige Orientierung zum Mann als Kameraden im Kampf gefunden zu haben schien.

Viele Jahre später, in den Siebzigern, traf ich Hardy Krüger in der Lounge des alten Flughafens München-Riem – wir warteten auf den gleichen Flieger in die USA. Ich habe gewagt, ihn auf *Junge Adler* anzusprechen. Er war überrascht und amüsiert, dass jemand noch so präzise Erinnerungen an den Film hatte. Er verriet mir, er sei zwar genau wegen seines sehr jungen Aussehens für die Rolle des „Bäumchens“ bestimmt worden, in Wirklichkeit sei er damals aber schon sechzehn Jahre oder älter gewesen.

Für mich ergaben sich aus meinen beiden ersten Kinoerlebnissen zwei prägende Folgerungen: Erstens haben sie mir durch ungewollten Vergleich so früh wie unvorhergesehen Einsicht in einen fast lebenslang anhaltenden Konflikt vermittelt und zugleich, wenn auch viel später, die Basis für dieses Buch geschaffen. Zweitens durfte der Cineast in mir ab sofort ebenfalls lebenslang und jederzeit seine Flügel ausbreiten.

2 **Fairy Tale 1**

Mein Vater war der festen Überzeugung, im Umkreis von mindestens fünfzig Kilometern der einzig wirkliche Könner in Sachen Geburtshilfe zu sein. Hinzu kam sein Ehrgeiz, als Arzt auch in der eigenen Familie solche Dinge selbst zu erledigen. Er sorgte bei meiner Geburt und danach dafür, dass in meinem Leben alles rundlief. Mein Beitrag war, dass ich immer schon Lust auf diese vielversprechende andere Welt da draußen hatte …

Ein strahlender Herbsttag früh im September sollte mein Geburtstag werden. Am Vormittag war die Hebamme da gewesen – alles in Ordnung, in zwei, drei Stunden sollte es losgehen. Erste Senkwehen, kein Problem, auch für meine Mutter nicht, denn ich war ja schon der zweite. Der Vater ging wie üblich mit der Hebamme nach der sogenannten Wehenvisite erst mal zum Mittagessen, Kaffee danach, und für eine, vielleicht zwei Runden Skat in den Garten hinunter, das offenstehende Schlafzimmerfenster in Hör- und Sichtweite. Und prompt ertönten von dort schon kurz darauf, ziemlich genau zur vollen Mittagsstunde, die durchdringenden, tief aus der Brust geholten Schreie des Neugeborenen. Vater und Hebamme stürmten indigniert die Treppe herauf, meine Mutter war selbst überrascht und sagte fast entschuldigend: „Der ist einfach so ganz von alleine gekommen."

Irgendwann, so hatte mir jemand viel später augenzwinkernd berichtet, passierte dann ein bekanntes Märchen wirklich oder eben so: Es war einmal eine wunderschöne, tugendhafte Prinzessin. Sie hatte schon einen Sohn. Mit dem war das so gut gegangen, dass sie sich noch einen zweiten wünschte. Der Prinzgemahl, Arzt und Geburtshelfer seines Zeichens, sagte: „Kein Problem, meine Liebe, machen wir wie immer alles selbst!" Und so geschah es. Nach neun Monden bekam die Prinzessin ihren zweiten Sohn. Er kam an einem sonnigen Herbsttag zur Welt. Er war proper, alles dran, alles an der richtigen Stelle und damit, wie der erste Sohn, ohne Fehl und Tadel. Was dem ersten Sohn recht war, sollte dem zweiten billig sein. Die zuständigen vierzehn Feen wurden zur Ausschüttung ihrer Segenswünsche über dem Kindeshaupt eingeladen. Als der Hofmarschall aber entsetzt feststellte, dass nur dreizehn komplette Sets vom Meissner Porzellan mit Zwiebelmuster und den gekreuzten Schwertern vorhanden waren, musste eine Fee wieder ausgeladen werden. Es traf ausgerechnet die dreizehnte. Das hat diese sehr übel genommen.

Der Tag kam, die Feen traten ein, in wunderschönen Hängekleidern der Dreißigerjahre, kein wallendes weiß-blaues Feenhaar, sondern Bubikopf und Stirnlocke, lange Wimpern, Kirschmund, knallrot. Nacheinander beschenkten sie das Kind mit ihren Wundergaben: die erste mit Tugend, die zweite mit Schönheit, die dritte mit Klugheit, die vierte mit einem symbolischen kleinen Geldbeutel, in dem zur Not immer eine Mark übrig war, die nächste mit Beredsamkeit, die folgende mit Freude an Menschen und Verständnis für ihre Fehlbarkeit, die nächste mit Sinn für Humor und Selbstironie, die darauffolgende mit Sinn für schöne Dinge wie pikantes Essen und dazugehörige Kochkünste sowie gute Bücher; danach das große Geschenk der Musikalität, des Kunstsinns und der Zeichenbegabung, all diese schönen Dinge, die man heutzutage nirgendwo mehr auf dieser Welt, nicht einmal im KaDeWe in Berlin kaufen kann.

Da kam mit einem Donnerschlag die ausgeladene, die dreizehnte Fee hereingerauscht und sagte zur entsetzten Prinzessin: „Dein Sohn soll sich im fünfzehnten Lebensjahr ganz schrecklich in ein wunderschönes Mädchen verlieben. Und wenn sie ihn dann auch liebt und er sie berühren möchte, dann soll er alsgleich tot zu Boden fallen.“ Sprach es, wandte sich um und rauschte wieder hinaus. Alle waren entsetzt und zu Tode erschrocken!

Da schritt die vierzehnte, die letzte Fee hinein, breitete ihre Arme schützend über das Kind und sprach zu der verstörten jungen Mutter: „Arme Prinzessin, den bösen Zauber kann ich nicht lösen – dein kleiner Prinz wird immer etwas verzaubert bleiben. Aber man muss ja nicht mit fünfzehn aus Liebe zu einem Mädchen gleich tot umfallen! Vielmehr soll er, sobald er Liebe empfinden kann, diese vorsichtshalber auf einen Knaben richten. Sobald er fünfzehn geworden ist, sollen ihn nach und nach auch andere Jungs interessieren, danach Kerle, und wenn es Mode und Neigung wollen, auch Lederkerle, und zuallerletzt richtige, nette, anständige Männer. Das bedeutet nicht etwa ein leichtes, nur von Liebe erfülltes Leben. Das kann sehr hart werden. Er wird vielleicht sogar mal denken: Ach, wäre ich doch mit fünfzehn einfach mal tot umgefallen! Aber endlich wird auch er die wirkliche Liebe finden – und diese ihn. Und auch er wird glücklich sein dürfen.“ So sprach die gute Fee und schwebte von hinnen …

3 Omas, Onkels und schwarze Schafe

Da unsere Eltern beide früh ihre Väter verloren hatten, spielten die Großmütter in unserer Familie eine wichtige, in Erziehungsfragen eine besondere Rolle. Sie waren Bezugspersonen, die die Richtung vorgaben. Beide waren zur Stelle, wenn gebraucht, gaben ihr Urteil ab – selbst wenn das am Ende vielleicht geflissentlich überhört wurde.

Die in Köln wohnende Oma Köln, Mutter unseres Vaters, stammte aus großbürgerlichen Duisburger Verhältnissen, hatte eine anspruchsvolle Erziehung genossen und galt in der Familie als streng und gerecht. Sie mischte sich zum Leidwesen unserer Eltern besonders gerne in Erziehungsfragen ein. Körperkontakt mit uns Kindern, jeder Ausdruck von Zärtlichkeit waren ihr völlig fremd, allenfalls Sache der Dienstboten. Ihre Erscheinung blieb bis ins hohe Alter respektgebietend. Unsere Mutter nannte Sie „Frau General". Der Ehrlichkeit halber, wenn auch mit Irritation und Bedauern, muss ich zugeben, dass meine hochgebildete Oma Köln den Nationalsozialismus und dessen Führer Adolf Hitler sehr verehrte.

Die Großmütter wussten immer bestens über unseren „Entwicklungsstand" Bescheid und verglichen uns Kinder offen und manchmal auch unangenehm mit angeblich viel braveren Cousinen oder Vettern. Viel später hat Oma Köln mir, ihrem Studentenenkel, nach und nach anvertraut, dass es in der Familie einige wenige „schwarze Schafe" gegeben habe. Das seien in moralischer Hinsicht verachtenswerte Kreaturen gewesen, die der gerechten Strafe nicht entgangen waren. Einige dieser, wie Oma wörtlich sagte, „verlotterten Typen" hatten sich erst einmal in der Welt herumgetrieben und kamen zuletzt – möglicherweise „infiziert", wie Oma Köln sich kenntnisreich und kopfschüttelnd erinnerte – als bankrotte Spielertypen zurück. Zum Glück ersparten sie sich und der Familie dann doch die Schande, indem sie sich einfach die Kugel gaben ... Einige waren in ihrem Leben überdies in auffälliger Weise „nicht bindungsfähig" gewesen, so der von ihr verwandte eigenwillige Terminus, und allein deswegen dem Familiengedächtnis entglitten. Seltsamerweise fielen ihr dazu nur Fälle aus der Verwandtschaft ihres Ehemannes, meines Großvaters ein. Einen feinen Unterschied machte Oma Köln allerdings bei jenem aus der Familie ihres Mannes stammenden, trotz alledem allein gebliebenen Herrn. Er hatte ein großes Vermögen ererbt, vermehrt, wechselnd geizig oder opulent verbraucht und großzügig weiter zu vererben angekündigt. Den schillernden Status des „ewigen" Junggesellen behielt er standhaft bei und konnte im Alter sogar zum respektierten ewigen „Hagestolz" arrivieren – ewig und stolz war gut! Oma Köln hatte ihre Aufgabe darin gesehen, diesen sonst etwas fremdelnden und mysteriösen Einzelgänger zum Weihnachtsfest mit der gesamten Familie an die reich gedeckte Festtafel in Köln zu bitten. Dazu kam er extra aus Hamburg angereist und bedachte erwartungsgemäß die Gabentische üppig.

Nachdem Oma Köln sich versichert hatte, dass man mit einem Medizinstudenten wie mir auch delikate Dinge besprechen können dürfen müsste, informierte sie mich in gedämpftem Ton weiter: Bei diesen „hagestolzen" Typen akzeptierte man, wie sie sich freiwillig der „geschwätzigen Weiberwelt" konsequent entzogen. Dafür hätten sie einen „schicken" Lebensstil entwickelt – eine für hanseatische Verhältnisse viel zu große elegante Etagenwohnung in monochrom grauer, fast morbider Stimmung, schwere purpurrote Samtvorhänge, teure Gemälde, erlesenes Porzellan, Haushälterin, sogar Privatsekre-

Er hatte braune Augen zu einem braunen Teint, wirkte auch sonst immer gebräunt. Eine breite Tolle dunkelblonder Haare fiel wie ein Vorhang über seine rechte Gesichtshälfte. Sie musste ständig zurückgeworfen werden, fiel laufend wieder zurück, wurde heftig zurückgepustet – auch das hatte etwas Trotziges! Jahre danach habe ich begriffen, dass Juppi so was wie meine erste Liebe war, prototypisch für das, was ich an Männern später immer wieder aufregend fand, das Trotzige, Prollige und Unangepasste …

Juppis Vater schien einen leichten Hang zur Gewalt zu haben und hielt offenbar viel von vorbeugender Bestrafung: Juppi bekam jeden Morgen vor der Schule schon eine gehörige Tracht Prügel. Wenn er etwas ausgefressen hatte, und das passierte fast täglich, kam abends noch eine hinzu. Heftige Prügelstrafen auf Unterarme, Hände und mit voller Wucht auf den Po galten damals noch als völlig legitimes Erziehungsmittel, aber hier war es klar zu viel. Juppi litt sehr und tat mir leid. Ich vermittelte das meinem Vater, der als höherrangige Respektsperson schnurstracks vor dem Herrn Elektromeister klarstellte, dass eine vorbeugende Prügelstrafe kein sinnvolles pädagogisches Vorgehen war. Die morgendliche Vorstrafe erfuhr daraufhin ein rasches Ende – Juppi und ich wurden unzertrennlich. Prompt begann auch ich mit allerlei Unfug. Obwohl das für mich ähnliche Folgen hatte – Prügel vom Vater im besten pädagogischen Sinn jedoch erst nach der Tat –, denke ich an diese Zeiten mit einer eigenartigen Genugtuung zurück. Mein Vater merkte einmal an, dass Juppi zwar ein netter Junge, aber doch nicht so ganz der richtige Umgang für mich sei. Sein Vater habe ihn wohl schon etwas „verdorben". Ich entschied, Juppi war nun mal mein bester Freund und musste es auch bleiben, Ehrensache!

Der Krieg war seit eben diesem Frühsommer schlagartig für uns erschreckende Wirklichkeit geworden. Ende Mai 1942 kam es zum ersten furchtbaren Luftangriff neuer Strategie, erstmals nicht auf klassisch-strategische Kriegsziele, sondern im Stil eines Flächenbombardements bewusst auf bevölkerte Wohngebiete. Köln war das erste Opfer eines derartigen Angriffs, weltweit! Er wurde von der Britischen Royal Air Force mit über tausend (!) Bombern in einer

Nacht auf Köln geflogen. Man versuche, sich das heute vorzustellen: Tausend Bomber laden über einer Stadt in nur neunzig Minuten ihre tödliche Last ab – deswegen „Operation Millennium". Die Schäden waren verheerend. Danach verließ ein knappes Viertel der Kölner Bevölkerung die Stadt. Auch wir mussten inzwischen nahezu jede Nacht in Bunker und Luftschutzkeller. Deren Zuteilung war nach Hausgemeinschaften geordnet. Juppi und ich wurden immer öfter getrennt, worüber ich unglücklich wurde.

Im Herbst 1942 gab es wieder einmal eine kurze Folge „normaler Schultage" – es ging auf die Versetzung zu, alle Schulkinder sollten dafür nochmals tagsüber in der Schule zusammenkommen. Sicherheitshalber begann der Unterricht schon zu früher Morgenstunde. In der unmittelbaren Nähe der Schule lag ein abgeerntetes Kartoffelfeld. Die Kartoffeln waren gesammelt, das dicke braune Kraut vertrocknete in erdig-streng duftenden Büscheln. Wir kamen vorbei, und Juppi sah den Moment gekommen. In Minuten war eine große Menge Kraut aufgehäuft, das verbotene Phosphorstreichholz entzündet – Flamme empor! Juppi und ich wie die wilden Indianer schreiend und tanzend darum herum. Wir waren verspätet, einfach weggeblieben, unser Treiben blieb von der Schule aber nicht unbeobachtet. Ausgerechnet mein älterer Bruder wurde vom Klassenlehrer losgeschickt mit der Botschaft: „Die Feuermännchen sollen sich für morgen auf was gefasst machen!" Mir war das so peinlich, dass ich sofort Schluss machen wollte, doch Juppi meinte: „Ja, wieso dat dann? Dat iss doch eez morjen – hück könne mer nooo mindsens e Stund kokele …!" Diese logisch behauptete Freiheit, die sofort in die Tat umgesetzte rotzige Frechheit beeindruckten mich an meinem Freund tief! Wie gesagt: risikobewusst und absolut unartig! Und also geschah es. Wir kokelten mit dem aufregenden Gefühl heraufziehender Strafe bis nachmittags, bis alles Kartoffelkraut verbrannt und wir todmüde waren. Am Folgetag gings zur Schule in der Erwartung der Strafe für die Feuermännchen. Ich war zuerst dran, voll auf den Hosenboden. Der Klassenlehrer kannte kein Pardon. Er wusste sein Handeln im Erziehungsauftrag abgesichert. Ich starb fast vor Schmerz und Scham. Juppi zeigte sich gelassen, entweder routiniert schmerzgeprüft oder doch seltsam resistent. Kaum war es vorüber, wieder dieses verächtliche Grinsen: „Inne Pause muss isch nahause – ming Modder vermiss' bestemp ihr' Toplappe, die han ich all en de Butz ..."

Juppi und ich wurden zuletzt durch die Bombennächte endgültig getrennt, er blieb verschwunden. Ich begann, ihn zu vermissen, meinen großen, starken, frechen Freund. Es dauerte lange, bis weit nach Kriegsende, dass wir uns wiedersahen: überraschend und einfach so – und zu meiner ganz großen Freude.

Aber noch sind wir im Bombenkrieg. Wenn Bomberverbände sich näherten, wurde die Bevölkerung über eine hocheffiziente landesweite Radio-Telefonschaltung gewarnt: „... von Nordwest hereinkommende Bomberverbände werden in etwa zwanzig Minuten Köln erreichen ..." Zwanzig Minuten waren eine kurze Frist, um die großen Gemeinschaftsbunker zu erreichen, mit meterdicken Decken, Wänden, Unterteilungen und Treppenhäusern aus Stahlbetonguss. Wer einmal Tage und Nächte, zuletzt Wochen in solchen Verliesen verbringen musste, wird diesen seltsam fahl-muffigen pissigen Geruch nie vergessen. Kinder kamen in aufgestellte Etagenbetten aus einfachem Tannenholz, es gab Weißbrot und in Emaillebechern warme Milch. Danach galten sie als erst einmal versorgt. Sie kuschelten und schliefen zusammen ein. Schrecklich, wenn ein Kind plötzlich nicht mehr abgeholt wurde, weil die Eltern statt in den Bunker ins Krankenhaus gekommen waren oder Schlimmeres. Mit zunehmender Bombenangst gab es immer mehr heulendes Elend. Das Finale kündigte sich mit dem gleißenden, tödlichen Phosphorkrieg an. Die Zivilbevölkerung versank in Phosphorangst und Feuersbrünsten, zuletzt im donnernd explodierenden Inferno, das das Innerste der Bunker zum Zittern brachte. Waren die Luftangriffe zu Ende, wartete draußen Schreckliches: Zerstörung, entsetzlich zugerichtete Körper; verbrannte Leichen, nebeneinander ausgelegt vor ausgebrannten Häusern – nichts für entsetzte Kinderaugen. Unserem Vater, dem die öffentlichen Luftschutzräume für die Familie ein Gräuel waren, war von einem Patienten angeboten worden, für uns im besonders bombenfest ausgebauten Luftschutzkeller des vierstöckigen Hotel Maximilian Platz zu finden. Wir sind über Wochen nahezu jede Nacht in diesen Bunker gegangen, mussten später oft tagelang dortbleiben. Es gab mehr Platz, es gab Kinder aus der Hoteliersfamilie und von deren Angehörigen. Wir freuten uns, so viel Glück gehabt zu haben. Das ließ uns den Krieg um uns herum für ein paar Stunden vergessen.

5 Hans im Glück

Im Herbst 1943 wurden die Bombenangriffe auf das benachbarte Köln und die umliegenden Städte heftiger und grauenhafter. In unserer letzten Nacht im Bombeninferno folgte alles entsetzlich schnell aufeinander: Radiowarnung – Sirenengeheul – erste Bombeneinschläge, die vom Kölner Stadtgebiet herüberwummerten. Unser Vater war mit der Hebamme unterwegs. Kinder wollten auch in diesen schrecklichen Zeiten unbedingt auf die Welt kommen.

Wir drei Jungs rannten mit unserer Mutter unter Sirenengeheul und gleißendem Phosphorlicht Richtung Hotel Maximilian. Auf halbem Weg erste und schrecklich nahe Bombeneinschläge. Unsere Mutter schrie „Tiefbunker!“ – wir schwenkten kurz um, den viel näheren Bunkereingang blockierten Menschen in großer Panik. Erst nach Abebben der ersten Angriffswelle wurde die Bunkertür geöffnet, wir drängten hinein, haben erst nach Stunden zusammengefunden. Unserer Mutter ging es erkennbar schlecht, sie schien verletzt, hatte Blut an den Armen. Nachbarn halfen uns nach Hause.

Kurze Zeit darauf traf unser Vater ein, er war bleich, völlig aufgelöst, nass-fleckige Spuren von Angst auf den Wangen. Er sah uns alle seltsam an, hat uns nacheinander zutiefst erschrocken umarmt und sagte nur: „Jungs, packt eure Sachen, ich fahre euch alle drei morgen weg, für lange Zeit, Richtung Hameln und Hamburg, aufs Land, weit weg. Da seid ihr sicher!" Er trug unsere Mutter hinunter in sein großes Auto und sagte plötzlich: „Das Maximilian ist bis in die Keller weggebombt!" Unsere Mutter entgegnete völlig erschrocken: „Und was ... O Gott, alle?" Sie ließ sich im Sitz zurückfallen, schlug entsetzt die Hände vor die Augen. Vater nickte, wandte sich rasch ab und fuhr mit ihr ins Krankenhaus. Sie hatte in der Nacht eine Fehlgeburt erlitten.

Als unser Vater eine Woche später nach der langen Fahrt von Köln über die Autobahn seinen Horch, den großen, offenen Wagen mit den drei Sitzreihen, von der Schotterstraße durch die ummauerte Einfahrt direkt in die Mitte des großen Hofes fuhr, sah ich mich um und war sprachlos. So etwas Fantastisches für einen neugierigen, begeisterungsfähigen, eben noch von Bombennächten verstörten Siebenjährigen – unbeschreiblich! Posteholz wurde meine Welt für eineinhalb Jahre. Am Schluss kannte ich jeden Winkel in Ställen, Scheunen, Gärten, Schmiede, jedes Versteck in dieser großen, einst wehrhaften Rittergutanlage aus dem 17. Jahrhundert. Fast alle Männer waren im Krieg, auch der Mann meiner Patentante. Sie war die beste Freundin meiner Mutter und hielt diesen riesigen Betrieb am Laufen. Wie viele Menschen damals auf dem Rittergut oder in unmittelbarer Nähe wohnten, wusste ich nicht. Unter ihnen gab es jedenfalls auch eine große Zahl von „Fremdarbeitern", die in Wirklichkeit Kriegsgefangene waren. Wichtiger für mich, dass vor allem die Zahl der Kinder auf dem Hof groß war. Einzigartig erschien mir schon damals, dass das Rittergut ein in sich abgeschlossener, selbst versorgender Organismus war. Der Ablauf der täglichen Lebensführung war absehbar, es wurde geplant, gemacht, gemessen, gewerkelt und repariert – nichts wurde weggeworfen, alles hatte seine vorhersehbare Ordnung. Was dort in der riesigen Landwirtschaft passierte, das Pflügen, Eggen, Einsäen, Wässern, Verziehen, Gülledüngen, alle späteren Vorbereitungen auf dem Feld für die Ernte der verschiedenen Feldfrüchte und Getreidearten, das Mähen mit Sense und Maschinen, das Einfahren, Dreschen, Stapeln und Verarbeiten, all das wurde auch den Kindern früh beigebracht. Jedes Kind hatte sein eigenes kleines Reich am Rande des riesigen Nutzgartens. So haben wir für alles, was da wuchs, gedieh, geerntet und verarbeitet wurde, früh Respekt gewonnen. Diese Form der Wertschätzung begleitete mich mein ganzes Leben. Die Zeit auf dem Rittergut hat mich mit seinem überall Wachsenden, Grünenden und Blühenden, mit all seinen Bächen, Wäldern, Hecken und Baumriesen, dem Morgennebel, Tau, Regen, Sturm, Blitzen, Wassermassen, Regenbögen und Abendstimmungen zu einem kindlich tiefen Verehrer der Natur werden lassen. Wie tief das Rittergut selbst mit der Landschaft der sogenannten Weserrenaissance verwoben war, hatte sich mir erst später beim Besuch der nahen Schlösser Aerzen, Schwöbber, Hehlen und Bodenwerder erschlossen.

Da ich bereits eingeschult war, ging ich natürlich auch hier mit den übrigen Kindern in eine Dorfschule im Nachbarort Holzflake. Diese Schule war das, was man eine Zwergschule nannte, ein altes Schulgebäude mit einem einzigen großen Klassenraum, in dem von der ersten bis zur achten Klasse alle Kinder gemeinsam lernten und viel Unsinn machten. Da ging es hoch her. Der junge Lehrer war im Krieg, der alte aus dem Ruhestand zurückgeholt. Der völlig überforderte Mann sorgte täglich für Disziplin, wie er es gewohnt war: Straffällige Mädels mussten sich nach einem scharfen Schlag auf die Hand in die Ecke stellen, die Jungs erhielten es beim geringsten Anlass reihenweise ziemlich brutal auf den Hintern. Das ging oft morgens schon los, für späte Übeltaten vom Vortag. Kein Wunder, dass die Jungs nach der Schule ihre altersentsprechend wilden Aktivitäten woanders austobten, weit weg von der Schule. Einige trafen sich geheimnistuerisch weitab in einem Versteck in der großen Scheune von Posteholz, um sich mit- und aneinander auf körperliche Entdeckungsreisen zu begeben. Ich war dabei der Jüngste, wurde aber zugelassen, da ich ein gewisses Hausrecht hatte. Das Treiben war zudem vor mir nicht geheim zu halten, und Erwachsene durften davon auf gar keinen Fall erfahren. Ich fand das schrecklich aufregend und machte mit einem mir noch weitgehend unbekannten Lustgefühl gleich fleißig mit. Es galt die Regel, dass man bei diesem heftigen und erregenden Geschäft dem anderen zwar unmittelbar behilflich sein durfte, ihn aber anderweitig anzufassen, einen zum Spielverderber werden ließ, der bei Wiederholung auszuscheiden hatte. Kein Junge vergisst sowas. Mir sind zwei Dinge besonders in Erinnerung geblieben: Wenn ich später davon erzählte, war man erstaunt, wie jung wir Landkinder dabei doch wohl waren – so zwischen sieben und zwölf Jahren. Die älteren hatten wohl ihre eigene Gruppe. Dabei hieß es, gewissermaßen als Entschuldigung, dass so was alle Jungs machten. Bis man mit Mädchen was machen könne, würde das doch noch ewig dauern. Ich hatte keinen Augenblick darüber nachgedacht, dass wir in der Tat wohl sehr jung waren. Vor allem ging mir erst später auf, dass ich selbst dabei überhaupt nicht an Mädchen gedacht und ich mir auch darüber überhaupt keine Gedanken gemacht hatte. Und eine andere Erfahrung hat für mich hier ihren Anfang genommen. Sie ist so wichtig, dass ich ihre Umstände vorab erklären sollte:

Das alte Haupthaus der Rittergutsanlage war von einem gedrungenen Wehrturm flankiert. Dessen Erdgeschoss war ein fensterloses massives Kreuzgewölbe. Hier unten war es immer dunkel und feucht. In der Mitte lag, halbseitig abgedeckt, die massiv gemauerte Brunnenöffnung mit endlos tief unten erkennbarem Spiegel des für alle Bewohner lebensnotwendigen Brunnenwassers. Der ringförmige Reflex der Brunnenöffnung war in der Tiefe kaum zu erkennen. Ich habe mich einmal weit über den Brunnenrand gebeugt. Es dauerte, bis sich meine Augen an die Dunkelheit gewöhnt hatten und ich in der Tiefe zuletzt mein Gesicht auf dem Wasserspiegel sah. Ich schwebte oben und unten, ich schwebte im Raum und suchte doch immer wieder mein Gesicht, erkannte mich und hatte das Gefühl, plötzlich zu mir selbst sprechen zu wollen. Ich tat das in der Folgezeit immer wieder, in der Empfindung, mit mir über diese Distanz im Gespräch zu sein, mein Selbst und gleichzeitig ein anderes Ich vor mir zu haben, vor dem ich mich rechtfertigen, mein Denken und mein Tun zu verantworten hatte. Dabei hatte ich das Glücksgefühl einer Selbstfindung, wie ich es bis dahin noch nicht gekannt hatte.

Zuletzt kam der Krieg auch nach Posteholz, ein kurzes Drama in drei Akten. Wir hörten von Kämpfen um den Weserübergang in Hameln. Abends kamen verletzte deutsche Soldaten und flehten um zivile Klamotten. Am Folgetag lähmende Stille, unterbrochen von fernem Geschützdonner. Am nächsten Morgen ein von weit herkommendes, furchtbares Grollen, Donnern, Rasseln, Klirren, brüllende, schreiende Motoren – der Lärm brach abrupt ab. In der Hofmitte stand dieses entsetzlich große, graugrüne, fauchende Ungeheuer, ein riesiger Panzer mit langem, kreisendem Kanonenrohr – wieder lähmende Stille. Anschließend durchsuchten amerikanische Soldaten das Gehöft und zogen mit den vorher versteckten Jagdwaffen und Schnapsflaschen ab. So waren wir durch den Krieg gekommen, es war der 7. April 1945. Wir begriffen, wie viel Glück wir zuvor schon gehabt hatten, der Zerstörung eines Gebäudes entkommen zu sein, das uns selber als Glücksfall erschienen war. Wir erfuhren, dass unser Vater wegen seiner Parteizugehörigkeit ins Gefängnis und anschließend in die Internierung kam, aber unsere Familie lebte!

Meine kindlichen Erfahrungen in diesen so unterschiedlichen Kriegsjahren endeten mit einem kleinen, fast unwichtig erscheinenden Ereignis, das sich mir als eine Art Versöhnung lebenslang tief eingeprägt hat. Alle in Posteholz hatten Angst, besonders der Verwalter und meine Tante, wie sich die Kriegsgefangenen, oder „Fremdarbeiter", nach ihrer Befreiung verhalten würden. Sie blieben aber vollkommen ruhig. Ein paar Tage nach Kriegsende gingen einige von ihnen pfeifend über den Hof und winkten uns Kindern, mitzukommen: Es gebe etwas Gutes! Einer von ihnen hatte einen Klumpen gelben Ton besorgt. Daraus hatten sie eine fußballgroße Kugel geformt, die sie in die Glut eines Feuerchens legten. Dazu aßen sie Brot, tranken Bier aus richtigen Bierflaschen mit Plopverschluss und wurden sehr lustig. Später haben sie die Kugel aus der Glut geholt. Sie war kohlrabenschwarz und musste lange abkühlen. Zuletzt hat einer der Männer die Kugel von oben auf einen Stein geworfen, sie zerbarst in der Mitte. Die Männer brachen die Hälften auseinander, zogen zartrosa Fleischstückchen an kleinen Knöchelchen heraus, über die sie eine feine rote Soße tropften. Wir Kinder mussten erst einmal warten, durften zuletzt aber doch kosten, nur ganz wenig, es schmeckte seltsam wunderbar, erdig-fruchtig, wie Wildkaninchen, aber besser. Was war es gewesen, quasi im gebackenen Tontopf? Stacheln ragten aus ziegelhart gebranntem Ton, bevor die Männer den perfekt gebackenen Igel mit uns teilten – ein Glücksmoment, an den ich mich immer erinnern werde.

6 frisch – fromm – fröhlich – frei

Der Krieg lag hinter uns. Deutschland erlebte von 1946 bis zur Währungsreform 1949 eine kaum weniger belastende Nachkriegszeit, in der Erinnerung vieler die sogenannte „schwere Zeit". Ich kann sie nicht unerwähnt lassen, denn wir erlebten den totalen Zusammenbruch einer Gesellschaft nach der gemeinsamen Erfahrung einer totalen „Niederlage" und nachfolgender allergrößter Not für alle und jeden. Die vom Krieg verschonten Menschen waren in erster Linie mit der Organisation des eigenen Daseins und Überlebens beschäftigt. In die zerstörten Städte und Dörfer strömten zugleich etwa vierzehn Millionen Flüchtlinge aus den durch den Krieg abgetrennten Ostgebieten – die bisher größte humanitäre Katastrophe in der Geschichte des Landes. Es kam zu Streit um Versorgung und Wohnraum, zu Sprachlosigkeit zwischen den verschiedenen Idiomen, gar der Religionen. Seit dem Dreißigjährigen Krieg hatte es keine solche Durchmischung zuvor getrennter, katholischer und protestantischer Bevölkerungsgruppen gegeben, was sowohl Flüchtlinge wie Einheimische betraf; eine heute nicht mehr vorstellbare Problematik. Deutschlands Nachkriegszeit war zudem anfangs geprägt von einem ungeklärten Bürgerverhalten gegenüber einem verlorenen Krieg und anhaltend verdrängten Gräueln Nazideutschlands. Nachdem alle Ideologien zerbrochen waren, besann man sich auf die Religion. Überall sah man eine sich geflissentlich ausbreitende, öffentlich zelebrierte Religiosität. Man konnte gar nicht genügend und für alle erkennbar fromm sein. Die Kirchen waren auch außerhalb ihrer großen Feiertage voll, Kirchenblättchen beider Konfessionen erlebten hohe Auflagen. Der nicht zur Religion zurückgekehrte Teil der deutschen Gesellschaft leugnete die Gräuel des „Dritten Reiches", man leugnete den Holocaust – in der Tat war dieser Begriff zunächst unbekannt, er wurde meiner Erinnerung nach überhaupt erst 1979 in größeren Kreisen gebraucht –, und prompt relativierte man ihn. Die große Kompensation war die sich jährlich steigernde Effektivität in der Nachfolge des sogenannten Wirtschaftswunders in den frühen Fünfzigern nach der Währungsreform vom Juni 1948. Westdeutschland begann bereits unter Adenauer 1956 mit der Wiederbewaffnung und der Einführung der allgemeinen Wehrpflicht, und das alles in einem Tempo, bei dem Mitdenken schwierig wurde. Fromm und gläubig zu sein, war da schon längst wieder gut für alle Lebenslagen. Über drei Jahre musste ich in einen vorbereitenden Katechumenen-, zuletzt Konfirmandenunterricht gehen, mit abschließender Prüfung. Das alles hatte für unsere Familie auch damit zu tun, dass Protestanten im Umkreis des „Hilligen Kölle" (Heiligen Köln) in der Diaspora lebten – kein geografisch markiertes Reservat, eher so etwas wie ein gehobenes geistiges Gefängnis.

Fest an meiner Seite in Zeiten dieser religiösen Erbauung stand seit 1947, dem Beginn meiner Oberschulzeit bis zum Abitur, mein treuer Freund, Klassenkamerad, viele Jahre Klassensprecher und Banknachbar, der unvergessene Werner. Wir waren Brüder im Geiste: Was er nicht wusste, wusste ich wahrscheinlich gerade auch nicht. Viel häufiger aber hatte mindestens einer von uns den vollen Durchblick, wir konnten uns bestens ergänzen, gelegentlich gute Klassenarbeiten für beide zeugten davon. Alte Denkmuster nutzen dafür vielleicht noch das ausgediente Verb *pfuschen,* später hieß das fortschrittlich *Teamwork,* den Ausdruck gab es damals aber noch nicht. Werner war gut in Latein, Mathe, Physik, Chemie, ich in Englisch, Geschichte, Kunstgeschichte, Zeichnen, Philosophie und natürlich Religion. Gibt es eine denkbar bessere Kombi für Höchstleistungen im schulisch kombinierten Zehnkampf? Als sogenannte gute Schüler saßen wir jahrelang in der ersten Bank vorne links, die Lehrer schauten immer hoch über unsere Köpfe hinweg nach hinten. In dieser Konstellation ist alles möglich.

Ein fetter Radiounterhalter mit Menjou-Bärtchen, Jacques Königstein, moderierte in seiner Radiosendung *Das ideale Brautpaar* die erfolgreichste Rundfunkübertragung im Nachkriegsdeutschland der Fünfzigerjahre (1951–1958). In einer Jugendherberge auf einer Moselwanderung zu Anfang jenes Jahrzehnts kam unsere Klasse abends aus Langweile auf die Idee, dieses Spiel unter dem leicht abgeänderten Motto „Das ideale Freundespaar" für Jungs aus der Klasse auszutragen. Es ging nicht darum, zu wissen, welche Hobbys der andere hatte, gern las und so weiter, sondern etwas raffinierter darum, was der Freund vom Freunde annahm, was dieser in einer bestimmten schwierigen Situation wohl denken, fühlen, tun oder lieber nicht tun würde. Werner und ich waren ganz schnell an der Spitze. Abends haben daraufhin ein paar von diesen Dummköpfen im Schlafsaal unsere beiden Betten nebeneinander geschoben – und alle grinsten. Das hat aber Werner gleich geklärt: „Was spinnt ihr euch denn da gerade zusammen? Nix da!", schnaubte er. Da haben sie verlegen die Betten schnell wieder auseinandergerückt. Mein Verhältnis zu Werner war wahrscheinlich deswegen so ruhig, so ausgeglichen, so verlässlich, weil er nicht die geringste erotische Wirkung auf mich hatte. Ich weiß zuverlässig, dass er erst viele Jahre nach unserer gemeinsamen Schulzeit, Jahre nach unserem Studium, recht spät also, erfuhr, welche Orientierung ich hatte. Seine Reaktion darauf soll völlig nüchtern und sachlich gewesen sein: „Na und?" Ich habe nie mit ihm darüber gesprochen. Er wurde Oberstudiendirektor mit den Fächern Deutsch, Englisch und Latein an einem Gymnasium in der Nähe von Aachen. Wir führten bei unserem letzten Zusammentreffen, sehr spät in unser beider Leben, religionsphilosophische Gespräche, obwohl er gemerkt haben musste, dass ich zu jener Zeit längst schon nicht mehr „religiös" war. Auch das nahm er vollkommen sachlich, er diskutierte wie immer, ohne Vorwurf, ohne falsche

Emotionen. Er ist vor wenigen Jahren dahingegangen, einer der Letzten, die ich überhaupt noch gedanklich irgendwo sehen oder finden kann. Ich denke, wir erfüllten zuletzt wirklich einige Kriterien für ein ideales Freundespaar.

Eine zunehmend interessante Rolle spielte auch ein anderer Mitschüler, der erst in der Oberstufe zu uns kam. Er war groß, stattlich, etwas älter als wir und hatte uns mit lässiger Geste wissen lassen, auf dem Gymnasium der Nachbarstadt schon zwei Ehrenrunden gedreht zu haben, schließlich war das der Grund seines Wechsels. Unsere hoch qualifizierte Penne und ihr guter Ruf waren es jedenfalls nicht! Wir hatten uns gleich nach seinem Erscheinen darauf geeinigt, dass er die ... pardon, der Schönste im Lande war. Gerd war von Natur aus immer gebräunt, Arme und Beine unbehaart, schlank, nicht muskulös, aber definiert. Er hatte kurzes, schwarz gelocktes Haar und strahlend blaue Augen. Gerd war darüber hinaus auch noch gewandt im Auftritt, mit seinen neunzehn Jahren geradezu weltmännisch – und charmant! Besonders bei älteren Damen weckte er den unmittelbaren Wunsch, ihn mindestens als Schwiegersohn binden zu können. Auf einer Klassenwanderung 1954, diesmal entlang der Lahn, wo wir in einem amerikanischen Militärkasino außerhalb der Jugendherberge in Gießen das „Wunder von Bern" (Endspiel zur Deutschen Fußballweltmeisterschaft) erlebten, erklomm Gerd die nächste Stufe unserer Hochachtung. Dort wurde er von einer hübschen Schülerin einer Bonner Mädchenschule zum damals noch sehr sittsamen Flirt eingeladen: Sie entpuppte sich als echte Prinzessin von Preußen – Gerd wurde unser Kronprinz! Er war kein besonders guter Schüler, das braucht man bei seiner Vorgeschichte und seinem Aussehen nicht extra zu erwähnen. Aber einmal hatte er Erstaunliches geliefert. Vom Deutsch- und Philosophielehrer erhielt er den Auftrag, ein Referat über den Eros und über Platons *Das Gastmahl* zu erarbeiten. Es ist das wohl schönste kleine Buch, das uns der Dichterphilosoph Platon hinterlassen hat. Zu einem Gastmahl zum Thema der Liebe hatten sich Sokrates, Agathon, Aristophanes und weitere Freunde zusammengefunden. In unserer Zeit und an unserer Schule zu diesem Thema zu referieren, war durchaus schwierig, gerade weil es unter anderem die Knabenliebe berührte. Einige der Teilnehmer an diesem Symposion feierten sie unmittelbar – ein großdimensioniertes Thema der griechischen Philosophie. Wir aber lebten in der restaurativen, schlimmer noch: der kleinkarierten Adenauerzeit. Kein leichtes Unterfangen also. Aber Gerd war mit Mut an die Sache herangegangen und lieferte mit seinem Referat die ganz große Nummer ab! Selbst der Lehrer war beeindruckt. Ich hätte bei Gerds offenkundiger oder sich fast offenbarender Begeisterung etwas skeptischer sein können, ob er oder ob er vielleicht doch nicht ... Aber bei dieser Leistung hatte ich mir das nachdrücklich versagt.

Was meine sich über die Jahre der Schulzeit ausprägende eigene sexuelle Orientierung anging, so hatte ich mir natürlich als Teenager zwischen dreizehn und sechzehn zunehmend Gedanken darüber gemacht, ob sich daran noch etwas änderte oder ob das so bliebe. Wenn ich in irgendeiner Weise erregt war, hatte ich aber einfach nur Vorstellungen von Jungs und von nichts anderem. Nachdem wohl viele junge Menschen in diesem Alter von der Vorstellung gequält werden, sie seien mit dieser Orientierung ganz allein auf der Welt, so hatte ich dieses Gefühl der Isolation höchstens einige wenige Male ganz am Anfang. Es wurde auch auf der Schule immer wieder mit Anspielungen kein Hehl daraus gemacht, dass Männer es eventuell gerne miteinander treiben wollten. Und die Jungs teilten durchaus ihre Beobachtungen und Empfindungen, wenn sie einen besonders hübschen Kerl in ihren Reihen entdeckten. Was da so leise gesagt oder offen ausgesprochen wurde, war bemüht sachlich richtig, manchmal verträumt, durchaus auch ein wenig verliebt. Passiert ist meinem Eindruck nach aber nie was.

Aus der Klasse meines Bruders zu uns herunter kam nach einem Wiederholungsjahr, also einer „Ehrenrunde“, ein kleiner, in der ganzen Schule bekannter Sporttyp. Er war überall fit, als Schwimmer der Beste. Dafür hatte er die perfekte Figur: mittelgroß, breitschultrig, straffe, gut proportionierte Muskulatur, schlank, flacher Bauch. Arme und Beine ebenfalls straff und dazu noch fein behaart. Mit seinem blonden Strubbelkopf sah er hübsch aus, dazu war er immer gesund gebräunt. Es war schwer, ihn aus Freibad und Schwimmbad zu vertreiben. Mir fiel auf, wie oft er von den Kameraden angefasst oder umarmt wurde, für mich geradezu ein Gebot, nichts dergleichen zu tun. Meine einzige Sorge war, wie ich diese, sagen wir einfach mal, wenigen Gleichgesinnten wohl je würde erkennen können. So dachte ich, es wäre doch nett, wenn die alle vielleicht einen kleinen Punkt auf der Stirn hätten, den natürlich andere nicht sehen könnten. Es hat aber nur wenige Jahre gedauert, da habe ich alle verzauberten Jungs und bald darauf auch alle diese bezaubernden Männer ganz schnell von allein erkannt. Der Punkt war nicht mehr nötig. Wäre ja auch schrecklich! Man stelle sich so etwas in Berlin von heute vor ... man würde nur noch schauen, wer denn wohl keinen Punkt auf der Stirn hat.

Nachdem ich zuletzt dann doch voll begriffen hatte, dass etwas mit meiner Sexualität ganz anders als bei meinen Klassenkameraden lief, habe ich eine spezielle Neugier dafür entwickelt, was es denn im Bereich von Sexualität sonst noch gab. Aus meiner Jugend erinnere ich mich an folgende Begebenheit: Ein großer Haushalt wie der meiner Eltern bestellte Haushaltshilfen oder Dienstboten für bestimmte Arbeiten ins Haus. Eine Schneiderin kam vielleicht alle zwei Monate. Damals trug man noch hochwertige Kleidung, die ein Leben lang halten sollte und daher gut gepflegt wurde. Unsere Schneiderin war gebürtige Kölnerin, klein, bucklig, Alter unbestimmt, ihr genuscheltes Kölsch schwer verständlich. Sie hatte einen etwas abgründigen Humor, müffelte ein wenig und trug einen „Pück" oder „Fifi", eine Perücke, die schlecht saß. Wenn diese verrutschte, schob sie sie gelassen wieder zurück, den Blick unverwandt fixiert auf die ratternde Nadel der Nähmaschine. Sie war eigensinnig, brauchte viel Zeit, ließ sich in ihre Arbeit kaum hineinreden. Meine Mutter nannte sie „Kleiner Frank", obwohl sie eigentlich Ottilie Frank hieß. Kleiner Frank kümmerte sich rührend um eine von Geburt an debile Schwester, ihren einzigen Familienanhang. Ich fragte meine Mutter, warum sie die Schneiderin „Kleiner Frank" nenne. Sie sagte mir, mit vierzehn Jahren dürfe ich so etwas eigentlich schon wissen. Kleiner Frank sei in Wirklichkeit ein kleiner Mann oder jedenfalls so was Ähnliches. Er/sie habe meinen Vater vor Jahren konsultiert, ob man da operativ was machen könne, er/sie fühlte sich eher wie ein Mann und wäre daher lieber ein richtiger Mann mit allem Drum und Dran. Angeblich hatte mein Vater geantwortet, dafür sei bei ihm/ihr, also beim Kleinen Frank, von Natur aus nicht alles da, man brauche außerdem Hormone, und die gebe es noch nicht auf dem Markt. Darüber hinaus beherrsche er diese Art von Operationen nicht. Es gebe zwar jemanden in der Schweiz, der aber sei schrecklich teuer. Da hat Kleiner Frank wohl gesagt, das sei dann auch in Ordnung, Hauptsache, man habe noch ein bisschen Spaß im Leben. Zu meiner Mutter habe er gesagt, eigentlich würde er lieber Otto heißen, aber Kleiner Frank wäre auch gut, vielleicht auch unauffälliger. Ein paar Jahre danach starb die Schwester an Tuberkulose, kurz darauf war Kleiner Frank auch tot.

Mich hat danach beschäftigt, dass Menschen neben wirtschaftlicher Not noch ganz andere Probleme zu tragen haben, wovon ihre Umgebung sich keine Vorstellung machte. Ich selbst hatte auch keine rechten Vorstellungen, aber offensichtlich gab es zwischen Nur-Mann und Nur-Frau noch einiges dazwischen. Mich hat diese Kenntnis selbstbewusster gemacht. Ich musste an diese Geschichte noch viele Jahre danach immer dann denken, wenn ich, längst approbierter Arzt, auch aus der Schwulenszene in München heraus auf solche Normabweichungen und Behandlungsmöglichkeiten angesprochen wurde. Die Kenntnisse darüber hatten sich inzwischen verbessert, ich selbst hatte mich besonders intensiv belesen. In den Sechzigerjahren kamen Hormone zur Anwendung, aber nur wenige meiner Kollegen beschäftigen sich mit solchen Phänomenen, blieben fast lieber in Unkenntnis oder bei ausweichenden Vorurteilen.

An einem Sommernachmittag in den frühen Fünfzigerjahren waren Werner und ich mit unseren Rädern auf dem Rückweg vom Freibad, in einer Gegend mit dem schönen Namen Reuschenberg. Wir waren fünfzehn Jahre alt. Auf einem Uferpfad auf der anderen Seite eines Baches fiel uns gleichzeitig ein etwa gleichaltriger Junge auf, der seine beiden Hände ein wenig zu provokant mittig in den Hosenlatz seiner Lederhose gesteckt hatte. Die Beobachtung hatte mich irgendwie erregt. Natürlich sind Werner und ich weitergefahren, als wäre nichts gewesen. Ich war dann sehr bemüht, mich bald unter einem möglichst glaubhaften Vorwand von Werner zu verabschieden, um im Eiltempo zurückzufahren. Ich holte den Jungen ein, legte mein Fahrrad ans Ufer – und es hat zwei Stunden vorsichtiger Annäherung gebraucht, um mit ihm schließlich bei einem Viadukt nahe der Wupper in ein Gebüsch zu gehen, wo wir uns in einer kleinen Lichtung auf einem Rasenplatz niederlassen konnten. Wem jetzt noch das Gedicht von Walther von der Vogelweide mit dem „Tandaradei" einfällt, der braucht keinen Kommentar mehr, zu dem ich selbst jetzt auch keine Lust habe. So schwer ist es schließlich auch nicht, sich da etwas sehr Schönes, Junges, zögernd Unerfahrenes vorzustellen, für das wir uns außerdem viel Zeit genommen haben. Statt um 19 Uhr zu Hause zu sein, was eiserne Regel war, wurde es 21 Uhr. Es gab bei meiner Heimkehr ein ziemliches Theater. Ich sagte etwas von einem platten Reifen, meine Brüder guckten höhnisch, die Ausrede war bekannt. Mein Vater, hilflos ob dieser schamlosen Ungehorsamkeit des unentschuldigten Zuspätkommens, fiel zurück in Atavismen: Er hat mir noch einmal richtig eine geknallt. Keine weiteren Fragen.

Der Junge war nicht sehr gesprächig gewesen, gab weder sein Alter noch seinen Namen, nicht einmal seinen Spitznamen oder seine Schule an. Wir kamen überein, an einer Betonseite des Viadukts mit Kreide einfach die Zeit aufzuschreiben (Monat – Tag – Zeit), zu der wir uns genau dort wieder treffen wollten. Auf diese komplizierte Weise, für die es damals keine Alternative gab, hat es mit weiteren Treffen tatsächlich etwa vier- bis fünfmal geklappt. Im Übrigen blieb mein fremder Freund weiterhin wortkarg. Als der Herbst kam, trafen wir uns ganz überraschend im Foyer der Stadthalle unserer kleinen Stadt zu einem Kammerkonzert. Er wurde rot und verlegen, besonders als ich ihn in der Nähe seiner Freunde einfach angequatscht habe. Das brachte mich dazu, sie alle kennenzulernen, sehr nette junge Leute aus der Nachbarstadt. Am Schluss verabredete er sich erneut mit mir, diesmal schon etwas unbefangener. In der Herbstzeit klappte das auch. Es war draußen schon etwas kühler, das brachte uns wohl dazu, sehr viel leidenschaftlicher zu sein als zuvor. Den ganzen Winter über haben wir nichts mehr voneinander gesehen. Im folgenden späten Frühjahr bin ich einmal wieder spontan dort hinuntergewandert und ich traute meinen Augen nicht: Er kam mir von Ferne entgegen. Wir haben dann voreinander zugegeben, dass wir öfter schon einmal versucht hatten, uns zu treffen, indem wir einfach die alte Strecke gelaufen waren. Irgendwo haben wir diesmal auch wieder eine recht bequeme, passende Stelle gefunden. Ich sah, dass er eine etwa zwei Monate zurückliegende Blinddarmoperation hinter sich hatte, da mir dasselbe zwei Jahre zuvor selbst zugestoßen war. Blinddarmoperationen waren damals sehr in Mode. So etwas wie Mode schien es auch in der Medizin zu geben. Die Diagnose wurde sehr schnell und etwas vage gestellt. Heute ist man hier behutsamer. Diesmal bin ich mit ihm wegen seiner noch empfindlichen Narbe sehr vorsichtig umgegangen. Wir haben uns mehr mit Zärtlichkeiten beschäftigt, zuletzt fing er heftig an zu weinen. Den Grund mochte er mir zunächst nicht sagen. Später deutete er an, entsetzliche Angst bei dem Gedanken zu haben, dass von seiner Neigung etwas innerhalb seiner Familie oder bei Freunden und Nachbarn bekannt würde. Wir verabschiedeten uns, diesmal ein bisschen traurig, und hofften, mehr als dass wir es richtig glaubten, dass wir uns mal hier wieder treffen würden. Ich habe ihn den ganzen Sommer lang bis in den Herbst hinein nicht mehr gesehen und begann, ihn zu vermissen. Im Spätherbst fing auch die Konzert- und Theatersaison in der Stadthalle wieder an. Eher zufällig stieß ich dabei auch auf seine Gruppe von Freunden. Bei der Gelegenheit habe ich mich nach ihm erkundigt. Das war nicht ganz einfach, denn ich kannte immer noch nicht seinen Namen. Dennoch hatten mich seine Freunde wiedererkannt und wirkten plötzlich sehr verstört. Eines der Mädchen nahm mich beiseite und fragte mich, woher ich ihn denn eigentlich kenne. „Na, von hier doch, letztes Jahr, klar doch, hier habe ich ihn und euch doch immer getroffen." Das war zwar aus der Not gelogen, fiel ihr aber wohl nicht auf. Sie nahm mich am Arm, zog mich noch ein bisschen weiter weg und sagte mit verstörter, ganz leiser Stimme nahe meinem Ohr: Trotz seiner Jugend habe es schon einige Zeit Vermutungen gegeben, er habe es wohl nie richtig mit Mädchen gehabt, obwohl gerade die ihn wegen seiner Sensibilität besonders gemocht hätten. Er sei mit einem Jungen irgendwo in den Rheinauen erwischt worden. Ein wichtigtuerischer Polizist hätte ihn geradewegs am Halskragen festgehalten und zu Hause abgeliefert und sich dabei so aufgespielt, dass die ganze Straße alles mitbekam. Seine entsetzten katholischen Eltern hätten tagelang ein derartiges Theater gemacht, dass er sich wenig später wohl im Augenblick einer Kurzschlussreaktion das Leben genommen habe. Die Freunde seien jetzt alle erschüttert, aber auch uneins oder sehr hart in der Bewertung. Einige hätten sogar gesagt: „Erst hat er was Schlechtes gemacht, anschließend aber das Richtige ..." Ich bin weggetaumelt, habe mich irgendwo hingesetzt und dachte mit meinen knapp sechzehn Jahren plötzlich, warum ich nicht einfach mal auf der Stelle tot umfallen könne.

Werner hat von dieser ganzen Geschichte von Anfang an nichts mitbekommen. Unsere Schülerzeitung zur Feier unserer Versetzung in die Oberstufe im Frühjahr 1953 konnten wir wegen eines neuen Matritzendruckverfahrens selbst gestalten. Ich habe mehr als zwanzig Zeichnungen beigesteuert, davon fünf Karikaturen von unseren Lehrern. Nachdem jeder von uns gebeten worden war, seinen besten Freund mit ein paar Zeilen zu charakterisieren, schrieb mir Werner jene vier schönen Adjektiva zu, genauer:

Das Wort vom frisch – fromm – fröhlich – frei
ist als ob's auf ihn gemünzet sei ...

Das mag damals öfter so gestimmt haben, manchmal auch nur für zwei bis drei dieser Adjektive, aber nicht immer alles zur gleichen Zeit, und in dieser Konstellation und mit zunehmendem Erwachsenwerden eher immer weniger. Die beiden letzten zeigten aber über die Jahre eine gewisse Beständigkeit ... bis jetzt ins hohe Alter.

7 Corydon

Ich meine, es ist besser, für das, was man ist, gehaßt, als für das, was man nicht ist, geliebt zu werden.

André Gide (1889–1951)

Im Alter von etwa vier Jahren haben die Erwachsenen um mich herum ein ausgeprägtes Zeichentalent an mir entdeckt. Von Beginn an zeigte ich dabei eher ein grafisches Talent, weniger eine Farbbegabung. Unser Vater hatte sich, nachdem er 1947 „entnazifiziert" worden und aus der Internierung zurückgekehrt war, stark für mein Talent interessiert. Er war selbst eigentlich auch Künstler, Arzt, Geburtshelfer und Violinist zugleich. Vor dem Medizinstudium hatte er Musik studiert und sich im Geigenspiel ausbilden lassen. Er beherrschte immer noch beide Violinkonzerte von Max Bruch auf der ersten Geige und war wichtiges Mitglied im Liebhaberorchester des Landkreises. Ich war gerade vierzehn Jahre alt, als er mit mir und meiner Vorzeigemappe nach Köln auf den Ubierring zu den Kölner Werkschulen fuhr, um mich für den Kurs „Allgemeines Zeichnen" anzumelden. Mehrere Lehrer dort haben sich anfangs über meine jugendlich naiven Bilder amüsiert, meine Mappe angeschaut, ein paar dumme und einige interessante Kommentare gegeben. Trotzdem wurde ich aufgenommen und angemeldet. Fortan fuhr ich zweimal die Woche nach der Schule zur Werkschule am Ubierring – stressig und doch ziemlich aufregend. Ich fand den Zeichenkurs nach Gipsabgüssen und toten Objekten nach einiger Zeit ziemlich langweilig. Mit dem an mir interessierten Zeichenlehrer habe ich daraufhin besprochen, Szenen des täglichen Lebens, aus dem Kölner Karneval, aus der Erinnerung, aber auch Illustrationen zu Märchen und Theaterstücken zuletzt voll aus der Fantasie zu entwerfen und auszuführen. Gerade die Ausbeutung meiner überquellenden Fantasie interessierten meinen älteren Kölner Zeichenlehrer zunehmend.

Irgendwann fragte er mich: „Was denkst du denn eigentlich, was du mal werden willst, Jung?" Da ich mich bis dato keineswegs auf Kunst festgelegt hatte, sagte ich, was Fünfzehnjährige damals so sagten: Förster, Zugführer, Raketenforscher, Arzt oder so was. Er sagte: „Aber du hast doch ein Zeichentalent, und Geschmack hast du auch, Jung, du liest viel, in Kunstgeschichte kennst du dich auch gut aus. Wie findest du eigentlich Theater?" „Wahnsinn!", antwortete ich. „Was hältst du denn von Bühnenbildner?" „Daran habe ich auch schon mal gedacht, das fände ich auch gut." „Dein Vater hat mir gesagt, dass du in der Schule auch schon so was gemacht hast." „Ja, aber nur für kurze Fünf-Minuten-Stücke von Thornton Wilder." „Mit so was hängt man an, Jung, nächstes Mal sprechen wir weiter." Zu diesem Gespräch kam es aber nicht mehr.

Kurz darauf, im November, kam ich abends nach der Werkschule nach Hause. Unsere Mutter saß völlig zusammengefallen und reglos am Tisch. Ein alter Internistenkollege meines Vaters nahm mich beim Eintreten gleich an der Schulter und sagte: „Du musst jetzt ganz tapfer sein, mein Junge. Der Vater ist eben ganz plötzlich, ganz ruhig verstorben. Ich denke, ein Herzinfarkt."

Das Gesicht meines Vaters, gerade einundfünfzig, sah auf dem Totenbett vollkommen ruhig aus – die Züge eines Schlafenden, der kaum sichtbar atmete. Alles schien von ihm abgefallen. Er lag in einem offenen Sarg in der Mitte des über Decke und alle vier Wände schwarz ausgeschlagenen, mit riesigen Kandelabern umstellten Katafalks im Wartezimmers seiner Praxis, wo Patienten endlos kondolierten. Abends ging ich allein in dieses bedrückende schwarze Zelt. Ich hatte mein Zeichenbrett mitgenommen, meine Stifte, setzte mich, sprach ruhig und leise mit meinem Vater und zeichnete dann ein seitliches Porträt von ihm. Dazu nahm ich mir den Mut, weil der von mir so hoch verehrte Albrecht Dürer solche Zeichnungen auch von seinen Eltern auf dem Totenbett angefertigt hatte. Die Zeichnung war schlicht geraten, aber treffend. Meine Mutter hielt sie lange verschlossen bei sich. Bis heute steht eine Verkleinerung in einem ovalen Silberrahmen auf meinem Schreibtisch.

In der Nacht nach dem plötzlichen Tod meines Vaters war ich zutiefst schockiert. Ich lag wie erfroren im Bett, konnte nicht weinen, kein Schlaf hat mich getröstet. Zum Morgen hin habe ich mich ruckartig aufgesetzt. Mir wurde klar, dass ich mit meinen gerade mal sechzehn Jahren mit meinem Vater nicht mehr über die Gründe zu seiner Beteiligung am Nationalsozialismus würde sprechen können und dass ich – viel wichtiger noch – ab sofort alle Entscheidungen für mein Leben selbst würde treffen müssen. Meine Mutter liebte mich zu sehr und war mir gegenüber nicht kritisch genug.

Später, in der Kälte des frühen Novembertags, erreichte mich der Gedanke: Wenigstens das, genau „das" werde ich ihm – Gott sei Dank – nie sagen müssen! Aber auch das hat mich nicht getröstet, es machte mich nur hilfloser. Heute denke ich, wir hätten das, was uns in so verschiedener Weise belastete, in vielleicht notwendigen langen Gesprächen gemeinsam aufarbeiten können. Am besten wäre es gewesen, für ihn wie für mich, es wäre ihm mehr Zeit gegeben worden – vielleicht zehn Jahre, dann hätte ich ihm und er mir helfen können. Es ist ein Nehmen und Vergeben. Ich bin durch diese Prüfung schneller erwachsen geworden.

Im Sommer darauf, acht Jahre nach Kriegsende, lag Köln immer noch weitgehend in Trümmern. Die Trümmerhaufen waren etwas zusammengesunken, Keller waren eingestürzt, Schutthaufen niedergetrampelt, dafür waren kleine Bäume und Sträucher wie wild hochgeschossen, allen voran Staudenknöterich, Essigbaum, unglaublich breite, meterhohe Brennnesselbüsche. Ich war gerade mal siebzehn und hatte erfahren, dass man in bestimmte Trümmergrundstücke einfach hineingehen musste, wenn man etwas erleben wollte. Das war offenbar nicht ganz ungefährlich, weswegen man Abendstunden besser vermied. Aber das waren ohnehin Stunden, in denen ich normalerweise längst nicht mehr in der Stadt war. Ich versuchte es an einem frühen Nachmittag. Prompt traf ich auf einen Jungen, der etwas kleiner und etwas älter war als ich, ein Kraftpaket, anscheinend ein lustiger Typ, der, wie man so sagte, unverfälscht Kölsch sprach. Er hatte auch so etwas wie Stil, wenn man das in diesem Umfeld so sagen kann, und schlug gleich vor: „Wir bleiben doch natürlich nicht hier?!" Wir fuhren mit der Straßenbahn zu einem Ort, von dem ich vorher noch nie gehört hatte, von dem man aber heutzutage sagen kann, dass er unter Schwulen eine jener Stellen war beziehungsweise immer noch ist, die „man so kennt". Selbst die Presse berichtete inzwischen gelegentlich über Komisches oder Beunruhigendes, das da abging, selbst meine Mutter kannte später diesen Namen, und das nicht etwa von mir. Ich spreche vom Aachener Weiher und einem dazugehörigen Gebiet mit hügeligem Wäldchen im Westen Kölns, unmittelbar an einem Bahnkörper gelegen. Er war voll kleiner, grasbewachsener Verstecke, die Schutzsuchende offenbar vorher angelegt hatten, in denen man für was auch immer verweilen konnte. Andere Männer, die vorbeikamen, störten nicht, man beachtete sie nicht, sie waren zuverlässig ähnlichen Sinnes. Er suchte also auch für uns nach einer passenden Stelle, selbst wenn sie nicht ganz abgeschirmt war, was er mit einer wegwerfenden Bewegung kommentierte: „Du siehst doch, was hier los ist." Für das, was nach ein paar Zärtlichkeiten folgte, brauche ich weder mein Gedächtnis zu strapazieren noch erneut an die Fantasie anderer Menschen zu appellieren. Die geweckten Erwartungen würden bei solchen Hinweisen sicherlich enttäuscht: Es war nicht so dolle ... Genau das war auch nicht das Entscheidende an diesem in vieler Hinsicht ungewöhnlichen Treffen: Wir sind anschließend völlig entspannt zusammen sitzen geblieben, haben uns über unser junges Leben und unsere Sorgen unterhalten. Sein Name war Heinz, und er arbeitete als Schlosserlehrling in einem Kölner Handwerksbetrieb, wo er, wie er sagte, über seine Orientierung keine Zweifel gelassen habe, was zu jener Zeit unglaublich mutig war. Wegen seiner Ehrlichkeit habe er oft absolut dreckige Bemerkungen zu hören bekommen. Seine Geschwister wüssten alle Bescheid, aber er habe doch Angst, was seine sehr katholischen Eltern dazu sagen würden. Die hatte er nämlich noch nicht informiert, um etwas leiser folgen zu lassen, dass sie sicher auch alles längst wüssten, aber wegen Nachbarschaft, Verwandtschaft, Kirche … und so weiter … lieber Theater spielten. Insgesamt wirkte er auf mich aber entspannt, und ich sagte ihm das auch. Ich fügte hinzu, ich fühlte mich in der Sache zwar ziemlich erwachsen, ehrlicherweise aber doch auch voller Ängste, obwohl mein Vater zum Beispiel gerade verstorben sei. Da legte er seinen Arm um meine Schulter und sagte nur: „Aber wir sind doch alle schon so ganz lange dabei!" Diesen Satz habe ich nie vergessen, weswegen ich ihn auch hier, nach rund siebzig Jahren, noch mal ganz genau und wörtlich so aufschreibe. Er war der Erste, der von UNS Schwulen (damals noch „Homosexuellen") in der ersten Person Plural, von WIR sprach. Allein das hat mich wirklich erstaunt und ergriffen. Und er führte aus, was er mit dem zweiten Teil „schon lange dabei" gemeint hatte: „Haste mal *Corydon* gelesen, haste mal André Gide gelesen, den französischen Schriftsteller und Nobelpreisträger? Ich habe ja noch nicht viel gelesen, weil ich lieber im Kino gehe, aber seit ich das gelesen habe, sehe ich mich ganz anders! André Gide hat das ganz altertümlich, lehrerhaft und wissenschaftlich aufgezogen, aber gut. Er nennt das *Vier sokratische Dialoge* – zu hoch für mich. Aber er sagt damit auch, dass in der Evolution, der Entwicklungsgeschichte des Menschen, so was wie schwul schon ganz lange immer schon voll mit dabei war. Du wirst erstaunt sein, wie viel schwule Tiere es gibt, oder sagen wir mal lieber, Tiere, die es mal so und mal so machen. Unglaublich! Ich muss zugeben, dass ich seit dem Buch ein bisschen Probleme mit dem lieben Gott habe. Denn wenn man das, was wir gerne täten, als ‚unnatürlich' bezeichnet, dann hat der liebe Gott bei uns ja einen Fehler gemacht. Der liebe Gott macht aber keine Fehler! Von der Evolution wissen wir aber, dass sie schon viele Fehler gemacht hat. Sie ist oft in der Sackgasse gelandet und hat ganz von vorne wieder anfangen müssen, bis schließlich so was Hübsches rausgekommen ist wie …", er lachte lauthals und küsste mich voll auf den Mund, „… so was Hübsches wie du und ich!"

Das war mehr als e kölsch Bützje … Mich hat dieser Dialog nicht mehr ruhig werden lassen. Am nächsten Tag habe ich mir das

Buch gekauft. Da war so ein ganz schlanker, graziler Buchhändler. Er reichte mir mit zarten, manikürten Händen – aber nicht etwa mit spitzen Fingern – das schmale Bändchen und flötete. „Ach, liest du … ähm, lesen Sie das auch?“ „Will ich grad erst.“ Schon war ich weg. Dieses kleine Büchlein von André Gide, *Corydon,* stand lebenslang in meinem Bücherregal. Zuerst habe ich es selbst immer wieder studiert. Über die Jahre las ich dann auch die vielen Kritiken, die in steigender Zahl hereinkamen, gute wie schlechte, und dazu noch hochdifferenziert zu den verschiedenen Aspekten, die das Buch anschneidet. Ich finde alles, was Gide sagt, immer noch sehr diskussionswürdig. Inzwischen gibt es Literatur, die in diesem Zusammenhang auf neue und ganz andere Fakten zurückgreifen kann.

Auch las ich eine andere Geschichte von ihm, jene Parabel von der *Rückkehr des verlorenen Sohnes,* die jeder kennt, der einen Blick in das Neue Testament geworfen hat. Sie steht in Lukas 15,11–23. Es ist sicher eine der bedenkenswertesten Parabeln oder Gleichnisse, mit denen Jesus anschaulich die Güte seines Vaters im Himmel dargestellt, die Dimensionen seiner Glaubenslehre bildhaft und einprägsam, für jeden und alle verständlich aufgezeigt hat. Es handelt sich um eine archaische Geschichte mit zwei interessanten Teilen. Gide brachte mir mit seiner Erzählung zunächst einmal die Fülle und die Wärme jener religiösen Gedankenwelt zurück, die ich in den Jahren meiner sehr intensiven evangelischen Unterrichtung erhalten hatte, ganz unabhängig davon, wieweit diese meinen eigenen Glauben und letztlich meine eigenen Überzeugungen und zukünftigen Vorstellungen von eigener Religiosität geprägt hatten. Dieses Gleichnis gehört zu den meistdiskutierten des Neuen Testaments. Es gibt unendlich viele Interpretationen und natürlich sehr interessante Vergleiche zu einem anderen Gleichnis. Es steht im Neuen Testament in Matthäus 20,1–16 und handelt von den Arbeitern im Weinberg. Beide Gleichnisse ruhen so tief im Schoß der zivilisatorischen Frühzeit des östlichen Mittelmeerraums mit Ackerbau, Viehzucht und Weinbau, dass sie mir zuletzt auch mögliche Verbindungen erschlossen zu Lessings Ringparabel *Nathan der Weise,* diesem grandiosen Theaterstück zu absoluter religiöser Toleranz, einem der besten der deutschen Theaterliteratur. Die Erzählung oder deren Variation von der Rückkehr des verlorenen Sohns, wie Gide sie erzählt, ist überraschend anders. Dass der jüngste Bruder nach allem, was er über das Schicksal des heimgekehrten Sohnes in den Tagen zuvor hatte erfahren können, frühmorgens aufsteht, um es von sich aus erneut und damit selbstbestimmt zu erleben, um sich auf jeden Fall so weit zu verwirklichen, dass er nicht bei der Heimkehr als Versager auf Vergebung hoffen muss, hat mich stark beeindruckt. Es hat mich sehr beschäftigt, wochenlang. Hier fühlte ich mich zutiefst angesprochen. Ich wollte schlicht so werden wie ich war, ich wollte nicht geduldet, mir sollte nicht vergeben werden! War es nicht der Gedanke, schon jetzt mein eigenes Leben voll zu riskieren, der mich von anderen Jungen unterschied, worin ich persönlich bestätigt und bestärkt wurde?! Diesen Gedanken habe ich aufgegriffen. Er wurde fast so etwas wie ein Stab, an dem ich mich festhalten konnte, eine Sinnsuche, die mich Heranwachsenden an die Wertvorstellungen von Religion und Philosophie von Antike bis in die Zeit meiner eigenen Vorfahren und meiner Eltern wieder angebunden hat. Da war ich plötzlich völlig „normal“, ich konnte mich in ihren Kreis eingebunden fühlen. Ob sie das selbst so sehen könnten, war eigentlich egal. Die Beschäftigung mit André Gides Interpretation von der *Heimkehr des verlorenen Sohnes* veranlasste mich zu einem Selbstporträt in der sehr bestimmten grafischen Weise eines kontrastscharfen Linolschnitts in Schwarz-Weiß.

8 Le bouquet de muguet

Nüchtern betrachtet und wie oben genauer beschrieben, war das zarte Pflänzchen meiner erotischen Begierden mit Heinz gewissermaßen auf dem Trümmerhaufen gelandet. Auf diesem aber war – wie überall im Köln von 1953 – schon wieder frisches Grün mit dünnen Baumstämmchen gewachsen.

Es hatte nicht unbedingt unserer eigenen Wahl entsprochen (mit *uns* sind also ab jetzt wir Schwule gemeint), uns an dunklen, verwilderten, nicht unbedingt gut riechenden Stellen zu treffen – oder Schlimmeres. Die Gesellschaft wollte uns damals eben noch nicht bei Tageslicht dabeihaben, jedenfalls nicht diesen Teil von uns, so schrecklich einfach war das. Dagegen bewegte sich ein viel größerer Teil von uns immer schon und überall sonst auf der Welt in Vorstandsetagen, auf Kunstausstellungen, bei Konzerten auf der Bühne und im Zuschauerraum, saß in Fachgremien, akademischen Kollegien, auf Richterstühlen, Kanzeln und Bischofssitzen, Aufsichtsratsstühlen, Parlamentssitzen, Kardinalsthronen, Rennfahrersitzen, Lehrstühlen, an Orgelmanualen und andernorts – und dort meist mitten im Tageslicht. Leider weiß man bis heute immer noch viel zu wenig von Fußballvereinen. Nicht alle ertrugen oder lebten dieses Schisma. Manch einer wollte sich von seinen Trieben nicht zwingen lassen, nächtens zu derart degoutanten Stellen zu pilgern – und musste sich zu seinem Leidwesen Jahrzehnte später erzählen lassen, wie andere gerade in diesen zweifelhaften Auen den Liebsten, den Mann fürs Leben gefunden hatten. Bei mir war das jedenfalls so. Die Engländer, meiner viel späteren Erfahrung nach auch in die höchsten Kreise hinein etwas versteckter versaut und etwas besser getarnt, haben viele wunderbare Bücher zum Thema produziert. Sie sind geradezu exemplarisch für Bibliophile des besonderen Geschmacks. Hier werden diese Örtlichkeiten beschrieben, dargestellt, verfremdet, poetisch verklärt oder sich darüber auf der Ebene schwarzen, gegebenenfalls auch etwas pervertierten, in jedem Falle aber hintergründigen Humors typisch englisch amüsiert. Wer das kannte oder wem das einmal vermittelt worden war, für den war das alles plötzlich gar nicht mehr so schlimm. Die unaussprechliche Umgebung konnte Kunst werden und sogar den Status eines Kunsttempels erreichen. Um in jenen frühen Jahren vor anderen zu verdecken, wovon man eigentlich sprach, verfremdete man bei uns die Bezeichnung solcher Örtlichkeiten. Man nannte sie dann ihrer Form wegen in Berlin „Café Achteck", im übrigen Land „Klappen". Sehr oft trugen diese Klappen zur genaueren Kennzeichnung von Ort oder Eigenart bestimmte Eigennamen, so wie in Berlin die „Opern-Klappe", die „Reuter-Klappe", die „Klappe am Theo", in Hannover die „Haarmann-Gedächtnis-Klappe", in München die „Max-Zwo-Klappe" oder „Feilitzsch-Klappe" an der Münchner Freiheit. Und vielleicht tröstet es ja den einen oder die andere, die sich von der hier geübten Praxis abgestoßen fühlen, dass sich etwa fünfzig Jahre später, ungefähr ab dem Jahr 2000, wissenschaftliche, psychosoziale Untersuchungen dieses mehr als nur olfaktorischen Phänomens annahmen und darin eine schicksalsbedingte Unvermeidbarkeit erkannten. Damit wurden ebenjene entschuldigt, die sich in der Stadt oft unter dem Trottoir das suchen mussten, was für sie – in ihrem beruflichen wie privaten Leben sonst im Hochhausappartement angekommen – nicht so einfach zu finden war. Soweit war ich aber noch lange nicht. Nicht einmal andeutungsweise war ich informiert, als ich Anfang 1953

– „mit siebzehn fängt das Leben an", trällerte der Lautsprecher im nahen Café – auf dem Kölner Heumarkt die Stufen zur dortigen „Unterwelt" herabstieg. Auch hier roch es nicht besonders gut. Dennoch – oder vielleicht gerade deswegen – war hier ziemlich viel los. Wenn es sich in der Beschreibung unseres damaligen verqueren Lebens so anhört, als ob dort etwas Lustiges passiert sei, so muss ich gleich etwas Tragisches vorschieben. Ziemlich genau zu dieser Zeit geschah es nämlich, dass man unweit vom Heumarkt, aus der Unterwelt des alten Waidmarkts gerade herunter, ein paar Meter abseits von der Basis eines alten Brunnens, genau vor der alten Kölner Polizeidirektion, einen hochgewachsenen, damals weit bekannten Kölner Oberstadtdirektor an oben erwähntes Tageslicht zerrte. Er war einfach dort unten gewesen, zwischen all den Männern, die da sonst noch herumstanden. Etwas Genaues wusste man nicht, aber die prüde Welt der Adenauerzeit wollte selbst Vermutungen zunächst einmal nicht ohne Empörung hinnehmen. Die Presse weidete sich daran und fügte ein paar Anspielungen hinzu. Am Schluss wunderte man sich ein bisschen, dass der Mann schon ganz kurz danach in der Haft, in die man ihn nur aus Verdachtsgründen gesteckt hatte, Selbstmord beging. Da gab es dann ein bisschen Erschütterung, von der man nicht einmal wusste, ob sie ernst gemeint war. Jedenfalls war es auch damals schon so, dass Köln manchmal überhaupt nicht lustig war.

Neben mir in der Unterwelt stand jedenfalls ein Bild von einem Mann, Mitte zwanzig, Bauarbeiter, gebräunte Unterarme, fein blond behaart, flachsgelbe Haare, eine Wucht. Er drehte sich langsam zu mir um, schaute mich mit seinen blauen Augen voll an, zögerte erst angesichts seines sehr jungen Gegenübers, grinste dann und winkte mit dem Kopf: nach oben! Als ich mit ihm in Köln-Zollstock durch die Wohnküche ging – man wohnte damals überall recht beengt –, sagte seine etwa dreißigjährige Schwester, von der Nähmaschine aufblickend: „Do häss do dich ävver ne leckere Jung anjelaat." In der Küche saß auch ein etwa vierzigjähriger Mann, offenbar sein älterer Partner. Ich wusste nicht, in welchem Arrangement sie lebten, wurde etwas nervös und wollte eigentlich gehen. Düres, was auf Kölsch für Theodor steht, schaute seinen Partner scharf an und sagte nur: „Untersteh dich!" Der duckte sich. So gingen wir nach nebenan ins Doppelschläfrige. Zu dem, was sich dort abspielte, brauche ich diesmal überhaupt keine Angaben zu machen. Die einen benötigen sie nach den oben skizzierten anatomisch-physiologischen Charakterisierungen nicht mehr, die Fantasie der anderen wäre möglicherweise überfordert. Vielleicht hilft der Hinweis, dass sein Partner bei unserem Rückzug durch die gleiche Wohnküche seufzend sagte: „... wie griechische Athleten beim Ringkampf."

Ich weiß nicht, ob ich das extra erwähnen muss, aber Düres war, von seinem wirklich eindrucksvollen athletischen Körper einmal abgesehen, auch sonst über alle Maßen gesegnet. So ein Ding zu benennen war mir jedenfalls noch nicht ... über die Lippen gekommen. Jedenfalls möchte ich nicht nur erwähnen, sondern betonen, dass ich mich bei dieser „Begegnung" vollständig normal fühlte. Keine Schuldgefühle, nichts – total normal! Oder besser gesagt: total geil! Selbstverständlich verabredeten wir uns fürs nächste Mal. Diesmal keine Schwester, keine Nähmaschine, kein Partner. Dafür hatte Düres geduscht, leider, sag' ich einfach mal so, und sich dazu, schlimmer noch, eine kleine Flasche Maiglöckchenduft von seiner Schwester über den Kopf gegossen ...

Im April überraschte meine Mutter mich völlig. Aus heiterem Himmel fragte sie mich: „Hast du Lust, mit mir zwei Wochen nach Paris zu fahren?" „Hab' ich Lust?! Hey, hab' ich denn wohl überhaupt zu so was Lust?", prustete ich heraus, echote ich, den Flur heruntertanzend, um meine Begeisterung ein bisschen zu bremsen. Ich benahm mich wie besoffen. Sie umarmte mich. Meine Brüder hatten nicht die geringsten Einwände, waren überhaupt nicht eifersüchtig, sagten mir später, so etwas habe sie sowieso nur mit mir gemacht. Und: Sie wollte einfach nur raus.

Raus in eine Pariser Vorstadt, wo die Hotels erschwinglicher sind, war es dann auch ein bisschen weiter. Aber man muss es eben einfach als ganz und gar unbedarfter Bengel zum ersten Mal erlebt haben, wie schnell man mit der Metro in einer richtigen Großstadt wieder im Zentrum ist. Das Ganze begann als Busreise auf der Autobahn Richtung Paris. Die Mitreisenden mussten und mochten wir nach der Ankunft alle nicht mehr sehen. Meine Mutter hatte entschieden, mit mir alles allein zu machen. Sie hatte auf der Schule Französisch gelernt, beherrschte es immer noch sehr gut, da sie mit meinem Vater oft (wenn wir Kinder nichts verstehen sollten) auch zu Hause Französisch sprach. Meine eigenen Kenntnisse erwiesen sich nach nur einem Schuljahr als jämmerlich.

Wir fuhren spätabends von Nordosten in die Stadt. Die Straßen waren noch hell erleuchtet, weit geöffnete Bars, Menschenmengen auf den breiten Trottoirs, Lärm, hupende Autos. Meine Aufregung wuchs, ich konnte in der ersten Nacht kaum schlafen. Wir starteten natürlich mit dem Louvre, kamen am nächsten und übernächsten Tage noch mal wieder. Danach viele weitere Museen mehr, wir fuhren zum Bois de Boulogne, saßen im Jardin du Luxembourg, fuhren hinauf auf den Eiffelturm, schauten ehrfürchtig im Invalidendom auf den Sarkophag Napoleons, waren in der Sacré-Cœur, wo meine Mutter weinend eine Kerze zur Erinnerung an unseren Vater in den Ständer vor einer Madonna steckte – eine Protestantin, vom Inneren der weißschimmernden Kathedrale überwältigt. Auf dem Boulevard Saint-Michel, dem Boul' Mich', gingen wir während unserer Tage in ein kleines Straßenlokal zum Mittagessen. Viele Studenten kamen dorthin, alle hatten Wein in typischen Karaffen auf dem Tablett. Es war billig, und auch wir waren glücklich mit dem billigen Wein. Alles war wunderbar! Einen halben Abend verbrachten wir in Les Halles, haben Zwiebelsuppe gegessen. Die Hallen gibt es schon lange nicht mehr. Sie gehörten zu den ersten unglaublich anregenden Stätten meines langen Lebens, bei denen ich mich daran gewöhnen musste, dass sie einige Zeit danach einfach nicht mehr da waren. Paris ist mir mit seinen Straßenfluchten damals als etwas Düsteres im Gedächtnis geblieben: Tout Paris, alle Pariser Fassaden waren schmutziggrau bis tiefschwarz, verdreckt bis in die tiefsten Ritzen durch Autoabgase und den Ruß aus tausenden Kaminen. Den dadurch jahrzehntelang verdeckten grandiosen Figurenschmuck, die floral aufgelösten Konturen, ließen sich erst viele Jahre später wieder erkennen, als die Stadt zu Beginn der Siebzigerjahre unter Präsident Georges Pompidou sandstrahlgereinigt wurde, sich danach langsam aus dem Staub erhob, bernsteinfarben auferstand.

An einem Abend gingen wir ins Théâtre du Châtelet, ein weniger bedeutendes Opernhaus vom Ende des 19. Jahrhunderts. Man gab *L'auberge du cheval blanc, Zum weißen Rössl.* Es war merkwürdig für mich, eine für die deutsche Sprache geschriebene Operette französisch interpretiert zu hören – „oui, Papa …". Tagsüber in der Métro und auf den abendlichen Straßen habe ich mir natürlich die jungen französischen Männer besonders sorgfältig angeschaut. Sie waren ganz anders als in deutschen Landen, eher klein, angenehm für mich, der ich es nie über 1,72 Meter hinausgeschafft habe, betont männlich, dennoch nicht „Macho", vielmehr höflich, elegant, bestimmt. Schwarzes Kopfhaar, braune Augen dominierten. Dazwischen habe ich, für mich noch ganz ungewöhnlich, erstmals viele junge Menschen und natürlich viele junge Männer aus Nordafrika gesehen und kennengelernt, und auch sehr viele Schwarzafrikaner, von Nord- bis Zentralafrika. Sie wirkten auf mich ganz anders als jene Menschen schwarzer Haut, die ich als amerikanische GIs im Nachkriegsdeutschland getroffen hatte: Die dunkelhäutigen Männer in Paris waren ebenfalls etwas kleiner, etwas graziler und auf ihre Weise total attraktiv.

An einem Abend mussten wir natürlich ins Moulin Rouge. Ich hatte im Jahr zuvor ein damals berühmtes Buch gelesen, eine Biografie des französischen Impressionisten und Uralt-Adeligen Henry de Toulouse-Lautrec. Er war ein krankheitsbedingt kleinwüchsiger, einsamer Mann gewesen, der zwischen Prostituierten und Cancan-Tänzerinnen gelebt und dort seine sehr spontan wirkenden Bilder gemalt hatte. Inzwischen war er mehr noch für seine Plakatkunst berühmt, mit Motiven aus dem Inneren des Moulin Rouge, einer im Herzen des städtebaulich veränderten Paris zurückgelassenen alten roten Mühle, ihren Künstlern, Tänzerinnen, ihren vorwiegend Altherrengästen mit lüsternem Blick über geschwungenen Menjou-Bärtchen.

Die Eintrittsformalitäten – ich war ja noch keine achtzehn – waren kürzer als mein letzter Satz. Meine Mutter hatte zwischen die Eintrittskarten einen Geldschein gefaltet … ich staunte. Die Showband des Abends war exotisch, so etwas hatte ich noch nicht gesehen. Es waren fantastisch aussehende junge Männer, schlank, leicht muskelbetont, vielleicht von den südpazifischen Kolonien Frankreichs, aus Neukaledonien oder Polynesien. Ich konnte das damals noch nicht einschätzen. Sie spielten vorwiegend südamerikanisch, rhythmusbetont, mit vielen exotischen, aus Holz gefertigten Rhythmusinstrumenten, kleinen Trommeln, Bongos, Caxixi, nie zuvor gesehen. Ihre Kostüme für alle fünf Musiker gleich, seidiges Grün, helles Gelb, goldene Applikationen. Beim Musizieren tanzten sie wild und lasziv, Beschleunigung folgte auf Verlangsamung, schnelles Drehen, Aufspringen. Dabei sangen sie etwas mit ständiger Wiederholung, wie „Adesso Bella Lucia". Sie charmierten einfach alles und jeden durch ihre tänzerische erotische Körperlichkeit. Einer machte meine Mutter an – oder mich …? Wir wussten es beide nicht und lachten. In der Pause verschwand er, ich verabschiedete mich auch mal für den Moment … zur Toilette. Da stand er und zeigte mir etwas, was mit dem Dingdong von Düres absolut konkurrieren konnte, allerdings tiefschokoladenbraun, gegen Schwarzwollenes nach unten abgesetzt. Das hätte ich in dieser Größe nicht für möglich gehalten. Als ich auch nur ein bisschen nähertrat, packte er mich plötzlich und wollte mich in die Sitztoilette drängen. Ich nix wie raus. Als ich zurückkam, sah meine Mutter kurz auf und sagte: „Ist was passiert, du bist ja ganz blass?" Ich erwiderte: „Nein, Gott sei Dank gar nichts."

Großer Spot an: In der Mitte des Moulin Rouge stand eine schlanke, grazile Frau, Mitte zwanzig mit langen schwarzen Haaren im engen, langen schwarzen Kleid. Vom Publikum mit großem, warmem Applaus begrüßt, begann sie ihre Chansons sehr ruhig und gelassen in dunklen Tönen. Ihre Gestik sparsam, ausdrucksvoll. Ihr Gesicht erzählte die Geschichte ihrer Chansons, die das Französisch meiner Mutter überforderten. Immerhin hörte sie aus einem sehr frischen Lied etwas heraus wie „Les lavandières du Portugal“, und natürlich sang die Sängerin viel von Paris, paroles d’amour, vom petit oiseau, dem kleinen Vögelchen, viel von l’éternel féminine. Gegen Ende gab es als Zugabe das Chanson von Francis Lemarque über kleine Maiglöckchensträuße. Am nächsten Tag war der 1. Mai.

Großer, langer und warmer Applaus zum Abschied. Mir schien es ein besonderer Applaus zu sein. Was ich von zu Hause von Operettenaufführungen in der Stadthalle kannte, war immer ein prasselnder, laut johlender Beifall einer Menge, die nichts Gutes gewohnt war und noch nichts Subtiles gehört hatte. Hier wirkte der Beifall differenziert, er rauschte langsam zu ihr herauf, umhüllte die schlanke Gestalt, verebbte nur langsam, wenn sie sich zum Gehen wandte. Ich war endlos fasziniert, begeistert, klatschte eher verhalten und dafür anhaltend, bis sie in der Tiefe der Bühne verschwunden war.

Als wir kurz danach zum Heimweg aufbrachen, stand die kleine, zarte Chansonette ein wenig frierend auf der Straße, sie wartete offenbar auf ihr Taxi. Meine Mutter ging tapfer auf sie zu, sprach sie an und bat um ein Autogramm für mich auf der Rückseite des Programms, auf dem sich ein eher schlechter Schwarz-Weiß-Druck ihres Porträts fand. Sie erkundigte sich nach meinem Namen, ergriff den bereitgehaltenen Füllfederhalter und signierte „Pour Pierre un Souvenir de Juliette Gréco“. Zehn Jahre später habe ich sie in Deutschland wiedergetroffen.

Der frühe Morgen in Paris, zitternde goldene Strahlen von Osten, verhieß einen herrlichen Tag. Es war ein Freitag, wie schon gesagt, der 1. Mai. Wie der grandiose letzte Abend wartete auch dieser Vormittag mit etwas für mich Unerwartetem auf: Zarter Duft von frischen Maiglöckchen schwebte überall, kam von überall, zog ganz leicht überall hin. An jeder Ecke Blumenhändlerinnen mit riesigen Körben. Jeder schenkte jedem ein Sträußchen, Liebende sich untereinander, der garçon der musette, monsieur à madame, monsieur à garçon – pardon –, der gourmet dem pâtissier. Danach trug jeder ein Sträußchen am Revers oder im Dekolleté … und schwebte mit dem Duft davon.

Ganz plötzlich kam mir Düres mit seinem billigen Maiglöckchenduft in den Sinn, der Typ aus Köln-Zollstock, und wollte partout nicht wieder weg. Und so geschah es, dass eine erkennbar deutsche Dame an diesem herrlichen Sonnentag durch Paris lief, mit einem erkennbar deutschen Bengel im Schlepptau, der, wann immer die Musen der Horizontalen an den Straßenecken ihm ein einladendes Sträußchen frischer Maiglöckchen unter die Nase hielten, eine kleine Erektion niederzuknüppeln hatte, und keiner konnte wissen, warum – aber es hat ja auch keiner gesehen. Donc, où est le problème?

9 **Draußen vor der Tür**

Gibt denn keiner Antwort?
Gibt keiner Antwort?
Gibt denn keiner, keiner Antwort?

Wolfgang Borchert, Draußen vor der Tür (1947)

„Eine Tür – ein Haus – und Beckmann." Dem Mitschüler, der aus der Bank auf den Mittelgang herausgetreten war, den Kopf unverwandt über dem Text, den er mit wenigen Gesten, dafür mit dramatischer Modulation vortrug, waren vor Erregung feine Schweißperlen auf die Stirn getreten. Sein Hals war hochrot wie seine Wangen, sonst war das Gesicht fleckig blass, schweißnass. Er las und las und wurde nicht müde. Er wollte den ganzen Text vortragen, das ganze Stück, in einem Stück. Bill, unser Deutschlehrer, hatte eingewilligt, uns aber auch vorgewarnt, das könne eine lange Geschichte werden. Zuletzt waren es zwei volle Unterrichtsstunden. In der Pause war Carl, unser neuer Mitschüler, völlig erschöpft. Er versuchte, sich in der Bank zu entspannen, nahm zögerlich ein großes Wasserglas an, welches wir ihm hingestellt hatten. Auch nach einer Pause saßen wir wie angenagelt, hingen an seinen Lippen, brauchten Minuten, uns aus dieser gespannten Lage zu lösen und eine Diskussion über das Stück zu beginnen. Carl sagte, er habe sich zu dieser diskret szenischen Lesung entschlossen. Der Dichter selbst habe angemerkt: „Ein Stück, das kein Theater spielen und kein Zuschauer sehen will."

Unser Deutschlehrer Bill schien außerordentlich zufrieden. Das eben gehörte Stück *Draußen vor der Tür* von Wolfgang Borchert (1921–1947) entstammte seiner Generation. Er war, wie seine Hauptfigur Beckmann, verletzt, humpelnd aus dem Krieg zurückgekommen. Aber es war viel mehr auch ein Stück unserer Eltern, unserer Väter, aller Kriegsheimkehrer, aller Spätheimkehrer, aller, die nach dem Krieg innerlich noch längst nicht wieder in ein Zuhause, nicht zur Ruhe gekommen waren, in der hektischen Zeit nach dem Kriege gerade erst nach einer, nach der Antwort gesucht hatten. Das Stück hatte nach seiner Erstaufführung in Deutschland noch in den späten Vierzigerjahren großes Aufsehen erregt. Zunächst in einer Hörspielfassung ausgestrahlt, wurde es von Ida Ehre (1900–1989), der berühmten Generalintendantin des Hamburger Schauspielhauses, auf die Bühne gebracht. Jeder kannte den Namen Beckmann, jeder kannte Borcherts Namen. Die Tragödie, dass er selbst kurz vor der Premiere verstorben war, verklärte seine Person. Die Diskussion in Deutschland war lang und anhaltend. Aber selbst dieses Stück reichte nicht aus, um Deutschland zu einer wirklichen inneren Einkehr, zu einer ehrlichen Reflexion über den Krieg und das grauenhafte Geschehen zu bringen, das in diesem endlosen Massensterben des Krieges von Deutschen selbst begangen worden war.

Carl jedenfalls wurde unser Mann fürs Theater. Er wurde der Beste in all dem, was mit Literatur, Theater, Schauspiel zu tun hatte. Er war besonders, heute würde man sagen: *special.* Mit seiner warmen Stimme in mittlerer Tonlage, klar verständlich, maskulin, war er beim WDR in Köln in einer Klasse für Sprachausbildung und steuerte auf erste Einsätze als Radiosprecher zu. Er hatte ein glänzendes Geschick darin, Rollen einzustudieren, war ein brillanter Rezitator. Das hatte mich herausgefordert. In der Fülle auswendig gelernter Texte, Gedichte und Balladen war er nicht ganz so gut wie ich, in der Deklamation dafür unerreicht. Die Klasse fühlte sich von unserem Wettstreit gut unterhalten, applaudierte.

Carl bot mir an, meine Stimme zu schulen. Eines Tages kam er zu mir und fragte: „Hättest du Lust, ein bisschen Theater mitzuspielen? Ich denke an die Fünf-Minuten-Stücke von Thornton Wilder.“ „Aber klar doch!“ Ich kann mich nicht mehr an alle diese Stücke erinnern. Es waren typische kleine Theaterstücke für amerikanische

Colleges. Die amerikanischen Besatzer hatten dafür gesorgt, dass man sich das nach dem Krieg auch auf deutschen Bühnen und sogar Oberschulen vorstellen konnte. Sie kamen hervorragend an, jeder wollte mitspielen, Carl hatte die freie Auswahl. Ich bekam zwei verschiedene Rollen; das erste spielte in einem Zug, sagen wir einfach „Der Fremde im Zug". Das zweite hieß „Der Engel auf dem Schiff". Carl überlegte, wie man an so eine Galionsfigur von einem Segelschiff rankäme, die spielte nämlich eine große Rolle, auch wenn das Stück gerade mal sechs Minuten dauerte. Ich bot an: „Das wäre was für mich, so was kann ich für die Bühne machen." „Kannst du das?" „Klar doch, jeder kennt doch diese Galionsfiguren von Segelschiffen vorne unterm Vormast oder Fockmast, weit ausgebreitete Arme, grobe, dümmliche Gesichter, starrer Blick nach vorn, dicke Lippen, dicke Titten mit vergoldeten Nippeln." Genau so etwas habe ich dann im Keller unter der Turnhalle aus Pappmaché und Gips gebaut und angemalt. Als es dann auf der Bühne in der Stadthalle stand, rief Carl nur: „Scheinwerfer an!" Er schaute, strahlte und umarmte mich.

Wir sind mit den Stücken noch durch ein paar Nachbarschulen getourt. Dabei wuchs die Freundschaft zwischen Regisseur und Bühnenbildner. Ich war siebzehn Jahr – blondes Haar – und hatte mich vollkommen in Carl verknallt. Der war genauso jung, arbeitete außerhalb der Schule, aber schon rasant an seiner Karriere, hatte am Theater in Köln bereits eine Regieassistenz übernommen. Carl und ich haben in den zwei Jahren bis zum Abitur noch zwei weitere „Produktionen" gemacht: zunächst ein expressionistisches Theaterstück von Jakob Kaiser, *Die Bürger von Calais.* Ich selbst fand das Stück schwierig und weiß immer noch nicht, ob ich es wirklich verstanden hatte. Die Kostüme für die Ratsherren gestaltete ich imposant. Die Mutter eines zierlichen französischen Klassenkameraden hat sie mit Begeisterung genäht.

Viel schöner geriet uns meiner Meinung nach ein Stück von Carlo Goldoni, *Der Diener zweier Herren,* eines der besten der Commedia dell'arte. Carl hatte ganz professionell die gesamte Truppe vorher zusammengerufen, die Techniker, den avisierten Bühnenbildner, die Schauspieler. Wir waren gut vorbereitet, die Generalprobe war die übliche Katastrophe (vor allem wegen der Technik), also konnte bei der Uraufführung entweder alles oder gar nichts mehr schiefgehen. Ich hatte mir verspielt eine besondere Bühne ausgedacht, sie war lustig und entsprach dem schmalen Budget. Mein Bühnenbild, oder Bühnenraum, war mobil und leicht zu bewegen. Es bestand aus zwei großen Paneelen, die über Scharniere miteinander verbunden ein großes L bildeten. Es stand mit einem Winkel von deutlich mehr als neunzig Grad auf der Bühne. Das mittlere Paneel, der Hintergrund, bewegte sich auf einer Mittelachse, es ließ sich um diese Achse drehen. Das seitliche wurde beim Szenenwechsel von der rechten auf die linke Seite getragen, und umgekehrt, bildete also einmal als Wand den rechten, im nächsten Bild links als Wand den Bühnenabschluss. Vor jeder Szene hatten alle Schauspieler auf Carls Anweisung bewegungslos zu verharren. Sie bewegten sich erst im Moment des Endes einer Gitarren-Entrada und spielten die Szene durch. Beim Bühnenwechsel ergriffen sie selbst das bewegliche Paneel und trugen es in leichtem Marschtempo auf die andere Seite, schufen sich jedes Mal so den anderen Bühnenraum. Danach hatten sie wieder in die anfängliche Starre zu verfallen. Wir suchten leichte italienische barocke Musikstücke mit Gitarren und Lauten dazu aus. Zum Wechsel im leichten Marschtempo bestand ich auf die ersten Takte des *Col-legno*-Marsches von Mozart (*Col legno,* D-Dur, KV 355). Es war Intuition, aber bei den Proben hatte sich aus diesem Arrangement zunehmend eine starke Faszination für die Schauspieler herausgestellt. Die sollte sich nun auf das Publikum übertragen. Carl war sichtlich verzaubert. Ich hatte nur Augen für ihn, habe manchmal die Hände unbewusst leicht in seine Richtung gehoben. Er sah mich an, strahlend, aber selbst dabei habe ich nie das Gefühl gehabt, dass ihm bewusst war, wie unendlich ich ihn bewunderte und liebte. Diese kreative Zusammenarbeit schenkte mir die wohl stärkste sublimierte Liebeserfahrung in meinem jungen Leben, ohne Worte, ohne Berührung.

Carl und ich kamen locker durchs Abitur. Wir wussten beide, dass wir danach erst einmal arbeiten gehen mussten, von zu Hause war kein Geld zu erwarten. Wir hatten uns dazu vor Monaten Jobs bei den nahen Farbenfabriken Bayer besorgt, damals schon mit einem fortschrittlichen Werkstudentenprogramm und vielen Angeboten. Carl war kräftig. Er erhielt sofort einen gut bezahlten Job auf dem Bau. „Beim Bayer", wie die Leute so sagten, wurde ständig gebaut und erweitert.

Zunächst stand aber noch unsere Abiturfeier an. Unsere zur Konfirmation auf Zuwachs geschneiderten dunkelblauen Anzüge passten kaum noch, die Hosen waren zu kurz. „Hochwasser" nannte man so etwas, wir fanden das unwichtig. In den beiden letzten Schuljahren hatten wir viel über Politik geredet und sahen vielmehr unsere Arbeitsklamotten als eine Illustration unserer auch über Fragen des Sozialismus breit geführten Diskussion. Nach der Feier in der Schulaula ging es zurück in die Fabrik, Anzug in den Spind, Blaumann raus. Wie ich höre, geht es heutzutage nach bestandenem Abitur nach Mauritius oder die Malediven. Wir wussten nicht mal, wo das war – uns fehlte nichts.

Bei meiner Einstellung bei Bayer hatte ich auf die Frage, ob ich mich für „manuell geschickt" hielt, vorsichtig genickt. Ich landete in einer großen Fabrikhalle, wo im Akkord Glasampullen für injizierbare Medikamente in der Hitze Hunderter kleiner justierter Gasflammen von einer riesigen Spezialmaschine geformt, befüllt, bedruckt, zugeschweißt, abgeknipst und verpackt wurden. Das war in den Fünfzigern noch ganz ohne Elektronik rein mechanisch möglich, in einem Arbeitsgang – alle Achtung! Man raunte mir zu, eine einzige dieser sechs in Serie hintereinander justierten Maschinen koste fünfzigtausend D-Mark. Davon konnte man zu jener Zeit zwei Häuser bauen, und da sollte ich ...? Ich sollte! Ich sollte an einer dieser Maschine trainiert und schon zwei Tage später auf Akkordtempo gebracht werden. Die erste Maschine schaute mich schräg von oben an, drohend und fordernd wie ein Monster mit gierig funkelnden Glasstielaugen. Die Maschine musste ständig von Hand mit 1,50 Meter langen Glasstäben gefüttert werden, und man hatte höllisch aufzupassen. In den ersten Stunden flogen mir die heißen Glasstückchen nur so um die Ohren. Schichtarbeiter kamen vorbei, ich stand etwas erschüttert, im viel zu großen Blaumann, und sie lästerten: „Also, Doktor willste werden? Herr Doktor, für Handarbeit leider viel zu doof!" Ein Vorarbeiter sollte mich einweisen. Er sagte: „Musst dich nicht so dumm anstellen." Ich wusste nicht, wovon er redete, machte prompt ein betont dummes Gesicht, er war hochzufrieden. Er hat mir alles gezeigt, begeisterte sich an sich selbst, zeigte mir immer mehr Tricks: Neben dem Füttern mit den Glasstäben musste man mit einem kleinen Vierkantschlüsselchen auf unterschiedliche Art jedes dieser Hunderten von Gasflämmchen laufend nachjustieren, das war der eigentliche Trick, für den man manuelles Geschick, einen klaren Kopf, ein gutes Auge und eine ruhige Hand brauchte. Nachdem ich ihm über ein paar Stunden mit dummem Gesicht zugeschaut, von unten angeschielt und immer genickt hatte, lobte er mich als für manuelles Arbeiten hochbegabt und akkordfähig. Ende Tag zwei wurde ich in die Akkordbahn eingeschleust. Nachmittags wurde ich in eine vertrauliche Runde gebeten: „Wir sind Akkordarbeiter, wir können alle viel Geld verdienen, du möchtest das doch auch. Wir müssen jeden Tag Akkord fahren, müssen immer die Vortagesspitze erreichen, auf keinen Fall schneller oder noch mehr! Auf gar keinen Fall! Sonst wird die Akkordmarke raufgesetzt – ganz große Scheiße, kommste nie wieder runter! Wir fahren ab Schichtbeginn in zwei Stunden auf volle Höhe, haben uns gegenseitig immer im Auge, danach Pause, noch mal kurz hoch bis Schichtmitte. Danach eine Stunde ganz ruhig, dann noch einmal eine halbe Stunde volle Pulle, danach fahren wir ganz langsam zurück. Pass gut auf, dann schaffst du das auch bald! Und immer auf die anderen gucken! Immer aufpassen!"

Zwei Wochen später war ich soweit, dass ich beim Arbeiten, außer im hochlaufenden Akkord, so „vollautomatisiert" war, dass ich nebenbei meine Rowohlt-Bändchen lesen konnte, eingeklemmt zwischen den Gaszuleitungen – etwas hektisch. Wie jede Woche gab es auch an diesem Freitag kurz vor Monatsende das Geld auf die flache Hand. Sie duschten alle, zogen bessere Sachen an. Einer kam zu mir und sagte: „Do häss ons vill Freud gemaht, Jung! Mer fohre jetzt op Kölle, in de Nesselsjass, nämme dich mit, laden dich ein." „Seid ihr verrückt?", schrie der Vorarbeiter. „Dä Jung is doch noch janisch volljährisch! Haut ab, der Hennes jeht hück ooch nit mit, der is verlob', da kann man sojet nit maache."

Ich war erleichtert, dass die Ehre einer Einladung in einen Kölner Puff abgewendet war. Ich fuhr mit der Straßenbahn nach Hause und war unglaublich stolz! Ich dachte: „Tschüss, Schillerballaden, jetzt habe ich wirklich was geleistet. Zu Hause schaute meine Mutter erstaunt an mir herauf und herunter, dann lachte sie, sagte: „Steht dir gut. Ich wusste immer, du wirst 'n Soze", und gab mir einen Kuss auf den Mund. – Ich hatte vergessen, den Blaumann auszuziehen.

Carl traf ich einige Tage später. Er war halbwegs zufrieden. Es gab gutes Geld für schwere Arbeit, aber für den Ungeübten jeden Tag anstrengend. Ich meinte, mir gehe es da wohl besser, die Arbeiter um mich herum sagten alle, wir leisteten „Kopfarbeit". Carl meinte: „Wir sind Helden der Arbeit!" Wir lachten beide. Ziemlich zum Schluss unserer Zeit bei Bayer dachten wir beide daran, dass bald unser erstes Studiensemester beginnen würde. Carl würde an die Uni Köln gehen, ich nach Tübingen. Carl stellte zudem fest, dann würde unsere gemeinsame Theaterzeit auch vorbei sein. „Schade, es hat uns beiden doch viel Spaß gemacht." Ich sagte nichts und war plötzlich traurig …

Am Monatsende war endgültig Schluss. Am letzten Freitagnachmittag war ich früh aus der Schicht nach Hause gekommen, hatte gebadet, mich umgezogen und mich auf den Weg zu Carl gemacht. Wir wollten uns, bevor wir uns zum Studium trennten, einfach noch mal treffen. Als ich bei ihm zu Hause ankam und klingelte, öffnete mir seine Mutter, führte mich durchs Parterre und sagte: „Geh mal gleich in den Garten durch. Carl ist schrecklich müde nach Hause gekommen, er sagte, er wolle sich beim Schwimmbecken ein bisschen erholen." Ich ging zwischen herrlich blühenden Hortensiensträuchern nach hinten zum moosüberwachsenen alten Becken, fand Carl auf der Bank liegend, schlafend. Man hatte den Eindruck, er habe zunächst einfach auf der Bank gesessen und sei dann vor Übermüdung auf die Seite gesunken. Sein Kopf lag auf der Seitenlehne der Bank eher ungemütlich nach hinten gebeugt, gerade noch auf dem rechten Arm ruhend. Der linke Arm über der Rückenlehne, das rechte Bein berührte noch den Boden, das andere war leicht auf der Bank aufgestellt. Er trug noch seine Arbeitsklamotten, eine abgeschnittene, in den Hosenbeinen aufgekrempelte Arbeitshose. Die Ärmel hatte er ebenfalls aufgekrempelt. Sein Hemd stand weit offen, man sah seinen von zartem Haar umspielten Nabel. Er atmete ruhig und tief. Die harte Arbeit auf dem Bau unter der Sonne hatte ihn, der sonst eher blass war, tief gebräunt. Seine feinen blonden Körperhaare lagen wie ein Weichzeichner über den Konturen seiner Schultern und Gelenke. Über und über war er mit Zementspritzern bedeckt. Meinen Schritt hatte ich gedämpft, als ich Carl sah, um ihn nicht zu wecken. Ich hielt mich an einer Stange fest und konnte den Blick nicht mehr von ihm wenden. Ein tiefer, wunder Schmerz zog von meinen Augen in meine Brust, meinen Wunsch, ihn zu berühren, konnte ich kaum zügeln. Mir wurde bewusst, dass ich diesen Mann – seine vollendete Erscheinung beseelt von jugendlich kreativem Geist – niemals würde berühren können, so sehr ich ihn auch liebte. Tränen stürzten aus meinen Augen, mir wurde übel, meine Knie hielten mich kaum. Ich ließ mich auf einen Gartenstuhl fallen und fiel tiefer noch in nie erlebtes Elend, Verzweiflung, Resignation – blieb ich denn für immer … draußen vor der Tür?

Minuten später kam Carls Mutter mit einer dampfenden Teekanne und drei Tassen. Sie sah mich an und sagte: „Um Himmels willen, Junge, was hast du? Diese Arbeit ist doch viel zu ungewohnt für euch Jungs! Kommt, wir trinken einen Tee, nehmt ein paar Kekse. Bald fangt ihr ja zu studieren an."

Carl war durch die Stimme seiner Mutter aufgewacht. Er stand auf, streckte sich, rieb mit den Fingerknöcheln seine Augen, die Ellbogen weit abgespreizt, gähnte, setzte sich zu uns. Er begrüßte mich mit jenem selbstverständlichen Lächeln, fast nebenbei, als ob wir uns ewig kannten und in alle Ewigkeit kennen würden.

Erst nach 1975, als ich aus den USA zurück war, begegneten wir uns erstmals wieder auf einem Klassentreffen. Carl war inzwischen Radiosprecher und Medienmann beim Westdeutschen Rundfunk. Das passte hervorragend zu ihm. Er fühlte sich offenbar an der richtigen Stelle. Er bot mir an, mich auf der Rückfahrt Richtung Köln in seinem Auto mitzunehmen. Es war seltsam, es war eine Vertrautheit zwischen uns, als hätten wir uns gestern erst voneinander verabschiedet. Er steuerte den Wagen durch die Nacht, und ich merkte, wie er mir zugleich sehr interessiert zuhörte. Immer bevor er antwortete, schaute er mich sekundenschnell voll von der Seite an. Ich sah sein vertrautes, aufmerksam gebliebenes Gesicht, das Gesicht jenes jungen Mannes, der sich für Beckmann engagiert, ihm seine Stimme geliehen hatte. Ich erzählte Carl von den verschiedenen Channels in der San Francisco Bay Area, die sich alle auf ein ganz bestimmtes Thema konzentrierten: einen Channel mit Gebet und religiöser Erbauung, evangelikal, lutherisch, calvinistisch oder islamisch, einen freien Sports Channel, einen Channel für Pop, einen für Country, einen ausschließlich für klassische Musik. Er hörte mir genau zu – wir diskutierten, so was gab es beim WDR noch nicht. Ich weiß nicht einmal, ob wir in diesem Augenblick auch über Familienverhältnisse gesprochen haben, aber das war im Moment nicht Thema, und wir beide waren Menschen des Augenblicks, nur in diesem präsent. Wir verabschiedeten uns, als ob es nie einen Anfang gegeben hätte, nie ein Ende geben würde. Einige Jahre später erfuhr ich, dass man bei Carl einen Hirntumor festgestellt hatte und er rasch danach verstorben war. Diese Nachricht hat mich erschüttert. Der Intendant des WDR, Fritz Pleitgen (1938–2022), altersgleich mit uns, sprach einen Nachruf. Den fand ich angemessen, er hat mich getröstet. Carl ist einer der Menschen, die ich nie aufhören werde zu lieben.

10 Von einem, der auszog, das Fürchten zu lernen

Mit diesem Märchen habe ich immer schon etwas gehadert, nicht etwa wegen des Titels oder Inhalts, überhaupt nicht: Ich wusste früh, dass es einer der wichtigsten Texte mit dem wichtigsten Zauberwort meines Buches werden sollte, geradezu werden müsste – und damit unverzichtbarer Teil dessen, was ich ausdrücken will. Es ist die dem Märchen von Wilhelm Hauff entsprungene Figur des ganz und gar auf dem Boden der Tatsachen stehenden Töpfersohnes Michel, dem es vor nichts gruselt. Am Schluss hat er es doch noch geschafft, weil er sich nämlich total und für immer verliebt hat, kompromisslos, ohne Zugeständnisse. Das Märchen war nie nur für Kinder gedacht. Ich habe nur immer überlegt, soll ich den Anfang nehmen, wo Michel alle irritiert, weil er so seltsam von sich sagt, nichts könne ihn gruseln? Oder die Mitte, wo er überlegt, sich darüber endlich mal Gedanken zu machen und loszuziehen, um es zu lernen? Oder in der Quintessenz den Schluss, wo es dann zum Happy End kommt – das wäre dann aber vielleicht nur noch belehrend und zu spät.

Ich bin jetzt in der Erinnerung gerade zwischen Schule und Studium und habe bereits zu viel von alledem gemerkt, gehört, mitbekommen, zugeflüstert, eingebläut bekommen, vor dem man sich sein Leben lang nur gruseln kann. Und deswegen soll dieses Märchen als ein auf verquere Art umgedeuteter Text genau hier folgen. Allen, die ich mit dieser Einleitung überfordert haben sollte, empfehle ich, sie sollten dieses seltsame, düstere, tiefenpsychologisch deutbare Märchen von Wilhelm Hauff noch einmal nachlesen – ja! Mädels und Jungs, Freunde und Freundinnen, jung und alt, groß und klein und alles dazwischen: Lest es doch noch einmal nach, oder besser noch, lasst es euch vorm Zubettgehen vorlesen. Ich hatte es als Kind, als man es mir vorlas, selbst noch beim ersten Nachlesen, nicht recht verstanden. Dazu, glaube ich, muss man es erst einmal durch diese schwierige Pubertät geschafft haben. Danach erkennt man plötzlich, dass dieses Märchen von einem Selbstfindungsprozess erzählt, und da sollten Schwule allemal aufwachen. Das Zauberwort zu finden wird dem Märchen und zugleich unserer heutigen Wirklichkeit gerecht. Es ist seltsam und schwierig zu suchen, aber erst einmal gefunden, ist es unerwartet befreiend.

An irgendeinem Punkt in der ahnungslosen Kindheit geht es los mit anzüglichen Bemerkungen, bisher nicht gehörten Begriffen über andere Menschen, Begriffe, die man nicht kennt und nicht begreift. Aus zeitlicher Distanz betrachtet sind subtile Formen der Diskriminierung für mich als über Achtzigjährigen immer noch wahrnehmbar, aber persönlich belanglos. Der Unterschied besteht in einer Erfahrungsspanne von über einem halben Jahrhundert und der Möglichkeit, den sich mit der Diskriminierung selbst entblößenden Menschen hinsichtlich seiner Schwächen einzuschätzen. Das macht stark – und lässt dich lächeln ...

Subtil fing es an: mit dem Jungen, den jemand auf dem Schulhof im Rheinland plötzlich „Mädschen“ nannte, und dem Mädchen, welches plötzlich mit eigenartiger Betonung als „Wildfang“ galt. Später gab es das Wort „Tomboy“ für jungenhafte Mädchen. Noch viel später habe ich erfahren, dass dieser aus dem englischen Sprachraum stammende Begriff uralt ist, angeblich mit etwa gleicher Bedeutung seit dreihundert Jahren. Genaueres aber weiß ich nicht. Für die Jungs alleine, da kenne ich mich definitiv besser aus, kam es genügend schlimm und immer schlimmer. „Warmer Bruder“ klang eigentlich erst einmal nicht so schlimm, einfach „warm“ war schon schlimmer, und „lauwarm", na ja, wer fand das nicht schon von ganz allein viel schlimmer, einfach furchtbar? „Tante", „Trine", „Tunte", „Töle", „Husche" folgten geschlechts- und altersbefreit angewandt. „Homosexuell" klang klinisch, „Homosexueller" nach eben erfolgter Verhaftung und Anklage oder nach schon rechtskräftiger Verurteilung, „Homos" waren eine nicht minder verletzende Kennzeichnung. In „175er" schwang abgesessene Gefängniszeit mit – nicht aber verbüßt, mithin also immer noch nicht diffamierend genug. Knacki blieb er, aber Härteres musste her. „Pervers" war bedeutungsoffen, „Schwanzlutscher" und „Arschficker" sicher nicht. „Schwuchtel" war schließlich ein zuverlässiger Dauerbegriff, mit dem man das Leben eines solchermaßen gekennzeichneten Mannes nachhaltig ruinieren konnte. Und dann, die Krönung, schnell zu rufen oder zu flüstern, zu zischeln: „schwul", „schwuuul", „ein Schwuuuler"!

Wir wollen uns dieses Wort *schwul* mal näher anschauen, besonders sorgfältig merken. Dem Wort *schwül* entlehnt, beschreibt es den Zustand zwischen Hitze, Feuchte, tropischer Wärme und Schwüle. Das ist fast jedem Menschen physisch unangenehm. Das machte die besondere Verletzung durch diesen klebrigen, sehr körperlichen Begriff aus. Alle Schwule fühlten sich mit diesem anhaftenden Begriff versehrt. Am allerschlimmsten war der Begriff „Kinderficker". Das war Gift. Eigentlich betraf es Homosexuelle per se gar nicht, aber es wurde undifferenziert weiterhin hartnäckig in diese Richtung verwandt. Es war besonders gemein und deswegen eine vom üblen Nachsager bewusst vorgenommene rücksichtslose Steigerung. Vielleicht war die Idee eines solchen Sammelbegriffs auch nach dem Krieg von der französischen Vulgärsprache übernommen worden, in der „pédé" (vereinfacht für pédéraste) häufig auf Homosexuelle umgemünzt wurde. Die Unerträglichkeit dieser Beschimpfungen erschreckten schon 1950 den (kurz vor mir geborenen) deutschen Dichter Hubert Fichte (1935–1986), als er selbst eben vierzehn Jahre alt war. In seinem literarischen *Versuch über die Pubertät* (1974), einem autobiografisch gefärbten Entwicklungsroman, verarbeitete er diese Schimpfworte. Er schleudert sie in seinen Werken öffentlich der bürgerlichen Gesellschaft zurück ins Gesicht, die vom Phänomen einer erneuten Diskriminierung von Minderheiten nichts wissen wollte. So stellte er es auch bei seiner Lesung vor der Gruppe 47 und seinen später veröffentlichten Diskussionen im Literarischen Colloquium Berlin dar. Hieraus stammt das von Höllerer oder Fichte oder beiden getroffene Urteil über diese Zeit: „Die Bedingungen eines Homosexuellen bis zum Ende der Sechzigerjahre kann man sich gar nicht schrecklich genug vorstellen." Mit Hubert Fichte und seinem Werk – heute würde man ihn als einen Vorreiter von „queer" bezeichnen – haben wir uns bereits in den späten Fünfzigern in einer Gruppe schwuler junger Männer in Göttingen beschäftigt. Andere Studenten, besonders Germanisten, wussten, dass er ein außergewöhnliches literarisches Phänomen war, nahmen ihn aber nicht zur Hand, weil er doch „schwul" war …

Und so ging es weiter, in zunehmend aggressiver Form für mich als Heranwachsenden und in der Gruppe schwuler Erwachsener. Die Medien bedienten ein diskriminierendes Sammelklischee. Anrüchige Stadtviertel wurden notorisch charakterisiert über die vorgebliche Zusammensetzung ihrer dort anzutreffenden Population: Prostituierte, Nutten, Huren, Stricher, Zuhälter, Schwule, 175er, Dielengänger, Spieler, Trinker, Knackis, Kleinkriminelle, lichtscheues Gesindel. Da wurden die Schwulen immer mittendrin „warm" aufgehoben dargestellt. Sie hielten sich aber in erster Linie dort auf, weil sie in den dortigen Lokalen anonym und damit vor Verfolgung einigermaßen sicher waren. Die Justizberichterstattung posaunte in gleicher Tonart: Berichte über Prozesse bei Raub, Mord, Selbstmord hatten im Kontext mit dem Paragrafen 175 erst die richtige Würze. Es gab eine von der vorprogrammierten Öffentlichkeit geradezu erwartete, sich heuchlerisch entsetzende Berichterstattung, die sich erkennbar in Vorurteilen austobte. Gerade christlich-moralisch begründete schwere Verurteilungen durch die Justiz im Kontext mit Homosexualität wurden bewusst als solche bekannt gegeben und herausgestellt. Dem Publikum gruselte es wohlig bei dieser Zeitungs- und bebilderten Illustriertenlektüre. Zuletzt ein Kastrationsangebot an den verurteilten Täter im Tausch gegen lange Haftstrafen oder als einzige Möglichkeit zur Besserung war von keiner Gruselfantasie zu übertreffen. Dieses Unterhaltungsangebot in Zeitungen und Gazetten an die Adresse eines lesefreudigen Fünfzehnjährigen wie mich zur Zeit des Todes meines Vaters war schwer zu verkraften. Hinzu kam ein schwierig zu verstehendes Kontrastprogramm, eine völlig andere Ebene, eine Relativierung des Moralbegriffs, eine verdrehte Sicht der Dinge: Es gab Menschengruppen oder herausstehende Persönlichkeiten, deren offenkundige Homosexualität, aufgrund ihrer Leistung oder Sonderstellung von allen Bedrohungen ausgenommen, eher als eine Art Spleen geduldet wurde. Für besondere Politiker, Prominente, verdiente Persönlichkeiten, Stars, Autoren, Menschen mit politischem oder finanziellem Einfluss, reiche Menschen, extrem reiche Menschen schienen diese Bedrohungen, Moral hin, Anstand her, wunderbarerweise nicht zu existieren. Das bekannteste Beispiel unter sehr vielen war das des Schauspielers Gustaf Gründgens (1899–1963), der sich mit seiner perfekt-perfiden Darstellung des Mephistopheles in Goethes *Faust* ins Herz des Dreißigerjahrepublikums, besonders aber des deutschen Reichsmarschalls und Luftfahrtministers Hermann Göring hineingespielt hatte. Nach dem Krieg zauberte er sich mithilfe einer sich inzwischen stärker zur Liberalität verpflichteten Nachkriegsöffentlichkeit zu Recht hoch geachtet durch Theaterintendanzen in Düsseldorf und Hamburg hindurch, seine Frau Marianne Hoppe (1909–2002) im Legitimationsschlepptau. Gustaf Gründgens wie Marianne Hoppe – ich habe beide auf der Bühne erlebt – waren großartige Theater- und Schauspielerpersönlichkeiten. Das Zweckverhältnis Gründgens/Hoppe war im Kriegsdeutschland ebenso bekannt und toleriert wie später im Nachkriegsdeutschland. Den passenden, damals gängigen Witz „Hoppe-Hoppe-Gründgens, wo bleiben eure Kindgens? Ach, das hat seine Gründgens“ hatten Kabarett und Volksseele immer bei der Hand. Niemand wäre auf die Idee gekommen, zu sagen, dass jener berühmte Mann gegen irgendein Strafgesetz verstößt.

Es gab also Ausnahmegenehmigungen für berühmte „Homosexuelle“ – wie sollte da ein Junge wie ich, gleich nach der Pubertät mit dem Druck zunehmender Gewissheit, selbst schwul zu sein, dabei noch den Durchblick gewinnen? Und wie verstand ich Sekundaner eine Berichterstattung in der Neuen Illustrierten über den 6. Juni 1953, da war ich gerade mal knapp siebzehn, über detaillierteste Einzelheiten der Vorbereitungen zur Krönung der englischen Königin Elisabeth II. (1926–2022)? Diese Krönung war das mit Abstand größte international abgestimmte Fest, das ich in meinem Leben bis dato wahrgenommen hatte. Es kostete die in der damaligen Zeit unvorstellbare Summe von mehr als einhundert Millionen Pfund Sterling und wurde von einem bis dato ebenso unvorstellbaren medialen Aufwand begleitet. Warum ich das erzähle? Weil mich in der Berichterstattung der Neuen Illustrierten der folgende Satz über die Vorbereitungen umgehauen hat: „Eine Anzahl von etwa 500 gut erzogener, gut aussehender, gebildeter junger Homosexueller wird in den Tagen vor dem Fest nach London eingeladen, um bei Sonderanfragen anspruchsvollen Krönungsgästen als Reiseführer an die Seite gestellt werden zu können." War es möglich, dass eine Erwachsenenwelt in England dergleichen akzeptierte, während in der BRD ein Mann schon verurteilt werden konnte, nur weil er einen anderen Mann etwas dumm verliebt angeschaut hatte? Ich fragte meinen Klassenkameraden Werner und legte ihm diese Illustrierte vor (die inzwischen übrigens dieses Hinweises wegen in einigen Leserbriefen scharf kritisiert worden war). Es war einer jener Momente, in denen Werner auch nicht mehr wusste als ich. Wir beide konnten jedoch unbefangen davon ausgehen, dass der andere den Begriff *homosexuell* kannte, aber keine persönlichen Schlüsse daraus zog. Werner stammte aus einem Haushalt mit niedrigem Einkommen. Danach hatte ihn dieser Artikel mit diesem besonderen Hinweis wohl doch mehr beschäftigt, als ich dachte. Ein paar Tage später jedenfalls kam er mit diesem Klops: „War'n se wohl zu geizig, ihre eignen hübschen Gärtner, Butler, Chauffeure, Privatsekretäre, Kofferbübchen mit nach London zu bringen oder weil sie bei Muttern nicht immer morgens so'n gutes English Breakfast vom Serviceboy ans Bett serviert kriegen als wie uff die englische Hochzeit …?!" Ich dachte nur: „Mein Gott, Werner! So kenn' ich dich ja gar nicht." Werner war wohl selbst über seine Bemerkung erschrocken und ganz froh, als wir das gemeinsam weglachten. Die deutsche Presse machte damals höchstens mal anzügliche Bemerkungen über „Gigolos" bei älteren Damen. Aber Herren mit vom Gastgeber attachierter warmer Begleitung durch junge Männer? In Deutschland undenkbar – selbst als Pressenotiz inakzeptabel!

Die Kölner Presse walzte 1957 den Fall eines etwa vierzigjährigen Geschäftsführers einer international bekannten Getränkefirma mit Sitz in Düsseldorf aus. Er stammte wohl auch von dort, wohnte aber in Köln nahe dem Ebertplatz, wo meine Mutter damals wohnte. Genauer: auf dem Theodor-Heuss-Ring in einem auffallenden Neubau mit offenem Balkon zum kleinen Park am Schwanenspiegel hin. Ich kam, bei meiner Mutter auf Besuch, öfter am frühen Vormittag dort vorbei. Beide Male hatte ich den elegant gekleideten Herrn auf dem Balkon entspannt beim Frühstück mit einem robusten jungen Mann von etwa neunzehn Jahren gesehen. Für mich war die Situation eindeutig. Einige Zeit darauf wurde der Mann von diesem Strichjungen in seiner Wohnung erschlagen. Es war schwerer Raubmord, der Täter hatte anschließend einen Koffer voller Wertsachen und zwei schwere Silberleuchter im Leinwandsack mitgenommen. Zu seiner Verteidigung – Tathergang und mögliche Beziehung zwischen den beiden Männern waren von der Zeitung mit Bildern ausführlich ausgebreitet worden – gab der Täter an, sein Verführer (!) habe ihn kurz zuvor im kleinen Park gegenüber angesprochen und mit viel Geld in die Wohnung gelockt. Dort habe er sich ihm gegenüber „unsittlich" gezeigt. In seiner „Bedrängnis" habe er, der Belästigte, den unsittlichen „Strolch" erschlagen und im zufällig herumstehenden Koffer alles mitgenommen, was für seine Flucht nützlich sein konnte. Die Richter glaubten sofort an die Schuld des Verführers, so etwas Verkommenes! Der Täter kam mit einer milden Jugendstrafe davon. Der Nachbarschaft, in der der Manager bekannt und beliebt gewesen war, obwohl er aus Düsseldorf stammte (!), und selbst meiner Mutter dämmerte irgendwann, dass da etwas nicht stimmen konnte. Nachbarn auf dem Ring hatten in der Hauptverhandlung ausgesagt, den jungen Mann schon vorher in der Wohnung des Opfers gesehen zu haben. Es änderte nichts an der moralischen Verurteilung des Ermordeten. Allen gruselte es bei der Geschichte. Schon mal erwähnt? – Köln kann auch sehr unlustig sein.

Ausgangs- und Endpunkt dieses Kapitels war und ist damit immer noch das Märchen vom Fürchtenlernen. Ich hatte dazulernen müssen, dass sich die deutsche Nachkriegsgesellschaft einschließlich ihrer Rechtsorgane in Wirklichkeit in der Diffamierung homosexueller Minderheiten austobte, ab Volljährigkeit mit einundzwanzig Jahren auch unter Mitnahme all jener Minderjährigen, so sie in den Strudel der Ermittlungen hineingezogen wurden.

Jahrelang habe ich auf einen Text gewartet, der diese Geschehnisse so klar ansprach. Ich fand ihn in der Darstellung des Historikers Christian Könne (*Homosexuelle, trans- und intergeschlechtliche Menschen in Deutschland,* 2020) prägnant und sachgerecht: „1945 endete das nationalsozialistische Regime in Deutschland. Doch mit dem Zusammenbruch des Systems endete weder die Verfolgung Homosexueller noch deren Diskriminierung. Zwar war die Verfolgung nach 1945 mit der Repression davor nicht zu vergleichen, sie wurde jetzt im gesetzlichen Rahmen der Strafjustiz vollzogen und die Diskriminierung bestand im Totschweigen, in der Preisgabe der Lächerlichkeit und in Verachtung. Die Behörden sowie ein großer Teil der Bevölkerung, die auf alliierte Anweisung hin nun zahlreichen Feindbildern zwangsweise abschwören mussten, konnten ihre gewohnte Stigmatisierungs-, Ausgrenzungs- wie Verfolgungskonzepte weiterhin anwenden. Es kam zur Verfolgung homosexueller Männer seitens der Behörden bei den ‚unbedeutendsten Sachverhalten'. Die von den Nationalsozialisten 1935 verschärfte Version des §175, nach der bereits ein Blick als Beweis für Homosexualität gelten konnte, blieb bis 1969 in Kraft! Diverse Untersuchungen belegen inzwischen die Kontinuität in der Verfolgung Homosexueller. Die Anzahl der Verurteilungen war – im Jahresdurchschnitt – von 3.541 im Nationalsozialismus (NS) auf 1.388 während der Besatzungszeit gesunken, also um rund 60 Prozent. Mit dem Ende der Besatzungszeit stiegen sie in der Bundesrepublik auf jährlich 2.642 Urteile an, auf nahezu eine Verdoppelung und fast 47 Prozent im Hinblick auf die realistische Verfolgungsquote. Bis 1965 war die Verfolgung von Homosexuellen in der Bundesrepublik etwa viermal so hoch wie zuvor in der Weimarer Republik! In den zwanzig Jahren zwischen 1949, der Gründung der Bundesrepublik, und 1969, dem Jahr der sogenannten ‚Entschärfung' des §175, wurden in der Bundesrepublik Deutschland etwa 50.000 Männer wegen Vergehens gegen §175 verurteilt, das waren 2.500 pro Jahr oder etwa sieben pro Tag (Rechtsgutachten Prof. Dr. Martin Burger, LMU München, 2016)!"

An jedem Tag in jenen zwanzig Jahren in jenem Deutschland wurden täglich etwa sieben Männer verurteilt, durchschnittlich an jedem Werktag jener neunundzwanzig Jahre gab es bis zu zehn Verfahren gegen homosexuelle Männer. Man muss einmal versuchen, sich diesen bösartigen, grotesken juristischen Leerlauf vorzustellen, diesen Aufwand, diese Kosten – und vor allem: dieses endlose, lebenslange Elend der Verurteilten!

Die in der NS-Zeit begonnenen Kastrationen wurden weitergeführt, später wurden auch Eingriffe am Gehirn vorgenommen. Weibliche Homosexualität wurde, seltsamerweise gleichlautend mit der Berechtigung zur Präsenz von Frauen im öffentlichen Leben, das heißt in öffentlichen Ämtern weitgehend negiert oder gar für „unmöglich" erklärt. Das würde ich als den Höhepunkt eines anhaltenden männlichen Chauvinismus bezeichnen. Auch hier folgte man bekannten Mustern, mindestens aber dem der Abwertung eines solchen Phänomens bei Mädchen und Frauen.

Zu den Tiefpunkten im Hinblick auf die Menschenrechte Homosexueller gehören die frühen Urteile des Bundesgerichtshofs und des Bundesverfassungsgerichtes (1957), die alle Versuche, auf juristischem Wege eine Gleichstellung homosexueller Männer zu erreichen und die NS-Version des Paragrafen 175 wenigstens abzumildern, vereitelten. Wem gruselt es da noch nicht? Grund für diese grauenvolle Umgebung: Die Bundesrepublik Deutschland hat sich zunächst nicht als pluralistische Demokratie verstanden, sondern als Staat, der sich den Vorstellungen der beiden großen christlichen Kirchen verpflichtet fühlte. Demgemäß galt unangefochten das christliche Moralgebot, dass Sexualität nur in der Ehe stattfinden dürfe. Vor- und nachehelicher Sex sowie ehebrecherische Beziehungen galten als unsittlich und waren streng verpönt, obwohl jeder Erwachsene wusste, dass das Nachkriegsdeutschland über diese Dinge inzwischen völlig anders dachte. Wer dagegen verstieß, wurde sozial geächtet und unter Umständen sogar bestraft. Die Kirchen und der Staat betrachteten die Wahrnehmung der Sittlichkeit als ihre gemeinsame Aufgabe. Deshalb sicherte der Staat die sittlichen Forderungen der Kirchen durch seine Strafgesetze ab. Diesen Vorstellungen entsprechend ist man auch mit den Homosexuellen verfahren. Sie sind nach dem Inkrafttreten des Grundgesetzes zwei Jahrzehnte lang unbarmherzig verfolgt worden ... nix „Die Würde des Menschen ist unantastbar!". Die junge Bundesrepublik hat Homosexuelle zwar nicht im KZ ermordet, aber die nationalsozialistische Verfolgung im Grundsatz bruchlos fortgesetzt. Die von den Nazis 1935 verschärften Strafvorschriften wurden beibehalten und nach dem Kriege ebenso exzessiv angewandt. Diese Praxis ist vom Bundesverfassungsgericht mit seinem Urteil vom 10.05.1957 gebilligt worden! (Manfred Bruns, *Die strafrechtliche Verfolgung Homosexueller in der BRD nach 1945*).

Was bedeutet all das für Kinder und Jugendliche, die ihre sexuellen Empfindungen in Unkenntnis der geschilderten politischen Hintergründe verarbeiten müssen? In der ganzen Welt spielt sich Schlimmes durch frühe Stigmatisierung von jugendlichen Homosexuellen ab, bei Mädchen und Jungen. Was vor allem Jugendpsychiater bewegt, sollte uns alle angehen: Seit Jahrzehnten zeigen seriöse Studien, dass homosexuelle Jugendliche eine Hochrisikogruppe für Suizidalität sind, also der Neigung zur Selbsttötung! Die Zahl der Selbstmordversuche liegt zwei- bis fünfmal höher als bei heterosexuellen jungen Menschen! Das wollen wir nicht mehr hinnehmen. Diffamierungen müssen bereits auf dem Schulhof aufhören!

Wir suchen Schutz beim Michel im Schreckensschloss im Märchen *Von einem, der auszog das Fürchten zu lernen.* Wer über all dem Grauen den Faden verloren hat: Wir sind jetzt mit Michel in der Mitte der Schreckenskammer. Ein ganz furchtbarer Geist gibt ihm das gefürchtet schaurige, das vernichtende – oder zuletzt befreiende Rätsel auf:

Der, der es macht, er will es nicht.
Der, der es trägt, behält es nicht.
Der, der es kauft, er braucht es nicht.
Der, der es hat, der weiß es nicht.

Wir alle kennen das Wort, welches Michel gleich erraten hat und unter dem der ganze Spuk schlagartig zerstoben ist – der Sarg! Natürlich kann ich mir nicht einfach ein solches Märchen wie „Es war einmal …" für die gegenwärtige Situation neu erdenken. Aber ich werde es einfach verquer angehen und versuchen, euch entlang desselben alten Märchens ein anderes, ein neues Rätsel aufzugeben, mit dem ihr selbst den ganzen Spuk zerschlagen könnt:

Wer es erdacht, den grämt es nicht.
Wer dich so anmacht, schämt sich nicht.
Wer es verlacht, der wehret sich.
Wer's neu gedacht, stärkt sich und Dich!

Ja, Jungs, das ist das Wort, und das Wort ist *schwul* – ich bin schwul, schwul, ein Schwuler! In der Geschichte der Minderheiten hat es noch keine Gruppe geschafft, so wie die deutschen Schwulen dieses einst schreckliche Wort einfach umzudrehen und neu zu besetzen. Schwul und stolz darauf, gay and proud! Gay Pride! Happy to be gay! Schwuler Stolz! Faust hoch! Schwul und verliebt zugleich: beide Fäuste hoch! Eure vereinten Fäuste hoch! *Schwul* ist das kämpferische Adjektiv jedes mutigen Schwulenverbandes in unserem Märchenland, es muss das kämpferische Adjektiv eines jeden schwulen Liebespaares in unserem Lande sein, meins ist es schon lange … und das ist auch gut so! Das hat Klaus Wowereit 2001 gesagt, als noch kein Jungpolitiker das so sehen oder gar wagen wollte – heute ist es sein Markenzeichen!

11 Wer hat Angst vorm schwarzen Mann?

Ich befinde mich, im Jahre 1956 hoffnungsvolle zwanzig Jahre alt geworden, zwischen Schulzeit und Studium, mittendrin in der sogenannten Adenauer-Ära. Dessen Kanzlerschaft währte von 1949 bis 1963. Die revisionistische oder zumindest restaurative, „prüde" genannte Adenauer-Ära dauerte aber noch viel länger. Adenauer selbst war keineswegs ein besonders prüder Mensch gewesen. Zunächst einmal war er „rheinischer Katholik", was etwas anderes als „Katholik schlechthin" bedeutet. Er war in und seit der Weimarer Republik ein höchst gewiefter Politiker, der das gesamte Spektrum des politischen Spiels zwischen Opportunismus und Schlitzohrigkeit, manchmal „am Rande der Legalität" beherrschte. Dafür wurde er bewundert und sogar geliebt. Es musste ihm klar gewesen sein, wie mit der Verfolgung Homosexueller schamlos im Stile der Nationalsozialisten weitergemacht wurde. Da aber die Kirche nichts dagegen hatte, schien es ihm nicht opportun, sich damit zu beschäftigen. Heinrich von Brentano, der erste deutsche Außenminister, war vielen Zeitgenossen als schwul bekannt. Darüber redete man eben einfach nicht. Es gab also auch nach dem Krieg Ausnahmepersönlichkeiten, die schwul sein konnten. Ich fand das gar nicht komisch: Aha, du musst erst ein großes Tier werden, und dann darfst du alles!

Adenauer selbst, auf seinen Außenminister angesprochen, sagte nur: „... solang dä mich nit an de Wäsche jeht."

Die demonstrativ gezeigte Frömmigkeit förderte ein ebenso sorgfältig an die Öffentlichkeit herangetragenes sittliches Wohlverhalten. Eine Zahnarztgattin ließ sich unter großem gesellschaftlichem Getöse in unserer Kleinstadt von ihrem langjährigen Gemahl scheiden. Grund: Er hatte es als Besatzungsoffizier verstanden, während des Krieges in Paris stationiert zu werden, und mit den erworbenen Sprachkenntnissen hatte er, von der Front heimgekehrt, das verständliche Bedürfnis, sich mit seiner Frau Gemahlin des Nachts Französisch zu unterhalten. Leider war sie sprachlich unbegabt, empfand seine Wünsche als Zumutung und begehrte die Trennung. Solche Geschichten machten ja noch Laune, aber niemanden schien zu stören, wie spießig das alles war.

Unsere Mutter vermietete nach dem Tode unseres Vaters eine mit einem Warmwasserwaschtisch ausgestattete kleine Dachkammer, in der bis dato Hausangestellte untergebracht waren, an ledige Angestellte der nahen Farbenfabriken Bayer. Bald darauf erkundigte sich eine wohlmeinende Nachbarin, ob unsere Mutter denn wohl wisse, dass dieser junge Mann da oben regelmäßig Damenbesuch ..." „Das geht mich doch nichts an", entgegnete unsere Mutter, „das sind doch erwachsene Menschen!" Die Nachbarin: „So leicht dürfen Sie das nicht nehmen! Wenn ich das noch einmal sehe, muss ich sie wegen Kuppelei anzeigen!" So waren die Menschen in dieser schweren Zeit sorgfältig darauf bedacht, sich hochmoralisch das Leben gegenseitig noch ein wenig schwerer zu machen.

Besonders schlimm wurde es, wenn es mit Religion zu tun hatte, und wenn beide Konfessionen aufeinandertrafen, war es die Hölle. Ein katholischer Kollege unseres Vaters hatte drei fromme, wohlerzogene Töchter, alles kluge bis hochintelligente junge Absolventinnen der fromm katholischen Marienschule, des Marianums. Die Älteste traf einen ihr ebenbürtig intelligenten Mann protestantischen Glaubens in der Hoffnung, dass er trotz alledem bei ihren Eltern eine Chance hätte. Er bekam keine, alles ging auseinander und der Rest in die Brüche. Die älteste Tochter blieb unverheiratet, die beiden anderen ebenso, möglicherweise aus anderen Gründen, aber der Start der ersten war nicht gerade ermutigend gewesen. „Mischehen" hätte man das genannt, es hörte sich an wie „Mischling", entsetzlich!

Scheidungen waren selbstverständlich auch verpönt. Unser Vater erlaubte sich einmal den Spaß, das Tempo der Verbreitung von Gerüchten durch die Geschwätzigkeit der frommen Schwestern des Ordens, der das Krankenhaus betrieb, zu prüfen. Er vertraute Schwester Pförtnerin unter dem Siegel der Verschwiegenheit an, ein Arztehepaar des Ortes stehe kurz vor der Scheidung. Drei Tage später fragte ihn unsere Mutter lachend, ob er vielleicht an Scheidung denke: Es gebe da ein Gerücht im Ort, man habe überall gefragt, überall wurde abgewunken – er allein bleibe, um das Rätsel zu lösen. Mein Vater hat nie wieder dergleichen versucht.

Abgesehen von den sorgfältig kontrollierten Medien Radio und TV, wurde auch das Kinoprogramm unter „moralischen" Aspekten bewertet. Ich erinnere mich genau an zwei Produktionen, die im Nachkriegsdeutschland unerhörtes Aufsehen erregten. Die erste war der Arne-Mattsson-Film von 1951 *Sie tanzte nur einen Sommer* mit Ulla Jacobsson, eine tragische Liebesgeschichte mit einer sekundenlangen Nacktszene im abendlichen Gegenlicht an einem einsamen schwedischen See, ich war bezaubert! Gemäß öffentlicher Moral musste zum Ende des Films die Unzüchtige sterben, die Unzucht war gerächt. Im Lexikon des internationalen Films heißt es dazu: „Das mit poetischen Bildern und maßvoller Freizügigkeit für die freie Liebe eintretende Filmdrama erregte durch eine für seine Zeit unübliche Nacktszene moralische Entrüstung – und wurde zum Publikumserfolg." Ich selbst hatte mich mithilfe eines erwachsenen Mitschülers in Köln auf dem Weg zur Werkschule hineinschmuggeln können. Der Film, der mir sehr gut gefiel, erhielt auf der Berlinale 1952 einen Goldenen Bären. Fairerweise sollte man erwähnen, dass diese Form der moralischen Entrüstung damals auch in anderen europäischen Ländern, selbst den Niederlanden, wie später auch in den USA die Freigabe eines Films dieser Schnittart zumindest verzögerte.

An Ähnliches erinnere ich mich für den 1963 vom bereits berühmten schwedischen Filmregisseur Ingmar Bergman gezeigten Film *Das Schweigen*. Mehrere angedeutete Masturbationsszenen einer Frau und eine sehr kurze handfeste Liebesszene in einem verdunkelten Kino wurden als moralisch derart problematisch empfunden, dass kaum jemand begriff, wie essenziell diese Szenen dramatisch in die sehr komplexe psychologische Handlung eingebunden waren. Ich habe den Film als existenzialistisch bis nihilistisch empfunden, erst am Ende ein Lichtblick, dennoch belastend, nichts für jedermann. Das Publikum in Deutschland schien hingegen den Tabubruch herbeizusehnen, die Altersfreigabe „erst ab 21 Jahren“ sorgte für einen Besucheransturm von zehn Millionen! Nie werde ich es vergessen: Die Besucher standen in Schlangen vor den Kinokassen.

Mit diesen Eindrücken im Gepäck, aber nicht unbedingt davon belastet, drängte es mich mit Friedrich Hölderlin „ins Offene“, und so kam ich in meiner ersten Alma Mater an – Tübingen am Neckar. Anfangs wohnte ich in einer Gartenlaube. Die Wirtin schaute mich von oben bis unten an und sagte: „Also, des soag i eana gloach, Damebsuach un solche Schweinereien, des gibt es bei mir 'it.“ Ich versicherte ihr, dass in meinem Falle keinerlei Gefahr bestand, als Zimmerwirtin einen schlechten Ruf zu bekommen. Sie entgegnete nur: „Des soagesall' – un dann ...“ Ich hatte das Glück, aus dieser Verdachtszone heraus bald in ein Zimmer im Zentrum, auf die Uhlandstraße, umziehen zu können: gleich hinter den Rockschößen des Dichterdenkmals, nahe jener zierlichen Bogenbrücke über einen Arm des Neckar. Meine zweite Wirtin war eine adelige Witwe aus Tschechien, sehr korrekt, absolute Bodenhaftung. Sie hatte eine zauberhafte Tochter, und ich wurde sonntagnachmittags regelmäßig ins Wohnzimmer gebeten, wo es immer einen frischen Kuchen und hervorragenden Kaffee gab. Vielleicht gab es auch jenseits meines Erzähltalentes einige Erwartungen an mich. Als ich aber erfuhr, dass sich das Töchterchen in Harald verliebt hatte, den wohl attraktivsten Kollegen aus meinem Semester, in den sich die Mädchen reihenweise verliebten, sah ich mich aus der Gefahrenzone.

Zum Studienbeginn bleibt zu erwähnen, dass der leitende Anatom in meinen Augen kläglich versagte, als er beim Thema Homosexualität (weiß der Himmel, warum das in diesem Kontext überhaupt aufkam) die schlichte Auskunft gab, er halte solche Menschen für „falsch gepolt". Mit einer derart dürftigen Vorstellung wurden in den Fünfzigerjahren Studenten ins klinische Studium entlassen. Ich war entsetzt, hielt die Problematik, mit der ich mich seit Kindheitstagen herumschlug, von ihm doch für stark trivialisiert und hoffte auf Erhellung im Fach Psychiatrie – und wurde schwerst enttäuscht: Über dieses Phänomen wurde nicht gelehrt, in damaligen Lehrbüchern galten solche Menschen schlicht als krank.

Zu zweieinhalb Jahren durchaus angenehmer studentischer Glückseligkeit gehören natürlich auch zwei für mich wichtige Filme. Mit dem schönsten fange ich an, mit dem niederträchtigsten höre ich auf. In einem Programmkino sah ich *Orphée* von Jean Cocteau (1889–1963), schon 1949 gedreht. Der Film hat mich überwältigt, und ich glaube sogar, er hat mich verändert. Ihn zu beschreiben, bringt wenig, Interpretationen bleiben zeitgebundenes Stückwerk. Wer sich allein schon den Quellen der Orpheus-Sage hingibt, wird fortgeleitet zu Fragen der aktuellen Bedeutung der griechischen Mythologie und nachfolgender eigener Reflexionen. Cocteaus Film, der aus der Realität des aktuellen französischen Existenzialismus kommt, wurde im bewussten Kontrast dazu voller Mystik, voller philosophischer und kunsthistorischer Anspielungen mit Mitteln damals verfügbarer Tricks originell umgesetzt: „Der Spiegel ist der Eingang zum Jenseits. Das Irreale dringt in die Realität ein, der Tod (Maria Casares, 1922–1996) trägt das gleiche Gesicht wie die Liebe. Der Dichter (Jean Marais, 1913–1998) ist der Liebling des Todes. Die Dichtung war erschöpft: Der Verleger erhält statt der Gedichtsammlung des jungen todgeweihten Dichters (Edouard Dermithe, 1925–1996) leere Blätter." Der junge französische Schauspieler Edouard Dermithe war sechs Jahre älter als der amerikanische Schauspieler James Dean. Der Film erhielt damals eine besondere Spannung dadurch, dass man von der lebenslangen Beziehung zwischen Cocteau und Marais offiziell wusste. Die von Cocteau eingeführte Metapher der helmtragenden, in schwarzes Leder gekleideten Motorradfahrer als Todesboten konnte ich später verfolgen in ihrer Verwirklichung als Leather- oder Motorcycle-Clubs in der Schwulenszene Kaliforniens, als sogenannte „Hells Angels“. Sie tauchten danach auch in Europa auf, in Berlin nach 2000 mit krimineller Einfärbung. Zur *Orphée*-Trilogie gehörte abschließend ein Cocteau-Film unter dem Titel *Das Testament des Odysseus.* Ich kann mir *Orphée* auch heute noch ansehen und bin immer aufs Neue bewegt.

Der andere Film deutscher Produktion unter dem von den Nazis geförderten Regisseur Veit Harlan (1899–1964) konnte kein schrecklicherer Kontrast sein. Zunächst verwirrte er mit dem eigenartigen Titel *Anders als du und ich (§175). Das dritte Geschlecht* (1957). Daran war alles falsch. Man würde später annehmen, dass der letzte Teil des komplizierten Titels *Das dritte Geschlecht* etwas mit Geschlechtsidentität zu tun haben würde. Das war damals jedoch noch kein Thema. Gleichzeitig kollidierte der Film in der Titelgebung mit einem Film amerikanischer Produktion unter dem deutschen Titel *Anders als die anderen* von Vincente Minnelli. Bedauerlicherweise kamen beide Filme 1957 ziemlich gleichzeitig in die deutschen Kinos – die Verwirrung war vollkommen, das angerichtete Unheil groß. Ein alt gewordener und verzweifelter schwuler Psychiater aus der Umgebung Tübingens wies mich auf beide Filme hin mit dem Seufzer: „Endlich mal Filme über uns, aber warum ist der deutsche Film so schrecklich?“ Ich hatte erstmals Anfang 1956 in der Wochenzeitung Die Zeit über ein Theaterstück am Broadway gelesen mit dem sympathischen Titel *Tea and Sympathy.* Der Artikel ließ keinen Zweifel daran, dass der männliche Protagonist und Hauptdarsteller zumindest zeitweise Probleme hatte, zur heterosexuellen Geschlechterrolle zurückzufinden, man sollte verstehen, dass er zumindest zeitweise homosexuell war. Das entsprach auch genau der Vorlage des Theaterstücks und der als Vorlage dienenden Novelle. Natürlich bin ich wegen dieser Hinweise scharf darauf gewesen, den nach dem Theaterstück geschaffenen Film zu sehen, zumal Vincente Minnelli mir bereits wegen ganz hervorragender Filme und Verfilmungen von Musicals bekannt war. Er war sechs

Jahre mit Judy Garland verheiratet, ihrer beider Tochter war Liza Minnelli. Gerüchte, dass Vater Minnelli vor seiner großen Karriere in Hollywood offen schwul in New York gelebt habe, bestätigten sich später, Minnelli wurde für schwul, mindestens für bisexuell gehalten. Ich fand seinen Film *Tea and Sympathy* bedauerlicherweise für mich problematisch und schwer verständlich. Später erfuhr ich, dass er aus Befürchtungen vor der Filmzensur in den Vereinigten Staaten kompliziert verändert werden musste, um die im Theaterstück eindeutige Homosexualität des siebzehnjährigen Schülers zu eliminieren und ihn lediglich als sensiblen, stärker an Kultur als an Männersport interessierten jungen Menschen erscheinen zu lassen. Für mich wurde klar, dass Theaterstück und Film die Problematik junger Homosexueller ansprechen wollten und dass das selbst in den USA zu jener Zeit ebenfalls noch nicht möglich war.

Veit Harlan (1899–1964), verantwortlich für den oben genannten deutschen Beitrag, war bei liberalen Intellektuellen im Nachkriegsdeutschland verrufen wegen seiner erfolgreichen Zuarbeit zu Joseph Goebbels' nationalsozialistisch-propagandistischen Unterhaltungs- und zuletzt Durchhaltefilmen. Es war eigenartig, dass ausgerechnet er sich filmisch des Themas Homosexualität annahm, deren Strafbarkeit von den Nazis auf fatale Weise verschärft worden war. Vorweg gesagt, war der Film hervorragend besetzt mit bekannten österreichischen (Paul Hörbiger, 1894–1981) und deutschen Schauspielern unserer Elterngeneration, wobei Adolf Hitler in der Schauspielerin Paula Wessely (1907–2000) eine frühe Verehrerin gehabt hatte:

Der Freund eines Berliner künstlerisch talentierten Bankierssohns hegt angedeutet homosexuelle Empfindungen für ihn. Beide opponieren gegen ihr spießiges Elternhaus und lassen sich von einem verständnisvollen älteren Intellektuellen in moderne Malerei und Tonkunst einführen. Die Mutter des jungen Mannes wähnt Schlimmeres und verkuppelt ihren Sohn gewissermaßen prophylaktisch-therapeutisch mit einem Mädchen, worauf dieser wieder ganz brav „normal" malt und auch wieder „vernünftige" Musik hört. Sie lässt den älteren flamboyanten musischen Freund – im Film bewusst unsympathisch dargestellt – unter dem Verdacht eines Vergehens gegen §175 am Berliner Bahnhof Zoo verhaften, wird aber selbst wegen Kuppelei bestraft.

Die Entstehungsgeschichte zeigt, dass der Film ein einziges Missverständnis zwischen Autor, Produzent, Regisseur und der 1957 moralisch vorurteilsbelasteten deutschen Filmzensur war, die auf Bereinigungen bestand. Diese Korrekturen am Film ergaben zuletzt ein gestückeltes homophobes Resultat, welches überdies moderne abstrakte Kunst beleidigte, indem sie diese mit Homosexualität assoziierte. Ich erinnere mich an wütende Straßenproteste Düsseldorfer Künstler mit Schildern „Veit Harlan: Wir sind anders als du und ich!“ Mich ließ der Film in einer katastrophalen Stimmung zurück, wieder einmal, trotz erfüllter studentischer Erlebniswelt in Tübingen, ein Gefühl der Hoffnungslosigkeit. Später erfuhr ich, dass Hans Giese (1920–1970), einziger nennenswerter Sexualforscher der Nachkriegszeit, als wissenschaftlicher Berater für den Film gearbeitet hatte. Obwohl seine Argumentation ursprünglich in die Richtung weisen sollte, Homosexuelle als „anders“, jedoch nicht als kriminell darzustellen, ging Gieses Absicht durch die Umschnitte nach der Produktion offenbar völlig unter, was für ihn selbst unvorhergesehen und absolut unglücklich war. Dem damals ebenfalls gestarteten attraktiven Filmneuling Christian Wolff (*1938) haben diese Turbulenzen nicht geschadet. Er wurde erfolgreicher Filmschauspieler aller Genres, einschließlich dem von Traumschiffen. Danach erhielt er eine unkündbar feste Anstellung als Förster in *Forsthaus Falkenau,* wo sein Haupthaar mit alten Wölfen und jungen Tannenspitzen um die Wette ergraute.

Erst viel später, Ende 2009, habe ich in einer Dokumentation des Schwulen Museums Berlin im Detail erfahren, dass der österreichische Produzent und Regisseur Richard Oswald (1880–1963) bereits 1919 einen Stummfilm mit dem Titel *Anders als die anderen* produziert hatte, der sich für eine Liberalisierung der Gesetzgebung zugunsten Homosexueller eingesetzt hatte. Plot dieses Films war, dass ein Geigenvirtuose ein offensichtlich homoerotisches Verhältnis zu einem jungen Schüler unterhält. Die Eltern werden misstrauisch und versuchen, den jungen Mann mit einer Frau zu verkuppeln. Der Film endet tragisch. Das Besondere daran war, dass zu jener Zeit, am Beginn der Weimarer Republik, in Deutschland keine Filmzensur bestand und die Homosexualität des Jungen nicht nur offen dargestellt, sondern von dem im Film als Arzt und Sexualwissenschaftler auftretenden Magnus Hirschfeld – der sich also selbst spielt – verteidigt wird. Zum Ende des Films hält er eine flammende Rede für die Rechte der Homosexuellen. Leider ist dieser Film zu großen Teilen verlorengegangen.

Tübingen war lebhaft, quirlig, hatte ein paar Kinos, in den Fünfzigerjahren ein sich erst mühsam entfaltendes späteres Landestheater und keinerlei Nachtleben. Irgendetwas Schwules war undenkbar, wäre verboten gewesen. Natürlich fehlte mir etwas, nicht nur Theaterkultur. Einmal zog eine fahrende Schauspielertruppe durch die Stadt, ein Thespiskarren, eine Wanderbühne. Sie spielte den französischen Klassiker *Cyrano de Bergerac*. Natürlich hatte man für die Rolle des Christian einen sauhübschen tumben Schauspieler eingefangen, der seine Rolle unbewusst hübsch plump angelegt hatte. Hervorragend natürlich Cyrano selbst, der auch die Regie führte und der in der Tat eine etwas vergrößerte Nase hatte, will sagen, er musste sie sich für das Spiel nicht groß aufpeppen lassen. Wir hatten Blickkontakt – den ersten erfolgreichen, an den ich mich erinnern konnte, seit ich in Tübingen war, so etwas macht die Sache plötzlich sehr einfach. Nach der Vorstellung sind wir gemeinsam neckaraufwärts in die Uferauen gewandert. Da er vom Theaterstück her nicht den jugendlichen Liebhaber geben musste, war er mit Mitte dreißig für mich nicht mehr ganz so jugendlich, dafür im Liebemachen sehr überzeugend. Die sonst immer so bewitzelte Korrelation zwischen Nase und so weiter stimmte bei ihm auch …

In Tübingen war bekannt, jedenfalls allen, die es wissen wollten, dass man ab der großen Neckarbrücke neckaraufwärts und weiters nach einem Schwimmbad und einem provisorischen Sportplatz zu baufälligen Bedürfnisanstalten gelangte. Deren Reinhaltung war von sparsamen schwäbischen Beamten den Naturgewalten überlassen worden. Kein vernünftiger Mensch mochte ohne Not dort hingehen, schon gar nicht nachts; so wussten alle, die man dort antraf, warum sie sich das antaten: Weil man sie eben woanders nicht haben wollte. Ich traf dort in meiner Suche nach erotischen Kontakten eines Tages einen jungen Handelsvertreter, Ende zwanzig. Es funktionierte nicht zwischen uns, weil er mich so heftig umwarb, dass ich mich bedrängt fühlte. Mir war während meiner Entwicklung immer deutlicher geworden, dass ich eher der werbende, der aktive Liebhaber sein und bleiben wollte, und bin es ziemlich zuverlässig auch geblieben. Unglücklicherweise hat dieser Mann mich, in solchen Beziehungen damals noch unbedarft, mit der Feststellung überfordert, sich angeblich „auf der Stelle restlos in mich verliebt zu haben". Ich fühlte mich bedrängt, wurde panisch und fing zu heulen an. Das hat ihn so weit ernüchtert, dass er mir plötzlich ruhig und geduldig zuhörte, dass ich mit meinen einundzwanzig Jahren noch ziemlich viele Probleme hätte, obwohl mir die Richtung schon lange klar sei. Wie gut, dass ich für die beiden nächsten Tage viel Arbeit mit meinen Kollegen im Physiologischen Institut vor mir hatte, um auf andere Gedanken zu kommen.

Es waren heiße Sommertage, wir hatten unsere Jacketts über die Stühle gehängt. Ich öffnete das Laborfenster für frische Luft, ein feiner Hauch von Teer zog herein. Da sah ich den Jungen. Vielleicht war er siebzehn Jahre alt, wenig mehr – Jung-Siegfried. Er hatte mehr als einfach blondes Haar, vielmehr einen strohblond abstehenden Wuschelkopf. Seinen Blaumann hatte er von den Schultern gezogen, der hing ihm bis auf die Schuhe, wurde nur hüfthoch durch einen breiten Ledergürtel gerade unterhalb des Beckengürtels gehalten. Aus diesem Sockel hob sich ein Torso, wie man ihn sich vollkommener nicht vorstellen konnte: ein muskulöser junger Mann, leicht gebräunt, haarlos, runde Schultern, kräftiger Bizeps. Er verteilte mit einer Wannenschaufel Teersplit, der aus der qualmenden und stinkenden Teermaschine quoll und den ihm sein Vorarbeiter zuschob. Beide arbeiteten ruhig, mit langsamen, starken Bewegungen. Der junge Mann trug schwere schwarze Metallhandschuhe, mit denen er wohl einmal ins Gesicht geraten war: auf seiner rechten Wange prangte ein schwarzbrauner Fleck, der i-Punkt auf seiner für mich hocherotischen Erscheinung. Ich schloss das Fenster, mir war noch heißer als zuvor, kehrte verwirrt zu meinen Kumpels zurück, die nicht mal aufgeblickt hatten. Am Folgetag waren Teermaschine und Adonis schon an der nächsten Straßenecke. Ich drehte mich enttäuscht vom Fenster zurück.

Am gleichen Abend wanderte ich neckaraufwärts am Sportplatz vorbei. Unter den dunklen Gestalten entdeckte ich plötzlich den blonden Wuschelkopf. Ich kam näher, er war sehr scheu und deutete mir kurz und verärgert an, ich solle doch einfach woanders nach Freiern suchen, es gebe für alle was zu tun. Das verblüffte mich, ich beobachtete aus der Ferne, dass er wiederholt in parkende Autos gebeten wurde und nach wenigen Minuten wieder draußen war. Später, als die Kundschaft sich verlaufen hatte, ging ich noch einmal zu ihm und lud ihn einfach in die nächste Kneipe zu einem Bier ein. Er blickte mich überrascht und etwas zweifelnd an, folgte aber meiner Einladung und wurde nach zwei Bier lockerer. Offenbar hatte er vor dem Weggehen geduscht, trug ein hellblaues, offenes Hemd, eine hellgraue, lange Sporthose und flache, leichte Adidas-Sport-Lederschuhe. Seinen Wuschelkopf hatte er mit einem Kopfband gebändigt. Das war damals ganz neu und stand ihm gut. Er versuchte, seine pechschwarz geränderten Fingernägel zu verbergen, sah, wie ich ihn dabei beobachtete, schaute hoch und lachte: „Wer hat Angst vorm schwarzen Mann?“ Für meine Ohren sprach er ein sehr hartes Schwäbisch, stammte angeblich aus Nürtingen, wohnte aber woanders bei seinen Eltern. Eigentlich, so meinte er im Hinblick auf seine abendliche Tätigkeit, sei sein Job im Straßenbau gut bezahlt, aber Zigaretten und so weiter, das gehe eben erst über einen Nebenverdienst.

Später habe ich ihn in meine Studentenbude eingeladen, es war schon nach Mitternacht. Er machte klar, dass ohne Bezahlung nichts liefe, aber wir kämen bestimmt zurecht. Er wunderte sich, dass er gerade in einer Studentenstadt wie Tübingen auch viele ganz junge Kunden habe. Ich wollte mit ihm nicht durch die Wohnung meiner Zimmerwirtin schleichen. Mein Zimmerfenster war nur angelehnt. Mit einem Sprung war er auf dem Gesims und zog mich locker nach.

Gott sei Dank hatte ich drinnen noch ein paar Bierflaschen von einer Examensfeier älterer Semester. Wir setzten uns mit den Bierflaschen auf die Bettkante. Als ich seine Wange berührte, wich er zunächst etwas zurück. Meine Finger verloren sich in seinen blonden Nackenhaaren. Er wurde ganz entspannt und ließ mich gewähren darin, sein ganzes Gesicht langsam und zärtlich streichelnd zu erobern. Seinen Mund habe ich zunächst bewusst ausgelassen. Er ließ es zu, dass ich ihn langsam ganz umfing, an meine Brust drückte, ihn küsste. Er hatte gerade eben noch diesen flüchtigen Duft frischer Haut, leichten Schweißes, einen Hauch von Teer … männlich … nicht unangenehm. Er schaute mich seltsam verloren an, und große Tränen traten vor seine Augen. Er erwiderte etwas plump meine Liebkosungen und gestand mir leise schluchzend, dass ihm Freundschaft, freundschaftliches Berühren und Aufmerksamkeit unendlich fehlten, er habe keine Freundin, sei sehr einsam und oft unglücklich. Ich tröstete ihn und ließ ihn zugleich spüren, dass ich nicht die Absicht hatte, den Abend mit einem so begehrenswerten Jungen wie ihm mit reiner Gefühligkeit zu beenden. Ganz zart berührte ich seine Brustwarzen, was seine Männlichkeit erkennbar in den bedrängtesten Aufstand brachte. Genauso schamlos, wie ich diesen letzten unübertroffenen Halbsatz anderswo geklaut habe, zog ich ihn immer stärker in meine Erregung hinein. Von da an wurde nichts mehr gesagt, und es gab danach nichts mehr zu sagen. Anschließend wollte er kein Geld annehmen, er habe an diesem Abend schon gut verdient. Ich schob ihm einen Geldschein kompakt zusammengefaltet mit dem leise gesprochenen Wort „Geschenk“ in die Brusttasche, für Zigaretten und was man so braucht. Da lächelte er und lehnte nicht ab. Ich fragte ihn noch, warum er denn keine Freundin habe, bei seinem Aussehen … Er setzte sich noch einmal für den Moment und meinte, Freundinnen machten seinen Lebensstil nicht mit. Wie das gemeint sei? Er sagte, in seinem Dorf gebe es zwei ältere Frauen, die klopften die letzte Mark aus ihrer Spardose, um ihn zu bezahlen, wenn die Männer nicht da sind. Sie wollten dann immer die ganz große Nummer von ihm und seien rasend eifersüchtig auf die jeweils andere. Das sei sehr anstrengend, und deswegen sei er immer seltener zu Hause. Mit Männern, besonders mit jungen Männern, habe er weniger Probleme, die seien überhaupt nicht anstrengend. Im Übrigen wolle er weg von der Drecksarbeit. Kurzer Blick auf seine Innenfaust, auf seine pechschwarzen Fingernägel. Jetzt gehe er auf die Abendschule und brauche Geld für weiterführende Schulen. Er wurde verlegen, drehte sich um und war mit einem Sprung durchs Fenster hinaus in der Nacht. Als ich einige Tage später wieder aus dem Physiologischen Institut herausschaute, war die Straße vollkommen asphaltiert, in der Ferne noch etwas glänzend, unten schon durchgetrocknet. Ein feiner Hauch von Teer zog herauf… ich schloss das Fenster.

Das Physikum war kein Thema. Der Physiologieprofessor bot mir an, mich für ein Stipendium bei der Studienstiftung des Deutschen Volkes vorzuschlagen. Da der Entscheidungsprozess sich noch bis zum Ende des kommenden Semesters hinzog, konnte ich – zur Enttäuschung des Professors, aber doch mit seinen guten Wünschen – problemlos noch vorher die Universität wechseln. Mit mir gingen drei aus unserer Examensgruppe nach München. Wir hatten uns verabredet, danach in Göttingen wieder zusammenzukommen, und daran haben wir uns gehalten.

12 **Treibjagd in Oberbayern**

München galt rasch nach Krieg und Teilung in Zonen als „Deutschlands heimliche Hauptstadt“. Das Herz dieser Stadt war immer schon genügend groß und weit, um den verschiedensten politischen – bayerischen und preußischen –, geistigen und künstlerischen, musischen und moralischen Ausdrucksweisen hart nebeneinander Platz zu bieten. Dem entsprach ein für damalige Zeiten unglaublich breites kulturelles Angebot: Kammerspiele und Residenztheater, Gärtnerplatztheater mit damals mehr Operettenprogramm, kleine Komödie, Lach- und Schießgesellschaft, Kleinkunstbühnen in Schwabing.

Schwulenszene? Auch hier erst einmal für viele Jahre Fehlanzeige. Man musste sich unter das gehobene „stinknormale“ Angebot mischen. Man wollte uns immer noch nicht richtig dabeihaben, obwohl es im künstlerischen Hinterfeld Münchens von schwulen Musikern, Tänzern, Autoren, Choreografen, Schauspielern, Akrobaten nur so wimmelte. Überall blieb es jedoch das am besten gehütete Geheimnis: Pssssst! Bloß net drüber red'n! Mit unserer „offiziellen“ Seite waren wir natürlich auch hier ganz und gar präsent im spießig-katholischen München, mit geistlichen Würdenträgern überall dabei, dem Applaus den Segen spendend. Gott sei Dank gab es in München damals jedenfalls „a kloa bisserl" was Halbseidenes, nicht viel, oder besser: „zum Neitleif z'wenga – zum Sterben z'vui"! Berühmter, ständig überlaufener Treffpunkt war das Schwabinger Lokal Bei Gisela in der Occamstraße. Ihren berühmten Song *Aber der Novak lässt mich nicht verkommen* musste sie jede Nacht singen. Das Gefühl der Boheme schwand mit der Menge der partout krawattentragenden, spießig-neugierigen Besucher. Lustig wurde es nur dann, wenn einige einfallsreiche Besucher ihr nach Mitternacht weitere Dichtungen zum Novak heraufreichten, wo sie erst die Spreu vom Zotigen trennen musste, bevor sie es präsentierte. Es saßen schon immer viel zu viele Leute um den Brunnen auf dem kleinen baumbestandenen Eckplatz Feilitzsch- und Occamstraße, weil sie bei Gisela nicht hereingekommen waren.

Im München der Fünfzigerjahre gab es für die Größe und das Entwicklungstempo der Stadt kein angemessenes Nachtleben. Traurig genug, dafür aber jede Menge Puffs in der Goethe- und Schillerstraße nahe Hauptbahnhof. Wo also blieben die Schwulen ab? Überall und nirgends. Um sie überhaupt zu finden, müsste man sich mit dem Lebensgefühl der Fünfzigerjahre auseinandersetzen. Wo es interessant zuging, da tauchten sie auf, sporadisch, allerhöchstens zu zweit. Allein der Look war perfekter Ausdruck der endgültigen Distanzierung von Kriegs- und Folgejahren, er war bemüht elegant – und völlig angepasst. Zur direkten Kontaktaufnahme blieb nur Schauriges übrig: Die Dult (heute Schrannenplatz) schmückte eine Dult-Stubn – lauter versoffene alte Männer. Eine Klappe am nahen Parkplatz hieß „Hubsi-Gedächtnis-Klappe". Er selbst, der Schauspieler Hubert von Meyerinck nämlich (1896–1971), tauchte hin und wieder tatsächlich nächtens dort auf, bevor er in sein Stammlokal Zur ewigen Lampe in der Straße Am Einlaß ging. Ein für seinen schwulen Touch bekanntes Lokal in der Reisingerstraße war früh präsent, hielt erhebliche Veränderungen der Szene durch und blieb lange verfügbar. Trotz vorwiegend schwulen Publikums wurde es kein genügend warmer Platz, sich aufgehoben zu fühlen. Ich erinnere mich an dieses vom Interieur eher langweilige Lokal nur deswegen, weil mir ein vermögender und sehr gepflegter italienischer Architekt dort 1958 einen spontanen Heiratsantrag machte. Einfach so, nach einem intensiven Gespräch über zwei Martini Dry, sollte ich in Rom eine Wohnung und einen Sportwagen bekommen, es sollte nur alles sehr schnell gehen. Ich vermittelte ihm auf Italo-Englisch, ich brauchte noch drei Jahre bis zum fertigen Dottore, danach könne man reden. So lange wollte er zu meiner Erleichterung dann doch nicht warten. Es blieb bei diesem einzigen Mal einer solchen Offerte. Ganz schlimm, aber leider als Bar einzig verfügbar, blieb die sogenannte SansiBar, in der damals noch ausgedehnten Trümmerregion der Hildegardstraße nahe den Münchener Kammerspielen. Ich rannte dreimal mit hochgeschlagenem Trenchcoatkragen nächtens um das ausgestorbene Viertel, damit bloß niemand sah, wie ich in diesem Hauseingang die Klingel betätigte. Ein Kläppchen öffnete sich, ein Blick rauf und runter, wenn man gefiel, wurde man eingelassen.

Und ich halte den Augenblick für gekommen, hier und jetzt einen selbstkritischen Blick auf das Verhalten der Gruppe, der Minderheit der Schwulen, selbst zu richten, genau zu jener Zeit der späten Fünfziger und Sechziger in der Bundesrepublik, in der diese sich im krassesten Sinne autoaggressiv, das heißt letztlich selbst schwulenfeindlich verhielten. Den Entwicklungsphasen eines jungen Menschen vergleichbar waren Schwule vielfach traumatisiert, suchten Leidensgenossen, um sie im nächsten Augenblick wieder fallen zu lassen. Dem einen waren die eigenen Eltern die besten, anderen waren sie die schlimmsten, weil sie als zu konservativ galten und wahrscheinlich völlig überfordert, rat- und ahnungslos waren, wenn der hoffnungsträchtige Sprössling ihnen „die Wahrheit sagte“. Den Begriff des *Outing* kannte man damals noch nicht. Es gab jede Menge Selbsthass, Selbstverliebtheit, Hass auf andere, Hang zu Suizidalität, wobei man sich nicht scheute, solche Fantasien vor sich selbst und anderen dramatisch auszumalen – ganz wie bei präpubertären Kindern. Kindliches, unreifes Verhalten hat mich damals an meiner eigenen schwulen Umgebung besonders irritiert. Es war, als habe man bereits in jungen Jahren resigniert. Kaum einer war politisch interessiert, man hatte keine politische Partei im Blick, geschweige denn, dass man von ihnen erhoffen konnte, die gesellschaftliche Situation jemals zu ändern. Und die damaligen politischen Parteien hatten dergleichen auch nicht für diese große Minderheit im Programm. So blieb alles beim Alten. Die ursprünglich doch irgendwie natürliche, idealistisch-ehrliche, aber eben verbotene und versteckte Kontaktaufnahme zu jenen, die man liebte und begehrte, war durch das unvermeidliche Kennenlernen ausgerechnet in unappetitlicher Umgebung oft prägend für den Verlust an Selbstwert. Dem anderen, vielleicht glücklicheren, gönnte man aber Besseres auch nicht. Ganz schmerzhaft habe ich immer empfunden, wenn man über einen prominenten, gar hübschen, in der Öffentlichkeit erfolgreichen Menschen, dessen schwule Orientierung man vermutete, abfällig sagte: „... der oder die ist doch auch *nur* schwul" – „nur", welch schrecklich abwertendes Adverb!

Da wir uns selbst verleugneten, es uns eigentlich nicht gab, gab es auch keine Literatur über uns. Oder doch? 1965 erschien ein satirisches Buch des Autors Felix Rexhausen (1932–1992), der, in Köln ein paar Jahre vor mir geboren, als Journalist und Satiriker für den Spiegel, den Kölner Stadtanzeiger und den WDR gearbeitet hatte und Mitbegründer von Amnesty International in Deutschland gewesen war. Sein Buch *Lavendelschwert* – wir alle griffen sofort danach – schilderte den für die damalige Zeit geradezu obszönen Vorgang einer Schwulenrevolution. Schwule proben den Aufstand in den spießigen Sechzigerjahren, jener notorischen Adenauerzeit. Natürlich wollten sie auf gut deutsche, höchst normale Art alles besser machen, gründen ein Organisationskomitee, streiten um Ämter, planen jedes mögliche und unwahrscheinliche Detail – und prompt geht am Ende alles den Bach runter. Natürlich hatte Rexhausen pfiffigerweise zunächst einmal typisch deutsche, gewissermaßen übliche Planungen karikiert. Aber er hatte deutsche Schwule zum Subjekt seiner Karikatur genommen. Davon konnten sich normale Deutsche als nicht angesprochen beruhigen und Schwule sich nur schämen. Auch ich hatte damals Probleme mit dem Buch. Ich habe es gelesen und etwas beleidigt weggelegt. Auch ich wollte vor mir nicht zugeben, wie recht der Autor hatte.

Später habe ich es mir nochmals vorgenommen und war fasziniert. Was damals niemand ahnen konnte: Der Literaturwissenschaftler Benedikt Wolf fand 2020 im Schwulen Museum in Berlin das Manuskript Rexhausens für den Roman „Zaunwerk“ vom Beginn der Sechzigerjahre – eine Erhellung! Das wäre tatsächlich der erste schwule bundesrepublikanische Roman geworden. Welche Folgen hätte das gehabt? Keine Ahnung – ein großer Publikumsverlag hatte die Veröffentlichung abgelehnt! Meiner persönlichen Erinnerung als Schwuler in den Sechzigern nach war das begehrliche Suchen in Parks und Toiletten im „Zaunwerk“ äußerst treffend wiedergegeben. In der privaten Begegnung oder in Bars empfand ich das Verhalten vieler, selbst erwachsener Schwuler damals den Entwicklungsphasen pubertierender Teenager vergleichbar, aggressiv aus Abwehr, zugleich hochsensibel und mit dem Hang zum Dramatisieren. Man brillierte in Albernheiten, Geistreicheleien und Unverschämtheiten. Gleichzeitig siezte man sich, dem Comment der Zeit entsprechend, so albern sich das anhören mag: Man siezte sich selbst bei der schnellen Nummer im Freien. Geduzt wurde allenfalls beim Sex im Bett und in einer Dauerbeziehung. Die sah man jedoch selten, die Partner hielten sich äußerst bedeckt.

Die Kriminalisierung durch die fortbestehende Gesetzgebung führte dazu, dass diese große Minderheit, nicht sicher ihres eigenen, oft einzigartigen Potenzials und gestört in der eigenen individuellen Entwicklung, alles tarnte, was verräterisch sein konnte. Grundsätzlich erhielt zunächst einmal jeder oder eben „jede“, der/die in der Szene auftauchte, einen mehr oder weniger passenden weiblichen Vornamen. Das war manchmal komisch, manchmal auch tragisch, wenn sich der so Gekennzeichnete davon verletzt fühlte. Die Preisgabe des Nachnamens galt es unter allen Umständen zu vermeiden! Die Polizei hatte es bekanntermaßen auf kleine Adress- und Telefonbüchlein abgesehen. Diese Schnüffler hatten tatsächlich im Nachkriegsdeutschland den offiziellen Namen „Sittenpolizei“, im Slang „die Sitte“. Hier trieben sich einige sehr merkwürdige Gestalten herum. Von ihrer unangenehmen Seite sollte auch ich sie noch kennenlernen.

Des Weiteren gab es sehr effeminierte Schwule, die man schon ewig als „Tunten" bezeichnete. Sie traten demonstrativ ohne Tarnkappe auf, gaben sich auch in der Öffentlichkeit sehr auffällig, fast übertrieben weibisch und weiblich und kleideten sich oft auch so. Das Thema Travestie wurde in der damaligen Öffentlichkeit noch nicht differenziert gesehen und vorzugsweise totgeschwiegen. Daher war es auch schwierig, einen Unterschied zu erkennen zwischen Schwulen und heterosexuellen Transvestiten. Weiter war man damals im öffentlichen Anschauungsunterricht noch nicht fortgeschritten. „Tunten" waren schlecht gelitten, da man sich durch ihr offen schwules Gehabe bedroht fühlte. Man hielt Abstand, metrisch wie gedanklich. Ich muss zugeben, dass ich ihnen ebenfalls aus dem Weg ging, später selbst noch in schwulen Lokalen, wahrscheinlich ebenso aus der beschriebenen Angst, mit ihnen identifiziert zu werden. Ich hatte wenig Erfahrung im Umgang mit diesen Menschen. Erst sehr viel später habe ich gelernt, wie viele hochsensible, verletzliche, besonders gebildete, künstlerisch produktive Menschen es in dieser Gruppierung gab. Sie waren charakterlich oft viel stärker gefestigt als viele in der übrigen Schwulengemeinschaft, soweit es eine solche denn überhaupt gab.

Öffentliche Toiletten oder Bedürfnisanstalten, in der Welt der Schwulen die „Klappen", wurden ebenfalls durch weibliche Vornamen gekennzeichnet – auch damit konnte man verschleiern, wo man gerade am Vorabend erfolgreich gewesen war. Genau in ebendieser Ecke der Tarnung und Selbstverleugnung wollte man, also Polizei und Gesellschaft, die Schwulen haben. So waren sie am besten zu kontrollieren, so haben sie am schnellsten unter geringem Druck nachgegeben und andere denunziert. Nachdem man wusste, wo sie sich versteckten, waren Klappenrazzien in jeder Großstadt an der Tagesordnung. Von niemand Geringerem als dem nach seinem Ausscheiden aus der Politik zunehmend beliebten und geachteten SPD-Bundeskanzler Helmut Schmidt wurde behauptet, er habe in seiner Zeit als Innensenator Hamburgs Klappen mit einseitig durchsehbaren Spiegeln ausstatten lassen, damit die Polizei die vermeintlichen Delinquenten besser in flagranti ertappen und festnehmen konnte. Schmidt hat das immer heftig bestritten, aber seine Homophobie war bekannt, daran hat sich auch später nichts geändert.

Und wo sonst, wenn es zu Hause oder in der Studentenbude nicht möglich war, wo konnte man seine Neigungen in München ausleben? Komm ins Grüne, Freund! Der Englische Garten in München ist eine der schönsten Parkanlagen der Welt. Niemand hätte damals sehen oder wissen wollen, was sich dort nächtens tat, kein normaler Mensch war da unterwegs. München war zu jener Zeit aber in jeder denkbaren Hinsicht und an jeder denkbaren Stelle noch oder schon wieder sehr beflissen schwulenfeindlich. So fuhren die nächtlichen Streifenwagen der Polizei nicht nur die offiziellen Wege um den Monopteros ab, jenen klassizistischen Ziertempel auf reizvollem Hügel, sondern mit viel größerer Begeisterung und breit aufgeblendetem Scheinwerferlicht genau in die Gebüsche hinein, um im Fahrersitz entspannt zu beobachten, wie alles die Hosen und Röcke raffte und schreiend von dannen strebte – frühes Pornokino für die Polizei! Ich fand das damals schon unmoralischer als all das, was diese Menschen dort miteinander taten. Man wollte uns damals verscheuchen, nicht dabeihaben, einfach nirgendwo, auch nicht an Stellen, wo um diese Zeit niemand hinging!

Wie in Tübingen fehlte mir auch in München etwas fürs Herz. Die große Liebe fand ich auch in diesen zwei Semestern nicht. Aber da ich mir für dieses Buch Ehrlichkeit versprochen habe, muss ich doch eben Arthur aus den Kulissen auf die Szene bitten. Arthur war ein Filou. Es wäre aber schade, über dieser griffigen Bezeichnung zu vernachlässigen, wie wir uns kennengelernt haben – irgendwie passte das nämlich. An der Ecke Leopold-/Franz-Joseph-Straße ging ich damals mit Bekannten treppab in eine jener halbseidenen Bars, in denen im Schwabing jener Tage alles aufkreuzte, was zur Nacht (München klappte damals um Mitternacht die Bürgersteige hoch) noch auf Suche war. Jede Menge gutsituierter Leute aus Stadt und Land traf dort auf Münchener Schwule, und alle diese auf Stadtjugend oder die aus dem Alpenvorland. Die eher nicht „professionellen Madln und Buam“ wussten schon, dass sie für einen Ausflug in die große, weite, spießige Welt der heimlichen Hauptstadt etwas bieten mussten, was nur sie hatten – ihre Jugend. Die Stimmung war locker und distanzlos. Der Schauspieler O.E.H., den damals im Lande jeder kannte, kam hinter seiner Sonnenbrille versteckt zu mir herüber, griff mir ans Revers meines Jacketts und sagte mit seiner bemerkenswerten maskulinen Stimme: „Eigentlich siehst du nicht so aus, als ob du hier hingehörst. Darum würde ich dir gerne ein besonders liebes Angebot machen." Ich dachte: O Falada, wenn das deine Mutter wüsste, das Herz im Leib tät ihr zerspringen. Dieser Satz gehört hierhin aus drei Gründen: Erstens habe ich ihn damals genauso gedacht – wie davor und danach noch viele Male in meinem Leben. Zweitens ist das ein originaler Satz aus einem berühmten Grimm'schen Märchen. Und drittens war O.E.H. für meine Mutter der absolute Traum von einem männlichen Schauspieler. Ich erwiderte ihm, ich gehörte tatsächlich nicht hierher, daher bitte kein Angebot.

Bei dieser Antwort schaute jemand von einem der Tische kurz zu mir auf, lachte und sagte: „I hoab a Angebot: Kumm, setz di do her, was wuistn dringa?" Arthur war groß, sehr schlank, hatte leicht abstehende Ohren, glattes blondes Haar und große nussbraune Augen. Aus diesen schaute er seinen Gesprächspartner sekundenlang ohne Lidschlag offen unbewegt an. Er stammte aus Giesing, was zumindest damals noch so eine Art Schublade war, und sprach einen eigenwilligen Münchner Dialekt, dunkel mit weich rollendem R. Sein Gesicht war eher flach, stupsige Nase, volle rote Lippen, die untere etwas vorgewölbt, in der Mitte leicht eingekerbt, ich glaube, das hatten wir schon mal …

Arthur hatte einen eigenwilligen Charme, schlaksig, unaufdringlich männlich, kein bisschen tuntig – Männer jeden Alters drängten sich um uns. In leisem und vertraulichem Gesprächston wiederholte ich ihm gegenüber, es sei klar, dass ich nicht des Geldes wegen hier war und keins ausgeben wollte. Er antwortete ganz überrascht: „Bist blöd? I moag di!" Da die Zeit fortgeschritten war, ging es im Folgenden daher nur kurz und knapp darum, wohin wir gehen sollten. Arthur fragte: „Host a Taxigeld?" Wir landeten im besagten, damals noch etwas „soßigen" Glockenbachviertel, in der Klenzestraße, Pension Fledermaus – das klang nach Halbwelt, Operette, nächtlichem Geflatter. In der Wirtsstube hingen zwei Männer betrunken über der Theke. Sie waren so besoffen, dass ihnen böse gemeinte Anspielungen bei unserem Anblick nur noch halb aus dem Mund kamen. Die Wirtin hingegen – oder war es ihre Tochter? – nahm nach dem Bezahlen den Schlüsselbund, führte uns in den dritten Stock, öffnete eine kärglich möblierte Kammer und wies lächelnd auf einen großen Toilettentisch aus Kirschholz. Das weiß ich noch ganz genau, meine Eltern hatten auch so ein Stück im Schlafzimmer, sieht edel aus. Sie sagte schmunzelnd: „Da könnt es euch schön spiegeln ..." – und verschwand.

Arthur lachte, öffnete das Teil – es hatte fünf Spiegel – und sagte: „Wird alles gebraucht!" Zunächst verstand ich diese Anspielung nicht in ihrem ganzen Ausmaß, aber als Arthur sich entkleidet hatte, ließ er zusätzlich noch etwas fallen, was er als Suspensorium bezeichnete. Das kriege man nur in der Apotheke. Er hielt in der Hand, was das Suspensorium zuvor in ganzer Ausdehnung gewölbt und beschwert hatte. Es dauerte eine Weile, bis dieses Ding aus der Horizontalen in die Vertikale kam, dort dann aber zuverlässig verblieb. Danach war eigentlich nichts mehr zu sagen, oder doch? Vielleicht drei Dinge: Arthur hat von mir an diesem Abend nichts anderes erwartet als meine volle Präsenz, und ich habe mich bemüht, ihn nicht zu enttäuschen. Das blieb auch so. Arthur bestand, zweitens, nicht darauf, mit diesem Ding irgendwo einzudringen. Das blieb ebenfalls so. Einzig – und damit drittens – die Klenzestraße im Glockenbachviertel hat sich mit dem Schickimicki Münchens ganz enorm verändert, ist inzwischen ebenfalls eine teure, streckenweise sogar elegante Geschäftsstraße zwischen dem Gärtnerplatz auf der einen und Antonettys geschwungenem Eckladen für Lederdesign auf der anderen Seite.

Arthur und ich haben noch manche Nacht unter den Flügeln der Fledermaus verbracht. Wir tranken nur Wein, und darunter verwandelte sich Arthur in den charmantesten Unterhalter, den man sich vorstellen konnte, mit Erzählungen aus einer Welt, die mir selbst völlig fern war, zuletzt auch aus dem Knast. Und er merkte, dass meine Neugier, mein Verständnis und mein Interesse an ihm davon unbeeinflusst oder jedenfalls nicht negativ eingetrübt waren. Ab und zu verschwand Arthur vorübergehend aus München und tauchte ebenso überraschend wieder auf. Mir dämmerte, dass man ihn in einem Genre von, sagen wir, gutartigen Kleinkriminellen vermuten durfte. Sein Charme war nicht im Mindesten gebrochen, als er mir einmal erklärte, dass er bei Ausübung seines Berufes Dinge nur dort mitgehen ließe, wo sie ihm ungefragt in die Tasche fielen und mit Sicherheit keine sozialen Auswirkungen für den so Erleichterten hatten. In München sei das besonders bei den völlig gedankenlosen Touristen so unendlich leicht, dass man ihm weder Zeit noch Gelegenheit gelassen hatte, ein schlechtes Gewissen zu haben. Aber manchmal habe man eben auch „Künstlerpech" – dieses Wort benutzte er tatsächlich. Er hatte früh ein Eigentor geschossen, als er sich, um von zu Hause wegzukommen, schon im Alter von achtzehn Jahren offiziell für volljährig hatte erklären lassen. Das bedeutete bei Gerichtsverfahren, dass man ihn schon in jüngerem Alter trotz bester Gesundheit gelegentlich für urlaubsreif hielt. Über viele Jahrzehnte, selbst nach meiner Rückkehr aus den USA in den Siebzigern, bin ich mit Arthur in Verbindung geblieben. Ich hatte den Eindruck, dass er selbst nie eine feste Beziehung eingegangen war, aber er pflegte dauerhafte Verbindungen in allerhöchste und älteste bayerische Adelskreise. Er selbst alterte sehr langsam, blieb charmant und voller ungewöhnlicher Erzählungen, immer in diesem Münchner Dialekt mit sanft rollendem R. Meine berufliche Entwicklung – das erste Kennenlernen war im ersten klinischen Semester gewesen – kannte er, er kannte meine Ambition und schätzte es offenbar, dass es auch darüber zwischen uns keinerlei Probleme gab. Bis zuletzt kam er immer spontan zu mir, ohne Anmeldung, wir wussten, dass noch immer etwas Besonderes zwischen uns passierte, und so ging er auch wieder. Daher hatte ich mir nicht einmal Gedanken gemacht, dass und warum er irgendwann nicht mehr wiederkam. Jetzt, wo ich dies schreibe, muss ich ihm ein wenig nachsinnen und kann die Zeile – von irgendwoher höre ich ein sanft rollendes R – nur mit einem Lächeln beenden …

Nach Semesterschluss wussten wir alle, dass es von jetzt an nur noch ernsthaftes Lernen für das Staatsexamen gab. Daher war die Wahl der Uni klar: Göttingen galt als studentisch progressiv, war eine schöne Stadt mit Traditionen und als Arbeitsuniversität verrufen. Also musste es dort hingehen!

13 Die Göttinger Sieben

Der Göttinger Universität haftete zu meiner Zeit immer noch der Ruf einer revolutionären Universität an. Die dortigen Studenten waren eher oppositionell eingestellt als anderswo, es bestanden Kontakte zu Frankfurt und Paris. Ich bin damals nicht politisch aktiv gewesen, eher fleißig in einer für ihren Fleiß bekannten Academia.

In Göttingen blieb ich drei Jahre. Eine lange Zeit für einen Studenten: Studienabschluss, Staatsexamen, Promotionsarbeit, Dissertation, Assistentenstelle in der Pathologie und anschließend in einer der Uni-Kliniken – vielfältig und mit vielen Erlebnissen. Hier war im von mir inzwischen oft angespielten Sinne ebenfalls nichts los. Lokale mit Optionen auch für Schwule waren damals in Göttingen gleichfalls noch volle Fehlanzeige. Wer als Schwuler unbedingt vom Pfad der Tugend abkommen wollte, nahm den Weg hinauf zum berühmten Göttinger Wall und traf dort immer dieselben, meist älteren traurigen Gestalten, denen man lieber aus dem Weg ging. Als junger Schwuler lebte man in Göttingen damals bewusst zurückgezogen. Schwule fühlten sich weiterhin in der schon vorher so apostrophierten „bleiernen Zeit" selbst in einer behüteten Kleinstadt immer irgendwie bedrückt. Man durfte in dieser drakonischen Adenauer-Zeit nirgendwo vergessen, dass sowohl Polizei wie auch

Justiz systematisch und drastisch gegen Schwule vorgingen. In den selbst in Großstädten damals noch seltenen Schwulenkneipen gab es regelmäßig Razzien, auch um sogenannte „Rosa Listen“ führen und bei irgendwelchen Ereignissen auf diese Weise Schwule ganz schnell unter Verdacht stellen zu können. Parks und öffentliche Toiletten wurden permanent überwacht, selbst auf eine peinlich voyeuristische Weise. Wurde ein Homosexueller geschnappt, durchforsteten Kriminalbeamte oft seine zu Hause greifbaren Adressbücher. Darüber luden sie bundesweit ahnungslose Männer zum Verhör vor, die oft primär mit der Sache gar nichts zu tun hatten. Eingeschlossen in diese Jagd wurden also auch Freunde oder Verwandte, selbst nur auf Verdacht hin. Vielleicht würde die „Sittenpolizei“ auf diese Weise selbst weit entfernt doch noch fündig – darauf waren sie besonders stolz, darüber wurde sogar in der Presse berichtet. Es war eine beispiellose Hexenjagd! Vor Gericht zählte dann jedes intime Detail, da war man als Richter oder Beisitzer gar nicht verschämt. Die Urteile reichten von ein paar Monaten auf Bewährung bis hin zu mehrjährigen Haftstrafen. Im Rückblick erscheint vieles als völlig willkürlich, da es auch einige einsichtige Richter gab. Aus Verzweiflung haben sich damals viele Männer das Leben genommen. Einem schrecklichen Beispiel werden wir noch hier in Göttingen begegnen.

Daher war ich glücklich, in meiner neuen Studienstadt auf etwas Neues, über einen Einzelgänger eine geschlossene Gruppe zu treffen. Es war vor Jahren schon in anderen Städten zur Bildung kleiner lockerer Gruppen von Gleichgesinnten gekommen, die einzig durch ihre schwule Orientierung zusammengefunden hatten, bunt zusammengesetzt waren und gut zusammenhielten. Wenige verfügten über eine Privatwohnung, wo man sich treffen konnte. Unsere Gruppe bestand aus einem griechischer Kellner, der später sein eigenes Lokal aufmachte, einem junger Friseur, einem sehr jungen Bäckerlehrling und einem habilitierten Althistoriker. Außerdem gehörte ein etwas tuntiger, pfiffiger türkischer Jurastudent aus erstklassiger anatolischer Familie dazu, der zielgerichtet in Göttingen die Basis für seine Diplomatenkarriere legte. Neben ihm gab es noch einen weiteren Jurastudenten aus Wilhelmshaven, Klaus, der ebenfalls in die internationale Diplomatie wollte, später aber im Ausland Banker wurde. Er war politisch stark links ausgerichtet und unser Sorgenkind, da er erhebliche Kontakt- und Berührungsängste hatte. Wir nannten uns die „Göttinger Sieben" und fühlen uns in dieser Gruppe tatsächlich sehr wohl, zumal alle gegenseitig höchst aufmerksam waren, sich in kleinem Rahmen einluden oder Unternehmungen machten. Die Gruppe hielt Kontakt zu Franz, einem ehemaligen Stadtbediensteten, der zweimal wegen seiner Homosexualität Gefängnisstrafen hatte absitzen müssen. Er freute sich, dieser jungen Truppe nützliche Tipps geben zu können. Der Gruppe selbst mochte er sich nicht mehr anschließen, er sei zu alt. Allgemein akzeptierter Kopf und Senior der Gruppe war der Althistoriker Joaquím, der vor einer bemerkenswerten akademischen Karriere stand. Er war ein großzügiger, äußerst liebenswürdiger korrekter Mann mit großem Herzen und stammte von einer nordfriesischen Insel. Wenn es am Monatsende knapp wurde, durfte man bei ihm anklopfen und um so etwas wie eine Überbrückungshilfe bitten. Beruhigend war, dass die bunte Gruppe in dieser Zusammensetzung bei aller Zwanglosigkeit vorsichtig agierte und gut zusammenhielt. Es gab auch den Moment, ab dem man der Übersichtlichkeit halber keine weiteren Mitglieder aufnehmen wollte. Das war instinktiv empfunden, erwies sich aber als richtig. Auch in dieser Gruppe hatten wir aus Gewohnheit oder aus Sicherheitsbedürfnis alle einen weiblichen Vor-/Spitznamen. Die Nachnamen kannten wir in der Regel nicht, und das war auch nicht nötig. Selbst wenn sich diese Gruppenbildung hier etwas idyllisch anhört, so hatte sie doch einen sehr ernsten Hintergrund. Wir alle hatten große Angst, durch irgendein unglückliches Zusammentreffen von Umständen in den Verdacht homosexueller Handlungen oder nur solcher Kontakte zu geraten, ob aufgrund eines tatsächlichen Vorfalls oder aufgrund von Verdächtigungen. Für uns alle, welcher sozialen Struktur auch zugehörig, hätte das das Ende unseres aktuellen Status und unserer Zukunft bedeuten können. Deshalb gaben wir uns nach außen einen möglichst „normalen" Anstrich. Joaquím war überzeugter Sozialdemokrat, das war Dauerthema zwischen uns. Im Wahlkampf 1961 sind wir gemeinsam zu einer SPD-Wahlkampfveranstaltung in die Stadthalle Göttingen gegangen. Dort sprach Willy Brandt. Am Ende der Veranstaltung sprach Joaquím Willy Brandt auf eine betont norddeutsche Weise an. Der lachte und schüttelte uns die Hände. Wir alle wünschten uns, dass Willy Brandt bald einmal deutscher Bundeskanzler werden würde. Darin waren wir uns einig, dass die SPD viel zu wenig für Schwule und die Abschaffung dieses entsetzlichen Paragrafen tat!

Joaquím fuhr einen alten, gut gepflegten Opel Kapitän. Mit ihm sind wir mehrmals zu viert oder fünft nach Berlin gefahren. Sascha, unser Jüngster in einer Friseurlehre, war ein großer schlanker Jüngling aus Rumänien mit romantisch langem schwarzen Haar. Er sprach perfekt Deutsch mit einem angenehmen Akzent und wurde von uns mit dem Kosenamen „Loverboy“ geneckt. Eine unserer Berlinfahrten organisierte er mit besonderem Eifer und versprach uns, dass wir im Renaissance-Theater eine „Spezialaufführung“ bekämen. Das glaubten wir erst nicht so ganz, es wurde dann aber doch sehr *special*. Wir besuchten eine der ersten Aufführungen von *Majestäten* von Jean Anouilh. Wir stiegen am damals wegen der allgegenwärtigen Prostitution sehr preisgünstigen Savignyplatz ab, der lag nahe und es gab Mehrbettzimmer für Touristen, die „in die Frontstadt“ kamen. Mit diesem Begriff, der nach verteidigungsbewusster Angriffshaltung klang, wurde damals öffentlich vom Senat für Berlin geworben.

Jean Anouilh schrieb zu jener Zeit viele erfolgreiche Bühnenstücke und wurde damals auf sämtlichen europäischen wie auch deutschen Bühnen fast pausenlos gespielt. *Majestäten* (*La Foire d'empoigne*) war sicher nicht sein stärkstes. Es spielte in den berühmten einhundert Tagen zwischen Napoleons Rückkunft von Elba und seiner endgültigen Verbannung nach St. Helena. Das Reizvolle war, dass die Rolle Napoleons und die Ludwigs XVI. vom selben Schauspieler dargestellt wurden (O.E.H.), ebenso die eines idealistischen jungen Offiziers, der dem gerade Herrschenden seine volle Loyalität andiente. Der junge Berliner Schauspieler Gundolf W. (*1937) spielte in dieser Rolle dem Hauptakteur O.E.H. die Stichworte zu, beide waren brillant. Die Kontrolle über diese Schlammschlacht der

Majestäten behielt in beiden historischen Phasen und daher in beiden Akten des Stückes selbst einer der größten politischen Schweinehunde jener Epoche, der gerissene Joseph Fouché (1759–1820), damaliger allmächtiger Pariser Polizeiminister, den selbst Napoleon fürchtete. Er wurde nicht weniger brillant vom Schauspieler Peter Mosbacher (1912–1977) dargestellt. Das Publikum war besonders vom schauspielerisch hohen Niveau dieses Abends hingerissen und fühlte sich bestens unterhalten. Die Fernsehfassung dieses Theaterstücks wurde nach 1990 ein Klassiker des deutschen Fernsehtheaters. Für uns Provinznudeln kam der große Augenblick, als wir in der großen Pause in die Garderobe von O.E.H. gebeten wurden. Wir verdankten dieses Arrangement eindeutig unserem „Loverboy", der von ihm besonders geherzt wurde. Es machte ihm offensichtlich so viel Spaß, ein paar Landpomeranzen in seine Vorstellung gelockt zu haben, dass er uns anschließend in seine Wohnung einlud. Für uns ein großes Erlebnis, unnötig zu betonen, dass es völlig harmlos war.

In der Gruppe war ich mit dem Althistoriker und dem türkischen Juristen enger befreundet, zumal wir offen und mit großem Engagement politische Themen diskutierten. Wir trafen uns fast wöchentlich. Erdoğan (tatsächlich auch ein türkischer Vorname) war von seinem reichen und einflussreichen Elternhaus von Ankara aus zum Studium nach Deutschland geschickt worden, unmittelbar an die Universität Göttingen, mit der Vorgabe, später auf diese Weise leicht in den deutsch-türkischen diplomatischen Dienst zu gelangen. Als verwöhntes Einzelkind machte er immer dann, wenn ihm etwas nicht passte, einen kindlichen Schmollmund. Er war froh, in Deutschland studieren zu können, so konnte er sein schwules Sexleben etwas ungehemmter ausleben, als ihm dies in seiner Heimat möglich gewesen wäre. Ein Bedürfnis, sich mit einem seiner oft wechselnden und immer attraktiven deutschen Freunde zu binden, habe ich bei ihm nicht verspürt. Mit seinen gerade einmal sechsundzwanzig Jahren dachte bei ihm daheim sowieso noch niemand daran, ihn in einer ehelichen Partnerschaft zu sehen. Vielmehr erwartete man, dass er Anfang seiner Dreißiger als deutsch-türkischer Diplomat eine große Partie in der Hauptstadt Ankara machen würde. Das hatte er auch vor und stellte unmissverständlich klar, dass er eine ihm arrangiert angetraute türkische Dame mit reichem Kindersegen beschäftigt halten wollte.

Er war im traditionellen Sinne ein Levantiner und lebte das auch aus. Über die Ursache seines Schwulseins machte er einen Witz, von dem man in Deutschland kaum wissen konnte, wie gefährlich er in der Türkei hätte eingeschätzt werden können. Als seine stolzen Eltern in den Dreißigerjahren zusammen mit anderen Repräsentanten der gehobenen Gesellschaft in Izmir dem Staatspräsidenten Mustafa Kemal Atatürk vorgestellt worden waren, hatten diese ihn als Baby dem „Vater aller Türken" kurz in die Arme gelegt, der sich in dieser Pose gerne fotografieren ließ. Die Presse von Izmir riss sich, wie er uns sagte, um die Bilder. Kenner der Türkei, des Endes des Osmanischen Reiches, der Persönlichkeit und des rasanten Aufstiegs des Generals Atatürk, des starken Reformers und späteren Staatspräsidenten, sprachen untereinander eher anerkennend darüber, dass der später in seinem Land wie ein Gott verehrte Mann möglicherweise schwul gewesen sein könnte. Dergleichen darf man heute immer noch keinem Türken sagen. Im Übrigen war Erdoğan von ungebremstem Optimismus und wirkte auf uns in jeder Situation als Stimmungsaufheller.

Joaquím war zehn Jahre und einen Tag älter als ich. Er hatte Alte Geschichte in Hamburg und Frankfurt studiert, war in diesem Fach promoviert worden und arbeitete in Göttingen an seiner Habilitation. Ihn auf eine so unkomplizierte und schöne Art in Göttingen kennengelernt zu haben, gehört zu den Sternstunden meines Lebens. In irgendeiner erotischen Weise hat es nie zwischen uns gefunkt. Wir haben uns von Beginn an eher sachlich geschätzt, sind beruflich ganz andere Wege gegangen und haben uns im Laufe der späten Sechziger- und Siebzigerjahre leider auch zunehmend aus den Augen verloren. Dennoch habe ich, der ich später viel in der Welt herumkam, immer wieder versucht, mit ihm telefonischen Kontakt bis zu seiner Emeritierung zu halten. Auf eine gewisse Art war er einzigartig, gelassen, bescheiden, zurückhaltend, aber von immensem Wissen, welches er auf eine wunderbare Art informativ und illustrativ weiterzugeben wusste. Ich war nicht überrascht, dass er später in einem der vielen Nachrufe als damals bedeutendster Althistoriker des Landes bezeichnet wurde. Um sein Bild abzurunden, hier eine Episode, die seine amüsierte Distanz zu sich selbst und zu den Eitelkeiten der Welt trifft: Er erzählte mir, wie er seiner Mutter von seiner ersten Professur berichtete, mit Lehrstuhl an einer der ältesten deutschen Universitäten. Schmunzelnd gab er mir die Antwort seiner Mutter gleich mit: „Na, egal, Lehrer oder Professor: Eeeendlich wird denn wohl doch noch was aus dir, wo doch dein Bruder schon sooo lange sein' Supermaakt in Hörnum hat!"

Joaquím war, wie schon erwähnt, politisch engagiert. Er war der erste, mit dem ich in Göttingen intensive politische Diskussionen führte. Im Jahre 1957 war ich einundzwanzig geworden und hatte zum ersten Mal an der Wahl zum Deutschen Bundestag teilgenommen. Heute kann ich sagen, dass ich meiner Erinnerung nach keine einzige Wahl ausgelassen habe. Auch wenn ich mich danach mit der Sozialdemokratischen Partei und ihrem Programm häufiger identifizierte, bin ich zu keiner Zeit in meinem beruflichen Leben in die Partei eingetreten oder politisch tätig geworden. Darin sah ich kein Problem, denn ich hatte für solche Dinge als Arzt schlicht nie Zeit – diese Ausrede wird Ärzten immer und überall abgenommen. Wichtig war mir damals, dass Joaquím eine ähnliche politische Orientierung hatte und zugleich deutlich vermittelte, sich in der politischen Beurteilung der Welt gedanklich nicht in regionalen oder staatlichen Grenzen zu bewegen, sondern sich früh an weltpolitischen Bewegungen zu orientieren.

Währenddessen überlegte ich, wie ich es mit meiner Promotion angehen lassen sollte. Die Studienstiftung regte an, es solle mindestens eine experimentelle Arbeit sein, die ich zur Promotion vorlegen sollte. Für ein solches Projekt musste man eine Arbeitszeit im Labor von zwei Jahren neben dem Studium vorsehen. Im Laufe der ersten klinischen Semester lernte ich einen Oberassistenten der Pathologie kennen, einen sorgfältig arbeitenden, in der Lehre weniger extrovertiert wirkenden Professor, dessen Arbeiten und Publikationen über Gewebsschichten von Blutgefäßen des menschlichen Körpers mich interessierten. Er steckte tief in der Problematik und hatte sofort ein Thema für mich, bei dem es um Verletzungen der zartesten inneren Auskleidung aller Blutgefäße ging, dem sogenannten Endothel. Ich ahnte damals noch nicht, welche Bedeutung solche kleinsten Endothelverletzungen klinisch hatten. Während ich in der Pathologie an meiner experimentellen Arbeit an Blutgefäßgewebe saß, waren mit mir befreundete Kollegen mit ihren Promotionsarbeiten in der klinischen Physiologie beschäftigt. Ihr Professor war Stoffwechselspezialist. In einer der Universitätskliniken gab es besondere Stoffwechsellabore. Die Untersuchungen wurden an menschlichen Probanden vorgenommen, meist an studentischen Freiwilligen. Für experimentelle Untersuchungen atmete man beispielsweise in einem geschlossenen Atemsystem, in dem Sauerstoffaufnahme und Kohlendioxidabgabe als Ausdruck des Stoffwechselgeschehens präzise gemessen werden konnte. Allerdings konnte das CO_2 im System durch Atemkalk absorbiert werden, womit für die Versuchsperson der wichtigste Anreiz zur Atmung wegfiel und sie unbeobachtet in einen im Endeffekt zuletzt tödlichen Sauerstoffmangel geraten konnte. Dieser Gefährdung wegen war es allen im Labor Arbeitenden strikt verboten, einen Selbstversuch zu unternehmen oder einen Versuch überhaupt allein zu starten. Es mussten immer mehrere Kollegen zugleich im Labor sein. Außerdem war das Labor nachts und wochenends verschlossen. Dennoch kam es zu einem entsetzlichen Ereignis. Einer der Studenten im klinischen Semester, der in diesem Forschungsprogramm mitarbeitete, wurde an einem Montagmorgen in der Versuchsanordnung sitzend tot aufgefunden. Offiziell wurde von einem Unfall gesprochen. Uns war klar, dass es Selbstmord gewesen sein musste. Man versuchte tunlichst, das vor den verstörten Eltern, biederen Leuten aus dem Oldenburgischen, geheim zu halten, was wohl nicht gelang. Es war ihr einziger Sohn, der Hoffnungsträger, gewesen. Mir schwante Schlimmeres. Der junge Semesterkollege war freundlich, sehr zurückhaltend, offenbar ohne Freunde gewesen. Ich hatte ihn mehrmals auf dem Göttinger Wall gesichtet. Er war jedes Mal ausgerissen, wenn er mich aus der Ferne erkannte. Einer in unserer kleinen Gruppe, der ihn offenbar näher gekannt hatte, war auf das Schwerste erschüttert. Er berichtete, der Student sei offenbar von der Polizei mit einem jungen Germanisten in flagranti erwischt worden. Im drohte eine Anklage und danach wahrscheinlich die Relegation von der Universität – das war die harte Realität. Die viel gepriesene freie Gerichtsbarkeit der Universitäten folgte offensichtlich den Moralvorstellungen des Strafgesetzbuchs. Dass die Relegation von der Uni damals allgemeine Praxis war, bestätigte auch ein anderer Fall. In unserer Gruppe war für nur wenige Monate ein jüngerer Kollege im vorklinischen Studium aufgetaucht. Danach hatten wir ihn nie wieder gesehen. Nach meinem Staatsexamen traf ich ihn und erkundige mich, wie es mit dem Abschluss eines Medizinstudiums stehe. Er war bedrückt und verlegen und gestand mir schließlich, dass er von der Uni geflogen und inzwischen mit Mühe zu einer Krankenpflegeausbildung angenommen worden sei. Als wir offen miteinander sprechen konnten, räumte er ein (es war ihm unendlich peinlich), er sei vor einem Jahr aus einer Kaufhaustoilette in Hannover von Hausdetektiven quasi an den Beinen unter der Wand einer Kabine herausgezogen worden, wohin er sich mit einem anderen jungen Mann zurückgezogen hatte. Anzeige, Verurteilung und Entfernung von der Universität passierten Schlag auf Schlag. Er habe lange mit dem Gedanken an Selbstmord gespielt.

Man kann sich heute kaum vorstellen, zu welchem Auswuchs an Hexenjagd dieses Land fünfzehn Jahre nach dem Holocaust aus dem Gefühl der religiös konditionierten moralischen Überlegenheit fähig war. Es war schlicht und einfach unerträglich. Über solche Vorkommnisse wurde reißerisch in der Presse berichtet, und es war damit ganz schnell abgetan. Die Gesellschaft schämte sich keineswegs. Man machte anzügliche Witze, selbst vonseiten derjenigen, die den jungen Mediziner gekannt hatten, ob aus Verlegenheit, ob aus dem Bedürfnis nach Distanz, aus Angst oder aus Unfähigkeit zur Empathie.

Diese beiden Fälle von Selbstmord – ich erinnere noch einmal an den aus meiner Oberschulzeit – haben die ursprüngliche Motivation zu diesem Buch abgegeben. Derartiges darf nicht in Vergessenheit geraten! Das muss zwischen den anderen Geschichten erkennbar bleiben. Über das Ereignis haben wir lange noch erschrocken in unserer kleinen Gruppe diskutiert. Auch darüber, wie man sich danach noch vorsichtiger bewegen könnte.

14 **Wielands Eck**

In meinem ganzen Leben habe ich keinen erwachsenen deutschen Schwulen getroffen, der nicht das Kleist-Casino (KC) in Berlin gekannt hätte. Das Kleist-Casino war eine schwule Institution, schließlich ist es von seiner Eröffnung im Jahre 1921 (!) bis zu seiner Schließung 2002 auf gut achtzig Jahre gekommen. Genau genommen gab es wegen Nationalsozialismus und Zweitem Weltkriegs zwei Kleist-Casinos: das erste von 1921 bis 1936 auf der Kleiststraße, Höhe der heutigen Urania, das zweite ab 1950 auf der Kleiststraße nahe Eisenacher Straße. Schon das erste KC, möglicherweise die erste Schwulenbar Europas überhaupt, war in den berühmten Berliner Zwanzigern eine weltweit höchst frivole Ausnahmeerscheinung, eine geduldete Extravaganz gewesen mit bekanntem internationalen Publikum. Es war unerhört damals auch wegen der dort offiziell geduldeten Prostitution, seines eindeutigen Typs einer Stricherbar! Nach der Wiedereröffnung 1950 bin ich sechs Jahre später als Abiturient erstmals in Berlin gewesen und ins KC gegangen. Da gab es keine Stricher, aber eine andere unerhörte Extravaganz: Männertanz! Wie war damals so was überhaupt möglich? Der Berliner Senat hatte der „Frontstadt" Ausnahmen erlaubt, um ihre alternde Bevölkerung zu halten und Touristen in die Stadt zu locken – Politik vor Moral! Ganz ehrlich war diese Großzügigkeit nicht. Auch die Berliner Schwulenszene hatte in den Fünfzigern zunehmend unter Repressionen zu leiden, im Kleist-Casino gab es 1958 die erste polizeiliche Razzia.

1959 wurde die Disco nicht etwa in den USA, sondern glaubhaften Belegen zufolge in Deutschland, in Aachen geboren! Und auch wenn diese Bewegung erst in den Siebzigern Fahrt aufnahm: Für Schwule war sie erst einmal nichts, wo sich ihresgleichen zum Flirten hätte treffen können. Das hieß: zurück in den Park – hätte es nicht Wielands Eck gegeben! In Hannovers Calenberger Neustadt gab es in der Wielandstraße, Ecke Glockseestraße, das Lokal Wielands Eck, über das sich heutzutage, im Gegensatz zum Kleist-Casino in Berlin-Schöneberg im Internet nichts mehr finden lässt. Jemand hatte mich beim Besuch einer muffigen Schwulenbar Ende der Fünfzigerjahre in der damals noch trüben, von Kriegsschäden gezeichneten Gegend hinter Hannovers Hauptbahnhof auf dieses ganz andere Wielands Eck aufmerksam gemacht. Erst nach einigen Schwierigkeiten habe ich es gefunden, es war von außen völlig unauffällig. Ich kam beim ersten Besuch auch beinahe nicht hinein. Auch hier gab es – eigentlich unvorstellbar für eine Stadt wie Hannover – wie im KC in Berlin-Schöneberg Männertanz! An der Tür sagte man mir, ich sei nicht korrekt fürs Tanzparkett angezogen, aber ich könne – es war schon nach 23 Uhr – seitlich Platz nehmen, wo andere Männer in zwangloser Kleidung bis zum Schluss herumsaßen. Einer von ihnen lud mich zum Trinken ein, ein untersetzter junger Mann, wir hatten ein kurzes Bier. Er erzählte mir, dass er Taxifahrer sei und ausschließlich deswegen um diese Zeit hier abhänge, da immer ein paar wohlhabende Herren nach dem Tanzabend per Taxi abreisen wollten. Ganz plötzlich sprang er auf, zog mich Richtung Toilette, wobei er zielsicher auf die Damentoilette zusteuerte. Er signalisierte mir: Polizei! Razzia! Ich bekam einen gewaltigen Schreck. Er zog mich weiter mit sich. In der Damentoilette schloss er die Tür von innen, stieg auf die Brille und schlug mit dem Holzgriff einer Toilettensaugpumpe die Fensterscheibe kaputt. Da alles ebenerdig war, gab es kein Problem, auch mir nach draußen zu helfen. Das Klirren des zerbrochenen Glases hatte wegen des Lärms vor dem Haus wohl niemand gehört.

Wir liefen durch einen dunklen Hof, von dort hinüber in einen anderen, und suchten dann nach einem Ausgang, der möglichst weit vom Tanzlokal entfernt war. Es stand tatsächlich ein blaulichtblitzendes Polizeiauto mit einem großen Polizeikastenwagen daneben, genau vor Wielands Eck. Die überraschten und entsetzten Gäste wurden ungeachtet ihres Alters oder Ansehens nacheinander aus dem Lokal eskortiert und hineingeschoben. Die meisten wirkten konsterniert und wie gelähmt, einige fingen laut zu schreien, gar zu heulen und schluchzen an – eine gespenstische Situation. Im Nachhinein erinnert mich das an die Beschreibungen genau jener Szenen, die zehn Jahre später in New York zu den sogenannten Stonewall Riots in Greenwich Village führten.

Das Taxi meines Beschützers stand genügend weit vom Geschehen entfernt, sodass wir unauffällig ins Auto steigen konnten. Ich sah kurz zuvor im Licht einer Laterne, dass sein Hemd und auch seine Hose auf der rechten Seite blutbesudelt waren und er stark aus einer tiefen Fleischwunde blutete, die von der Kleinfingerseite seiner rechten Hand bis zum Handgelenk reichte. Ich ergriff seinen Unterarm und sah gleich, dass die Haut tief verletzt, darunterliegende Gewebsschichten aber wohl nicht betroffen waren. Jetzt erst merkte er die Verletzung selbst am plötzlichen Schmerz. Wir stiegen noch einmal aus, stellten uns hinter die geöffnete Heckklappe, wo ich ihm mit Kompressen und Binden aus seinem Verbandskasten einen kräftigen Kompressionsverband anlegte. Er wurde etwas blass um die Nase, ihm war schlecht. Während er die Finger seiner rechten Hand noch alle bewegen konnte, schlug ich ihm vor, wir sollten direkt in die Notaufnahme des nächsten Krankenhauses fahren. Ich stellte mich bei dieser Gelegenheit vor und fragte auch ihn nach seinem Namen. „Sag einfach Ede", entgegnete er und fragte, ob ich Sanitäter oder etwas Ähnliches sei. Ich entgegnete, ich sei Medizinstudent im fünften klinischen Semester – und den Verbandskurs hätte ich schon hinter mich gebracht.

Während der Fahrt erkundigte ich mich nach diesen Razzien. Mindestens einmal im Monat ginge das ab, schwer vorherzusagen. Es passierte öfter, wenn die Polizei kriminelle Typen suchte, in der

Annahme, die würden sich hier unter den Schwulen verstecken, was aber nie stimmte. Vielleicht wollen sie von den Schwulen nur sogenannte Rote Listen anlegen, um bei irgendwelchen Verdachtsfällen schon mal einen Hinweis zu haben. Dort zu sein, sei zwar nicht strafbar und fast alle kämen hinterher wieder frei, aber die meisten seien ständig unter Angst. Er sei ja selbst nur beruflich da, wolle aber auch nicht gern gerade dort aufgegriffen werden. Da sein Verband bei unserem Eintreffen in der Notaufnahme stark durchgeblutet war, wurde er sofort drangenommen, ich sollte draußen warten. Er sagte: „Der Doktor bleibt bei mir." Der Aufnahmearzt ließ das zu, als ich ihm erklärte, dass ich in Göttingen medizinischer Examenskandidat sei und den jungen Mann notversorgt hätte. Als er die große Wunde sah, meinte er, wo kommt ihr denn her? Ede sagte zu meinem Erstaunen ganz frech: „Wir kommen aus dem Wielands Eck, wo wir gerade von einem Haufen Polizisten überfallen worden sind." Der Arzt fragte: „Wie denn, was denn? Seid ihr schwul, oder was?" Ede entgegnete: „Wir sind beide anständige Menschen und dieser Mann hier hat mir gerade das Leben gerettet – äh – meine durch die Polizei erlittene Verletzung verbunden." Der Arzt schüttelte den Kopf, keine weiteren Fragen. Er sagte nur: „Glück gehabt, Außenseite, keine großen Gefäße und auch nicht der Nerv." Er schlug Ede nach Verband und Tetanusimpfung vor, eine Nacht im Krankenhaus zu bleiben. Der lehnte ab, weil er nach Hause wollte. „Der Gentleman hier passt schon auf mich auf." Es war vier Uhr morgens. Ede war ziemlich fertig und entschied doch sehr resolut: „Du kannst ja jetzt sowieso nicht mehr weg. Wir fahren zu meiner Wohnung, und du bleibst bei mir über Nacht." Ede schlief sofort ein. Sein Zuhause war einfach, aber ordentlich, alte Möbel, der damals übliche Nierentisch, wacklige neue Möbel der Fünfziger. Auf dem Nachttisch ein Bild seiner Liebsten im Silberrahmen.

Wegen der Razzia, über die ich meiner Göttinger Gruppe berichtete, dachte ich wochenlang nicht an Fahrten zum Wielands Eck. Der Sommer wurde sehr warm. Irgendwann zog ich mich dann locker und doch förmlich an und machte mich erneut auf den Weg. Kaum war ich im Wielands Eck, sah ich Ede auch wieder an seinem

Platz. Er winkte mich zu sich, freute sich, dass ich mich zu ihm setzte, und sagte mir, dass er sich schon lange für die Hilfe in jener Nacht habe bedanken wollen. Er zeigte mir den rechten Unterarm mit einer breiten, weiß-rot gefärbten, reizlosen Narbe. „Alles prima", sagte er. Wir tranken ein paar Bier, wenigstens waren alle Fenster offen. Plötzlich sagte Ede: „Hast du Lust, schwimmen zu gehen?" „Um diese Zeit? Und ich habe auch keine Badehose dabei!" „Brauchst du nicht." „Und wo?" „Zeig' ich dir." Ich kannte Hannover nicht so gut, aber da gab es jede Menge Kanäle und auch den Fluss Ihme. Die Nacht war warm, wir sind irgendwo gelandet, wo ein schmaler Streifen Sand mit Gebüsch dahinter war. Ede legte eine große Decke auf den Sandstreifen. Er war zwar etwas kleiner als ich, aber geradezu ein Modellathlet. Wir schwammen zum anderen Ufer des Kanals und wieder zurück. Ich sah noch, dass er eine Erektion hatte, und dann ist er plötzlich voll über mich hergefallen. Mich hat das sehr angemacht. Es war wild. Hinterher waren wir nass und durchgeschwitzt und zogen uns schnell wieder an. Schweigend fuhren wir zum Wielands Eck, er rauchte etwas hektisch eine Zigarette nach der anderen. Ich sagte ihm, es hätte mir sehr viel Spaß gemacht, ich sei aber auch sehr überrascht. Er antwortete, da habe er jetzt schon lange seine Freundin, sie hätten regelmäßig ganz guten Sex. Tatsächlich wisse er aber nicht so genau, ob er für Frauen wirklich gemacht sei. Komischerweise interessierten ihn tatsächlich auch eher ältere Männer. Als ich ihn daraufhin verdutzt ansah, fügte er hinzu: „Du bist eben auch so ein eher vernünftiger, erwachsener Typ – das mag ich sehr. Und das sage ich dir, und viele wissen das gar nicht, aber Männer blasen tausendmal besser als Frauen!"

Als ich zurück nach Göttingen fuhr, fiel mir ein, dass wir keine Adressen getauscht hatten. Ich dachte, das sollte vielleicht so sein, eine angenehme Episode, so schön, dass man sie nicht vergessen würde – und siehe da, ich habe sie bis heute nicht vergessen. Erst im Herbst bin ich wieder zum Wielands Eck, diesmal ganz proper im Anzug. Wie es möglich war, dass in einer derart homophoben Zeit eine Tanzbar betrieben werden konnte, in der Männer miteinander tanzten, war mir schon damals ziemlich unklar geblieben. Vielleicht auch hier nur deswegen, um ab und zu Razzien durchzuführen zu können. Im Übrigen war es auch diesmal seltsam wunderbar. Auch diesmal erschienen die meist jungen Männer korrekt gekleidet (Nyltestanzug, -hemd, -krawatte), auch hier das Herrengedeck (Kaffee, Asbach, Torte) und sonst nichts außer klassischen Tänzen. Auch hier formelle Aufforderung wie in der Tanzschule, und anstatt der Damenwahl gab es ab und zu „freie Wahl". Darüber auch hier prompt Eifersuchtsszenen. Über allen diesen verdrehten Belanglosigkeiten habe ich dann plötzlich ihn gesehen, Darius, meine erste große Liebe. Als er sich vorstellte, hat er mich gleich auf die französische Aussprache seines Namens aufmerksam gemacht. Er sprach perfektes Deutsch, manchmal mit leichtem französischen Akzent. Er war an jenem Abend in Begleitung eines älteren Aufpassers, der sich wie ein Liebhaber in Besitzstandsverteidigung aufführte. Auf meine Verbeugung vor Darius mit Einladung zum Tanz gab es erst einmal ein bisschen Theater. Ich hatte sofort das sichere Gefühl, dass wir zusammengehörten. Er war etwas größer als ich, hatte einen dunklen Teint, braune Augen, feste dunkle Locken und auf der Hinterseite des Kopfes einen natürlichen, deutlich abgesetzten Haaransatz. Er hatte wunderbar kräftige, wohlgeformte Hände und Finger und volle, perfekt konturierte und feste Lippen, eine sehr freie Art zu sprechen, er wirkte unkompliziert, natürlich und männlich – ein für mich sehr wichtiges Attribut. Ich fühlte mich sofort wohl in seiner Gegenwart. Offenbar mochten wir uns auf Anhieb, haben gelacht und zuletzt albern darüber gestritten, wer beim Tanz nun „führt".

In Deutschland gab es allein in den Jahren 1958/59 üblicherweise über fünfzig Schlager deutscher Sprache auf kleinen Schallplatten in der großen Wurlitzer Jukebox gespeichert. Die nahm chromglänzend und in allen Neonfarben funkelnd eine ganze Ecke des Tanzsaals ein. Irgendjemand drückte den gerade beliebtesten Song, Heidi Brühls *Wir wollen niemals auseinandergehen* – das wurde für uns ahnungslose Kinder das Leitmotiv unserer Beziehung. Mit diesem langsamen Walzer habe ich mich dann beim Thema „Führen" durchgesetzt. Wir tanzten und tanzten, aber anschließend meistens Foxtrott. Zum Schluss gab es noch einen großen Wiener Walzer, und nach kurzer Zeit walzten wir in einem großen Kreis durch den Raum. Als Darius noch seine Hände auf meine Schultern legte, schauten uns alle begeistert nach, bis nach gerade mal zwei Minuten der Oberkellner kam und sagte: „Jungs, bitte! Noch einmal und ihr seid draußen, Hausverbot. Wenn das die Polizei sieht!" Daran wurde einmal wieder das vollkommen Verrückte jener Zeit in allen davon infizierten Köpfen erkennbar.

Darius stammte aus Wolfenbüttel. Seine Eltern hatten sich kurz vor dem Krieg in Frankreich kennengelernt, sein Vater war wegen seiner beruflichen Fertigkeiten einem Angebot nach Deutschland gefolgt. Im Krieg hatte er sich bedeckt halten müssen, war inzwischen aber in Deutschland gut integriert, zumal er offenbar einen sehr guten Ruf in der Feinmechanik hatte, in der Spezialisten fehlten. An diesem ersten Abend stellte sich nach Wielands Eck die typische Frage, wohin. Wir konnten weder nach Wolfenbüttel noch nach Göttingen, zumal keine Zugverbindungen mehr bestanden, es war ja schon drei Uhr morgens. So fassten wir Mut und buchten ein Zimmer im Eden Hotel Wolff, direkt am Hauptbahnhof, einem damals ziemlich noblen und teuren Laden. Ich dachte, so geht mein Geld dahin, aber sei's drum. Wie damals üblich, mussten wir an der Rezeption unsere Ausweise hinterlegen, weitere Fragen wurden nicht gestellt. Als wir im Zimmer waren, haben wir uns bewusst langsam gegenseitig entkleidet. Über allem, was dem folgte, beeindruckten mich seine junge, männliche Erscheinung, sein dunkler Teint, sein angenehmer, natürlicher Duft und seine erkennbare Begeisterung für mich. Am frühen Morgen waren wir völlig erschöpft und glücklich, bekamen ein Frühstück auf das Zimmer gebracht. Der Zimmerkellner lächelte, seufzte und schüttelte beim Hinausgehen den Kopf.

Es war eine sehr glückliche Zeit, für mich überhaupt die erste Zeit einer längeren Bindung. Ich lud Darius zu einem Vorstellungsbesuch in unsere Göttinger Gruppe ein, Joaquím mochte ihn sofort und gratulierte mir! Wir konnten uns oft in Göttingen treffen, da Darius seinen gerade anstehenden Wehrdienst antrat. Er war zwei Jahre jünger als ich und hatte zuvor noch bei den Eltern gewohnt.

Bald war er auf einem bekannten Truppenübungsplatz nördlich von Göttingen stationiert, machte die Grundausbildung und zeigte sein großes Talent: korrekt und lässig, gutaussehend, freundlich, ohne sich anzubiedern. Bei der ersten Gelegenheit machte er beim Bund den Führerschein, und dann ging es ganz schnell weiter. Über Geländewagen, Militärbusse, geschützte und gepanzerte Radfahrzeuge kurvte er sich zielbewusst durch bis zum Panzer. Ich staunte, wie schnell er in dieser rollenden Stahlkiste angekommen war. Aber er sagte mir gleich, darin wolle er nie als Fahrer in einer Kriegssituationen sitzen – wegen seiner Klaustrophobie. Er fiel einem Divisionskommandeur angenehm auf, der ihn sofort als Chauffeur für seinen Dienstwagen anheuerte, eine Limousine mit Stern.

Für erstklassigen Service und bestes Auftreten gab es eine extra schöne Uniform und Lederhandschuhe. Seit Einführung der Wehrpflicht 1956 trugen Bundeswehrsoldaten jedes Dienstgrades zur Ausgehuniform eine der amerikanischen Armee nachempfundene Generalsmütze. Ich hatte für das Militär nichts übrig, die Mütze aber fand ich an ihm unglaublich gutaussehend. Als er zum ersten Mal nach Göttingen kam, blieb meiner Wirtin der Mund offenstehen und sie fragte nur, wo der junge Mann denn schläft. Ich hatte in meiner Studentenbude eine schmale Wandcouch, auf der tatsächlich nur Liebende zusammen Platz fanden. Vorsorglich hatte ich meine Luftmatratze aufgeblasen und vor der Couch platziert. Das komme nicht infrage, sagte meine Zimmerwirtin, und bot uns das seit einigen Monaten verwaiste eheliche Schlafzimmer an, oder vielmehr das wuchtige eichene Doppelbett. Das waren riesige Plumeaus, große, dick gefüllte Federkopfkissen, ein weiteres Kopfkissen mit Spitzenrand, kleinere mit Daunenfüllung – ein Himmelbett! So etwas hatten wir beide noch nicht erlebt. Und über dieser ganzen Herrlichkeit hing ein Kunstdruck im Goldrahmen mit dem Heiland, der seine Schäfchen mild lächelnd in eine zartrosa Abendstimmung führte. So behütet sah es damals in deutschen Schlafzimmern aus. Das einzige Problem war, dass das Bett furchtbar ächzte und knarzte. Also haben wir die Deckbetten auf den Boden gelegt und uns hineinfallen lassen. Morgens bekamen wir beide ein wunderbares Frühstück. Ich war mir sicher, dass meine Wirtin nicht den geringsten Verdacht hegte. Sie war nur begeistert von diesem Mann, den sie einfach anhimmelte.

Über die nächsten Monate hatten wir eine herrliche Zeit. Ich erinnere mich, dass wir bald einmal nach Frankfurt fuhren, wo wir das Wochenende bei einem Bekannten von Darius in einem aufgelassenen Kloster in der Innenstadt verbringen konnten. Ein anderes Mal ging es in den Taunus. Wenn ich uns anschaute, dann war ich immer über unseren ähnlichen Aufzug amüsiert. Junge Männer hatten damals einen sehr konservativen Bekleidungsstil, immer im Anzug, immer wie aus dem Ei gepellt, immer mit Krawatte, immer mit Lederschuhen mit übertrieben lang ausgezogener Spitze, die sich bei vielen vorne hochbog. Darüber trugen wir einen graubraunen Trenchcoat. So sahen fast alle aus – Deutschland brauchte dringend Veränderung! Nach Ende meines Studiums hat Darius mich an allen Orten meiner Medizinalassistentenzeit besucht. Wir hatten viel Spaß bei kurzen Unternehmungen, eine gemeinsame Zeit für einen längeren Urlaub fanden wir nie. Auch ließ sich bei unseren beruflichen Entwicklungen schwer absehen, ob wir einmal würden zusammenleben können.

Im Sommersemester 1960 erfuhr ich, dass man sich bei meiner früheren Uni München um eine teilfinanzierte Famulatur, ein medizinisches Praktikum vor Studienabschluss, in Lyon in Frankreich bewerben konnte, offensichtlich Teil eines Programms staatlich geförderter deutsch-französischer Beziehungen. Diese Bewerbung scheiterte, weil alle Plätze bereits belegt waren. Aber es bot sich die Möglichkeit einer Famulatur in der Türkei. Ich brauchte kaum Bedenkzeit, wusste sofort, dass ich das machen wollte. Damals war in Deutschland kaum jemandem klar, wo die Türkei eigentlich liegt und was für ein Land sie ist. Auch deswegen habe ich schnell zugesagt, und erhielt Kontakt zum Direktor der gynäkologisch-geburtshilflichen Klinik in Izmir, Professor Haluk T., der sich in München habilitiert hatte, Deutsch sprach und sich über einen deutschen Famulanten freuen würde. Reisekostenzuschuss könnte man nicht gewähren, die Unterbringung in Izmir sei in den Angestelltenquartieren, im Keller der Klinik. Das klang spannend, nicht unbedingt luxuriös, dafür höchst abenteuerlich. Ich las viel über die Türkei und ihre jüngste Geschichte, über Anatolien, viel über seine archäologischen Ausgrabungsstätten, Milet, Ephesus, Pergamon, alle nicht weit von Izmir entfernt.

Kurz vor meiner Abreise fuhr ich am Wochenende nach Köln, um mich von meinen Brüdern und unserer Mutter zu verabschieden. Sie wusste schon von meinem Plan, und die Brüder waren auch nicht überrascht. „Wieder mal sowas Verrücktes ..." Mutter sagte nur: „Natürlich kann man dir solche Sachen nicht ausreden. Ich bin sicher, du wirst voller besonderer Erlebnisse zurückkommen, die dich auf lange Zeit beschäftigen und weiterbringen. Ich weiß auch, dass du gut auf dich aufpassen musst und das auch kannst." Natürlich gab es zum Abschied auch ein paar Tränen: „... und schreib mal 'ne Postkarte!" Ich schrieb vier in drei Monaten, das war viel für damalige Verhältnisse. Die letzte aus Istanbul kam gerade zwei Tage vor meiner Rückkehr an.

Am Vorabend hatte ich in Köln eine Bar in der „Höhnerjass" (Hühnergasse) erstmalig ausprobiert: Ich hatte den Tipp bekommen, dass sich ein bisschen was wie „Szene" inzwischen dort treffe, zumal der Eingang in die Gasse wie auch der in die Bar sehr versteckt lagen. Kaum hatte ich auf dem Barhocker Platz genommen, als jemand vom hinteren Teil der Bar heranschlenderte und sich auf einen freigebliebenen Hocker neben mir setzte. Er drehte sich zu mir um, wir erstarrten beide. Er sagte nur völlig entsetzt: „Was machst denn du hier?" Ich versuchte, kühl zu bleiben, und erwiderte: „Wahrscheinlich dasselbe wie du", und fühlte mein Erröten ebenso schnell, wie ich es bei ihm sah: Es war Gerd, unser Kronprinz.

Obwohl die Situation nicht offensichtlicher sein konnte, haben wir erst einmal beide fleißig weiter so getan, als ob wir hier irgendwie zufällig gerade zusammengetroffen wären. Schließlich bestellte ich zwei Korn und schlug ihm vor, jetzt erst einmal einen zu heben und uns danach der Wahrheit zu stellen. Gerd fasste sich an den Kopf und sagte: „Wie konnte ich das denn nicht ahnen, wo ich doch so hinter dir her war!" „Du hinter mir her?" „Ja, natürlich, aber für dich gab es ja nur Werner." Bestimmt entgegnete ich: „Werner ist der harmloseste und beste Freund, den ich mir nur wünschen kann". „Das mag ja sein, aber ihr wart ständig zusammen. Hast du denn nie gemerkt, dass ich dauernd um dich herum war?" „Nie!" „Dann schau dir mal die Fotos an, wo immer welche gemacht wurden, ich stehe immer neben hier, immer links von dir." Es wäre mir peinlich gewesen, zugeben zu müssen, dass mir das nicht aufgefallen war, und ich erzählte Gerd dafür in möglichst harmloser Weise, dass ich in Göttingen studierte und inzwischen dort auch einen Freund hätte. Gerd schien etwas neidisch, er war offenbar ungebunden. Er lebe in Dortmund, sei Möbelkaufmann geworden, habe viele Freunde, er gebe viele Partys. Und er betreibe dort ein größeres Möbellager. Wir sollten doch unsere Telefonnummern tauschen, vielleicht könnten wir uns einmal treffen. Ich wohnte als Student zur Untermiete, jemand wie ich hatte damals noch kein Telefon. Also tauschten wir die Adressen, ich musste schnell weg, denn für den nächsten Tag stand ja das Treffen mit meiner Familie an. Natürlich blieb mir dieses Wiedersehen mit Gerd für Wochen im Kopf. Erst nach der Rückkehr aus der Türkei schaute ich in meine alten Fotoalben, und siehe da: Gerd stand immer neben mir, immer auf meiner linken Seite, oft hatte er den Arm um meine Schulter gelegt. Und ich hatte nichts davon bemerkt. Das tat mir selbst aus der großen zeitlichen Entfernung doch leid, denn wir hätten uns, auch wenn wir wohl nicht das große Liebespaar geworden wären, bestimmt gegenseitig unterstützen können. Monate später hörte ich tatsächlich wieder von ihm, und dann wurde es richtig kompliziert.

15 Einmal Türkei ohne Flugzeug

Von Göttingen nach München ging es per Anhalter auf der Autobahn wie geschmiert. Am Münchner Hauptbahnhof hatte ich vor Abgang des Nachtzuges im Bahnhofsrestaurant etwas gesehen, was wie ein mit Salamischeiben belegter Pfannkuchen aussah. Ich wurde aufgeklärt: Man nenne das „Pizza“, es komme aus Süditalien, sei oft noch mit Oliven belegt und würde im Ofen gebacken, nicht in der Pfanne. Ich habe mich begeistert auf diese neue Spezialität gestürzt. Käse oder Mozzarella war damals noch nicht mit von der Partie.

In Rom blieb wenig Zeit für Besichtigungen, aber ich fasste den Vorsatz, bald wiederzukommen. Eine gute Stunde vor Abfahrt war der Zug nach Brindisi praktisch schon überfüllt. Nur wenige Coupés standen Zivilpersonen zur Verfügung, sonst war alles voll mit Soldaten. Ich lief am Zug auf und ab und wurde nervös, als die Trillerpfeifen zur Abfahrt ertönten. Im letzten Moment zogen mich ein paar Soldaten durch ein Fenster ins Abteil, meinen Rucksack hinterher. Als der Zug Fahrt aufnahm, saßen die Jungs plötzlich auf ihrem Platz im Coupé mit nur sechs Sitzen, lächelten brav und etwas verlegen, weil ich vorerst stehen musste, allesamt waren sie blutjung, hübsch, von betonter Höflichkeit. Während der ersten beiden Stunden bekam ich nichts mit außer ihrer lebhaften Gestik und dem lauten Durcheinander ihrer Stimmen. Ich saß etwas unbequem auf Gepäckstücken in der Türöffnung zum Gang. Dann wurden meine Gastgeber ruhiger und müde, warfen ihr gesamtes Gepäck, Mäntel, Jacken in die Mitte zwischen den Sitzen, breiteten ihre Mäntel darüber und machten es sich bequem, nicht ohne mich mit einladender Geste hinzuzubitten. Alle fielen sofort in Tiefschlaf – Soldaten! –, während mir eine unruhige Nacht bevorstand: Ein Wuschelkopf ruhte zuletzt in meiner Armbeuge, ein anderer schnarchte, den Kopf auf meine Seite gebettet.

Vom Bahnhof in Brindisi ging es mit dem Bus zum Hafen. Dort traf ich auf eine Gruppe Studenten aus den USA, den Niederlanden und Frankreich. Über Stunden klapperten wir im weitläufigen Hafen die verschiedenen Schiffsagenturen ab, um eine billige Fahrkarte für einen Deckplatz nach Korinth oder Athen zu bekommen. Es war eine lustige Gesellschaft, ich fühlte mich sofort wohl. Wir mussten fast einen Tag auf dem Kai warten, bis es an Bord gehen sollte. Zuletzt wurde uns auf einem auffallend schmalen, hohen Frachtschiff das oberste offene Deck zugewiesen. Alle hatten sich in Hafennähe mit Melonen, Käse, Oliven, Brot, Wasser versorgt. Kurz vor Einbruch der Dunkelheit lautes Dampfsignal, der Frachter legte ab und nahm langsam Fahrt aufs offene Meer, die Sonne hinter uns warf lange Schatten in Fahrtrichtung. Wir zogen uns in eine windgeschützte Ecke zurück, Bierdosen gab es auch an Bord. Dann schliefen wir ein paar Stunden. Am Morgen wurden wir von frühen Sonnenstrahlen begrüßt, als das Frachtschiff gerade den berühmten Isthmus von Korinth ansteuerte, den peloponnesischen Kanal. Wir verbrachten in der Gruppe die ganze Durchfahrt von vielleicht zwei Vormittagsstunden stehend auf Deck, meinten oft, die Kanalwände mit der Hand berühren zu können. Wenn ich mich recht entsinne, dauerte die Fahrt mit dem Frachter nahezu zwanzig Stunden. Erst am Nachmittag des Folgetages tauchte in der Ferne die Akropolis auf.

Um von Athen nach Izmir zu gelangen, musste ich versuchen, über die Kykladeninseln Çeşme zu erreichen, einen kleinen Hafen auf der gleichnamigen Halbinsel an der Küste Kleinasiens nahe der

Bucht von Izmir. An jenem Sonntagabend im August klapperte ich alle Schiffsagenturen für eine billige Schiffspassage ab, vergebens. Erst für Montagnachmittag gelang es mir, einen Deckplatz auf einem Passagierschiff zu finden, das zunächst zur Insel Tinos, anschließend nach Chios gehen würde, aber danach war Schluss. Ich würde also versuchen müssen, von dort nach Çeşme zu gelangen, vielleicht mit einem Fischerboot – wer weiß. Als ich das Schiff bestieg, war es bereits überfüllt, alles wollte zur traditionellen Prozession am Tag Mariä Himmelfahrt auf die Insel Tinos. Überall Menschen mit allen nur denkbaren Behinderungen, mit Verbänden, an Krücken, in Rollstühlen, sogar Blinde. Dem Bild der Schwarzen Gottesmutter von Tinos wurden seit jeher Wunderheilungen nachgesagt, alle erhofften Heilung am höchsten Marienfesttag. Unter sanftem und überraschend warmem Wind legten wir ab, als sich plötzlich ein Summen erhob, anfangs zart und leise, dann zunehmend artikuliert, im Ton eines vollendeten, typischen, alten griechischen Volkslieds, dessen Melodie mir nie mehr aus dem Kopf gegangen ist. Alle kannten es, alle sangen es: *I Myrtia,* das sehnsuchtsvolle Liebeslied des Dichters und Komponisten Mikis Theodorakis an seine Frau, an Griechenland, war kürzlich erst entstanden. Theodorakis war über die Jahrzehnte ein griechischer Volksheld geworden. Er hatte der frühen kommunistischen Bewegung angehört, im Weltkrieg gegen die deutschen Besatzer gekämpft; danach war er der griechischen Obrigkeit nicht immer genehm gewesen und kürzlich erst aus dem Pariser Exil nach Athen zurückgekehrt. Das Summen schwebte uns voraus, zum hellerleuchteten Hafen von Tinos, die Einfahrt von gleichfalls strahlend erleuchteten griechischen Kriegsschiffen flankiert. Ein endloser Pilgerzug, ein Heer brennender Kerzen formierte sich hinauf auf breiter Prozessionsstraße zur Mitternachtsmesse auf der hell erleuchteten Kirchenterrasse, auf der hoch oben die Marien-Ikone aufgestellt war. Ganz leise zog sich unser Schiff von dieser unvergesslichen Szene zurück, glitt hinaus in die lauwarme, duftende Nacht, nordöstlich, Richtung Chios.

Ich blieb nicht lange allein. Kostas, ein junger Matrose, bat in einigermaßen gutem Englisch, neben mir auf der Sitzbank Platz nehmen zu dürfen. Er sei auf dem Wege nach Hause, nach Chios, da treffe es sich gut, etwas Gesellschaft zu haben. Wir sprachen beide seinem Wein zu, und er rauchte eine Zigarette nach der anderen, dem Duft nach amerikanische. Überraschenderweise hatte das Schiff Doppelstockbetten im Zwischendeck, wo wir uns in später Nacht unbehelligt schlafen legen konnten. Frühmorgens machte mir Kostas mit einem diskreten Kuss auf die Wange klar, dass er gerne mit mir spielen wolle („just play"), hier aber nicht der geeignete Platz dafür sei. Als er erfuhr, dass ich auf Chios kein Zimmer gebucht hatte, bot er mir die Übernachtung im Hause seiner Mutter an. Vielleicht könne ich ein paar Tage bleiben, denn meine Weiterfahrt von dort, das solle ich gleich mal wissen, sei eher ungewiss. Kostas verstand es, mir außerdem klarzumachen, dass ich ihm zum späteren Abschied von seiner Heimat Chios vielleicht gerne etwas schenken solle. Dafür wäre eine Stange der neuen Cowboy-Zigarettenmarke das Richtige. Aber das sollten wir schnell noch im Schiffsladen klären, auf der Insel gebe es so etwas nicht. Ich willigte ein und gab ihm das Geld, das Schlitzohr strahlte und kam mit mehreren Päckchen Marlboro zurück. Auf Chios bei ihm zu Hause angekommen, haben wir uns zuerst einmal zum Ausschlafen zurückgezogen. Kostas, mit neunzehn Jahren im Militärdienst, hatte nur Sinn für jungenhaft unerfahrenen Sex, was mir sehr recht war. In Wirklichkeit träumte er von einer Frau, habe aber derzeit kein Geld und daher auch keine Freundin. Seine Mutter war sehr aufmerksam und freundlich zu mir und schien überrascht, dass Kostas ausgerechnet jetzt mit einem deutschen Touristen ankomme, wo doch in Deutschland gerade wieder Krieg losgehe. Wir schauten uns überrascht an. Kostas schlug vor, sofort zum Hafen zu gehen, da gebe es immer die neuesten Neuigkeiten und vielleicht auch eine Zeitung. Auf den Titelseiten sah ich – den griechischen Text konnte ich nicht lesen –, wie sowjetische und amerikanische Panzer ihre Geschützrohre aufeinandergerichtet hatten, möglicherweise direkt am berühmten Berliner Checkpoint Charlie. Kostas erklärte, in Berlin sei eine gespannte Situation dadurch entstanden, dass der kommunistische Teil Deutschlands (so sagte er das) sich durch Stacheldraht gegenüber

Westdeutschland abzugrenzen begonnen habe. Man befürchtete, dass danach eine Mauer oder gar Krieg folgen könnten. Wenn ich noch ein bisschen Geld in der Tasche hätte, könnte ich gerne noch ein Weilchen bleiben. Ich hielt meine Klinik in der Türkei für die bessere Alternative. In den Folgetagen sammelte sich eine Handvoll Touristen aus den Niederlanden und Schweden am Hafen, die die Situation noch nicht so aufregend fanden und ebenfalls weiter in die Türkei reisen wollten. Kostas sagte mir zum Schluss verschmitzt und zugleich etwas schmollend, er müsse es jetzt wohl erst mal mit selbst angebautem griechischen Tabak aushalten. Dabei vertraute er mir an, dass griechische Seeleute, besonders die jungen im Militärdienst, von weiblichen wie auch männlichen Touristen auf Sex angesprochen, sich dafür nicht unbedingt Geld, gerne aber doch etwas „Symbolisches" geben ließen. Zigaretten seien da absolut gängig! Eine solche Geste sei auch er seiner Mannbarkeit schuldig. Ich verstand und war um eine Erfahrung reicher, mit der sich später die eine oder andere Situation über den Vorschlag eines symbolischen Honorars vereinfachen ließ. Es kommt überall darauf an, wie man Dinge benennt.

Von Chios aus konnte man die türkische Küste fast mit Händen greifen. Ich stieg an Land und war endlich in Arkadien, endlich am Sehnsuchtsort. Damals war Çeşme ein kleines Fischerdorf. Es hatte eine Dorfstraße oberhalb eines flach abfallenden Strandes von ein paar hundert Metern, mehrere hölzerne Fischerhütten mit tief in das türkisfarbene Flachwasser hineinreichenden Stegen zur Schiffsanlege, an denen die typischen Motorsegler mit zwei oder drei Masten und kleinere Fischerboote festmachten, auch kleine, plumpe Holzschiffe mit fast gleichem stumpfen Bug wie Heck. Nachmittags ging der einzige Bus pro Tag nach Izmir, mit dem ich es dann tatsächlich noch ans Ziel schaffte. Der Empfang in der Klinik war sehr herzlich. Während meiner gesamten Zeit räumte man mir den Status eines besonderen Besuchers ein, obwohl ich doch gerade erst am Ende meines klinischen Studiums war. Die Geburtshilfe war der lebhafteste Teil im Betrieb der Frauenklinik und fesselte mich wegen seiner noch etwas „antiquierten" Praxisnähe. Hier kam es ständig zur Geburt, Wendung war oft, Dammschnitt häufig, Kaiserschnitt selten. Ich begriff, warum Ärzte wie mein Großvater und mein Vater die Geburtshilfe immer als etwas so Besonderes gesehen und mit Leidenschaft betrieben hatten. Sie hatten stets betont, dass die Verantwortung für zwei Leben sie auf anspruchsvolle Weise in die Pflicht genommen habe. Darüber hinaus komme im Wortsinn am Ende ja immer etwas wunderschönes, neues Lebendiges heraus. Man sei gefordert, den Dingen – wiederum im Wortsinn – eine gute Wendung zu geben. Wenn auch hier alles gut gegangen war, konnte man frisch entbundene Frauen oft schon am Folgetag auf dem Rücken eines Esels oder Mulis, vom Mann geführt, wieder Richtung Heimatdorf davonziehen sehen. Nach einem so schönen Bild dürfen wir uns guten Gewissens Dingen zuwenden, die sonst noch so passierten.

16 Der Paradiesvogel

Izmir hatte 1961 einen großen Ausstellungsbereich (Izmir Foir) mit offenen Plätzen, einer Art Amphitheater und mehreren geschlossenen Hallen für Ausstellungen und kulturelle Veranstaltungen. Ich wurde eines Tages von meinen türkischen Kollegen dorthin eingeladen. Es gebe ein Konzert von und mit einem sehr berühmten türkischen Sänger, der sowohl klassische wie folkloristische und moderne türkische Lieder selbst textete oder nachdichtete, komponierte, für klassisches türkisches Orchester arrangierte und sang, und das nicht nur mit sehr viel vom üblichen Timbre, sondern, wie man geheimnisvoll flüsterte, auf eine geradezu einzigartige Weise.

Er hieß Zeki Müren (1931–1996). Bis dato hatte ich noch nichts von ihm gehört. In seinem Lande war er offensichtlich seit etwa zehn Jahren eine populäre Persönlichkeit, die alle Gesellschaftsschichten anzusprechen verstand. Er war eine in der Tat sehr auffallende Erscheinung. Sein Auftritt unterschied sich eklatant von allem, was ich bisher in der Türkei oder in Deutschland gesehen hatte. Gerade die Komplexität seiner Erscheinung, die Vielschichtigkeit seiner Persönlichkeit faszinierte offenbar das gesamte Land. Als ich mich im fast ausschließlich männlichen Publikum umsah, nahm ich eigentlich nur bäuerliches, einfaches städtisches und studentisches

Publikum wahr. Alle waren sehr typisch und uniform gekleidet: offenes weißes Hemd, graue oder schwarze Hose, schwarze Schuhe. Der Paradiesvogel auf der Bühne hingegen trug äußerst exotische Garderobe, wirkte effeminiert oder mindestens unbestimmt bis hin zu einer Erscheinung, wie man sie zu jener Zeit als typisch für einen Transvestiten ansah. Fragen zu dieser Erscheinung stellte ich mir erst in der Pause. Zuvor war ich absolut fasziniert gewesen von seinem Sprechgesang, in dem jedes Wort dieser mir nicht geläufigen türkischen Sprache ausgesprochen deutlich artikuliert wurde, was offensichtlich einen bewussten Teil der Qualität seines Vortrags ausmachte. Meinem Ohr waren orientalische Klänge bis dahin völlig ungewohnt. Einen gewissen Zugang fand ich allein in der Begleitung mit diesen uralten klassischen Instrumenten, im Ton und im Rhythmus sehr ansprechend, mit betonter Verhaltung, anschließender Dehnung, abrupten Sprüngen. Darüber erhob sich diese schwebend beginnende, dann aber expressive, auch in hohen Tönen sehr reine und starke Gesangsstimme mit einer eigenartigen Modulation und ausgeprägtem Timbre.

Der Künstler ließ sich erkennbar stark vom Publikum motivieren und tragen. Der Beifall war frenetisch, wurde aber von ihm kokett und mit selbstsicherer Selbstverständlichkeit entgegengenommen. Zu Beginn der Pause sprang ein junger Zuhörer auf und rief etwas auf Türkisch, worauf das Publikum gespannt lachend reagierte. Ein anderer sprang auf und entgegnete etwas, was stärkeres Gelächter auslöste. Ich erkundigte mich bei meinen Begleitern, die etwas verlegen waren und mir spätere Erklärungen versprachen. Der Gesangsvortrag ging mit großem Jubel zu Ende und dabei blieb es, es gab keine Zugabe!

Ich kam dann doch noch einmal bei meinen Begleitern auf diese Zwischenrufe zu sprechen. Zeki Müren habe die klassische türkische Gesangsmusik in die Moderne übersetzt, sei geradezu identitätsstiftend für das kulturelle Bewusstsein der jungen neuen Türkei geworden – man „sehe ihm viel nach". Gerade darüber wollte ich selbstverständlich mehr erfahren. Der kurze Zuschauerdialog lautete dann wohl auch, wie man mir hinter vorgehaltener Hand sagte: „Warum zieht sich dieser Pfirsich aus Bursa so aufreizend weibisch an?“

„... damit du vor ihm niederkniest und ihn um Liebe bittest“, lautete die Antwort. Wieder einmal – ich hatte das ja nun schon öfter hören müssen – betonte man, dergleichen sei nicht im Geringsten typisch türkisch, auf gar keinen Fall! Eine absolute Ausnahme! Nun denn ... Die Antwort war dennoch in vieler Hinsicht apart gewesen. Zunächst einmal ist Bursa eine der schönsten Städte in der westlichen Türkei, uralt, mit den wohl schönsten Moscheen und Minaretten des ganzen Landes. Ich bin später dort gewesen und erfuhr, dass Bursa nicht nur der Moscheen, sondern auch seiner wunderbaren Pfirsiche wegen berühmt sei, und von dort kämen eben auch die hübschesten Pfirsiche des Landes, will sagen die süßesten schwulen Jungs ...

Zeki Müren wurde in der Türkei zu einem ganz großen Star. Zunächst einmal hatte er eine erstklassige Ausbildung genossen, danach entwickelte er in Zusammenarbeit mit Kennern der klassischen orientalischen Musik seinen einzigartigen Stil und darüber hinaus begleitete ihn dieser ambivalente Ruf des exotischen Erotikers. Er wurde ebenso zum Star in konstruierten, sentimental-kitschigen Filmproduktionen, deren Handlung auf den Vortrag seiner Lieder zugeschnitten war. Immer war darin er der große Liebhaber, gelegentlich starb er einen von allen beweinten sentimentalen Tod, den timbrierten Ton bis zuletzt zitternd auf der Lippe. Er wurde in den 70er- bis 80er-Jahren öfter mit dem amerikanischen Pianisten Liberace (1919–1997) verglichen. Dieser Vergleich wird Zeki Müren nicht gerecht. Liberace war ein großes Showtalent, reproduzierte perfekt klassische Musik in prunkvollen Konzertsälen, die auf seine „Performances“ vorbereitet waren und bei denen Aufmachung, Kostüm und Arrangements einfach „too much“ waren. Er spielte technisch hervorragend, galt gar als „schnellster Pianist der Welt“, war beim Spiel umgeben von Kandelabern und Spiegeln; der Rest war Kitsch pur. Angeblich himmelte die amerikanische Frauenwelt ihn an, aber nicht nur die schwule Szene Kaliforniens blieb dabei, dass er trotz aller Dementis und – traurigerweise – selbst eines Eides vor

Gericht (!) schwul war. Liberace hat selbst nicht, wie Zeki Müren, komponiert und auch keine Texte geschrieben. Er ist mit ihm nicht vergleichbar.

In Deutschland, oder um präzise zu sein: bei den Deutschen ist Zeki Müren nie sonderlich bekannt geworden. 1968 unternahm ich noch einmal eine Türkeireise mit Joaquim, zu Ausgrabungen entlang der türkischen Südküste, danach Kayseri, zuletzt ging es nach Ankara, wo wir Erdoğan besuchten, der inzwischen voll in der Welt der Diplomaten aufging. Joaquim und ich sind an einem der letzten Tage abends in einen Hamam gegangen der, kaum besucht, einen prominenten Gast hatte: Zeki Müren in Begleitung zweier in der Tat sehr attraktiver Leibwächter. Er war korpulent geworden. Wir hatten eine unbefangene, angenehme Unterhaltung, er sprach fließend Englisch und erwies sich als ein hochinteressanter, hochkultivierter Gesprächspartner. Sein Abgang war eine ebenso höfliche wie theatralische Abschiedsgeste an uns: Er erhob sich, warf das Handtuch dekorativ über die Schulter, ging ab, seine Bodyguards im Gefolge, und verschwand in der Tiefe des Raumes mit einem wunderbar hohen, anhaltend modulierten und timbriert abschwellenden Ton.

2013, über fünfzig Jahre nach dem geschilderten Izmir-Konzert, habe ich mit meinem Freund Miran in Bodrum, dem antiken Halikarnassos, an der Südküste der Türkei Urlaub gemacht, und dabei auch das letzte Haus von Zeki Müren besucht. Inzwischen war es zu seinem Museum umgewandelt, zeigte viele der ausgefallenen, von Zeki selbst entworfe-nen Kostüme, die er auf der Bühne und im Film getragen hatte – unbelebt wirkten sie wie bunte tote Vögel. Was mich wirklich beeindruckte: In verschiedenen horizontal gehängten Rechteckrahmen sah man abstrakte, in kräftigen Farbkontrasten voneinander abgesetzte florale und figurative, orientalisch anmutende Formelemente, sämtlich in sehr freier Komposition, sämtlich detailliert und fein ausgeführt. All diese Farbentwürfe waren von seiner, Zeki Mürens Hand. Ich habe mir sie stark vergrößert in großen Rahmen als Wandgemälde vorgestellt und denke, dass dieser vielbegabte Künstler auch hier ein eigenständiges und persönliches

Erbe hinterlassen hat. Vor dem Hause stand in einer Art Präsentiergarage ein pink-cremefarbener amerikanischer Wagen der Siebzigerjahre. Er hatte etwas von Elvis Presley, mit dem man ihn fälschlicherweise auch verglichen hatte. Diesen Vergleich sollte wohl auch die überlebensgroße bronzefarben angemalte Statue von Zeki Müren mit Mikrofon in der Hand ansprechen, die vor dem Haus stand und völlig unpassend wirkte. In meinen Augen sind beide Künstler ebenfalls nicht gleichzusetzen. Ich persönlich erinnere mich an ihn als Persönlichkeit mit genialer musikalischer Ausdruckskraft in für mitteleuropäischen Geschmack damals grenzwertig exotischer Erscheinung. Hinter allen Verkleidungen und dem ganzen Drumherum sehe ich einen wirklich schwulen Mann, der sich jedenfalls vor sich selbst auch verwirklicht, mit der Ambivalenz seiner Erscheinung hingegen bewusst kokettiert hatte. Seine Affären mit Frauen waren in meinen Augen reine Imagebildung, da er bei den Frauen in der Türkei sehr populär war – für sie bemühte er sich, seine Sexualität in der Schwebe zu halten ... Zeki Müren war in den Sechzigern zweifellos ein in der Türkei aus jedem Rahmen fallendes soziologisches Phänomen. Dem damals noch überwiegend bäuerlichen Publikum muss er als exotische Projektionsfigur einer völligen persönlichen Befreiung von religiösen und sexuellen Tabus gewirkt haben. Seine Qualität wurde so geschätzt, seine Popularität war so immens, dass er unangreifbar schien. Viel später, im Zuge einer konservativen gesellschaftlichen Neuordnung nach dem Militärputsch vom September 1980 hatte er kurz Auftrittsverbot, war aber bald wieder zurück. Er verstarb 1996 in Izmir plötzlich und unter tragischen Umständen auf der Bühne, als er gerade hohe Ehrungen erfahren sollte. Ich erinnere mich an die Medienbegleitung anlässlich seines Todes und seiner Beisetzung, die einem Staatsbegräbnis glich. Zehntausende folgten seinem Sarg, der mit der türkischen Flagge bedeckt war. Für schwule Menschen jeder Art – heute kennzeichnet man sie mit dem Kürzel LGBTQ-plus, ein Begriff, der damals noch seiner Erfindung harrte – muss Zeki Müren eine immense Befreiung gewesen sein. Junge Türken, die ihren Eltern ihre Homosexualität vermitteln wollten, wählen die Andeutung „Ich bin wie Zeki Müren ...“

In Deutschland, in Mitteleuropa gab es zu jener Zeit nichts Vergleichbares. Alle Schwulen Deutschlands kannten damals jeden deutschen schwulen Sänger, Schauspieler, Showman. Keiner bekannte sich zu seiner Homosexualität, betrieben wurde stattdessen eine durchsichtig gegenteilige, oft lächerliche Hetero-Imagepflege. Rex Gildo (1936–1999) ist meines Erachtens ein besonders tragisches Beispiel für eine solche Camouflage.

Die für die Türkei damals aufscheinende Möglichkeit von Liberalität hat das Land nicht beibehalten. Heutzutage sind schwule und lesbische Menschen dort wieder Opfer von Verfolgung, Gewalt und Haft. Viele türkische Schwule sind nach Deutschland ausgewichen, für viele war Berlin Endstation. Im allerbesten Falle flohen sie bis ins „GayHane", jene wunderbare schwule Disco, die die türkisch- und arabisch-stämmigen schwulen Jungs Berlins im „SO36" an klassischer Stelle in Berlin-Kreuzberg anzieht.

Bei meiner Rückkehr empfing mich meine Mutter mit großer Zärtlichkeit und einem dicken Kuss: „Na, Herr Doktor, wieder viel gelernt?" „Kann man wohl sagen!" Ich fiel ins Bett und schlief geschlagene zwölf Stunden. Derweil nahm sie mein Gepäck auseinander, gab mir zwei Tage später den Pullover zurück und sagte: „Schade, jetzt riecht er nach Persil. Vor der Wäsche hatte ich ihn mal kurz gegen mein Gesicht gedrückt, da roch er nach Eukalyptus, Zitrone, nach dir, nach Schweiß und Abenteurer. Ich beneide dich."

17 **Das Verhör**

In meiner Göttinger Studentenbude fand ich eine Einladung von Gerd für eine Party in Dortmund vor. Das Datum war längst verstrichen, für einen Moment fand ich es schade, etwas derart „Ausschweifendes" nicht erlebt zu haben. Ich versuchte in den folgenden Tagen, ihn von der nächsten Telefonzelle aus anzurufen, um mich zu bedanken und mich zu erkundigen, wie es denn gewesen war. Erreichen konnte ich ihn nicht. Acht Wochen später flatterte mir ein Brief im grauen Dienstumschlag in den Kasten – von der Göttinger Polizei! Ich wurde zu einem Verhör drei Wochen später einbestellt. Bitte Personalausweis mitbringen! Mir sträubten sich die Haare, mir wurde schlecht. Man hatte in jenen Jahren immer das Gefühl, ganz plötzlich auffliegen zu können, ohne zu wissen, was genau passiert war und was eigentlich vor sich ging. Ich ging mit dem Brief zum schon früher erwähnten schwulen ehemaligen Göttinger Stadtbediensteten Franz, der guckte nur kurz drauf und sagte: „Das ist vonne Sitte. Da kriegste was anne Backe. Kannst du dich an irgendwas erinnern?" Konnte ich nicht. Ich stand drei Monate vor dem medizinischen Staatsexamen. Drei Wochen Hölle. Zum angegebenen Datum ging ich möglichst unbefangen zur angegebenen Polizeistation, es war am frühen Nachmittag. Als ich das Präsidium betrat und die im Schreiben genannte Abteilung suchte, hatte ich das Gefühl, bereits von vielleicht fünf bis sechs Beamten erwartet zu werden. Die Hatz war eröffnet, Treiber und Zuschauer waren schon alle da… Man machte Daten- und Personenabgleich, bot mir einen Stuhl an, alle Augen waren auf mich gerichtet, als der Oberkommissar mich scharf anschaute und unvermittelt fragte: „Kennen Sie einen gewissen Gerd S.?"

Mit dem Gefühl ungeheurer Erleichterung strahlte ich ihn an und sagte: „Aber natürlich! Kenn' ich gut!" Überraschung, Erstaunen, Unglauben ringsum.

„Und woher, bitte, kennen Sie diesen Herrn Gerd S.?"

„Von der Schule! Wir haben ein paar Jahre zusammen die Schulbank gedrückt!"

Ringsum breitete sich Enttäuschung aus, jemand ließ hörbar die Luft ab, schade! Auch auf Fragen nach dem Wann und Wo der Schulzeit gab ich weiter klar enttäuschende Antworten. Auf die lauernde Frage, wieso mein Name in ein aktuelles Adressbüchlein von Herrn Gerd S. gekommen sei, konnte ich, zum immer weiter um sich greifenden Frust, gelassen sagen: „Wir hatten Klassentreffen, Adressen wurden da auf neuesten Stand gebracht."

Ich denke, Befragungen dieser Art entsprechen Mustern bei der Gestapo, Stasi, bei KGB und FBI. War deren Anwendung bei homosexuellen Menschen angemessen? Zuletzt meinte jemand, es bestehe wohl ein Missverständnis, ich sei entlassen. Meine Frage, was Herrn Gerd S. denn zugestoßen sei und ob ich ihm vielleicht helfen könne, schien den Fragenden unangenehm, das dürfe man nicht beantworten! Kurz bevor ich ging, wurde ich dann doch noch gefragt, ob mir an Herrn Gerd S. vielleicht etwas aufgefallen sei? – Was zum Beispiel? – Ob er sich vielleicht auffallend für Männer interessiert habe, ob er schwul gewesen sei? Ich lachte laut: Er sei der große Casanova der Klasse gewesen, hätte sogar einen Flirt mit einer preußischen Prinzessin gehabt, weswegen er bei uns „Kronprinz" hieß. Man ließ mich ziehen, erkennbar tief enttäuscht.

Mir wurde klar, warum ich Gerd telefonisch nicht hatte erreichen können. Aus Vorsichtsgründen schrieb ich ihm erst Wochen später, ich hörte nichts von ihm und wie es ihm ginge. Eine Antwort erhielt ich nicht. Erst Jahre später traf ich ihn wieder. Er erzählte mir, dass man auf jener Party sehr ausgelassen gefeiert habe, Sex sei nach seiner Meinung überhaupt nicht oder viel weniger passiert als erwartet. Der eigentliche Skandal passierte danach: Ein minderjähriger Gast – zur Zeit der Party gerade neunzehn Jahre alt, älter aussehend, das „Schutzalter" lag damals bei einundzwanzig Jahren – sah seine Chance, mehrere der meist wenig älteren Teilnehmer der Party mit der Angabe zu erpressen, sie hätten ihn verführt oder verführen wollen. All das zusammen mit seiner „Gastgeberrolle" habe zu seiner, Gerds, Verurteilung zu einer Gefängnisstrafe von einem knappen Jahr geführt, bei dem man ihm eine viermonatige Untersuchungshaft anrechnete. Auch die anderen Angezeigten seien verurteilt worden, die mehrfachen Erpressungsversuche des jungen Mannes bei den anderen Gästen seien dagegen Nebensache geblieben. Der junge Mann habe nur eine minimale Haftstrafe nach Jugendstrafrecht erhalten und sei sogleich mit einer Bewährungsauflage entlassen worden.

Da stellten sich mir dann doch ein paar Fragen: Wie kann die Strafverfolgungsbehörde eines Staates, der sich auf dem Fundament christlich-abendländischen Werte wähnt, unbesehen Menschen unter Generalverdacht nehmen, deren Name sich in Adressbüchlein, Akten oder eventuellen Geschäftsunterlagen eines Verdächtigen finden? Wie kann sie diese Personen dann selbst hochnotpeinlich zum Verhör vorladen, während dem eigentlich Verdächtigen zu diesem Zeitpunkt noch nicht einmal ein Prozess gemacht worden, es nicht einmal bei ihm zur Schuldfindung gekommen war?

Wie kann die Strafverfolgungsbehörde eines solchen abendländisch-christlichen Staates einen bis dato unbescholtenen, eben erst angezeigten, nicht verurteilten Menschen gegenüber all seinen anderen Bekannten lebenslang diskreditieren? Und wo ist die Rechtfertigung für diese Diskriminierungen bei einem vergleichsweise geringen Vorgang, der die sich in christlich-abendländischer Kultur badende Gesellschaft in keiner Weise gefährdete oder gar schädigte, während diese entsetzliche Kaskade zuallererst doch durch Erpressung und Verleumdung ausgelöst worden war?

Dieses Muster kam mir im Vergleich zu der Rechtsfindung im vorab geschilderten Fall von Raubmord in Köln auf fatale Weise bekannt vor. Die deutsche Justiz benahm sich, als habe man es mit Gruppenbildung politischer Verschwörung zu tun. Die Richter der Nachkriegszeit verurteilten Homosexuelle zu moralisch Verkommenen von gesellschaftspolitischer Relevanz, weil sie der behäbig selbstgefälligen christlich-moralischen Basis dieser Republik hartnäckig nicht gerecht werden wollten. Inzwischen ist bekannt, dass der größte Teil dieser Richter eine NS-Vergangenheit hatte.

Gerd hat unter diesem Ereignis auf Jahre schwer gelitten. In den Achtzigerjahren lernte er zuletzt einen jungen und energischen Freund kennen, einen guten und einfallsreichen Geschäftsmann. Gerd investierte seine Kenntnis und Sammelleidenschaft für wertvolles Glas und Silber in ein Antiquitätengeschäft in der Nähe von Köln und wurde ein vermögender Mann. In den späten Achtzigern trafen wir uns in Wiesbaden und nahmen wieder regelmäßigen Kontakt auf. 2001 kam er zur Einweihung meiner Wohnung nach Berlin, danach haben wir uns gegenseitig in jedem Jahr zum Geburtstag gratuliert. 2018 muss er mit fünfundachtzig Jahren offenbar ganz plötzlich verstorben sein, ich konnte weder ihn noch Angehörige erreichen.

Er hatte in den Jahren davor weder etwas von dem „Projekt der anderen Erinnerungen" der Bundesstiftung Magnus Hirschfeld in Berlin ab 2015 wissen wollen, auf das ich ihn wegen seiner bitteren Erfahrungen aufmerksam gemacht hatte, noch von Rehabilitation und finanzieller Kompensation ab 2010 für in der Bundesrepublik wegen Homosexualität Verurteilte. Auf das Erfahrene durfte man ihn grundsätzlich nicht ansprechen. Über das gegen ihn und die anderen geführte Verfahren drückte er zeitlebens Empörung aus, er blieb verbittert, und selbst seine relativ kurze Haftstrafe hatte sein Leben in gewisser Weise zerstört. Ich war sehr froh, dass er mit seinem Partner einen völligen Neuanfang hatte schaffen können, spät, aber immerhin.

Es hat mich Mitte der Sechzigerjahre zunehmend beschäftigt, wieso die deutsche Justiz sich berufen fühlte, mit derartigem Eifer gerade Schwulen nachzustellen. Meine Eltern waren mit einem Juristenehepaar befreundet gewesen. Die Frau, typische Rheinländerin, stellte jedes Jahr zum Karneval ihr Haus für mindestens eine Party auf den Kopf. Sie war wenige Jahre nach dem Tode unseres Vaters in der Folge einer Operation relativ jung verstorben. Ihr Mann, promovierter Jurist, stammte aus einer frommen katholischen Bauernfamilie im bayerischen Altmühltal, hatte sich im Rheinland gut eingewöhnt und war – für einen Katholiken etwas widersprüchlich – erfolgreicher Scheidungsanwalt geworden. Ein paar Jahre nach dem Tode seiner Frau machte er unserer Mutter den Hof, sie taten sich zusammen, es war von Heirat die Rede. Ich fand, dass sie, die zurückhaltende Ostfriesin, und er, ein sich in barocker Weise auslebender Bayer – wir nannten ihn Fritz –, überhaupt nicht zueinanderpassten, aber irgendwann war die Heirat perfekt. Er war ein kultivierter Mensch, man konnte spannend mit ihm diskutieren, doch war er offenbar nach all seinem Gerede ebenso Nazi wie Antisemit geblieben. Er hatte zwei Brüder, beides Ärzte, die, wie ich später feststellen musste, ebenfalls wie Altnazis redeten. Irgendwann erkundigte ich mich, wo und wie er im Zweiten Weltkrieg gedient hatte. Er sei Kriegsrichter gewesen, später auch Stabsrichter.

Auf meine weiteren Fragen gab er an, dass Kriegsgerichte sowohl in Verfahren gegenüber deutschem Militär (Soldaten/Fahnenflüchtige) als auch gegenüber Kriegsgefangenen und Zivilpersonen der vom deutschen Militär eroberten und besetzten Länder Urteile sprachen. Er betonte, Kriegsrichter als Volljurist gewesen zu sein. Zuletzt hätten Offiziere jeder Couleur diese Rolle übernehmen können. Nach der Art von Delikten und Urteilen befragt, ließ er erkennen, dass Kriegsgerichte, insbesondere gegen Kriegsende, beispiellos vereinfachend entweder auf Freispruch oder Todesstrafe erkannten. Ich fragte nach Beispielen. Er meinte kurz: „Na, Fahnenflüchtige, Simulanten, Selbstverletzer und Schwule wurden sofort an die Wand gestellt, wegen Wehrkraftzersetzung." So richtig wusste er selbst nicht, was „Wehrkraftzersetzung" eigentlich sein sollte. Über die Kriegsrechtsdefinition versuchte er die Exekutionen bei den drei erstgenannten Gruppen zu erklären, bei den Schwulen schwadronierte er von Verweichlichung, Perversion und fehlender Manneszucht. Auch in späteren Gesprächen waren bei ihm „Schwule an allem schuld“, wie man das früher über die Juden zu sagen gewohnt war. Hatte sich auch er als Vertreter des deutschen Rechtswesens in der Nachkriegszeit mit den Schwulen eine Schuldigengruppe gesucht, die man nicht rassistisch, dafür gesellschaftlich-sexistisch ausgrenzen konnte?

18 Der erste Kuss

Gegen Ende des Studiums Anfang der Sechziger hatte ich mir selbst häufiger medizinisch wissenschaftliche Fragen gestellt zur möglichen Entstehung der Homosexualität. Selbst im späteren, dem sogenannten „klinischen Teil" des Studiums war die Lehre in Fächern wie Psychoanalyse und Psychiatrie, von denen ich mir zumindest eine Basis oder Denkanstöße versprochen hatte, zu jener Zeit noch ein vollkommener Ausfall. In den Lehrbüchern gab es jede Menge von Kasuistik, das heißt, von von korrekt beobachteten Einzelfällen abgeleitetem Unsinn. Die Lehrer im Fach Psychiatrie machten lieber einen großen Bogen um das Thema, deuteten allenfalls an, dass man für „diese armen Kranken" vielleicht auch irgendwann einmal eine Therapie finden könne. Zu meiner Überraschung begann tatsächlich einer der Oberärzte der Klinik für Neurologie-Psychiatrie mit Untersuchungen zu Medikamenten, die als „bewusstseinsverändernd" galten. Das war etwas ganz Neues, und man wusste nicht, wofür das mal gut sein könnte. Eine Dekade später, unter anderem dann auch in Kalifornien, wusste man das schon etwas besser: Die Substanz hieß LSD, und alles, was man damit anstellen konnte, ging in eine vollkommen andere Richtung und war für meine Belange in jeder Hinsicht uninteressant.

1962 habe ich mein Studium und zwei Jahre später meine Promotion jeweils mit Bestnote abgeschlossen. Die Stiftung war zufrieden, mein Doktorvater auch. Die Welt lag mir zu Füßen, mit den Schönheitsfehlern, den Kopf voll von theoretischem Wissen und keinen Pfennig Geld in der Tasche zu haben. Daher überlegte ich sorgfältig, wie beides pragmatisch zu ändern sei. Das führte mich in den vorgeschriebenen Fächern – Gynäkologie/Geburtshilfe, Innere Medizin, Chirurgie –, in denen man als Medizinalassistent ab sofort praxisnah lernte, vorzugsweise an kleinere Kliniken, eher entfernt von Uni und Stadt, weil sie bei insgesamt schlechter Stellenbesetzung die äußerst arbeitsintensiven Tages- und nächtlichen Bereitschaftsdienste besser bezahlten. Damit man optimal zur Verfügung stand, das heißt, von der Klinik voll ausgenutzt werden konnte, boten diese Krankenhäuser ihren jungen Assistenten Unterkünfte an: Einzimmerwohnungen mit Küche und Bad, kein Luxus, sie kosteten dafür auch fast nichts. Wenn man dazu noch fleißig Wochenenddienst schob, hatte man praktisch keine Zeit mehr zum Geldausgeben. Das war der Moment, wo es mir geboten schien, ein Bankkonto zu eröffnen. Der monatliche Blick auf den Kontoauszug tröstete für viel Arbeit und ließ es zu, Reise und Urlaub zu planen oder doch zumindest davon zu träumen. In den folgenden knapp drei Jahren, arbeitsintensiv und vergnügungsarm, fand Darius mich an Kliniken im Harz, nahe von Hannover und zuletzt in Duisburg. Dort besuchte er mich in der ersten Zeit getreulich. Weiterhin immer korrekt und wie Zwillinge in Nylonanzug und hellbraunem Trenchcoat gekleidet – das war Trend –, brachen wir samstagabends in oft entfernte Schwulenbars auf. So was musste gut geplant sein, da wir beide zum Treffen weit anfahren mussten und noch keiner von uns ein Auto hatte.

In Hannover gingen wir beide eines Abends ins Kino, um den jungen Alain Delon in einem Film zu sehen, der für ihn geschaffen schien, oder die Rolle war ihm auf den Leib geschrieben. Der koproduzierte italienisch-französische Film hieß *Plein Soleil,* oder, mit etwas weniger elegantem deutschen Titel, *Nur die Sonne war Zeuge.* Regie führte René Clement. Das Drehbuch basierte auf dem

Roman der damals bereits für ihre psychologischen Kriminalromane bekannten US-amerikanischen Schriftstellerin Patricia Highsmith (1921–1995). Highsmith gelang mit dieser zuvor als *Der talentierte Mr. Ripley* bezeichneten Figur die Erfindung eines jungenhaften, smarten Verbrechertyps, der aus kleinkriminellen Anfängen zuletzt skrupellos jedes Verbrechens fähig ist. Dabei versteht es die Autorin, bei Leser oder Filmpublikum dennoch fast so etwas wie Sympathie oder einen gewissen Grad an Verständnis für den jungen Kriminellen zu wecken. Der homoerotische Zug in der Zeichnung dieses literarisch später so bekannten Charakters war nicht zu übersehen. Alain Delon war nach seiner jungenhaft erscheinenden Unschuld aufgrund problembehafteter Entwicklung in seiner eigenen Jugend ein vielschichtiger Charakter. Highsmith sah in ihm den bestmöglichen Darsteller ihrer Figur. Das Bild Delons blieb bei Darius etwas getrübt, ich habe mich dagegen sofort in ihn verliebt. Darius entwickelte zu jener Zeit berufliche Pläne im Bereich Tontechnik für Konzertsaal, Rundfunk und Studio und nahm bald darauf eine aussichtsreiche Stelle in München an. Ich versprach, ihm gleich nach Ende der Assistentenzeit dorthin zu folgen. München wollte ich sehr viel umfangreicher als zuvor erleben, eine Facharztausbildung auf jeden Fall nur an einer dortigen Uniklinik machen.

In einem kleinen Landkrankenhaus nahe einem Rübenberg bei Hannover hatte ich mit dem Tage meines Arbeitsbeginns eine 44-Betten-Männer-Station zu übernehmen! Das war hart, das war eigentlich gar nicht zu schaffen, hart an der Grenze verantwortlichen Delegierens. Ich verstand es aber auch als *learning by doing* und wagte mich an alles, was in die Klinik und auf meine Station kam. Noch heute wundere ich mich darüber, dass die Zahl meiner Fehler überschaubar blieb und der Chefarzt immer noch früh genug alles richten konnte. Meine wichtigste Ansprechperson in der Klinik war jedoch eine Diakonieschwester, Schwester Lizbeth (oder Elizabeth). Sie hatte mal in England gearbeitet, sprach den Namen danach gerne englisch aus und ließ sich auch so anreden. Ohne sie lief auf den beiden internistischen Stationen der Klinik nichts so richtig oder, ehrlicherweise, gar nichts, sie war die bestimmende Person.

Da es an unserem Landkrankenhaus nur zwei Stationsärzte gab, mussten diese sich im Hintergrund- und Nachtdienst abwechseln, was auch Wochenenden einschloss. Die Frauenstation immerhin wurde von einer Internistin geleitet, die Oberarztfunktion hatte und mit der ich mich schnell gut verstand, damals sagte man noch „Frau Oberarzt". Der Chefarzt sah gut aus, war immer gebräunt und eitel und übte sich, außer täglichem Röntgen, in anspruchsvollem Nichtstun und dem Gefühl, für jeden Fall immer die Übersicht zu behalten. Vor einem Wochenende kündigte er an, mit Frau und Kindern zu einer Flugshow auf einem nahe Hannover gelegenen Flugfeld gehen zu wollen. Wenn es Probleme gäbe, könnte ich ihn vom Tower ausrufen lassen, er käme sofort rein. Ich versicherte ihm bedenkenlos, das würde wohl kaum vorkommen. Als er gegangen war, nahm Schwester Lizbeth mich zur Seite: „Two men, two egos: I thought you'd be the more clever one!" Dem Chef sei ich schon viel zu lange viel zu selbstständig. Wenn ich ihm und mir was Gutes tun wollte, dann gäbe es nur eines – ihn vom Tower ausrufen zu lassen, dann hätte er seine große Show! Zwei Stunden später kam eine junge Patientin im diabetischen Koma in die Klinik. Kaum war sie auf Station, reichte mir Schwester Lizbeth wortlos den Hörer für die von ihr angewählte Telefonverbindung zum Flughafentower. Der Chef wurde, wie von mir vorgegeben, als „Herr Chefarzt Dr. H." ausgerufen, ging – an einer großen Menschenmenge vorbei – langsam und gemessenen Schrittes zu seinem Wagen. Danach war ich für ihn der Größte. Der Kuss der Vernunft!

Noch nicht der Kuss, von dem zuletzt die Rede sein soll. Um die Mittagszeit eines Sommertages brachte ein Sanka, ein militärischer Sanitätswagen, einen jungen Soldaten mit schwersten Nierenkoliken und blutigem Urin. Es handelte sich nach Kontrastmittel-Röntgenbild um den unvollständigen Abgang eines Nierensteins im linken Harnleiter, begleitet von starken an- und abschwellenden Schmerzen, Koliken eben. Ein Facharzt für Urologie (für Erkrankungen der Niere und der ableitenden Harnwege) war nirgendwo in Sicht. Nach Vorschlag des Oberpflegers gab es noch eine auf mich damals schon sehr veraltet wirkende Behandlungsmethode, bei der man den Mastdarm bzw. den letzten Darmabschnitt des Patienten, der in sehr warmem Badewasser lag, mittels eines Darmrohres mit ebenfalls warmem Wasser auffüllte. Der Patient erhielt entspannende Medikamente und wurde zum Pressen aufgefordert, um den Darm und im besten Falle auch die Harnleiter zur Peristaltik, zu wellenartigen Austreibbewegungen, anzuregen. Das alles erledigte der Krankenpfleger technisch souverän, und wenn allen das Glück hold war, kam zuallerletzt der Stein zutage. Diesmal kein Glück: Der Patient quälte sich, musste stärkere Schmerzmittel erhalten. Der blonde Bengel, groß, athletisch, gerade mal neunzehn Jahre alt, tat mir schrecklich leid. Ich war im telefonischen Kontakt mit seinen Eltern, einem Arztehepaar, welches ihn von einer urologischen Klinik ihrer Wahl übernehmen lassen wollte. Natürlich bestand auch der junge Mann darauf. Ich unterstützte das gleichfalls und ging daran, seine Überweisungspapiere fertigzustellen. Da kam mir der Chef massiv in die Quere: „... typisch ungedient", sagte er und wies erst auf mich und danach auf sich selbst. Das hier sei reine Chefsache, der Soldat sei allein Angelegenheit seiner Dienstvorgesetzten. Mit diesem habe er soeben vereinbart, ihn sofort in ein Bundeswehrkrankenhaus zu verlegen, der Sanka sei unterwegs. Der Junge heulte vor Schmerzen und Enttäuschung, wurde auf den Rücksitz verfrachtet, erhielt vom Chef höchstpersönlich einen großen Umschlag mit seinen Entlassungspapieren. Ich winkte, er war weg. Bedrückt, die Situation nicht richtig eingeschätzt zu haben, ging ich auf die Station zurück. Kaum angekommen, vernahm ich Martinshorn, Hupe, quietschende Reifen eines Fahrzeuges, welches in größter Eile vorfuhr. Der Sanka war zurück, unser Patient hatte kurz nach der holperigen Abfahrt im schlecht gefederten Wagen unter lautem Schrei seinen Stein geboren. Seine Uniformhose war durchnässt von Urin, überall Blut, Tränen liefen über seine Wangen, doch als er mich sah, strahlte er plötzlich erleichtert. Er sollte sich noch zwei Tage erholen. Die Bundeswehr hatte zugestimmt, dass er von seinen Eltern abgeholt und in einen Kurzurlaub mitgenommen werden durfte. Diese bedankten sich bei der Abfahrt überschwänglich. Ihr Sohn hatte noch seine Entlassungspapiere bei mir abzuholen. Mein

Zimmer, in dem ich Eiliges über seine akut veränderte Krankheitsgeschichte mit dem neuen Verlauf in die Maschine tippte, lag im oberen Stockwerk. Er kam in voller Uniform heraufgestiefelt, die beschriebene Generalsmütze auf dem Kopf, plötzlich ein Riese von einem hübschen Kerl. Als ich ihm seinen Umschlag gab, grüßte er militärisch. Da lächelte ich verlegen, militärisches Grüßen hatte ich nie gelernt. Er sah meine Verlegenheit, legte kurz Mütze und Umschlag auf den Tisch, ergriff meinen Kopf mit beiden Händen und drückte mir einen vollen Kuss auf die Lippen. Dann packte er seine Sachen und stolperte mit hochrotem Kopf die Treppe hinunter. Weg war er. Ich denke oft und gerne an diese Geschichte zurück. Es war mein erster Kuss von einem Mann ohne erotische Nuance, jedenfalls möchte ich das gerne und naiv weiter so denken wollen. Ich glaube, sowohl er wie ich empfanden diese spontane Geste als ebenso überraschend wie angemessen.

19 Jack-aus-der-Box oder Coming-out

Wer nicht so weit geht, wie sein Gefühl ihn treibt und sein Verstand ihm erlaubt, ist ein Dummkopf.

Heinrich Heine (1797–1856)

Von Coming-out habe ich persönlich zum ersten Mal in den Siebzigern in den USA gehört. In Deutschland war der Begriff unbekannt. Dass dieser amerikanisch-englische Begriff später so bekannt wurde und sich international etablierte, lag vielleicht auch daran, dass er den Vorgang überzeugend bildhaft beschrieb: als Schritt eines Menschen heraus aus einem bisher behüteten oder umhegten, geschützten Raum oder – intimer noch – aus einem Schrank! „Coming out of the closet!", sagten meine Freunde in San Francisco. Mit diesem bewussten Schritt aus dem Versteck heraus bekennt man sich vor sich selbst oder einer bestimmten Öffentlichkeit gegenüber zu seiner sexuellen Identität. Galt das anfänglich nur für gleichgeschlechtlich orientierte Menschen, so trifft dieser Begriff inzwischen auf ein Bekenntnis zu allem zu, was vom Heteronormativen abweicht – noch so ein Wortmonstrum, welches ich erst im letzten Jahrzehnt kennengelernt habe. Inzwischen gibt es ein Coming-out für alles Mögliche. Die heutige Jugend benutzt den Begriff überall, man kann sich inzwischen gar als Veganer „outen". In meiner damaligen Situation war das Phänomen noch unbekanntes Gebiet. Ich habe zuvor im Zusammenhang mit Studium und Vorlesungen im Fach Psychiatrie darauf verwiesen, dass die fachentsprechenden

Lehrbücher an der Stelle damals bildlich gesprochen aus leeren Seiten bestanden. Selbst bei den Lehrenden herrschte in differenzierten Bereichen der Sexualität Sprachlosigkeit. Oder, um es noch einfacher zu sagen: Für schwule Jungs und für lesbische Mädels gab es damals keinerlei bekannte Beispiele, Vorgaben oder gar Literatur, die diese Lebensphase erleichtert hätten – wenn ich einmal für mich Gides *Corydon* ausnehme.

Wenn man heute ein „inneres" und ein „äußeres" Coming-out unterscheiden kann, so sollte aus meiner früheren Geschichte klar geworden sein, dass das „innere" bei mir sehr früh stattfand. Das „äußere" ließ auf sich warten, geschah nicht von heute auf morgen, eher in Stufen. Es war ein Prozess, der nicht nur von mir selbst, sondern von meinen Erfahrungen mit und Rückmeldungen von Menschen in meinem beruflichen und privaten Umfeld bestimmt war. Zeitlich würde ich diesen Vorgang gegen Ende meiner Zeit als Medizinalassistent, Anfang der Sechzigerjahre, einordnen. Chirurgie war das letzte Fach, das mir zum Abschluss dieser Zeit noch fehlte. Erneut hatte ich mich umgeschaut, nicht nur eine Klinik zu finden, in der ich viel lernen und zunehmend selbstständig arbeiten könnte. Ich wollte mich auch im Hinblick auf mein Einkommen bewusst verbessern. Für beides war ich auf eine Klinik in Duisburg verwiesen worden. Sie lag im nördlichen Teil der Stadt, ein altes, konfessionell von der Kaiserswerther Diakonie geführtes, renommiertes evangelisches Krankenhaus. Dort konnte ich nach meiner Approbation als Arzt sogar auf eine weitere Erhöhung des Gehalts hoffen. Für wenig Geld gab es eine Eineinhalbzimmerwohnung in einem Wohnblock für Ärzte im Krankenhauspark, besser ging es nicht. Also nahm ich an und landete Anfang 1964 im Ruhrpott, oder jedenfalls im damals besseren Teil davon. Es wurden schnell dreieinhalb Jahre daraus. Das hatte damit zu tun, dass mich in der Chirurgischen Abteilung ein junger ägyptischer Anästhesist parallel zur chirurgischen Ausbildung begeistert und professionell in das Narkosefach, die moderne Anästhesie, einführte. Unser Chef erkannte die Chance für seine Abteilung und schickte den ägyptischen Kollegen und mich abwechselnd für ein Volontariat in Anästhesie an eine etablierte Spezialabteilung der Chirurgischen Uniklinik in Marburg. Durch diese Spezialkenntnisse wurden wir für die Chirurgie der Klinik unentbehrlich. Die frühe Erfahrung der Anwendung des neuesten medizinischen Wissens beim Patienten in der kritischen Situation einer Operation und der sich anschließenden Intensivmedizin – noch so ein völlig neuer Begriff – hat mich unmittelbar zum später von mir gewählten Fachgebiet Anästhesie, Notfall- und Intensivmedizin gebracht.

In der Verwandtschaft meiner Großmutter hatte es auch direkte Verbindungen zur bekannten Duisburger Unternehmerfamilie Carstanjen gegeben. Zwei Schwestern meines Urgroßvaters Goecke hatten in diese Familie eingeheiratet, sie blieben mit diesem Familiennamen also Tanten meiner Großmutter. Als ich im Gespräch mit einer Patientin aus einer alten Duisburger Familie einen Hinweis auf diese entfernte Verbindung hatte anklingen lassen, flogen mir plötzlich Einladungen zu kleinen gesellschaftlichen Ereignissen in den Briefkasten. Es handelte sich um Einladungen, bei denen Mitglieder der Familie Carstanjen anwesend waren, die mich vielleicht näher kennenlernen wollten, schließlich war ich gegen Ende meiner Berufsausbildung mit achtundzwanzig Jahren im Status eines Mannes, den man sich vielleicht als Familienmitglied vorstellen könnte. Der Wunsch, mich einzuladen, wurde intensiver, als ich wiederholt wegen „Arbeitsüberlastung" absagte.

Einer Einladung zu einem großen Ball bin ich schließlich gefolgt. Ich war lange nicht zum Tanzen gekommen und hatte richtig Lust darauf. Außerdem sah ich bei einem großen Ball die Möglichkeit, bei allen denkbaren Versuchen zur Klärung von Kontakten und Verbindungen zu anwesenden Familien auf einer gewissen Distanz zu bleiben. Die Form der Einladung schloss die Begleitung durch eine Partnerin ein. Ich fragte daher bei meiner damaligen „Freundin für alle Fälle" an, einer Düsseldorfer Stewardess der Lufthansa, die vor über einem Jahr Patientin unserer Klinik gewesen war. Unsere Beziehung hatte etwas Unverbindliches und eher Zweckmäßiges. Wenn sie mal etwas vorhatte, wofür sie männliche Begleitung brauchte, rief sie ebenfalls bei mir an und bekam immer eine Zusage. Stewardessen erfreuten sich zur damaligen Zeit noch eines enormen gesellschaftlichen Prestiges, heute nicht mehr vorstellbar. Wie ich glaube, war es ihr angenehm, dass ich korrekt auftrat, mich gut kleidete, ein gutes Benehmen hatte und ihr zuletzt „nicht an die Wäsche ging". Vermutlich hatte sie in der Welt der Flugbegleiter genügend schwule Kollegen und kannte sich aus. Ich habe mir nie Gedanken darüber gemacht, ob sie vielleicht lesbisch war. Jedenfalls fand sie die Einladung nach Duisburg interessant und sagte sofort zu. Wir amüsierten uns auf dem Ball bestens, obwohl wir anfangs niemanden kannten. Die Atmosphäre des Balls war locker, und obwohl auffallend viele elegante ältere Herrschaften gekommen waren, fanden gerade die jungen Leute beim Tanz und beim anschließenden Gespräch zueinander.

Ich begegnete einer Dame, von der ich überraschend bei Gelegenheit der „Damenwahl" zum Walzer aufgefordert und zum weiteren Gespräch an eine entfernte Bar entführt wurde. Sie war mittleren Alters und mit den genannten Familien, wie ich vorsichtshalber gleich feststellte, weder verwandt noch verschwägert. Gleich zu Beginn unseres Gespräches erinnerte sie mich an ein früheres kurzes Treffen, das ich völlig vergessen hatte. Ihrem Mann war in der Zeit meines Anfangsjahres in der Klinik die Prostata entfernt worden. Sie hatte mich als Stationsarzt bei ihren Besuchen nach der Operation regelmäßig auf seinen aktuellen Zustand angesprochen. Bei der immer ausführlicheren Unterhaltung gewann ich den Eindruck, dass sie mir näherkommen wollte, was mich mehr amüsierte als irritierte. Sie hatte nach einem ihrer letzten Besuche – es war in der Vorweihnachtszeit – eine mit Süßigkeiten übervoll dekorierte echte Rute mit besten Grüßen für mich im Stationszimmer zurückgelassen. Die Stationsschwestern machten allerlei schlüpfrige Anspielungen, auf die hin ich mich einfach dumm stellte. Ihr Mann, unser Patient, muss ein paar Monate nach seiner Operation begriffen haben, dass er mit knapp fünfzig Jahren impotent geworden war. Das sehr vermögende Ehepaar hatte sich wohl darauf geeinigt, dass die Frau sich gelegentlich amüsieren könne, wo immer sich Gelegenheit bietet, und die Form gewahrt würde. Wichtig war, dass gesellschaftlich alles korrekt und unauffällig blieb. All dies erfuhr ich von ihr zu später Stunde und zu noch viel späteren Cocktails, als meine Stewardess leicht verärgert mit einem Bekannten schon wieder Richtung Düsseldorf abgehoben hatte. Danach schlug die Dame mir unvermittelt, selbstbewusst und ohne jede Vorwarnung vor, ihr Liebhaber zu werden – so ich denn wolle. Ihr Mann kenne mich, schätze mich, ich hätte ab sofort keine Geldsorgen mehr, man könne sogar so etwas wie eine Adoption erwägen. Sie habe sich seinerzeit, als sie ihren Mann nach der Operation besuchte, nicht nur ein bisschen in mich verliebt, sondern danach Fantasien gehabt, in denen ich eine durchaus interessante Rolle gespielt hätte. Sie habe gehofft und beinahe gewusst, mich irgendwann einmal wiederzutreffen, und genau das habe sich ja nun überraschend ergeben. Ich erinnerte mich plötzlich an die einst für mich zurückgelassene bunte „Rute", begriff die Situation damit zwar viel zu spät, stellte ihr aber doch – eher aus Verlegenheit denn als Überzeugung – die freche Frage, ob sie vielleicht Spaß daran habe, Männer zu erniedrigen oder mit ihnen sadomasochistische Spiele zu treiben. Wir waren beide überrascht darüber, wie glatt mir so was über die Zunge ging. Dennoch antwortete sie mir prompt, ganz so schlimm sei sie nicht, sie habe aber Spaß daran, herauszufinden, wie weit Männer sich lustvoll erniedrigen ließen. Bei ihrem eigenen Mann sei das sehr früh der Fall gewesen, und das helfe ihm offensichtlich in der augenblicklichen Situation. Das alles wurde mir plötzlich etwas zu viel. Ich entzog mich der Situation mit dem Hinweis, ich hätte morgen früh einen anstrengenden Bereitschaftsdienst und müsse dringend nach Hause. Das war für den Moment ausreichend plausibel, für sie offenbar frustrierend, aber akzeptabel. Ich hatte geglaubt, auf kühl, überlegen und distanziert machen zu können, war in Wirklichkeit aber konsterniert. Sie war vielleicht fünfzehn bis zwanzig Jahre älter als ich, attraktiv, sehr elegant, trug dezenten, erkennbar teuren Schmuck. Ich dachte noch, wie interessant sie für viele andere junge Männer gewesen sein mochte. Offenbar wurde es Zeit, vor mir endgültig zuzugeben, dass jedenfalls ich am weiblichen Geschlecht inzwischen so hoffnungslos desinteressiert war, dass ich nicht einmal auf die Idee kam, eine junge oder überhaupt irgendeine Frau könne von sich aus für mich Interesse haben. Dafür hatte ich schlicht kein Sensorium entwickelt! Kurze Zeit darauf erhielt ich ein Handschreiben dieser Dame an meine Postadresse. Sie äußerte ihre Überraschung und eine gewisse Enttäuschung darüber, dass ich über ihr, wie sie meinte, nicht nur großzügiges, sondern vor allem interessantes Angebot nicht einmal ansatzweise versucht hätte, mit ihr ins Gespräch zu kommen. Sie könne sich eigentlich nur vorstellen, ich sei noch unerfahren, vielleicht gar schwul – das alles wäre aber kein Problem. Ihr Angebot gelte auch in solchem Falle, sie würde schon dafür sorgen, dass auch ich, wenn wir denn zusammenkämen, immer meinen Spaß hätte. Dass diese Dame mich für unerfahren hielt, habe ich ihr locker verziehen. Ihr spontaner Verdacht, ich könne schwul sein, hat mich beeindruckt und leicht irritiert. Ich war unglücklich, in diesem Augenblick niemanden in der Nähe zu haben, um dies alles diskutieren zu können, empfand mich unter Druck, über diese Angelegenheit schnell zu einer Lösung zu kommen. Nach kurzem Nachdenken habe ich ihr freundlich und einfühlsam geantwortet, dass die von ihr gemachten Vorschläge nicht in meine Lebensplanung passten. Gesellschaftlich könne ich mich gerne mit ihr und ihrem Mann treffen, meine Orientierung gehe aber in eine ganz andere Richtung. Tatsächlich kam es danach nie wieder zu einem Kontakt.

Eigentlich hatte ich ja schon viel von der Welt gesehen und hielt mich für ziemlich ausgebufft. Was mich verstörte, war die Erfahrung meiner eigenen Unerfahrenheit in Dingen, die offensichtlich rechts und links von mir passierten, von denen ich keine Ahnung hatte, die mich aber eigentlich auch gar nicht interessierten. Und mein starkes Bedürfnis nach einer erneuten, ganz einfachen Beziehung zu einem jungen Mann schien mir im Vergleich dazu plötzlich geradewegs unschuldig. Diese Erfahrung vermittelte mir zugleich die Notwendigkeit, endlich mit mir selbst ins Reine zu kommen und mir Klarheit über die Richtung meines zukünftigen Lebens, besonders meines nach außen gezeigten Sexuallebens, zu verschaffen. Inwieweit das möglicherweise auch in Stufen hätte geschehen können, hätte ich damals gerne mit einem Gesprächspartner diskutiert, Darius war dafür aber schon nicht mehr erreichbar. Mir wurde auch klar, dass ich mich bisher aus Furcht vor solchen Einsichten und Entscheidungen häufig in meine Arbeit verkrochen, zur Außenwelt hin abgeschottet und dabei schon ziemlich lange weitgehend abstinent gelebt hatte. Ich sehnte mich nach Nähe zu einem jungen Mann und nach richtig wildem, natürlichem Männersex!

Duisburg hatte zu jener Zeit praktisch keine schwule Szene, jedenfalls keine, die ich erforschen wollte, zumal alles noch unter dem Odium des Verbotenen geschah oder zu geschehen hatte. Düsseldorf, mit Zug oder Schnellbahn zu erreichen, kam für mich auch nicht infrage. Ich konnte das nur etwas trivial erklären: In der Düsseldorfer unterirdischen Welt der öffentlichen Toiletten, in den „Klappen" unter dem Trottoir, roch es zwar so schlecht wie überall, der Kontakt funktionierte auch hier wie überall gut, locker und eher vulgär – aber eben nur für das eine Mal –, das Übliche. Das andere Düsseldorf, überirdisch, war etwas, was mir allenfalls zum Einkaufen gefiel. Die wenigen schwulen Typen, die ich in den damaligen gewollt mondänen Bars traf, fand ich oberflächlich und angeberhaft – es ging immer nur um das allerletzte schicke Jackett, das man sich „vom Wormland geholt" hatte. Natürlich ist es möglich, dass ich bis zum Stehkragen voller Vorurteile war. Das bodenständigere, derbe Köln war andererseits für ein Wochenende zu weit.

Da kam von irgendwoher der rettende Hinweis: „Warum fährst du nicht einfach nach Amsterdam? Das ist doch für uns das Paradies ..." Um es kurz zu machen: Amsterdam wurde für mich nicht nur ein Paradies, es war fast so etwas wie eine Offenbarung. Nach Amsterdam waren es von Duisburg mit dem Zug etwa drei Stunden, mit vielen täglichen Verbindungen; schließlich sogar mit einer besonders nützlichen, die aus Amsterdam kommend montags frühmorgens in Duisburg gegen sieben Uhr eintraf. Um acht Uhr war ich dann auf Station, topfit, frisch für die Arbeit – mit fünfundzwanzig Lenzen bringt man so etwas. Der Hauptbahnhof, Amsterdam Centraal, dieses nach beiden Seiten hin ausladende stattliche Gebäude im Stil der Neorenaissance, wurde Willkommenshalle für meine Begierden – will sagen: meine Wochenendbesuche, so ich denn keinen Dienst hatte. Ab diesem Sommer 1965 habe ich Amsterdam bis weit über das Jahr 2000 hinaus die Treue gehalten. Es war und blieb auf ewig die Stadt meines Coming-out, es war und blieb eine erste, unsterbliche Liebschaft, die man auf ewig im Herzen trägt.

Die Stadt, die ich dadurch sehr viel intensiver kennenlernen sollte, hat mich wegen ihrer Weltoffenheit und Toleranz von Anfang an beeindruckt. Erst damals habe ich wirklich verstanden, welche Bedeutung sie beispielhaft für die europäische jüdische Bevölkerung ab dem späten Mittelalter hatte, heute wieder hat und hoffentlich immer weiter haben wird. Wir deutschen Nachkriegskinder hatten auf pädagogische Anweisung hin alle irgendwann einmal *Das Tagebuch der Anne Frank* gelesen. Jetzt aber sprach ich unmittelbar bei längeren Besuchen mit Menschen, die sich wehmutsvoll in Liedern (*Oh Waterlooplein*) an die alten jüdischen Zentren in der Stadt, die Jodenbuurt, Teile der alten Halbinsel, Teile der alten Heerengracht, erinnerten. Es ist kennzeichnend für die frühe liberale Einstellung unserer niederländischen Nachbarn, dass bereits 1579 mit der sogenannten Utrechter Union erstmalig in Europa eine für die Amsterdamer Juden besonders wichtige allgemeine Glaubensfreiheit (!) erklärt wurde. Ich habe mich geschämt, erst jetzt über das intensive Leben, das vielfältige Schicksal der niederländischen jüdischen Bevölkerung zu lernen. Was mit ihr zwischen 1939 und 1945 geschehen ist, wurde in Deutschlands Nachkriegszeit und wohl auch später nie gelehrt oder berichtet. Das hat mich schon bei meinen damaligen Besuchen beschämt, und belastet mich bis heute.

Über zwei Bewegungen möchte ich berichten, die Amsterdam für mich einzigartig machten und deren Erscheinen mir so früh im Kreise ihrer europäischen Nachbarn als besonders fortschrittlich erschienen. Eine politisch wichtige Bewegung gab es gegen Ende der Sechziger- bis Anfang der Siebzigerjahre hinein – ich schildere sie zunächst. Die andere war für mich persönlich von Bedeutung – sie folgt danach.

Gegen Ende der Sechzigerjahre erschien mir das vorher so ordentliche und gepflegte Amsterdam ein wenig zu vergammeln. Das war im Europa der damaligen Zeit nicht ungewöhnlich, nicht zuletzt bewegte man sich auch hier entsprechend dem in den USA vorgelebten Bild der Hippiebewegung. Ich habe diese Phänomene des „Vergammelns" gegenüber meinen holländischen Freunden angesprochen, und sie verwiesen mich auf die sogenannte Klabauterbewegung. In der deutschen Sprache ist ein Klabautermann ein Schiffsgeist. Niederländisch bedeutet Kabouter so etwas wie Kobold oder Heinzelmännchen. Die Bewegung nannte sich im Wortstamm, dem Deutschen sehr ähnlich, Kabouterbeweging. Es handelte sich um eine frühe Protestbewegung gegen überzogenen Konsumismus und gegen Umweltverschmutzung. Sie vertrat eine antiautoritäre Einstellung ihrer Gruppen ohne hierarchische Organisation, entwickelte spontane Initiativen und avisierte über allem Anarchismus mehr ideologische Inspiration. Kennzeichnend waren taktisches Vorgehen, gepaart mit Humor und Fantasie einerseits, wie auch absolut seriöse Vorstellungen von gesellschaftlicher Veränderung auf dem Weg der Gewaltlosigkeit, die über internationale Kontakte Verbreitung finden sollten. Alles das hörte sich ebenso sympathisch wie illusionistisch an, wobei die Bewegung innerhalb der Niederlande recht erfolgreich war. Unter dem Einfluss auf das nahe Köln haben deutsche Aktivisten dort eine vergleichbare Bewegung gebildet, die Heinzelmenschen, in Anspielung auf die menschenfreundlichen, guten Taten der legendären Kölner Heinzelmännchen. Die Kabouterbeweging in Holland agierte auf einer ähnlichen Achse wie die damalige deutsche außerparlamentarische Opposition. Die Kabouter wollten ebenfalls von außen her politisch aktiv werden, wollten gesellschaftliche Strukturen durchbrechen, falsche Verhaltensweisen verändern – all das hin zu alternativen Lebensformen. Für mich waren diese frühen Ansätze eindrucksvoll, zumal ich als ein fast allein dem Medizinbetrieb verhafteter Mensch solche Dinge bisher nie richtig bedacht hatte.

Für eine andere, wichtige, sehr viel frühere Bürgerbewegung in den Niederlanden, die mein persönliches Leben als junger Schwuler verändern sollte, sind erstaunliche historische Fakten vorauszuschicken: Bereits 1811, offensichtlich als Folge der Aufklärung, kam es dort zu einer Entkriminalisierung der Homosexualität und der Homosexuellen, die landesspezifisch auch zuvor nie wirklich ausgegrenzt gewesen waren. Hundert Jahre später, 1911, gab es zwar offenbar auch in den Niederlanden einen Rückfall in einen Code der Straffälligkeit. Aber im Zuge einer grundsätzlich liberalen Lebenshaltung organisierte sich 1940, kurz vor der Besetzung der Niederlande durch die Deutschen, die Bewegung Levensrecht. Diese gab unter gleichem Namen die erste Homosexuellen-Zeitschrift der Welt heraus, die bis Kriegsende natürlich nicht weiter erscheinen konnte. „Lebensrecht" forderte von Beginn an die uneingeschränkte Verwirklichung des Lebensentwurfs für Menschen dieser Orientierung. 1946, unmittelbar nach Kriegsende, gründeten Menschen neben der Gruppe Levensrecht in Amsterdam den zunächst einmal bewusst unauffällig bezeichneten Shakespeare Club. Dieser wurde 1949 umbenannt in Cultuur en Ontspanningscentrum (etwa Zentrum für Kultur und Freizeitgestaltung), den später weltberühmten COC. Diese für die Niederlande zentrale schrittmachende Organisation wollte gleichgeschlechtlich orientierten Frauen und Männern einen Rückzugsort für Freizeit und Privatleben geben und strebte gleichzeitig deren rechtliche Emanzipation an. Der COC breitete sich in den Niederlanden aus, auch wenn er zunächst mit Widerstand in den peripheren Städten zurechtkommen musste. Homosexuelle waren in unserem Nachbarland früher in gleicher Weise wie in Deutschland an den Rand der Gesellschaft gedrängt gewesen und mussten sich auch auf Straßen, in Parks und Toiletten kennenlernen. In der Folge der Aktivitäten des COC hatte sich in den Sechzigerjahren in Amsterdam jedoch bereits eine Art Subkultur entwickelt, die für Menschen dieser Orientierung Bars und große Tanzgelegenheiten öffnete. Das war genau die Zeit, in der ich in Amsterdam mein Coming-out erlebte, und ich kann dieser in den folgenden Jahrzehnten zunehmend erfolgreichen Organisation mein Leben lang dafür nur dankbar sein. Legendär wurde eine Disco, die ebenfalls mit drei Buchstaben charakterisiert wurde: DOK – De Odeon Kelder oder De Odeon Kring (der Odeon-Keller oder Odeon-Kreis). Sie gehört zu den Orten, die ich in ihrer Blütezeit erlebte und die später nicht mehr vorhanden waren. Unvergesslich, jener seltsam unspektakuläre Eingang, von außen banal, nichts Besonderes: eine niedrige, schräge, stabile Eisendoppeltür, aufgehängt in schweren Türangeln, von dort wenige Stufen herunter in dieses riesige Kellergewölbe. Das wirkte vom Eingang gesehen wie ein grob gebauter, weit in die Raumtiefe greifender, halb unterkellerter Lagerraum und war tatsächlich Depot für Bierfässer einer Brauerei gewesen. Da die klassischen alten Häuser an den Grachten von Amsterdam bei meist schmaler Fassade langgestreckte Grundflächen hatten, maß dieser Keller mit massiv gemauerten Zwischenwänden geschätzt erstaunliche dreihundert Quadratmeter!

Damals entstanden auch die berühmten Thermos-Saunen, heiße Bäder, in denen man mehrere Nächte bleiben konnte – und mehr. Es war die Zeit, in der Amsterdam zur Schwulenkapitale der Welt oder mindestens Europas wurde. Viele meiner späteren südafrikanischen Freunde aus Buren-Familien mit niederländischer Herkunft bekamen verträumte Augen, wenn sie von ihren Besuchen im schwulen Amsterdam erzählten.

Als ich selbst etwa 1964 über holländische Freunde zum ersten Mal in diesen Keller kam, traute ich meinen Augen nicht: mehr als fünfhundert der hübschesten jungen Männer zwischen achtzehn und fünfundzwanzig aus der ganzen Welt im Rock-'n'-Roll-Fieber! In der Kleidung gab man sich anfangs betont männlich, derb, Holzfäller- oder Bauarbeiterstil, später dominierten amerikanische Fliegerjacken, hellgrün glänzend, im Stil WW-II, noch später das individuelle und alternative Hippieoutfit. Berühmteste, absolut passende Hymne jener Tage war Trini Lopez' *If I had a hammer.* Sie signalisierte jenen Aufbruch, nach dem viele sich gesehnt hatten. Große Hits in dieser Reihe waren auch seine Version von *I like to be in America* aus Leonhard Bernsteins *West Side Story,* allerdings im völlig verfälschten und vereinfachten Rhythmus, sowie sein Ohrwurm *La Bamba.* Diese einfachen Melodien eroberten die Discos der ganzen Welt. 1989 erfuhr ich, dass das DOK plötzlich geschlossen worden war. Diese Disco bleibt ein geschichtlicher Platz für schwule Emanzipation und wird in meiner Erinnerung für immer jener Ort bleiben, an dem man sich ungestört bis drei Uhr morgens beim Tanz austoben konnte. Von hier aus ließ es sich nächstens ungestört Arm in Arm mit seinem hübschesten Allernächsten den Festungsgraben Singel hinunterlaufen, bis man am nächsten Morgen zu zweit in einem kleinen Hotel oder zufällig an anderer Stelle zum holländischen Ontbijt, dem Frühstück, aufwachte. Obwohl ab 1969 bis 1994 die Reste des §175 beseitigt wurden, besteht das Problem eines Coming-out gerade für junge Menschen in Deutschland immer noch. Das finde ich persönlich nicht nur erstaunlich, ich finde das skandalös. Resultiert es aus dem Fehlverhalten all jener, die aus Denkfaulheit oder befangen in der über viele Generationen tradierten sexualitäts- und frauenfeindlichen Haltung von Pietisten und Kirchen, vielleicht aber schon wieder aus faschistoidem Gedankengut heraus bis heute jungen Menschen gegenüber ein homophobes Klima aufrechterhalten?

Es scheint mir passend, an das Ende dieses eigenen Coming-out-Kapitels einen Ausspruch zu setzen zur Erinnerung an einen für seine Zeit sehr mutigen Mann. Ihn bezeichnet der Frankfurter Sexualwissenschaftler Volkmar Sigusch (1940–2023) in einer Monografie (*Karl Heinrich Ulrichs. Leben und Werk,* 2000, Bibliothek rosa Winkel) als „ersten Schwulen der Weltgeschichte“ und führt über ihn weiter aus: „Vieles von dem, was eine Bewegung ausmacht, nahm Ulrichs als Einzelkämpfer voraus, und nicht zuletzt das, was erst einhundert Jahre später kollektiv möglich wurde: ein öffentliches Sichbekennen, heute Coming-out genannt.“ Ulrichs hatte 1867 in einer Rede auf dem deutschen Juristentag in München selbstbewusst Straffreiheit und rechtliche Gleichstellung gleichgeschlechtlicher Liebe gefordert, da diese auf einer „natürlichen Veranlagung“ beruhe. Wegen der Proteste im Plenum musste er seine Rede abbrechen, schrieb aber später: „Bis zu meinem Tod werde ich mir zum Ruhme anrechnen, dass ich am 29. August 1867 zu München den Muth fand, Aug’ in Auge entgegenzutreten einer tausendjährigen, viel-tausendköpfigen, wutblickenden Hydra, welche mich und meine Naturgenossen (Homosexuelle) wahrlich nur zu lange schon mit Gift und Greifer bespritzt hat, viele zum Selbstmord trieb, ihr Lebensglück allen vergiftete. Ja, ich bin stolz, dass ich die Kraft fand, der Hydra der öffentlichen Verachtung einen ersten Lanzenstoß in die Weichen zu versetzen.“

Das war mutig, und ich finde es gerade durch die altertümlich bildstarke Sprache immer noch eindrucksvoll. So sprach man im Deutschland des 19. Jahrhunderts, wo dem klassisch Geschulten die griechische Mythologie geläufig war, aus der man solche Bilder entlehnte. Gerade weil wir uns heute einer Sprache bedienen, die eher arm an Bildern ist, darf man bei Ulrichs' Zitat nicht pingelig sein. Nachdem Ulrichs der Hydra damals allenfalls einen Piks in die Seite geben konnte, hat sie prompt einhundert weitere Jahre gegeifert – juristisch jedenfalls bis 1969 bzw. 1994.

Aber selbst nach dem Jahrtausendwechsel ist das Coming-out-Thema mit seinen Komplikationen keineswegs erledigt. Inzwischen gibt es zwar mehr als genug schwule und lesbische Filme. Das Kino International an der Frankfurter Allee in Berlin zeigt seit Jahren zuverlässig jeden Montag (MonGay) einen schwulen oder lesbischen Film, möglichst den neuesten, preisgekrönt auf dem letzten Filmfestival. Zwar war *Der bewegte Mann* (Ralf König, Sönke Wortmann, Bernd Eichinger) nicht nur der erfolgreichste deutsche Film des Jahres 1994 und als Komödie nicht nur ein Lichtblick des Genres für das gesamte neugierig gemachte Deutschland – und auf jeden Fall für dessen Schwule. Zwar brach zehn Jahre später der wunderbare Film *Brokeback Mountain* (Ang Lee, Heath Ledger, Jake Gyllenhaal) ebenfalls nicht nur einen finanziellen Rekord bei seiner Erstaufführung 2005, sondern war für Schwule in aller Welt und selbst für Hollywood eine absolute Erleuchtung.

Aber noch immer fehlten Coming-out-Filme für Teenager. Da kam *Love, Simon* 2018 gerade recht. Der Film spielt in der Teenager-Highschool-Welt von quirlig komplizierten Heranwachsenden, Lehrer und Eltern kommen fast nicht vor, die Kids bleiben unter sich. So etwas wie Liebe ist in diesem Alter immer kompliziert – verständlich, wenn schwul alles noch ein bisschen komplizierter macht. Auch wenn der betont lustig konzipierte Film Schwächen hat (eine mysteriöse Kommunikation per Internet zur Frage „Bin ich schwul und du vielleicht auch?" bringt von Beginn an Geheimnisvolles hinein, und das notwendige Happy End wird überdramatisch gestaltet), so jubelt zuletzt doch die Filmkritik, das Coming-out ist „mitten im

Mainstream" gelandet. Mir hätte die Aussage genügt „in der Welt der Jugendlichen angekommen", auch und gerade weil diese nicht angstfrei ist. So wird im Film der über seine schwule Neigung neugierige und bedrückte Klassenbeste prompt erpresst. Das ist immer noch die Wirklichkeit! Der Film war in den USA und in Deutschland sehr erfolgreich. Er hat darüber hinaus für mich zwei wichtige Aspekte angesprochen. Der erste kommt im Titel der dem Film zugrunde liegenden Novelle zum Ausdruck: *Simon vs. The Homo Sapiens Agenda* von Becky Abertalli, 2015 (deutsche Ausgabe unter dem Titel *Nur drei Worte,* 2016). Die Autorin hat damit ein amerikanisches Politikum aufgegriffen und setzt mit ihrer Novelle ein klares Statement gegen den neuen Kampfbegriff „Gay Agenda" der republikanischen Rechten und evangelikalen Fundamentalisten in den USA! Der Begriff „Gay Agenda" unterstellt, dass Aktivitäten der schwul-lesbischen Szene zu ihrer Anerkennung wie beispielsweise auch zur Adoption von Kindern die Absicht verfolgten, Kinder zur Homosexualität zu „erziehen" und das traditionelle Familienbild zu zerstören. Dem Film *Brokeback Mountain,* in dem ein sehr sensibel dargestelltes homoerotisches Verhältnis zwischen zwei jungen Cowboys als Angriff auf den uramerikanischen Männermythos gesehen wurde, war von den gleichen Gruppen der gleiche Vorwurf einer „Gay Agenda" gemacht worden. Warum fühlen sich vor allem religiöse Gruppierungen, also insbesondere europäische und nordamerikanische Evangelikale, und Menschen unter dem Einfluss der römisch-katholischen Kirche, verstärkt in Afrika, und Muslime auf der ganzen Welt immer noch von Homosexuellen auf sehr seltsame Weise geradezu angegriffen?

Am 17. Mai 1990 hat die Weltgesundheitsorganisation (WHO) Homosexualität von der Liste der psychischen Erkrankungen gestrichen! Seither ist der 17. Mai der Tag der Homosexualität. Diskriminierung und Verfolgung von Homosexuellen führt zu schweren psychischen und somatischen Erkrankungen bis zum Suizid. Zum Programm der WHO gehört die Prävention von Krankheiten. Hat die WHO hier eine weitere Aufgabe?! Der zweite Aspekt: Dem Film *Love, Simon* folgte eine Diskussion darüber, dass sowohl die Hauptfigur wie auch sein geliebtes Gegenüber von jungen heterosexuellen Schauspielern dargestellt wurden. Diese Diskussion fand ich unnötig und geradezu falsch! Schauspieler stellen Menschen dar, mit allen Ecken und Kanten, allen Mängeln und Qualitäten. Dazu passt, dass am 6. Februar 2021 eine Gruppe von 185 deutschen Schauspieler*innen, die sich als LBGTI definierten, tatsächlich noch einmal, mehr als fünfzig Jahre nach dem Fall des Paragrafen, eine Coming-out-Aktion startete, „#ActOut“, mit Manifest und Programm. Diesmal ist es keine Öffentlichkeit, der gegenüber ein solches Coming-out notwendig wäre, immerhin ist man im Deutschland des Jahres 2021 nahezu problemlos in einer Zeit schwuler und lesbischer Minister*innen, Ministerpräsident*innen, Vizekanzler*innen, Kanzlerkandidat*innen angekommen. Nein, weil LBGTI-Menschen auch ITGBL-Menschen, also genau andersherum, ebenso überzeugend spielen können, will sagen: nicht mehr von vornherein genderspezifisch gecastet werden. Richtig!

20 Schule der Sandmännchen

Wenn ich auf mein langes Leben als Arzt zurückblicke, finde ich es immer noch aufregend, welch enorme Entwicklung die Medizin in dieser Zeit genommen hat. Der junge, ägyptische Kollege in der Klinik in Duisburg hatte mich 1962 in die Anästhesie eingeführt – und wir wurden plötzlich überall benötigt. Die weltweite Entwicklung in diesem neuen Fach war rasant! Methoden und Substanzen zur Schmerzstillung hatte es in allen Kulturen seit Menschengedenken gegeben. Jetzt war es möglich, Menschen schmerzfrei, kontrolliert und stabilisiert über das größte Risiko auch kompliziertester Operationen hinwegzutragen. Anästhesie ist pragmatisch angewandte Physiologie, Pharmakologie, Psychologie, Teamwork, die Versöhnung von Traum und Wirklichkeit. Schmerz war durch Millionenjahre der Evolution Schutz und Last, Fluch und Segen der Menschheit gewesen – und nicht zuletzt war Schmerz auch Lust.

Um die Anästhesie handwerklich zu erlernen, ging ich 1966 an die Abteilung für Anästhesiologie der Chirurgischen Universitätsklinik in München. Die Abteilung wurde kurz darauf Fachinstitut, der Leiter (R. Beer, 1925–1975) zum ersten Lehrstuhlinhaber für Anästhesiologie an der LMU München. Die Einführung der Anästhesiologie hatte mit sich gebracht, dass irgendwann die Narkose für praktisch alle Eingriffe im operativen Bereich von Fachanästhesisten durchgeführt werden mussten. Das bedeutete, dass viele junge Ärzte zur Ausbildung zusammenkamen, eine Schulklasse in der „Schule der Sandmännchen". Die drei Ausbildungsjahre gehören zu den schönsten Jahren meines Lebens. Wir waren erwachsen und dabei betont jung gebliebene Menschen, offen für Neues, ausgeprägte Individuen, höchstens dreißig Jahre alt, kamen aus allen Ecken des Westens unseres Vaterlandes. Wir waren so professionell wie lebensfroh, bei uns galt damals schon *work hard – play hard.* Aufs Oktoberfest gingen wir gemeinsam. Hatte die halbe Truppe Bereitschaftsdienst, war es Ehrensache, dass sie in der Woche darauf auf der Wiesn auf dem Tisch tanzen durfte. Wir waren in unserer Anästhesistenklasse immer etwa fünfunddreißig Klassenkameraden*innen. Das Gendersternchen war damals noch nicht erfunden und unsere Kolleg*innen brauchten es auch nicht. Wir waren ja eine betont weibliche Schulklasse, drei Viertel waren Damen, von den verbleibenden Herren waren vier schwul. Das Schöne war, dass *schwul,* schnell erkannt, zwischen allen Kollegen zum ersten Male in unser aller Leben hier kein Problem zu sein schien: Die schwulen Jungs galten ausnahmslos als besonders zuverlässig, kompetent, kollegial, empathisch, voller Ideen für lustige Zusammenarbeit und noch ein bisschen verrückter für Spaß in der Freizeit. Heute würde man sagen: Good Fun! Aus dieser Generation wurden die ersten Chefarztstellen für Anästhesie und Intensivmedizin in ganz Deutschland besetzt, die Intensivmedizin hatte sich quasi aus der Fortführung der intensiven Behandlung am Operationstisch ergeben. Viele der Patienten, besonders in der Herz- und Lungenchirurgie, mussten postoperativ nachbeatmet werden. Anfangs wurde uns ein Raum mit nur halbem Tageslicht im Klinikkeller für die Nachbehandlung solcher Patienten zugewiesen. Die Intensivmedizin stieg schnell auf, räumlich und fachlich. Auch hier waren wir die erste Generation; die Notfallmedizin rundete das Fach zuletzt ab. Die moderne Anästhesie ermöglichte einen weiteren riesigen Fortschritt in der Medizin: die Transplantationschirurgie. In unserer Ausbildung als Schüler in einer Anästhesistenklasse durchliefen wir ansteigende Schwierigkeitsgrade in der Anästhesie für unterschiedliche operative Disziplinen. Von der Lokal- und Leitungsanästhesie in der chirurgischen Ambulanz bis hin zur Orthopädie in Vollnarkose, von der Extremitäten- und Wirbelsäulenchirurgie über die Abdominalchirurgie (Bauchraum) kamen wir im Fachbereich der Urologie weiter zur Anästhesie im Spezialbereich für Nierentransplantationen. Von der Thoraxchirurgie gelang unseren Klassenältesten und -besten über die Lungenchirurgie die Versetzung in unsere „Abiturientenklasse", zu einem vollen abschließenden Jahr in der Herzchirurgie. Teamgeist war im herzchirurgischen Operationssaal wichtigstes Element. Hoch qualifizierte Techniker waren über viele Jahre mehr und besser darin geschult, die für diese Eingriffe notwendige Herz-Lungen-Maschine funktionsbereit zu machen und zu bedienen. Von ihnen konnten wir nur lernen – ihnen konnte keiner etwas vormachen! Noch ahnte ich nicht, dass ich in wenigen Jahren in einem Projekt zu einem neuen Typ einer Herz-Lungen-Maschine (Membranoxygenator – ECMO) an der Stanford University in Kalifornien mitarbeiten würde. Als Mitglied der ständigen Gruppe von drei Anästhesisten im herzchirurgischen Team der Chirurgischen Universitätsklinik der LMU habe ich im Frühjahr 1969 an den beiden ersten Herztransplantationen in Deutschland teilgenommen. Unnötig, zu sagen, dass es eine im besten Sinne sportlich herausfordernde und anstrengende Zeit war.

Habe ich mich schon gefragt, was mein Liebesleben in dieser anstrengenden Arbeitsphase in der Uniklinik München machte? In Berlin würde man sagen: Nich so dolle! Und es kam etwas Überraschendes und für mich Bedauerliches hinzu. Darius erzählte mir eine eigenartige Geschichte. Er war im Sommer ohne mich auf der Insel Ibiza gewesen, wo damals schon für Schwule Besonderes abging. Er berichtete, er sei auf der Gartenparty eines englischen Gentleman gewesen. Das Anwesen lag irgendwo in Strandnähe, war groß, hatte den obligatorischen großen Swimmingpool. Eine größere Anzahl von Jünglingen, natürlich unbekleidet, bevölkerte den Pool, Liegestühle, die Bar. Darius' fester, runder Po hatte mir immer schon als besonders attraktiv imponiert, und so hatte ihn der Gentlemen-Gastgeber als Objekt seiner Begierde ebenso schnell ausgespäht. Ich nehme an, dass er Darius für das, was für ihn folgte, etwas „in den Tee getan hatte“. Könnte auch der Cocktail gewesen sein – jedenfalls hatte Darius sich seiner Erzählung nach schon früh absolut „high“ gefühlt. Diesen Augenblick hatte der Gentlemen wohl abgepasst, um ihm mit der vollen flachen Hand scharf auf den feuchten Hintern zu schlagen. Damit war der Zauber gelungen. Darius konnte sich danach beim Sex ein Finale nicht mehr anders vorstellen, am Schluss hatte er fast nichts anderes mehr im Sinn. Wir haben uns nach dieser freimütigen Erklärung noch ein paar Mal getroffen und darüber geredet, ich habe mir einmal sogar richtige Mühe gegeben, aber es blieb „vergebliche Liebesmüh“. Ich freute mich für ihn, dass er für seine Vorstellung von Erotik und Sex in München schnell und auch auf Dauer den richtigen Lebenspartner gefunden hat. Nachdem das, was wir in den Achtzigerjahren als „Safer Sex“ bezeichneten und genau befolgten, hier keiner Beachtung bedurfte, leben er und Partner gesund in ihren Achtzigern, wir telefonieren, verabreden uns. Getroffen haben wir uns nie mehr – ein klein wenig hat mir das immer noch wehgetan.

Nach Jahren der Abwesenheit vom Rheinland sah ich mich in jener Zeit beim Besuch meiner Geburtsstadt nahe Köln wieder einmal um, auch in der Nähe der Schule, wo ein Erweiterungsbau entstand. Jemand ging an mir vorbei – ich hingegen blieb wie angewurzelt stehen, nur um zu sehen, wie der kräftige junge Mann im blauen Overall mit aufgekrempelten Ärmeln, gebräunten Unterarmen, Montagekiste auf der Schulter, sich ebenfalls umdrehte. Immer noch dieses trotzige Gesicht, das vorgeschobene Kinn, die Unterlippe, der Vorhang dunkelblonder, Haare die, schwupps, zurückgeworfen, schwupps, wieder eine Gesichtshälfte verdeckten. Ich rief: „Juppi!“ Er rief: „Nit möôchlich“, setzte die Kiste ab, kam auf mich zu. Wir fassten uns an den Schultern, an den Händen, schüttelten uns vor Freude. „Wie lang ist dat jetzt her?“ Ich sah, wie Juppis Gesicht zugleich strahlte und verlegen dunkel anlief. „Was biste jetzt? Ne richtige Doktor, ich wusste es! Und ich komm dir jetzt hier mit Montagekiste. War früher eben einfach zu faul, jetzt immerhin Elektromeister.“ Wir zogen spontan auf ein Bier los, es war früher Nachmittag, es folgte noch eins, noch eins im Gegenzug und noch eins, ungewohnt für mich, ich spürte es – es war wunderbar. „Was hast du denn jetzt vor?" „An die Uni München zurück, Anästhesist werden." „Also noch'n Doktor?" „Nee, Facharzt!" „Noch mehr lernen?" „Viel Theorie, danach viel mehr Praktisches, Handwerkliches." „Praktisch ist gut!" Juppi sagte mir, dass er inzwischen einen Elektrobetrieb habe, zwei Gesellen, zwei Lehrlinge. Mit geerbtem Geld wollte er im Nachbarort einen Zweitbetrieb aufmachen. „Dat will isch und dat mach isch!" „Das machst du!", sagte ich und war zutiefst davon überzeugt. „Isch muss Kohle machen. Immer noch nit verheirat', Frauen kosten Geld." Juppi, um es einfach mal so zu sagen, sah fantastisch aus. Seinem immer schon männlichen Grundtyp war ein sehr maskuliner Mann entwachsen, ich beneidete alle Frauen, die ihn angeblich Geld kosteten – war froh, dass ich ihn hier und später nur ein Bier kostete. Wir versprachen uns gegenseitig, ab jetzt engen Kontakt zu halten, tauschten Adressen und Telefonnummern. Juppi gehörte von da an zu jenen Menschen, die mich bis zu seinem Lebensende zu jedem Geburtstag anriefen, wie Gerd das auch getreulich tat. Und wir haben oft dazwischen telefoniert, und ganz bald kam der Anruf aus dem Nachbarort: Er hatte es geschafft, beide Filialen standen!

21 Tlatelolco

In unserer Abteilung wurde mir eines Tages von unserem Chef ein junger Kollege aus Mexiko vorgestellt. Er war Sohn eines berühmten Magen-Darm-Spezialisten in Mexiko und sollte Aspirant für unsere Anästhesieabteilung, unsere „Schule der Sandmännchen" werden. An der Uniklinik München sollte er als Assistenzarzt ein Clinical Rotationship in einigen klinischen Fächern absolvieren. So etwas war eher selten, aber sehr schick. Der junge Kollege sollte sich für einige Monate in der Anästhesie, dann in der Inneren, danach noch in der Frauenheilkunde und Geburtshilfe umsehen. Er sprach Spanisch, Französisch, Englisch, kein Deutsch. Und er brauchte eine Wohnung. Mein Chef sagte zu mir: „Sie sprechen doch Französisch, oder besser noch Englisch. Besorgen Sie doch bitte dem jungen Kollegen ein anständiges Zimmer in der Stadt." Eduardo, so hieß der Kollege, machte mir klar, dass er von zu Hause aus über ausreichend Barschaft für jede Art Unterbringung verfüge. Dennoch habe ich mir große Mühe gegeben, ihn nicht einfach teuer, sondern angemessen unterzubringen. Am Schluss gelang das in Schwabing bei einer bekannten, bejahrten, vom Denken her junggebliebenen, großartigen Schauspielerin, Else Q., einer bewundernswerten Frau, die bestens Französisch und Englisch sprach. Eduardo und sie passten offenbar fantastisch zusammen. Er zeigte sich unter unserer Anleitung in der Anästhesie sehr geschickt, bald konnte er voll eingesetzt werden. Es gelang ihm, schneller Bayerisch als Deutsch zu lernen, am Schluss mochte er sogar Bier. Er kam aus wohlhabenden Verhältnissen der spanisch-aristokratischen und militärischen Oberschicht seines Landes, sein Familienname war in der Politik bekannt. Er war hübsch, erstklassig erzogen, weitgereist, weltgewandt, selbstbewusst. Im Nu hatte er allen Damen in der Klinik den Kopf verdreht.

An einem Freitagabend ging ich endlich wieder einmal nach dem Dienst in eine unauffällige alte Kneipe, die in Kliniknähe lag und seit Jahrzehnten einen schwulen Touch hatte. An der Theke entdeckte ich im großen Spiegel an der Rückseite der Bar hinter den Flaschen einen schwarz gelockten Kopf, drehte mich um und schaute Eduardo direkt ins Gesicht – er war ein bisschen kleiner als ich. Ähnlich wie bei der fast gleichen Situation mit Gerd in Köln vor zehn Jahren blieben auch wir gelassen, versuchten, unsere Überraschung zu verbergen, und verbrachten einen interessanten Abend unter völlig neuen Aspekten. In der Folge hatte ich das Vergnügen, Eduardo in meinen Münchner Freundeskreis einzuführen. Dort machte er schnell die Runde, verdrehte auch hier in Windeseile allen den Kopf und schien ein bisschen unersättlich. Gott sei Dank verliebte er sich am Schluss in einen meiner besten Münchner Freunde. Der große, sehr männliche, bodenständige ruhige Mann, Elektroniker im Institut für Extraterrestrische Physik, machte sich im Gegenzug nicht das Geringste aus Eduardo, was dessen etwas übertrieben erotischem Selbstbewusstsein einen Dämpfer verpasste. Die Damen in unserer Abteilung merkten irgendwann, dass er häufiger mit mir unterwegs war als mit einer von ihnen. Das wurde verständnisvoll mit leichtem Achselzucken akzeptiert. Eduardo hielt engen Kontakt mit mir, auch als er schon längst die anderen Abteilungen aufmischte. Er war clever, intelligent, hat weiter überall schnell gelernt, weiter alle charmiert, niemand nahm ihm irgendetwas übel, alle waren traurig, als er zurückmusste.

Als ich ihn im März 1968 mit seinem Gepäck zum alten Münchener Flughafen Riem fuhr, sagte er mir, er habe seiner Mutter viel von mir erzählt. Sie habe ihn gebeten, mir auszurichten, ich sei zur Olympiade in Mexiko-Stadt im Oktober des Jahres herzlich eingeladen und könne so lange bleiben, wie ich wolle. Eduardo sagte mir zum Abschied, ich solle mich bald um ein günstiges Flugticket bemühen, ab September würde es eng. Ich platzte vor Begeisterung, behielt diese wunderbare Neuigkeit aber erst einmal für mich. Es stand mir noch reichlich Urlaub vom vergangenen Jahr zu, und so sprach ich bald mit dem Chef, der sich über die Nachricht freute und mir mit der Auflage, später vor der versammelten Klasse einen Reisebericht zu geben, den gesamten Jahresurlaub jetzt schon einzutragen erlaubte. Es war noch früh im Jahr, und von unserer Truppe ging im Oktober voraussichtlich niemand in den Urlaub, das passte also. So kam ich auf ganze sechs Wochen, die ich für Mexiko Zeit haben sollte.

Auf dem Flughafen von Mexiko-Stadt war richtig was los. Ein großer Flieger nach dem anderen kam herein. Das Rollfeld war offen, es gab noch nicht diese steuerbaren Finger, über die man direkt in das Empfangsgebäude hineinkam, schnell und unromantisch. Nein, hier stolperten die Passagiere immer noch aus dem Bauch der großen Maschinen heraus und die herangefahrenen Treppen hinunter. Die meisten schwankten eher, als dass sie herabschritten, auch wegen der überraschenden Hitze oder eines langen Fluges. Weit vor dem Empfangsgebäude war eine riesige Mariachi-Band postiert, eines dieser großen Ensembles aus vorwiegend Blasinstrumenten, die diesen herrlichen, melodischen Krach machen. Einige der Trompeten gingen den eintreffenden Passagieren schon auf dem Rollfeld entgegen, ein sehr eindrucksvoller Empfang. Aus dieser Menge löste sich eine Gruppe junger Leute um Eduardo, um mich abzuholen. Ich war überwältigt: Außer seinen Eltern war die ganze Familie gekommen, ich wurde allen einzeln vorgestellt. Wenn ich gehofft hatte, ich könnte erst einmal richtig ausschlafen, so war das illusorisch. Es war später Abend, und natürlich ging die Gruppe in ein sehr gutes, traditionelles mexikanisches Restaurant, um für Stunden zu tafeln. Dass ich inzwischen nicht mehr ansprechbar war, störte niemanden. Mir schwante sowieso, dass man meine Ankunft eher locker zum

Anlass für ein fälliges Familientreffen genommen hatte. Irgendwann später fand ich mich auf einem Podest liegend, jemand hatte netterweise eine Decke über mich gebreitet. Nach dem Restaurant sollte es noch in eine Bar gehen. Als ich darum bat, für diese Zeit im Kofferraum schlafen zu dürfen, dämmerte allen die Einsicht und es ging zu Eduardos Familie. Ich schlief zehn Stunden, bis zum Mittagessen des darauffolgenden Tages, und lernte dann erst seine Eltern kennen. Eduardo war das jüngste von fünf Geschwistern. Seine Mutter, Doña Elvira de la P., eine in die Jahre gekommene kleine und doch stattliche Matrone, wurde von allen, einschließlich ihres älteren, drahtigen Mannes, eines hochrangigen Generals der mexikanischen Armee, auf Äußerste respektiert und strahlte sehr viel Würde aus. Der General selbst, ebenfalls Respektsperson, die im Haus allerdings erkennbar nur die zweite Geige spielte, trug den Namen eines berühmten Generals der mexikanischen Revolutionsgeschichte. Beider Jüngster, unser verwöhnter sonniger Playboy Eduardo, verfügte über ein Kleinappartement im Herzen von Mexiko-Stadt. Er hatte mir und zuvor wohl schon seiner Familie klarzumachen versucht, dass ich während meiner Zeit in der Stadt in diesem Apartment leben sollte – Eduardo hatte ganz unverhohlen vor, mit mir in den heraufkommenden lustigen Tagen der Olympiade abends in der Stadt zu schwofen. Gerade als er mich nach dem Mittagessen dort hinschmuggeln wollte, trat Doña Elvira dazwischen und erklärte: „Dieser junge deutsche Herr ist Gast unserer Familie und bleibt unser Gast hier im Hause. Wenn du mit ihm nächtens abhauen willst, musst du ihn vor dem Morgengrauen pünktlich hier wieder abliefern." Eduardo und ich schmollten zunächst. Nach kurzer Zeit begrüßte ich die klare Entscheidung seiner Mutter jedoch, zumal sie erkennbar nicht zur Diskussion stand. Doña Elvira wusste, was und weswegen hier zu entscheiden war, und das war letztlich zu meinem Besten.

Ich war von der Stadt überwältigt. In den ersten Tagen zog ich ständig mit Eduardo herum. Bis dahin hatte ich keine so fantastisch bunte Stadt erlebt. Sie übertraf in ihrer facettenreichen, widersprüchlichen Fülle selbst eine Stadt wie Paris. Und auch wenn ich New York noch nicht gesehen hatte, konnte ich mir kaum etwas vorstellen, was noch fantastischer hätte sein können. Mexiko-Stadt ist eine riesige Hauptstadt europäischer, südamerikanischer, mexikanischer Prägung. Die Menge der Menschen, die dieses weit ausgedehnte Zentrum zu allen Tageszeiten bevölkerte, vermittelte mir, dass die Stadt über jedes vorstellbare Maß aus ihren Nähten herausquellen musste, in die umgebenden Slums hinein.

Mitten in der Vorwoche vor der Eröffnungsfeier, es waren noch zehn aufregende Tage bis dahin, war eine folkloristische Veranstaltung auf der Plaza de las Tres Culturas angesagt, dem anderen bekannten Platz der Stadt. Der Name spielte darauf an, dass auf diesem Platz drei Kulturen einander abgelöst hatten: die aztekische Kultur von Tenochtitlan, erkennbar an Resten von Tempeln und präkolumbianischer Pyramiden; die folgende spanische Kultur mit der Kathedrale Santiago, die von den spanischen Eroberern als Zeichen der Unterwerfung der indigenen Bevölkerung unmittelbar auf den Ruinen des aztekischen Tempels erbaut worden war; und als Drittes der Anblick raumgreifender moderner Gebäude für Verwaltung, mexikanisches Außenministerium, Wohngebäude von mexikanischen Politikern und Beamten mit Familien als Ausdruck lebender neuzeitlicher mexikanischer Kultur. Schon seit Monaten gab es friedliche – das Wort *friedlich* ist hier bewusst zu betonen – sozial motivierte Proteste von einer wachsenden Zahl von Studenten gemeinsam mit Arbeitern. Sie protestierten alle gegen eine Vielzahl von Missständen und stellten unter Hinweis auf die grassierende Wohnungsnot auch die Olympiade selbst infrage. Als wir an jenem Mittwochnachmittag – 2. Oktober 1968, unvergessen! – in der Gruppe der jüngeren Familienmitglieder mit Freunden unter Führung von Eduardo zu diesem Platz pilgerten – als zentraler Platz dieses Stadtteils von Mexiko-Stadt hieß er auch Plaza de Tlatelolco –, fiel uns bereits auf, dass es außerordentlich viele junge Menschen waren, besonders viele Studenten mit Protestschildern, die mit uns dort hineilten. Plötzlich kam uns Eduardos Vater in seiner Uniform als mexikanischer Generalarzt aufgeregt entgegen. Schon von Weitem winkte er uns mit den Armen, sofort umzukehren, trieb uns geradezu wütend und äußerst energisch regelrecht vor sich her nach Hause, mit dem

Hinweis, es werde möglicherweise bald Schlimmes passieren: Die Regierung fürchte durch die Studentenproteste eine schlechte Presse kurz vor der Olympiade. Er ordnete regelrecht an, alle hätten bis auf Weiteres strikt zu Hause zu bleiben. Am nächsten Morgen sah der Vater völlig erschöpft und erschüttert aus, wehrte Kommentare ab, aß nicht, saß leichenblass in seinem Sessel. Auch Doña Elvira war zutiefst bekümmert. Mehr wollte man nicht berichten, mehr war nicht zu erfahren. Die Morgenausgabe der Zeitung El Día vom 3. Oktober titelte „Kriminelle Provokation auf einer Großveranstaltung auf dem Tlatelolco endet in schrecklichem Blutvergießen". Tatsächlich war Unfassbares passiert, ich erfuhr von der ganzen Tragweite der Geschehnisse aber erst viel später. Unvollständige erste Einzelheiten hörte ich kurz vor meiner Abreise, die ganze Wahrheit aufgrund jahrzehntelang unterdrückter Untersuchungsergebnisse erst im Jahr 2001!

Die Eröffnungsfeier fand in einer Zeit großer weltpolitischer Unruhen statt. Sie war eindrucksvoll. Zum ersten Mal war mit einer mexikanischen Sportstudentin eine Frau die letzte Fackelläuferin, die das olympische Feuer entzündete; ihr Herzschlag wurde eindrucksvoll über Lautsprecher verstärkt. Die deutsche Olympiamannschaft marschierte, nach sechs gemeinsamen Teams bei den Sommer- und Winterspielen von 1956 und 1964, zum ersten Mal in getrennten Mannschaften ein, immerhin noch unter gleicher Hymne – damals schon Beethovens *Ode an die Freude* – und unter einer für beide Teams identischen Fahne, Schwarz-Rot-Gold mit weißen Olympischen Ringen. Die DDR-Mannschaft übertraf in der Zahl der angemeldeten Athleten die westdeutsche bei Weitem und gelangte in der Medaillenwertung später auf den achten Platz. Die eigentlichen Wettkämpfe bekam ich nur noch gelegentlich im Fernsehen mit, da es dafür keine Karten mehr gab. Immerhin erfuhren wir, dass bei diesen Spielen Weltrekorde nur so purzelten. Immerhin platzte die Presse unübersehbar heraus mit Bildberichten über die beiden amerikanischen Läufer Thommy Smith und John Carlos. Sie hatten bei der Siegerehrung gesenkten Blickes und mit erhobener Faust im schwarzen Handschuh eine eindrucksvolle Black-Panther-

Demo abgegeben und wurden auf Drängen der USA selbst von den Spielen entfernt, was ihrem Akt eine enorme politische Power gab. Das Echo dieser mutigen Geste war für die schwarze Befreiungsbewegung in den USA ein Fanal!

In den letzten Tagen, bevor der große Touristenboom einsetzte, ging ich allein los, um systematisch all jene großen öffentlichen Gebäude aufzusuchen, deren Treppenhäuser und Hallen der mexikanische Maler Diego Rivera (1886–1957) mit seinen typischen riesigen Wandgemälden („Murales“) zu aktuellen sozialen Geschichtsthemen ausgemalt hatte. In seinen Bildern und Gemäldesammlungen sah ich erstmals auch Porträts seiner Frau Frida Kahlo (1907–1954) mit diesem unverwechselbaren Kennzeichen im Gesicht, den dichten, mittig zusammengewachsen erscheinenden Augenbrauen. Ein Frida-Kahlo-Museum, den Frida-Kahlo-Mythos gab es noch nicht, und im Deutschland jener Zeit war sie noch völlig unbekannt, ihre Zeit sollte erst kommen! Mein Reisebudget hatte ich so angelegt, dass ich nach den (kostenlosen!) Wochen in Mexiko-Stadt weitere zwei bis drei Wochen im Land herumfahren und über New York zurückfliegen konnte. Meine großzügigen Gastgeber schienen sich über meinen eventuellen Abreisetag nicht die geringsten Gedanken zu machen – Gastfreundschaft *at it's best*! Am Freitag kam Eduardo zu mir und sagte, dass wir morgen alle nach Acapulco fliegen würden, Hotel sei bestellt. Alle – das war der schwer zu kennzeichnende Haufen seiner Playboyfreunde aus der Stadt. Aber natürlich sollte ich mitkommen. Ich reagierte zögerlich, und ihm war klar, dass ich mir Gedanken über das nicht eingeplante Rückflugticket für diesen Trip machte. Beim Abendessen lächelte Doña Elvira mit ihm um die Wette. Er sagte: „Meine Mutter liebt dich echt! Dein Ticket liegt auf deinem Bett!“

Beim Abflug lernte ich alle seine zwölf Kumpels kennen, seine Spaßtruppe, im Alter zwischen achtzehn und dreißig. Alle waren hübsch, einige rasant gut und etwas verwegen aussehend, „multiethnisch“, zuweilen unbestimmbar. Von höchstens drei der Jungs nahm ich an, dass sie vielleicht schwul waren. Drei aggressive Jungmachos trugen das bunte, löcherige Sommerhemd weit offen, ihre junge, aufregend verteilte Brustbehaarung unübersehbar. Der Jüngste, ein kindlich wirkender, blond gelockter, achtzehnjähriger Amerikaner – sie foppten ihn mit „Chico-Gringo" –, war erkennbar aller Liebling. Unser Flieger hatte Verspätung, die Truppe fläzte sich in der Lounge, fast alle tranken Cola mit Rum. So was kannte ich tatsächlich noch nicht – kaum zu glauben, aber in Deutschland war das noch nicht angekommen. Rum-Cola wurde auch mir angeboten. Ich hielt mich zurück, da wir ja noch den Flug vor uns hatten. Bei dem unruhigen Wetter war Alkohol nach dem Boarding erst einmal strikt verboten, man kannte seine Klientel. Von Mexiko-Stadt nach Acapulco geht es direkt südlich an die Pazifikküste. Die Flugzeit betrug offiziell etwa eine Stunde. Der Flug war schauderhaft, nahe der Küste geriet die Maschine in einen Tornado, an den ich mich nur noch mit Schrecken erinnern kann. Gepäckstücke flogen ebenso herum wie zwei angetrunkene Passagiere, die nicht angeschnallt waren – sie verletzten sich und verbreiteten Panik. An eine Landung in Acapulco war nicht zu denken. Der Flieger stieg nach entsprechender Ankündigung steil hinauf über den Tornado und kreiste ewig. Niemand sprach mehr bei diesem pfeifenden und tosenden Lärm draußen. Der Sprit wurde weniger. Als über Bordlautsprecher angekündigt wurde, wir müssten notlanden, alle sollten die „Brace-Position" einnehmen, waren erste Angstschreie und laut ausgestoßene Gebete zu hören. Ich selbst bekam schreckliche Angst, dachte daran, irgendwelche Abschiedsworte auf irgendetwas zu kritzeln, in diesem Chaos unmöglich. Zuletzt wurde die Maschine auf einen Militärflughafen umgeleitet. Sie schien in der Luft herumgeworfen zu werden, landete plötzlich hart auf einer nachtdunklen, überfluteten Piste. Fontänen schossen vom Fahrwerk an den Fenstern vorbei, sonst war es tiefdunkel. Als die Maschine zur Ruhe kam, war ein paar Sekunden Totenstille, danach nur noch Geschrei, bis der Letzte die Fahrtreppe in die nasse Dunkelheit heruntergeklettert war. Wir wateten durch knöcheltiefes Wasser zum Tower und wurden von dort aus mit unserem leichten Gepäck auf zwei Militär-Lkw nach Acapulco gefahren. Wir kamen um drei Uhr in der Frühe an und fielen todmüde in die Betten. Am nächsten Morgen wurde lange ausgeschlafen. Einige waren beim Frühstück noch schockiert von den Ereignissen der Nacht.

Acapulco gefiel mir sofort. Ich war nie zuvor in einem solchen Luxusferienort gewesen. Manches erinnerte mich an die französische Riviera, die Farben erschienen mir tiefer. Es gab noch viele rückwärtig im Grünen gelegene alte Hotels und nur wenige Wolkenkratzer. Im Ort schon beginnend die blaugrünen Hügel der Sierra Madre. Am frühen Nachmittag ging es bei mildem Wetter an den Pazifik, an den Strand, zu dieser riesigen, tiefen Halbmondbucht, das Wasser in Farben von Türkisgrün bis Dunkelblau, die Brandung überraschend kühl. Keiner blieb lange im Wasser, man sonnte sich am Strand und auf dem hotelnahen Rasen. Die Jungs unterhielten sich in lebhaftem Spanisch. Ich hatte Zeit, mir die unterschiedlichen Typen anzuschauen. Drei oder vier waren mit ihrer helleren, feineren Haut, schärfer profilierten Nasen und größeren, schlank-muskulär gestalteten Figuren typische Sprösslinge spanischer Familien. Andere, mit ebenfalls ansprechend geformtem Körper, mehr gerundet, gedrungen. Dunklere Haut, dunklere Gesichter mit etwas flacheren, weicher gebogenen Nasen, wie man sie von aztekischen Reliefs kennt. Keiner von ihnen erwähnte die Freundin, die sie fast alle haben mussten. Der kleine blonde Chico-Gringo, der Liebling, immer in der Mitte, sprach und gestikulierte lebhaft in ebenfalls makellosem, schnellem Spanisch. Bei allen hatte ich den Eindruck einer starken anti-US-amerikanischen Grundhaltung. Mir gegenüber waren sie zunächst wenig gesprächig, zurückhaltend, sie kannten mich ja nicht, ich war neben Eduardo sowieso der Älteste. Wenn ich sie ansprach, taten sie sich schwer, in typisch mexikanischem langsamen Englisch zu antworten. Ich versuchte, mich nach den Geschehnissen jenes Mittwochs der Vorwoche vor der Eröffnungsfeier zu erkundigen, indem ich die Situation beschrieb. Der Name des Platzes, zu dem wir hatten hingehen wollen, war mir entfallen. Ich hatte ihn nie richtig verstanden und daher gleich wieder vergessen. Einer blickte auf, sagte spontan „Tlatelolco“ und sah in die Runde. Eduardo reagierte abweisend, schüttelte den Kopf. Ich merkte, dass die Gruppe verlegen wurde, vielleicht etwas wusste, nichts sagen wollte, rasch das

Thema wechselte. Dabei empfand ich eine eigenartige allgemeine Beunruhigung, habe nichts erfahren und zuletzt wenig von der Unterhaltung profitiert.

Nach dem Strand ging es in ein wunderbares Restaurant der einheimischen Küche, offen und weitläufig zwischen Palmen ausgelegt, bunte Lichter, Stangen mit brennenden Fackeln, Tonnen mit brennender Holzkohle, der Abend etwas kühl, Mariachi-Musik, laute Rhythmusinstrumente, leidenschaftlicher Gesang der bunt gekleideten Musikergruppe. Über das Restaurant verteilt standen große Grillroste, jeder mit einem Grillkoch besetzt. Es gab viel Rindfleisch als Steak, am Spieß, scharfe Soßen, viel Sangría… sehr viel Sangría! Die Gruppe begann zu singen, zu klatschen, zu tanzen, allein oder mit anderen, egal. Die Damen im Restaurant waren alle in männlicher Begleitung. Dass unsere Gruppe rein männlich war, interessierte niemanden. Chico-Gringo legte ein Solo hin, gegrölter, klatschender Beifall. Ich staunte über seine Sicherheit beim Tanzen, obwohl er bereits ziemlich betrunken war. Spät ging es zurück zum Hotel. Es schien aus den frühen Tagen Acapulcos zu stammen, aus den Vierziger- oder Fünfzigerjahren: Ein einladender, rechteckiger Bau von nur zwei Stockwerken und einem schrägen Dach aus flachen roten Schindeln, einem spanisch-mexikanischen Gehöft nachempfunden. Ich erinnere mich an einen robusten, aus Steinen gemauerten Außensockel, darüber der verputzte, weiß getünchte Bau, umlaufende, dunkelbraun gestrichene Holzbalkone auf jedem der zwei Stockwerke, von allen Hotelzimmern gleichermaßen zu betreten. Der große Innenhof, ebenfalls mit rundum laufenden Holzbalkonen gestaltet, hatte einen überdimensionierten riesigen Pool, türkisfarben gestrichen, mit Natursteinen eingefasst, nachts von dorther beleuchtet, während alle anderen Lichter unter einem beängstigend nahen Sternenhimmel erloschen waren.

Mir war klar, dass all diese Jungs, die jetzt in Badehose und unter Gejohle in den Pool sprangen, fast vorsätzlich betrunken waren. Sie zogen sich plötzlich wie auf Befehl in den Schatten unter der seitlichen Steineinfassung zurück – verschwanden, verstummten. Sie schienen zu lauern. Chico-Gringo trieb minutenlang in der

Mitte allein auf einer kreisenden Luftmatratze, hellhäutig provokant, nackt. Ganz plötzlich kraulte alles auf die Mitte zu, jetzt alle nackt, alle stürzten sich auf den kleinen Amerikaner, der mit geschlossenen Augen – er schien darauf gewartet zu haben – im aufschäumenden Wasser herumgeworfen wurde. Man sah ihn kaum noch, es war, als würde er von weit offenen, wild küssenden Mündern aufgefressen. Auch alle anderen hatten plötzlich die Augen geschlossen. Unversehens wurde auch ich angefasst, einverleibt, ertrank fast unter der Fülle gieriger Küsse. Ich fühlte mich in der Dunkelheit eingesogen in eine orgiastische Masse zuckender, umarmender, küssender, sich gegenseitig liebkosender Körper, die Arm in Arm, immer wilder und rascher atmend, zuletzt stöhnend, schreiend einem raschen Höhepunkt entgegenrannten.

Beim Frühstück klagten alle über Kopfschmerzen. Wie immer, konnte sich keiner an etwas erinnern! Chico-Gringo erschien verschlafen munter, trällerte einen amerikanischen Song, schaute sich langsam um, sein Mund groß und tiefrot wie eine Wunde. Er lächelte, die leibhaftige Unschuld. Eduardo und ich wechselten über dieses Ereignis kein Wort. Mir wurde klar, dass das Erlebte nicht zum ersten Mal passiert war – zu vieles war ritualisiert, eine Ersatzhandlung in einer Gruppe junger Männer für die von der Gesellschaft erwartete Enthaltsamkeit vor der Ehe, und sei es auch ein bisschen mehr gewesen. Es blieb offen und im Prinzip auch völlig egal, wie viele seiner Freunde schwul oder nicht schwul waren, die meisten waren es eher nicht.

Am nächsten Tag ging es mit einem Motorboot entlang der Pazifikküste Richtung Süden, zu einer weiteren Bucht, flacher und kleiner. Dort stiegen wir um in ein langgestrecktes, flaches, hölzernes Kanu, das von drei Fischerjungs mit langen Stangen und einem breiten, kurzen Paddel durch die Mündung eines Urwaldflusses hinaufgestoßen wurde, in immer schmalere Flussarme, zuletzt vom Urwald wie von einem grünen Tunnel überwölbt, das Sonnenlicht zuletzt nur noch selten durch tausend Facetten von Grün zuckend. Es herrschte schwüle, belastende Stille, unterbrochen nur vom lauten Geschrei exotischer Vögel und Affen. Alle erschienen ergriffen von dieser intensiv exotischen Atmosphäre. Zuletzt ließen wir uns wieder zurück in die Bucht treiben, wo ein kleiner Fischtrawler angelegt hatte. Die Fischer verkauften frisch gefangene Shrimps, serviert in Palmenblättern, beträufelt mit dem Saft frischer Limetten. Dazu gab es Gin Tonic auf Eis mit einer Limettenscheibe. Kulinarisch kann ich mir seither kaum Schöneres vorstellen.

Zum Schluss wollten die Jungs mir, dem „Alemán-Gringo", einen besonderen Gefallen tun und mir etwas zeigen, was sie selbst oft bestaunt und beklatscht hatten, die Clavadistas, die Cliffdivers von den Klippen La Quebrada ... Es war nicht weit, wir fuhren in einem Jeep hinüber. Die Klippe stand als schroffer, hoch aufragender Fels über einer engen felsigen Schlucht, Wasser schäumte auf im hereinschlagenden Wellengang. Eine Handvoll junger Burschen im Teenageralter, knabenhaft weiche Körper, kaum gestaltetes Muskelprofil, die älteren schon straffe, elegante Erscheinungen, waren erst einmal am Felsen, entlang einer ausgetüftelten Folge von Vorsprüngen, hochgeklettert. Von einem kleinen Plateau aus traten sie vor, grüßten, winkten, salutierten gar, sprangen wuchtig in weitem Bogen ab von diesem Felsvorsprung, mehr als zwanzig Meter oberhalb der Wasseroberfläche, hinunter in den gefährlich schmalen Spalt. Sie sprangen todesmutig, stießen sich kräftig ab, um nicht aufzuschlagen, flogen mit weit ausgebreiteten Armen, ließen gar noch einen Salto folgen, bevor sie mit vorgestreckten Armen ins Wasser eintauchten. Wildes Klatschen, Bravorufe, einer der Jungs ging mit einem Korb herum, um zu sammeln. Die Springer wirkten angstfrei und selbstbewusst, obwohl das Springen erkennbar gefährlich war. Mich hatte der Anblick zur Freude meiner Gastgeber schlicht sprachlos gemacht. Alle gaben reichlich, so auch ich. Sie schienen in Anbetracht der sozialen Unterschiede im Lande zu empfinden, hier und jetzt zugleich Mut und Einsatz dieser jungen Menschen – Kinder lokaler Fischerfamilien, ihrer Landsleute – angemessen honorieren zu müssen.

Die letzte mexikanische Stadt war Merida, fast an der Spitze der Halbinsel Yucatán. Es ergab sich während dieser drei kurzen Tage, dass sich ein junger, kaum zwanzigjähriger Mexikaner mit mir anfreundete. Es muss wohl wieder der Altersunterschied zu dem inzwischen zweiunddreißigjährigen, von der Sonne mehr geröteten als gebräunten blauäugigen Europäer gewesen sein. Auch machte der Twen mal wieder mit den Eltern Urlaub, in deren Nähe er sich ständig aufzuhalten hatte. So war er es, der zuletzt mich zum Strand schleppte und nächtens dazu überredete, bei pechschwarzer See und halb verdecktem Mond in die Brandung zu springen. Ich hatte höllische Angst vor Haien, legte alles in einen leidenschaftlichen, erinnerungswerten Abschiedskuss und strebte bald ins Hotel zurück.

Ich hatte genug von allem, genügend erlebt, und stieg am Folgetag am Flughafen Merida in meinen Flieger nach New York. Jemand hatte mir den Tipp gegeben, dass man im alten YMCA billig wohnen konnte. Dass es in Manhattan davon allein schon sechs gab, war mir nicht bekannt. Die Amerikaner nennen die Einrichtungen des YMCA einfach „The Y". Ich landete in einem der ganz alten Koffer, im Vanderbilt auf der East Side. Es war einfach, sauber, roch muffig. Nachdem ich in der Sauna des Fitnessbereiches war, begriff ich, dass der ganze Laden schwul war, vom Portier über den Reinigungsservice bis zur Bedienung in der Kantine, ganz abgesehen von den Gästen, von denen auffallend viele Ältere schon seit Wochen hier wohnten. Nach zwei Tagen floh ich zum Kennedy Airport, um die letzte Station meiner langen Reise zu erreichen, San Francisco, Kalifornien. Hier lernte ich den amerikanischen Teil meiner Familie kennen, einschließlich Käpt'n Carl, und wusste: Irgendwann werde ich hier herkommen! Eduardos letzter Brief Mitte 1970 besagte, dass er seine vom Vater geförderte akademische Karriere an der medizinischen Fakultät der Uni aufgenommen hatte. Nun stand er kurz vor einer Dozentur und seiner Heirat. Bei einem Telefonat von Südkalifornien aus, zwei Jahre später, sagte er mir, dass sein zweites Kind unterwegs sei. Meine diesbezügliche Frage beantwortete er etwas verlegen: Sein Appartement in der Innenstadt von Mexiko-Stadt hatte er noch …

Und jenes Ereignis auf dem zentralen Platz kurz vor der Olympiade in Mexico-Stadt? An jenem 2. Oktober 1968 hatten sich etwa zehntausend Studenten gemeinsam mit Arbeitern unbewaffnet zum wiederholten Male friedlich auf der Plaza de las Tres Culturas, dem Tlatelolco, versammelt. Menschen unterschiedlichster Couleur waren mit ihnen auf den Platz geströmt, Nachbarn aus anliegenden großen Wohnkomplexen, Frauen, Mütter mit Kindern, zufällig Vorbeikommende. Aus der ursprünglich belustigten Menge heraus gab es politische Ansprachen, die Studenten skandierten nicht zum ersten Mal „No queremos olimpiadas, queremos revolución!" („... keine Olypiade, wir wollen Revolution!"). Die Organisatoren hatten auch diesmal um polizeilichen Schutz für die Veranstaltung gebeten und diese daher weder unterbrochen noch gar abgesagt, auch nachdem Polizei und Militär nachströmten. Luftaufnahmen ließen später erkennen, dass der Platz bereits kurz nach Beginn der Veranstaltung mit etwa fünftausend Soldaten, zweihundert Panzerwagen und Militärlastwagen umstellt und blockiert worden war. Es ist inzwischen nachgewiesen und exakt dokumentiert, dass ein „spezielles olympisches Bataillon", ein von der Regierung in den Wochen zuvor aufgestelltes geheimes Kommando aus Polizisten, Soldaten und Geheimpolizei – optisch gut an weißen Handschuhen und weißen wehenden Taschentüchern erkennbar – sich vom Militär abgesetzt hatte und die Zugänge zum Platz blockierte. Gewehrsalven von Scharfschützen aus diesem Bataillon, auf umliegenden Dächern positioniert, schlugen nach einem Signalschuss aus einem kreisenden Helikopter gezielt in die Reihen der Polizisten, Soldaten und die riesige Menge der Zivilisten. Alles geriet in beispiellose Panik. Die irregeleiteten, angegriffenen Soldaten richteten von sich aus ein Blutbad an. Zuerst in der Menge, anschließend in den umliegenden Gebäuden mähten sie alles nieder, was sich nicht hatte zu Boden fallen lassen oder in Deckung gegangen war. Danach beschossen und besetzten sie die nahe Universität. Veranstalter und Redner einer Versammlung wurden als Erste festgenommen. Soldaten trieben Studenten in einem anderen Gebäudekeller zusammen, befahlen ihnen, sich zu entkleiden, schlugen mit Stöcken auf sie ein. Einige wurden dabei regelrecht totgeschlagen. Zu allen Ereignissen gibt es Bilddokumentationen. Die Zahl der Toten wird seit jeher widersprüchlich angegeben. Offizielle Stellen blieben bei wenigen Dutzend. Die Gegenseite spricht von Tausenden, die tatsächliche Zahl bleibt unbekannt.

22 **Danke, Gustav!**

Artikel 1: Die Würde des Menschen ist unantastbar.
Artikel 3: Niemand darf wegen seines Geschlechtes [...] benachteiligt oder bevorzugt werden.

Grundgesetz der Bundesrepublik Deutschland, 1949

Gotteslästerung, Ehebruch und Homosexualität zwischen erwachsenen Männern gehören nicht ins Strafgesetzbuch.

Gustav Heinemann (1899–1976)

München war zwischen 1966 und 1982, der Zeit meiner besten Erinnerung, eine Stadt, in der Kontakte – auch in schwulen Kreisen – sorgfältiger oder zuverlässiger gepflegt wurden als beispielsweise in Berlin, wo ich persönlich später mehr Unverbindlichkeit erfahren habe. Für den Kontakterhalt in München spielte eine gute finanzielle Ausgangssituation dabei allerdings die sehr viel größere Rolle.

Ein älterer Freund und Kollege, Internist, entstammte einer ländlichen Gegend Schwabens. Wir nannten ihn Ernst – dieser Name ist in Deutschland „a bisserl old fashioned", aber das passte zu ihm. Unser Altersabstand lag bei knapp dreißig Jahren. Von Herkunft, Grundcharakter, besonders aber vonseiten unserer intensiven religiösen Erziehung in unseren unterschiedlichen christlichen Konfessionen waren wir geradezu extrem auseinander, haben uns aber „z'sammag'rauft", wie man in Bayern sagt. Mehr war für unsere freundschaftliche Beziehung auch nicht nötig. Mit Anfang fünfzig sah er blendend aus, hochgewachsen, Silberstreifen im vollen, dunklen Haar. Die Zahl seiner Verehrerinnen war endlos – und für diese zuletzt frustrierend, denn er war schwul, wusste das, wie er mir sagte, zuverlässig über sich selbst aber erst seit seiner Gymnasialzeit, wonach er es konsequent verheimlicht hatte. Er lebte jenes Doppelleben, das zu jener Zeit von vielen schwulen Männern gelebt und gehasst wurde. Dieses Spiel wurde auch ihm in einer geachteten leitenden Position an einem kleinstädtischen Krankenhaus zuletzt zu heikel. Es fiel auf, dass er sich praktisch jede freie Minute nach München aufmachte. Er wechselte in eine Praxis in München. Diese war von Beginn an ein voller Erfolg. Er entspannte sich zunehmend, fast konnte man es Entkrampfung nennen, im Dialog mit seinen Patienten und seinen Freunden. Er gewann in München einen gut zwanzig Jahre jüngeren Freund, René, einen erfolgreichen Innenarchitekten von schlanker, fast knabenhafter Erscheinung. Sie gaben ein gutes Paar ab für Restaurant-, Theater- und Opernbesuche, für alle, die in München ein bisserl Bescheid wussten. Ob und wie weit mehr dahintersteckte, durfte offenbleiben. Ernst hatte jedenfalls keine Schwierigkeiten, aus dem nicht minder großen Kreis seiner jungen männlichen Verehrer einen jeweils passenden Begleiter für Wochenendexkursionen und Kurzurlaube zu gewinnen. Im Mai dieses ereignisreichen Jahres 1969 hatte ich ein ungewöhnliches Heft des deutschen Nachrichtenmagazins Der Spiegel in unsere Runde mitgebracht. Es war Heft 20 vom 11. Mai 1969. Auf dem Titelbild prangte „§175" in großen Lettern, darunter die Umrisse zweier Knaben, Rücken an Rücken, oder war es ein Narziss vor seinem Spiegelbild? Das Heft trug den Titel „§175 fällt – bleibt die Ächtung?", und danach noch diesen eigenartigen Untertitel „Späte Milde". Der Artikel befasste sich im Detail mit der Verabschiedung eines Gesetzes im Deutschen Bundestag im gleichen Monat, also Mai 1969. Es handelte sich um das „Erste Gesetz zur Reform des Strafrechts", wonach homosexuelle Handlungen zwischen erwachsenen Männern vom 1. September 1969 an nicht mehr unter Strafe stehen sollten. Ich hatte den umfangreichen Artikel mehrmals gelesen, fand ihn über einen längeren Zeitraum gut recherchiert, mit der erkennbaren Intention zu einer starken abschließenden Aussage der Redaktion des Spiegel selbst. Es wurde eine Fülle von Aspekten zur Homosexualität und ihrer Geschichte vorgetragen, frühe Strafbarkeit, kultureller Hintergrund, aktuell diskutierte Forschungsergebnisse, besonders Ergebnisse von öffentlichen Befragungen mit sehr negativem Urteil in der deutschen Öffentlichkeit über das Phänomen Homosexualität zu jener Zeit. Es wurde daran erinnert, mit welcher Aggressivität Homosexuelle von Deutschen in der deutschen Öffentlichkeit physisch verfolgt wurden, denn es waren nicht nur homosexuelle Handlungen, sondern bereits der Kontakt zu einem Homosexuellen war strafbar! Der Artikel erinnerte vor allem daran, dass der §175 immer schon in dreifacher Weise gegen das Grundgesetz von 1949 verstoßen hatte. Allein deswegen ist er auch heute noch informativ. Sowohl die Abfolge als auch die in wesentlichen Passagen wünschenswerte Tiefe fand ich für die damalige Zeit bemerkenswert. Während alle anderen aufmerksam wurden, war Ernst auf diesen Artikel überhaupt nicht ansprechbar. Er hielt das Magazin immer schon für Schund und wollte daraus nicht einmal etwas zur Kenntnis nehmen. Alle anderen fühlten sich durchaus angesprochen. Allerdings war ich erstaunt, wie wenige aus unserem Kreis vor unserem Treffen von diesem Spezialheft des Spiegels überhaupt gehört hatten. Wir ließen den Artikel kreisen und haben ihn anschließend intensiv diskutiert. Ich finde ihn auch heute noch lesenswert und habe mich gefreut, dass er zum Fünfzigjährigen erneut vom Spiegel selbst aufgegriffen und in einem Heft „50 Jahre danach" (12. Mai 2019) auch von anderen Medien erneut kommentiert wurde. Für mich war danach entlang des über Jahrzehnte zunehmenden Medieninteresses eine Entwicklung erkennbar. Man konnte spüren, wie sich in fünfzig Jahren einige der damals als aktuell überzeugend vorgetragenen Meinungen sachlich und in ihrer emotionalen Wertung verändert hatten. Noch heute aber erinnere ich mich auch an jene seltsamen, geradezu paradoxen Reaktionen, die dieser Artikel in unserer Runde auslöste. Pessimisten konnte er aufgrund der in Prozentzahlen dargestellten nachteiligen Meinung von Teilen der deutschen Bevölkerung über uns Homos nur skeptischer machen, ihre Hoffnungslosigkeit vertiefen. Für Optimisten gab es gut recherchiertes Material, welches den Hoffenden hoffnungsvoll oder zumindest doch positiv stimmen konnte. Ich machte aus meinem (Zweck-)Optimismus keinen Hehl, sah ich doch die Linie, auf der wir endlich als Menschen anerkannt werden könnten. Beinahe wütend machte viele von uns der abschließend zusammengefasste Aspekt einer „Späten Milde". Waren wir eine Gruppe im Knast vergessener Verbrecher, denen man eine überfällige Absolution erteilte, die wir auch noch als Milde, als Gnade zu empfinden hatten? Ernst war über die ganze Diskussion zunehmend ungehalten, besonders mir gegenüber. Er wirkte verstört, meinte, ich hätte die harmonische Grundstimmung der Gruppe völlig durcheinandergebracht und solle derart spekulativen Unfug in Zukunft lieber lassen. Er wisse, dass sich für ihn jedenfalls auf diesem Gebiet überhaupt nichts ändern werde, und er sagte das auch deprimiert.

Eine Woche später rief er mich an und sagte, wir seien irgendwo zu einem großen Abend eingeladen. „Nix Hippie, ganz formell!", wie er betonte. Eigentlich war sein Freund René eingeladen worden und hatte gesagt, wir sollten auch mitgehen, ein großes Büfett oder so etwas am Sonntagabend. Ernst war von der Einladung sehr angetan. Er hatte immer im Kopf, zukünftige Patienten zu gewinnen. „Wird sicher sehr schick. Soll mal wieder so ein Kartoffelkäfer-Büfett geben, ganz was Großes, aber keiner weiß, warum. Er hat viele Leute eingeladen, fast seine komplette Mannschaft!" „Wer hat denn eigentlich eingeladen? Und wozu?" „Ein Freund von René, Ralph Louisoder, Besitzer von Ralph Moden, netter Typ!"

Als wir hinkamen, war es richtig voll. In der Ecke eine kleine Band von Musikern mittleren Alters, elegante Damen und Herren im jugendlichen und ebenfalls mittleren Alter, unaufdringliche, sehr gute Musik, viel Piano, eine ganz wunderbare große und elegante Party. Vor allem die Damen, offenbar alles Models, hatten sich betont elegant angezogen, kleines Schwarzes bis großes Abendkleid. Ein bisschen wirkte das Ganze wie eine Modenschau, die gerade eben vorbei und damit locker geworden war. Ich sah ein paar meiner schwulen Bekannten, auch ein paar offensichtlich lesbische Paare, es war mit Sicherheit aber keine intentionell schwul-lesbische Party, dafür wirkte sie zu elegant. Man amüsierte sich bestens, das Büfett war hervorragend, die Getränke fantasievoll, auch die alkoholfreien. Man ging von einer Gruppe zur anderen, stellte sich selbst vor, stellte andere vor, lernte kennen – und darüber war zuletzt die Frage nach dem eigentlichen Grund der Party fast vergessen. Aber nur fast. Um

Mitternacht nahm sich der Gastgeber, Herr Ralph vom Modehaus Ralph in München, sein volles Glas Sekt, stellte sich in die Mitte des Raumes, räusperte sich hörbar, klingelte mit dem Ring am Glase. Es dauerte ein bisschen, bis sich die allgemein angeregte Unterhaltung legte und man sich ihm in zunehmender Aufmerksamkeit zuwandte. Und dann war es auf einmal ganz still.

Herr Ralph lächelte, sprach bewusst leise, begann damit, dass sich offenbar alle fragten, weswegen er zu einer so großen Party geladen habe. Und dann sagte er fast beiläufig, dass vielleicht einige mitbekommen hätten, dass Kommissionen, Bundestag und Bundesrat der Bundesrepublik Deutschland sich endlich bewegt und sich nach vielen Jahren zum „ersten Gesetz im Rahmen einer Großen Strafrechtsreform" durchgerungen hätten. Der Inhalt dieser Strafrechtsreform sei bereits im Bundesgesetzblatt vom 30. Juni des Jahres (1969) bekanntgegeben worden. Plötzlich war die Aufmerksamkeit allgemein und hochgespannt. „Und dieses besagt neben vielem anderen nicht weniger", fuhr er mit erhobener Stimme fort, „als dass vom morgigen Tag an, ab dem morgigen Montag, dem 1. September 1969, alle diese meine ganz besonderen Mitarbeiter von dieser öffentlichen Gewaltanwendung, dieser unsinnigen Androhung von Strafe und jeder Form beleidigender Ächtung für immer ausgenommen sind. Endlich seid ihr frei davon, von diesem ganzen unseligen Getue! Wir verdanken all dies dem früheren Bundesjustizminister, unserem jetzigen Bundespräsidenten, Dr. Gustav Heinemann – einem Mann, der tut, was er sagt!"

Er fuhr fort, wie glücklich er sei, dies heute all seinen Gästen selbst sagen zu können. Die Party habe keinen anderen Grund, als dass er sich bei all „seinen ganz besonderen Mitarbeitern" dafür bedanken wolle, dass gerade sie mit ihrem Sinn für Mode und aktuelles Design, ihrer speziellen Kreativität, ihrer geschickten Arbeit über so viele Jahre die Basis für den Erfolg seines Geschäftes geschaffen hätten. Herr Ralph sprach zuletzt auf eine sehr persönliche, mitreißende Weise, hatte erkennbar Spaß daran, wurde locker, begeisterte sich an seinen eigenen Worten. Es gab zum Schluss einen großen Applaus, als er sein Glas hob und, er betonte es erneut, auf das Wohl seiner ganz besonderen Mitarbeiter anstieß – und auf den Herrn Bundespräsidenten Dr. Gustav Heinemann in Abwesenheit.

Obwohl ich nicht direkt dazugehörte, habe ich mich doch von der Idee der Party für seine Mitarbeiter und der besonderen Erwähnung dieses Datums mitreißen und begeistern lassen. Dabei fiel mir auf, dass ein großer Teil der Gäste offensichtlich völlig ahnungslos über den Hintergrund der Party war und blieb und doch besonders lebhaft applaudierte. Eher zögerlich schien die Reaktion bei all denen, von denen ich meinte, dass es sie eigentlich ganz persönlich hätte angehen sollen. Mich erinnerte das an die Diskussion bei Ernst nach dem Spiegel-Artikel, der gerade diese Strafrechtsreform angekündigt hatte; allerdings war mir das Datum entfallen. Die Spannung hatte sich etwas gelöst. Ich flirtete mit einem jungen Mann mit kastanienfarbenem Haar. Solche Typen hatten mich immer schon interessiert. Er schien anfangs irritiert, blickte mich dann aber sehr offen an, als ich zu seiner Gruppe wechselte und mich vorstellte. Er war Engländer, sprach kein Deutsch, schien aber mit meinem Englisch zufrieden. Zuletzt haben wir uns abwechselnd irritiert und auffordernd zugleich in die Augen geschaut und ermunternd zugelächelt.

Die Party drohte zu zerfallen in eine Gruppe, die fröhlich weiterfeierte, und eine andere, ich nenne sie einfach mal die „Betroffenen", die mit immer stärker vorgetragener Skepsis dem Abend die Pointe zu nehmen drohte. Das blieb auch Herrn Ralph nicht verborgen. Mich hat es etwas geärgert. Irgendwann habe ich mir ein Glas Sekt genommen, mich vor die verbleibenden Gäste gestellt und Herrn Ralph ganz persönlich angesprochen. Ich habe ihm, eigentlich Zufallsgast, ausdrücklich für diese wunderbare Idee und diesen fantastischen Abend gedankt und betont, dass ich mich den Pessimisten nicht anschließen könne. Im Gegenteil, Herr Ralph habe gezeigt, dass er es mit der Achtung vor diesen Menschen, seinen schwulen und lesbischen Mitarbeitern, wirklich ernst meinte. Das sei beispielhaft! Für mich sei es allein schon deswegen ein besonderer Abend gewesen, und ich fühle mich in meinen positiven Erwartungen ungeheuer bestärkt. Auch diesmal gab es Applaus, diesmal war Herr

Ralph bewegt – und mich ritt, nach den vielen Gläsern Sekt und Wein, prompt der Teufel. Übermütig fügte ich hinzu, dass ich mich in dieser Situation schon jetzt darauf freute, mit jenem jungen Mann dort, dem mit dem wunderschönen kastanienbraunen Haar, morgen früh aufzustehen und zu wissen, nichts „Kriminelles" getan zu haben. Gelächter und belustigter Applaus. Alle schauten auf den jungen Mann, der schaute auf mich und lachte ebenfalls, obwohl er nichts verstanden hatte. Als wir am nächsten Morgen von meinem Apartment zum Frühstück auf die Leopoldstraße liefen, sagte er lachend: „Actually, I think we had a great time! Never thought I did anything wrong or even criminal in what we did last night – thanks, Gustav!"

Am folgenden 1. September stand nichts von dem, was Herr Ralph erwähnt hatte, in den Zeitungen. Erst Jahre später habe ich begriffen, was im Spätsommer dieses aufregenden Jahres 1969 in Abfolge von nur wenigen Wochen sonst noch passiert war, was wir nicht so erlebt hatten, so nicht erleben konnten, da die Medien sich mit zweien der Ereignisse erst gar nicht beschäftigt hatten.

In der Nacht vom 20. auf den 21. Juli 1969 saß ich mit etwa dreißig anderen jungen schwulen Männern in der Rümannstraße im Norden Münchens vor der Glotze im Wohnzimmer der Terrassenwohnung von Tex Weber, einem Schwulenaktivisten der ersten Stunde. Er wird uns später in der schwierigsten Phase der von mir erlebten Schwulengeschichten noch einmal begegnen. Die meisten von uns hatten damals noch keinen Fernseher. Wir verfolgten atemlos die Mondlande-Mission von Apollo 11 und hörten gemeinsam den berühmten Satz von Neil Armstrong vom „großen Schritt für die Menschheit".

Kurz davor, am 28. Juni, ereignete sich – ganz irdisch auf unserem Planeten – wegen unablässiger Bedrängungen und Verhaftungen mit Abtransport zur Polizeiwache ein Aufstand junger Schwuler gegen das NYPD, die New Yorker Polizei, vor der Stonewall Bar in der Christopher Street im Stadtteil Greenwich Village – die Stonewall Riots, oder Stonewall-Aufstände. Die amerikanischen Schwulen wachten auf! Dieses Ereignis erwähnte die europäische Presse mit keinem Wort. Es wurde als inneramerikanische Angelegenheit gesehen und abgetan. Es ist auch mir selbst erst im darauffolgenden Jahr bei einer Kongressreise nach New York eher beiläufig bekannt geworden – und erinnerte mich an meine Erfahrungen im Wielands Eck. Wie wichtig dieses Ereignis für die Schwulen der westlichen Hemisphäre werden sollte, erkennt man an der heutigen Bedeutung des International Christopher Street Day, bunt gefeiert jeden Sommer in allen Großstädten Europas. Ein langjähriger Freund und Kollege von mir sagte Jahre später immer noch: „Am 1. September 1969 war unsere Mondlandung!" Danke, Gustav!

Fünfundzwanzig Jahre später fiel mir in der FAZ unter Nachrufen ein Name auf, der mir bekannt vorkam: Ralph Louisoder (1927–1995). Es hieß u.a.: „Er hatte eines der bekanntesten und größten Unternehmen der Damenkonfektion in Deutschland aufgebaut: Ralph Modelle in München. Am 4. Mai ist Ralph Louisoder im Alter von 67 Jahren gestorben. Er war unkonventionell, ideenreich und eigenwillig." Ich begriff: Jene Party vom 31. August 1969 war Ausdruck der gelebten Großherzigkeit eines Mannes gewesen, der zu differenzieren verstand und der üblichen Schwulenhetze jener Jahrzehnte bewusst etwas entgegensetzen wollte!

23 **Max 2**

You're a sad and pathetic man.
You're a homosexual and you dont want to be,
but there's nothing you can do to change it.
Not all the prayers to your god.
Not all the analyses you can buy
in all the years you're go left to live.
But you'll always be, always, until the day you die.

Mart Crowley, The Boys in the Band (1968)

Ich will lieber ein kalter Krieger sein
als ein warmer Bruder.

Franz Josef Strauss (1915–1988)

München verdankt seine städtebauliche Grandeur zwei besonderen königlichen Persönlichkeiten. Der eine, Ludwig I., war zweiter König auf dem bayerischen Thron in der Nachfolge seines Vaters, Maximilian I., der 1806, nach Erhebung Bayerns zum Königreich, dessen erster König wurde. Ich erwähne Ludwig I., weil ich in ihm, eingeschlossen seiner problematischen Abdankung, immer einen interessanten Menschen gesehen habe, einen Menschen, der wagte und fehlte, einen Menschen im Widerspruch. Er studierte Alte Geschichte und Kunst, eignete sich hervorragende kunsthistorische Kenntnisse bei Aufenthalten in Italien an, wo er Kunstschätze erwarb, die München berühmt machen sollten. Bereits als Kronprinz plante er Bauwerke, Kirchen, Denkmäler und Museen für seine Residenzstadt. Er beschenkte sein Land Bayern und die Stadt München mit Kunst- und Bauwerken in einzigartiger Fülle. Münchens Nord-Süd-Achse trägt als Prachtstraße seinen Namen. Er war ein eigensinniger König, der neben einer liberalen Staatsauffassung zugleich vom Gottesgnadentum der Monarchie überzeugt war und mit demokratischen Einrichtungen des Landes über Kreuz lag. Er heiratete die protestantische Prinzessin Therese von Sachsen-Hildburghausen eher leidenschaftslos im Oktober 1810. Öffentlich war es eine grandiose Märchenhochzeit mit Pferderennen auf einer riesigen Wiese in der Ludwigsvorstadt, Theresienwiese, oder inzwischen schlicht Wiesn genannt. Das Pferderennen wurde im Folgejahr wiederholt – das Oktoberfest war geboren.

Sein Sohn und Thronerbe, König Maximilian II. Joseph, im Volksmund auch „Max Zwo“ genannt, nicht minder begabt, studierte ebenfalls in Göttingen, anschließend an der Friedrich-Wilhelms-Universität Berlin. Er hatte sich die Förderung der Wissenschaften in Bayern zur Aufgabe gemacht. Unter anderem baute er dieses auffallende, im Stilmix des Eklektizismus errichtete Maximilianeum hoch über dem östlichen Isarufer als Domizil einer bayerischen Hochbegabtenstiftung. Aus dieser Idee wurde nichts, das Maximilianeum mauserte sich zum Sitz des Bayerischen Landtags. Seither gehen eher durchschnittlich begabte bayerische Menschen und Abgeordnete dort ein und aus. Nahe dem westlichen Isarufer, in der Mitte eines Rondells, inzwischen eine vom Verkehr umtobte Verkehrsinsel, steht das prachtvolle, zwölf Meter hohe Monument dieses hochgewachsenen Königs, umgeben von allegorischen Figuren, die des Königs Herrschertugenden darstellen. Tatsächlich war Maximilian II., erster konstitutioneller Monarch Bayerns, persönlich ein eher konservativer, pflichtbewusster Mann gewesen, vielleicht auch, um sich von seinem Vater abzugrenzen.

Die Münchener nennen das Max-Monument kurz „Max 2“. Ich hoffe auf Nachsicht für diese liebevolle Schilderung eindrucksvoller Panoramen, hinter denen ich als Kontrast prompt eine kleine Gemeinheit verberge: Natürlich braucht es auch hier Möglichkeiten des Seitabgehens. Meiner weltweit vergleichenden Erfahrung nach hat München seine entsprechenden Etablissements eher lieblos gestaltet. Hier steht auf kaum begrünter Fläche am Max-2-Monument nahe einer Metallbrücke über die Isar ein solch hässliches graues Häuserl, seit Urzeiten, steht und stinkt wie eh und je unter dem Szenenamen „Max-2-Klappe“ – schwarzgeteerter Innenraum ohne Sitztoiletten, olfaktorischer Hintergrund wie gehabt, der Eingang züchtig durch Blendwand abgedeckt.

Für das, was dort abgehen kann, ziehe ich mich mal kurz aus der Affäre und überlasse unserem Filmgenie Rainer Werner

Fassbinder die bildhafte Gestaltung des Rahmens. In seinem Film *Faustrecht der Freiheit* (1974) lungert der Stricher Fox, oder Franz Bieberkopf, genau an dieser Max-2-Klappe am Maxmonument herum, wird vom kultivierten Antiquitätenhändler Max (!), dargestellt von Karl-Heinz Böhm, im Mercedes abgeschleppt und in die besseren Kreise des damaligen schwulen Münchens hineingeschoben. Seither ist die Max-2-Klappe Filmgeschichte. Ich denke, Fassbinder wählte diese Klappe aus dramaturgischen Gründen – sie war sonst nicht als Strichertreff bekannt. Wenn Münchner Schwule am Max 2 vorbeiflanierten, riskierten sie für gewöhnlich einen kurzen Blick in dieses Häuserl, man wollte den schönen Zufall ja nicht verpassen. So auch ich im Frühsommer 1970, als ich drinnen auf einen attraktiven Mittzwanziger im Fußballdress der Giesinger 1860er-Jugend traf. Wir hatten kaum Blickkontakt, da kamen zwei ältere Männer mit Schlapphüten herein, stellten sich in auffälliger Weise zwischen uns, öffneten ihre weiten grauschäbigen Mäntel und wedelten mit dem, was ihnen für diese Art grauschäbiger Provokation geblieben war. Man kannte solche Geschichten von alten Männern, altersmatten Aufpassern, die als Gegenleistung fürs „Aufpassen" a bisserl zugucken zu dürfen erbaten. Mir kam die Sache arrangiert vor, schließlich gab es den Begriff der *agents provocateurs.* Als sich nichts tat, verzogen sie sich. Ich winkte dem jungen Mann mit dem Kopf: zur Isarinsel. Er ging hinaus, ich folgte ihm eine Minute später. Draußen wurde ich sofort von einem der Schlapphüte und einem uniformierten Polizisten in Empfang genommen. Ein paar Meter weiter der junge Mann, in gleicher Weise eskortiert und heftig den Kopf schüttelnd. Man schob mich in ein Polizeiauto und befragte mich hochnotpeinlich. Ich blieb bei einem stoischen „Nein!" zu jeder der unsäglichen Unterstellungen. Besonders absurd fand ich die wiederholte Behauptung: „Der junge Mann hat bereits alles gestanden." Meine Münchner Wohnung war mein zweiter Wohnsitz. Ich machte den Fehler, den ersten Wohnsitz bei der polizeilichen Vernehmung nicht herauszurücken. Es war die Adresse meiner Mutter in Köln. Ich wollte sie da heraushalten, befürchtete Anschreiben an ihre

Adresse und auch, dass sie beunruhigt sein und vor dem Weiterleiten auffallender Post neugierig auf den Inhalt eines solchen Briefes hätte sein können. Man hielt mich daraufhin die ganze Nacht im Polizeipräsidium fest. Ich wiederholte, dass ich nichts zu sagen, nichts zu kommentieren und schon gar nichts zu gestehen hätte.

Zu dem unterstellten Geständnis des jungen Mannes verlangte ich, einen Anwalt zu sprechen, denn ich hatte bis dato gar keinen. In den Morgenstunden war ein Anwalt in anderer Sache eher zufällig auf das Präsidium gekommen. Ich sprach ihn an, empfand ihn als sympathisch, schilderte ihm meine Situation. Er gab mir den Rat, meinen Hauptwohnsitz anzugeben, ich hätte schließlich nichts Strafbewehrtes getan. Interessanterweise fügte er lächelnd hinzu, dass die jüngste Strafrechtsreform sowieso keine Strafbarkeit mehr für „solche Sachen" aufzeige. Ich fand, das solle er doch bitte mal den Beamten sagen, mit mir habe das nichts zu tun. Also wurde ich entlassen. Wenn ich geglaubt hatte, damit wäre dieser Albtraum vorbei, hatte ich mich kräftig geirrt. Die erste Straßenbahn brachte mich nach Hause, ich duschte, fuhr in die Klinik, nahm pünktlich und programmgemäß meinen Dienst auf, ich war für den lungenchirurgischen Operationssaal eingeteilt. Gegen elf Uhr meldete mir eine Schwester, sie habe Mühe gehabt, einen lästigen Polizeibeamten am Telefon loszuwerden. Man bitte offiziell um Rückruf und um Auskunft, ob mir zu den Vorgängen vom Vorabend noch etwas zu berichten eingefallen sei. Zwanzig Augenpaare schauten auf mich, für Sekunden nur, um sich gleich danach wieder auf das zu konzentrieren, was die operative Situation erforderte. Kopfbedeckung und breite Operationsmaske hatten verhindert, dass eine eventuelle Reaktion bei mir erkennbar gewesen wäre. Mein Anästhesiekollege schien eher amüsiert und fragte später, was denn am Vorabend wohl wieder „unten" los gewesen sei. Mich schützte die ihm und allen anderen bekannte Tatsache, dass wir als Anästhesisten an Nachmittagen und Abenden unten in der Ambulanz Patienten zu versorgen hatten, die von der Polizei eingeliefert worden und zu denen später noch Berichte oder besondere Details nachzuliefern waren. Im Innersten war ich allerdings tief schockiert, habe mich mittags offiziell ablösen lassen – das war bei uns immer möglich – und abends doch noch regelrecht schlappgemacht.

Ernst vermittelte mir die Adresse eines schwulen Rechtsanwalts, der der Polizei eine scharfe Antwort über die Art meiner Behandlung schickte. Vier Wochen später erhielt ich eine Nachricht der Münchener Staatsanwaltschaft, nach der ein Verfahren gegen mich „wegen Belanglosigkeit" eingestellt worden sei. Das angebliche Geständnis des jungen Mannes im Fußballdress beschäftigte mich dennoch für Wochen. Im Hochsommer traf ich ihn am Marienplatz. Wir sind beide sofort aufeinander los, den Vorwurf auf den Lippen, was denn der jeweils andere für dummes Zeug erzählt habe, und merkten schnell: Die Polizei hatte offenbar massiv und perfide geblufft. Er gestand mir, dass er trotz seines jugendlichen Alters, er war Anfang zwanzig, bereits seit einigen Jahren bei der Polizei auf einer „Rosa Liste" geführt wurde. Wann immer irgendetwas in München in diese Richtung passierte, sei er „dran". Allerdings war diese Geschichte damals für ihn problemlos geblieben. Auch er war sich längst im Klaren darüber gewesen, dass wir beide nicht mehr unter diesen Paragrafen fallen konnten. Er habe seinen Anwalt kontaktiert, und der bekam ihn genau mit diesem Hinweis sofort frei. Wir haben entspannt gelacht, im Donisl zu Abend gegessen und die Geschichte zu vergessen versucht. Sie ist inzwischen mehr als fünfzig Jahre her.

Das 1970 an der Max-2-Klappe Erlebte gab mir weiterhin das Gefühl, dass ich in den Augen mancher Zeitgenossen der damaligen Gesellschaft nicht angehören sollte. Es war mir unverständlich, wie Männer, schlecht berentete Kriminalbeamte, sich für eine solche Hatz in dieser Weise entblößen, sich mit seltsamer Hartnäckigkeit an den „Erfolg" ihrer Aktion klammern konnten. Es wollte mir nicht eingehen, wie Vorgesetzte ein derartiges Vorgehen von Nachgeordneten tolerieren, erwarten oder gar noch dazu ermutigen konnten. Inzwischen ist die Max-2-Klappe Teil einer Dokumentation des Hessischen Rundfunks von 2018 über den längst aufgehobenen Schwulenparagrafen als Ausgangsort für fortbestehende Schwulenhatz durch die Münchner Polizei. Darin ist dokumentiert, dass die Polizei die Schwulenhatz an genau dieser Max-2-Klappe auf die gleiche Weise bis 1978 weitergeführt hat – das ist krank! Ich empfand, nicht dafür bestraft werden zu sollen, was ich vielleicht getan oder nicht getan hatte, sondern gejagt werden zu sollen für etwas, was ich nicht ändern konnte. Ich bekam Angst. Es kam mir die Erinnerung an Zeitungsberichte vom Anfang der Fünfzigerjahre über „Homosexuellenprozesse" in Frankfurt am Main, zu einer Zeit, als ich Oberschüler war. Es hatte mich während meiner Pubertät schwer verunsichert. Damals war berichtet worden, dass einige der amtierenden Richter noch aus der Nazizeit stammten und für ihre homophoben Urteile berüchtigt waren. Einige der öffentlich wegen Homosexualität angeklagten Männer hatten Selbstmord begangen. Diese Berichte hatte ich verdrängt. Es erfasste mich etwas, was bei manchen Menschen gleich neben der Angst liegt, wenn sie sich von ihr nicht lähmen lassen wollen: ohnmächtige Wut. Eine Wut auf Menschen, die trotz einer Strafrechtsreform mit ihrer institutionalisierten Homophobie weitermachten, die Reform für unerwünscht gehalten, vielleicht verwünscht hatten. Sie saßen und sitzen weit über das Jahr 2000 hinaus im Bundestag und hoch droben im Bayerischen Landtag. Ihr geistiges Rüstzeug wird ihnen von der Kirche geliefert, nicht zuletzt von einem bornierten bayerischen Papst in Rom, der die Flucht aus dem Amt ergriff, weil ausgerechnet er, so glaube ich, mit den schwulen Seilschaften im Vatikan nicht fertig wurde. Damit kapituliert ein Papst vor den von der Kirche selbst verschuldeten verqueren Rankünen, den nach eigener Definition unmoralischen Verhältnissen im eigenen Haus. Nach seinem Tod 2022 konnte ich mein Manuskript um kritische Abschnitte kürzen und das Urteil über ihn erleichtert der Geschichte überlassen. Ob er nach seinen Leistungen später heiliggesprochen wird, braucht mich nicht zu interessieren. Päpste, Kardinäle, Bischöfe, Priester und Kirche segnen weiterhin alles, was Beine hat oder zur Segnung vorbeikommt, Reiche und Prominente, Andersgläubige, Brücken, Eisenbahnen, Traktoren, Panzer und Waffen jeder Art, all diese tödlichen Dinge besonders gerne. Katholische schwule und lesbische Paare segnen sie nicht. Wo sie doch so großzügig sein können: Eine meiner Patientinnen, eine alte Kölner Prostituierte, hatte mir als Patientin in der

Duisburger Klinik gestanden, sie habe es sich in ihren besten Jahren einmal von einem frisch geweihten jungen Priester, dem beide Beutel drückten, mit seinem „Primizsegen" vergelten lassen. Ihr Vorschlag habe ihn damals zwar überrascht und verlegen gemacht, doch hatten beide schnell erkannt, dass es ihnen ins fromme Konzept passte. Die katholische Kirche ist weithin bekannt für ihre Großzügigkeit, pädophile Verfehlungen ihres Personals geflissentlich zu vertuschen und sie allenfalls in anderen Gemeinden unterzubringen, wo sie ihr Treiben fortsetzen.

Wen all dies provoziert, der darf sich gerne von mir noch weiter provozieren lassen mit der Frage, was an alledem eigentlich das Provokanteste und Unverschämteste ist. Das Max-2-Erlebnis hatte zur Folge, dass ich immer häufiger daran dachte und bald konsequent daran arbeitete, meinem Land den Rücken zu kehren. Ich war christlich. Ich war schwul. Ich wurde innerhalb der Gesellschaft und in der Welt einer Universitätsklinik beobachtet. Die mittlere der drei Feststellungen ließ sich nicht ändern – ich träumte von Kalifornien.

1970 war ich zu einem Kongressbesuch in New York und nutzte die Zeit für Theaterbesuche. Eins der wichtigen Stücke dieser Zeit, *The Boys in the Band,* war 1968, knapp zwei Jahre zuvor, im Theatre Four jenseits des Broadways gestartet und wegen des überraschenden Erfolges kurz darauf von einem größeren Theater übernommen worden. Das Stück begeisterte mich. Es entfaltete sich entlang einer schonungslosen Charakterzeichnung von acht sehr unterschiedlichen schwulen jungen Männern in Manhattan, die sich als ziemlich feste Freunde zu einer Geburtstagsparty treffen. An ihrer Promiskuität blieb gesprächsweise kein Zweifel. Ihr Umgangston war mir von dem schwuler Freunde und Bekannter und der üblichen Unterhaltung in deutschen Schwulenbars jener Jahre so vertraut wie unangenehm: affektiert, geistreich verletzend, zynisch, ironisch, rücksichtslos, effekthascherisch – und im Grunde total verzweifelt. Die vorgeblich große Überraschung der Party besteht darin, dass die Gäste dem Geburtstagskind um Mitternacht einen „Midnight Cowboy" als Sexspielzeug schenken, einen etwa zwanzigjährigen umwerfend gut aussehenden „All American Boy" – ein bisschen zu hübsch und ein bisschen zu dumm, um in ihren Kreis zu passen. Beklemmung hingegen folgt dem späteren Dialog, in dem der Gastgeber dem Geburtstagskind die Ausweglosigkeit, das Fatum seiner Homosexualität vorführt, der eigentliche dramaturgische Höhepunkt des Stücks! In der anschließenden Atmosphäre zunehmender Trunkenheit und des Verlorenseins kommt einer der Jungs zuletzt auf die Idee, alle sollten hier und jetzt genau jenen Menschen anrufen, in den sie einst verliebt gewesen, dem sie diese Liebe zu gestehen aber immer versäumt hatten. Das bewegende Ende des Stückes lag nicht darin, dass zwei der Protagonisten zuletzt genau auf diese Weise überraschend wieder zueinander finden. Es bestand darin, dass die Schauspieler über den Drive vieler Szenen hinaus den Zuschauern vermittelt und diese begriffen hatten, dass für die Teilnehmer dieser Party endlich einmal die eigene Lebenssituation erkannt, offenbart und trotz gelegentlicher Aggressivität auf eine gelassene Weise, fast emotionsfrei, sachlich-kritisch thematisiert und damit ernst genommen wurde! Die Botschaft: Wird Homosexualität diesen Menschen von einer, wie man heute sagen würde, heteronormativen Welt als schicksalhaft problematisches Fatum angeheftet, dann sollten sie genau das voll zurückweisen, sich vielmehr ihres uneingeschränkten, a priori problemlosen Menschseins, ihres Anspruchs auf ein normales Leben und eine offen gelebte Liebe bewusst werden, ganz so, wie es von anderen Menschen gelebt wird! Obwohl mein Theaterbesuch Wochen nach der Premiere stattfand, war im endlosen herzlichen Applaus der Zuschauer dieser Anspruch lange und bewegend spürbar. Ich habe das Theaterstück auf Monate nicht aus dem Kopf bekommen. Ich hatte mit Schauspielern und Zuschauern ein weiteres Mal eine Art Coming-out erlebt, welches mich sehr ermutigte – und ich träumte weiter von Kalifornien.

24 **Go West!**

Um in den USA als Arzt mit einem im Ausland erworbenen Staatsexamen arbeiten zu können, muss man ein von einer US-Prüfungskommission, der Educational Comission for Foreign Medical Graduates (ECFMG), vorgegebenes Examen ablegen. In Deutschland waren München und Frankfurt die Städte, vor deren US-Botschaften man dies tun konnte. Es war bekannt schwierig, die durchschnittliche Versagerquote lag bei fünfundzwanzig Prozent. Mein eigenes Staatsexamen lag zehn Jahre zurück. Während ich viel Praxis gelernt und inzwischen einen Facharzttitel erworben hatte, war viel Theorie versackt. Ich erfuhr, dass ein Großteil des schriftlichen Examens über ein Multiple-Choice-Verfahren zu absolvieren war. Ich kannte weder den Begriff, noch hatte ich je ein Examen dieser Art zu bestehen gehabt. Ich erfuhr, dass amerikanische Studenten, die in Italien Medizin studiert hatten, einen Vorbereitungskurs für dieses Examen organisiert hatten! Ich konnte mich noch rechtzeitig einschreiben, wohnte für zwei Monate in einem Penthouse im römischen Stadtteil Suburra, welches mir ein schwuler Freund überlassen hatte, der mit seinem amerikanischen Lover auf Urlaub in den USA war. Ich büffelte in der römischen Sommerhitze unendliche Mengen vergessener Theorie in einer Gruppe amerikanischer Studenten, die allesamt zehn Jahre jünger als ich waren und sich über diesen verrückten Deutschen wunderten, der sich Kalifornien in den Kopf gesetzt hatte. Der Kurs ging morgens von sieben bis elf Uhr. In der Mittagspause bummelte ich durch die Stadt und fotografierte römische Brunnen. Nachmittags arbeitete ich das Programm des Kurses komplett nach. Am Abend drängte es mich in die blauschimmernden warmen, römischen Nächte … Unglaublich, was man in jungen Jahren alles in vierundzwanzig Stunden schafft. Als ich Anfang September vom ECFMG den kleinen grauen Briefumschlag mit der Nachricht erhielt, ich habe das Examen bestanden, war ich darauf so stolz wie nach keinem Examen zuvor. Ich war meinem Traum ein gutes Stück näher gekommen. Zu meinem großen Glück hatte Jack Pelaccio, der Chairman des American Medical Students Club of Italy, Tage vor meiner Ankunft in New York arrangiert, dass ich bei einem Studienfreund von ihm in Manhattan für ein paar Tage bleiben konnte. Jack und seine Freundin Linda hatten meine Pläne ambitioniert gefunden – das sei gut für die Moral der übrigen Truppe gewesen. Dass ich schwul bin, interessierte sie nicht. Ich bekam einen Schlüssel und habe meinen Gastgeber sonst fast nie gesehen.

Ich war kurz vor dem Wochenende in der Stadt eingetroffen und musste feststellen, dass der Hafen von Port Newark in New Jersey ab Freitagmittag dicht war. So verbrachte ich ein ungeduldiges Wochenende und ging Samstagabend, mehr aus Frust, an einen Ort, den ich zwei Jahre vorher erstmals besucht, aber bisher nicht erwähnt hatte. Ich spreche vom berühmt-berüchtigten Everard's Bathhouse, jener Legende unter den New Yorker Badehäusern, offenem Geheimnis nach Refugium von Generationen schwuler oder bisexueller Männer oder verdeckt schwul Lebender, die *still in the closet* blieben. Das Bathhouse hatte diesen Status wahrscheinlich seit seiner Eröffnung im Jahr 1888, mindestens jedoch, und das ist dokumentiert, ab dem Ersten Weltkrieg.

Das Everard's lag in der West 28th Street in Manhattan. Das Gebäude, kein Wolkenkratzer, hatte eine funktional wie architektonisch wechselvolle Vorgeschichte hinter sich, war ursprünglich eine Musikhalle, gar eine Baptistenkirche gewesen. Aus dieser Zeit stammte der eindrucksvolle steinerne Rundbogen mit Schlussstein als Eingang zu einem niedrigen Gebäude mit Erdgeschoss und lediglich zwei mittelgroßen oberen Etagen. Ein mit Bierbrauereien reich gewordener Ire namens Everard hatte diese drei Etagen des Gebäudes 1888 in ein höchst luxuriöses russisch-türkisches Badehaus umwandeln lassen, mit einer Reihe von Heißluft- und Dampfbädern, offenen Clubräumen, Massageabteilungen, einem Schwimmbad im Basement und über einhundert Einzelkabinen zur Übernachtung. Das Etablissement lag damals schon günstig im sogenannten Tenderloin, einem Stadtteil Manhattans mit Theatern, Varietés, Hotels, Häusern mit Kleinappartements, Bordellen und Stundenhotels. Bereits um die vorletzte Jahrhundertwende war die Einrichtung von Wohlhabenden und einer Mittelklasseklientel frequentiert gewesen und hatte mithin eine lange internationale Reputation als Schwulentreffpunkt. Die Liste seiner von früh an berühmten schwulen Besucher aus aller Welt soll legendär sein, natürlich strikt geheim. Von meinen Besuchen Anfang der Siebzigerjahre hatte ich das Badehaus mit dem Schmuddelcharme einer abgelebten Schönheit in Erinnerung, was seiner Beliebtheit bei der damaligen Klientel keinen Abbruch tat: Immer noch standen wochenends Männer meist jüngerer Altersgruppen in Schlangen bis zum Straßenende, um ein Ticket oder gar eine Einzelkabine zu erwischen. Unnötig zu sagen, dass es bei Everard's richtig abging. Es war aber kein Ort der Prostitution, und ein Tempel der Verruchtheit war es schon gar nicht. 1986 wurde das Badehaus nach fast einem ganzen Jahrhundert im Zuge der Aids-Epidemie geschlossen. Everard's Bath war damals für mich nicht in erster Linie eine berühmte exotische Attraktion oder schwule *landmark.* Bekannte schwule Badehäuser und Saunen gab es ab den Sechzigern in allen US-amerikanischen Städten, in Europa sowieso. Bemerkenswert für mich war, dass in der bedeutendsten Metropole der USA über einhundert Jahre lang ein Haus dieser Art nicht nur gelassen toleriert, sondern von Besuchern aller Bevölkerungskreise heftig frequentiert wurde, während Schwule in den USA zu jener Zeit ähnlichen Restriktionen unterworfen waren wie in Europa und speziell Deutschland. Everard's bedeutete vielleicht damals schon eine Art schwuler Normalität, die zu erreichen andere Länder bis fast ins Jahr 2000 brauchten.

Am Montagmorgen war ich in aller Frühe schon am Hafen von Port Newark und nahm meinen silvermetallic VW-Cabrio-Flitzer in Empfang. Er war tipptopp, nichts fehlte. Muss ich erwähnen, dass ich in den Wochen vor meinem Abflug endlos viele Leute gefragt hatte, ob sie Lust hätten, mit mir die USA zu durchqueren? Kostenlos! Voraussetzung sollte nur sein, dass sie den Führerschein hatten und mit mir das Fahren teilten. Von anfangs über zwanzig fest Interessierten wurden es jeden Tag weniger, und am Schluss fuhr ich dann doch allein. Ich fuhr und träumte von Kalifornien. Am Ende waren es an die fünftausend Kilometer. Und es ist mir nichts passiert. Meinem Flitzer auch nicht. Er war nur ein einziges Mal in einer Werkstatt, ein Rücklicht musste ersetzt werden. Was ich ebenfalls wie ein Wunder empfand: Zu keiner Zeit ist in den Wagen je eingebrochen worden. Unterwegs sah ich einmal Werkzeugspuren an der Heckklappe, wo sich bekanntlich der VW-Motor befindet, was man vielleicht nicht überall wusste. Allerdings habe ich ab dem Augenblick meiner Ankunft in Kalifornien kaum je wieder das Verdeck geschlossen – it never rains in Southern California.

Was bleibt nach so langer Zeit von einer so langen Reise in Erinnerung? Ich hatte etwa fünf Wochen geplant. Schon bei der Abreise von New York auf dem Freeway Richtung New Jersey war mir das Herz aufgegangen. Das war's – mich dem Abenteuer, der endlosen Weite hinzugeben und zu wissen, dass danach etwas Neues, Großes auf mich wartete. Philadelphia mit seiner Freiheitsglocke darf kein Neuankömmling auslassen. Über Washington und Cleveland ging es nach Chicago. Dafür hatte ich mir bebilderte Broschüren mitgebracht: die Stadt Chicago als Ort der Verwirklichung all jener großartigen Bauhausideen in verschiedenen seiner Wolkenkratzer, für die im Deutschland des faschistoiden Neoklassizismus kein Platz gewesen war.

Trotz des von den US-Amerikanern geführten, hoch problematischen Vietnamkriegs hatte der Rausch dieses Go-West auch mich erfasst. Mich beruhigte das verlässlich schnurrende Geräusch des Boxermotors meines VW-Cabrios, wie er mich immer weiter wegführte von einer Heimat, die mich nicht wollte, wie ich war. Ich wollte so weit weg wie möglich. Oft parkte ich den Wagen am Rand des Freeway, kletterte auf die nächste Anhöhe, um im Westen den Pazifik zu suchen – San Francisco sollte mir die ersehnte Freiheit bringen. War das verrückt, exotisch, wieder einmal ganz anders? Nein! Fünf Jahre später kam eine Discoband aus Greenwich Village, New York: die Village People, mit der ähnlichen, aber raffiniert verdeckten Botschaft. Ihr Auftritt war der von maskulinen Stereotypen, Polizist, Bauarbeiter, Soldat, ein Cowboy, ein Indianer, ein Rocker in Leder. Sie waren schwul, und ihre Botschaft trickreich. Bis dahin sind es noch fünf Jahre, in denen viel passieren sollte.

Go West! I was on my way! Morgens wies mir eine strahlend helle Sonne den Weg. Nach kurzer Mittagspause im Schatten des Wagens am Rand des Freeway fuhr ich weiter, Meile um Meile, Stunde um Stunde, Tag auf Tag. Am Abend schob mich mein Flitzer in immer neue grandiose Sonnenuntergangsgemälde in Rot und Gold – Zeit für die Suche nach dem Nachtquartier. So ging es immer weiter, Kansas und Kansas City, Denver und Colorado, Arizona Monument Valley, Grand Canyon, Las Vegas. Ich durchquerte vierzehn Staaten, drei Zeitzonen und geriet ungeplant zweimal auf die berühmte, inzwischen über weite Strecken bereits wieder verkommene und vergessene Route 66. Sie war vor langer Zeit einmal als nur zweispurige Landstraße die erste durchgehende Verbindung quer durch die Staaten gewesen. Als sie besungen wurde, war sie eigentlich schon durchgehend durch Freeways ersetzt worden.

Zweimal passierte etwas, was mich an *Easy Rider* erinnerte: Ich wurde von einem Polizeiauto mit Sirenengeheul überholt, mit der roten Kelle zum Anhalten aufgefordert. Das Polizeiauto blieb zurück, parkte etwa dreißig Meter hinter mir. Der Cop stieg aus, nahm eine lange Rifle aus dem Fahrzeug und ging langsam an meine linke Fahrzeugseite, das Gewehr auf Hüfthöhe. Kontrolle, Fahrzeugpapiere, Führerschein. Meinen Lappen hatte ich vor der Abreise auf einen internationalen Führerschein umschreiben lassen. Als alles okay schien, erkundigte ich mich, warum ich kontrolliert wurde. Der Cop legte einen Finger an die Mütze, winkte Abfahrt, keine Auskunft. Das passierte in Kansas und später noch einmal in Arizona. Ich trug damals lange Wildlederhosen mit Schlag, letzter Schrei in München, für die Staaten verdächtig exotisch. Mein Wagen hatte, noch exotischer, ein deutsches polizeiliches Ausfuhr-Kfz-Kennzeichen. Es war oval, auch so etwas hatte man wohl noch nie hier gesehen. Zu allem Überfluss bezahlte ich an Tankstellen mit Bargeld, da ich noch keine Kreditkarte für die Staaten hatte. Schon damals zahlte in den USA kein Mensch mehr mit Bargeld. Ich hätte mir denken können, dass es wenig mehr bedurfte, um mich als kriminell zu verdächtigen. Aber richtige Probleme bekam ich nie.

Zur Übernachtung suchte ich in den Großstädten das auf, was sich Youth Hostel oder Jugendherberge nannte, alles ziemlich schmuddelig, mit Europa, speziell Deutschland, kein Vergleich. Überdies konnte man darauf wetten, dass sie meist von alten Schwulen dauerbewohnt waren. Alternativ habe ich in den Großstädten nach Saunen gesucht, aber so etwas wie Everard's in New York gab es nirgendwo sonst.

Die zuverlässigste Adresse war eigentlich immer ein solides und billiges Motel der Kette Motel 6. Bei Gründung vor legendären Zeiten soll es tatsächlich nur sechs Dollar pro Einheit und Nacht gekostet haben. In diesen frühen Motels schlief man auch immer noch nahe dem eigenen Auto, nur durch eine dünne Holzwand getrennt. Obwohl die Übernachtung inzwischen sechzehn Dollar kostete, war das immer noch die beste Wahl: das Zimmer sauber, das Bett nicht weich und nicht hart, es gab dauerspielendes TV, eine gute Dusche – was wollte ich mehr. Morgens beim Bezahlen bekam man einen Becher dieses typisch amerikanischen dünnen und billigen Kaffees mit endlosen Refills, frühstücken konnte man später in einem der fetttriefenden Breakfast Palaces.

Hunderte Kilometer, oder besser Meilen, fuhr ich durch eine Landschaft, wie ich sie in diesen Dimensionen nie zuvor gesehen hatte. Die scheinbar unbegrenzten Ebenen, die endlosen Getreidefelder, Flüsse, Seen, Gebirge, Hochplateaus, Wälder, Landstraßen, alles war so unendlich viel weiter, größer, höher und länger und in seiner Andersartigkeit oft schöner als alles, was ich von Europa bisher kannte. Als Schmalfilmer noch ungeübt, ließ sich für mich diese Landschaft am ehesten in ruhigen und langsamen Schwenks auf Film bannen. Die schönste Erinnerung an meine Reise quer durch die USA war der Augenblick, als ich im Süden von Colorado auf das Hochplateau der Mesa Verde (Grüne Platte) geriet. Der Mesa-Verde-Park gehört als amerikanischer Nationalpark inzwischen zum UNESCO-Weltkulturerbe. Das Aufregende an diesem ausgedehnten Ausgrabungsgebiet sind sogenannte Cliff Dwellings, steingemauerte Siedlungen unter horizontal weit überragenden Felsplatten, unter denen eine frühe mittelamerikanische ethnische Gruppe von Ancestral Pueblo People, die Anasazi, zwischen 500 und 1300 n. Chr. gelebt hatte. Ihre steinernen Behausungen, bestens geschützt vor Witterungseinflüssen, hatten alle Stürme der Zeiten überdauert; sie hingegen verschwanden spurlos schon vor über siebenhundert Jahren – und ich hatte nicht einmal von ihnen gewusst.

Die nächste Ortschaft nach Verlassen des Parks war Cortez, ein amerikanisches Straßendorf der Art, wie viele im Laufe der letzten zweihundert Jahre so entstanden sein mögen. Es gab ein Kino und es war Freitagabend. *Der Pate* mit Marlon Brando stand auf dem Programm. Ich hatte den Film in Deutschland verpasst, welch großartige Gelegenheit, ihn nachzuholen. In den früh dunklen Abendstunden, es war bereits weit im Oktober, wollte ich mir gerade ein Ticket kaufen; mich irritierte, dass der Vorraum penetrant nach ranziger Butter stank. Da stand plötzlich alles voller Cowboys. Keine Ahnung, wo sie alle herkamen. Es war merkwürdig, sie schienen geradewegs vom Arbeitsplatz hereingekommen zu sein, rochen nach Kuhdung und Männerschweiß. Seltsamerweise hatte keiner seine Freundin dabei. Und zu meiner Überraschung trank auch keiner ein Bier. Die Jungs füllten riesige Pappbecher an automatischen Popcornmaschinen, wo aufgebackene Maiskörner ploppten und ab und zu in die Luft flogen. Danach ließen sie aus einem anderen Automaten reichlich geschmolzene Butter darüberlaufen – daher der ranzige Geruch. Und es kam noch besser: Kaum hatte ich meinen

Platz eingenommen, legte sich rechts und links von meinen Schultern je ein vom Gebrauch gezeichneter, nach frischem Kuhdung riechender Cowboystiefel über den Sitzrand. Das passierte jedem und überall, es schien die Vorstellung von Bequemlichkeit in diesem Kino zu sein. Ich nahm es gelassen, obwohl der Film Überlänge hatte. In der Pause wurde Popcorn mit Butter nachgeladen, den Geruch habe ich tagelang nicht aus der Nase bekommen. Der Film machte großen Eindruck auf mich, wie erkennbar auch auf die Cowboys. Mir wurde klar, dass möglicherweise keiner von ihnen bisher je New York gesehen hatte.

Nach dem Kino gingen alle hinüber in den Pub, ich folgte, da mich einer von ihnen, ein baumlanger blonder Cowboy Mitte zwanzig, beim Herausgehen freundlich und interessiert nach dem Woher gefragt hatte. Nach dem zweiten Bier wollte ich mich verabschieden, ich müsse mir mein Motel für die Nacht suchen. „What Motel, you stay with me!" Nach einem weiteren Bier ging es hinüber zu einem riesigen, rostigen, alten Trailer, davor ein starker, monströser, blauweißer Buick mit Weißwandreifen als Zugmaschine. Joe, so hieß er, ließ mir keine Zeit, all das zu bewundern. „Come to bed, we've to get up early!" Am frühen Morgen sagte ich etwas leichtfertig, ich hätte auf meinem Trip nicht gerade Gay-Sex mit einem Cowboy erwartet. Joe wurde strikt: „We ain't gay! – wir sind nicht ‚gay' – benutze diesen albernen Ausdruck nie wieder! Viele von uns Cowboys hier sind ganz einfach Männer, die Männer und alles Männliche lieben! Das war immer schon so! Wir waren schon von Beginn der Eroberung des Westens an überall mit dabei, weil wir gebraucht wurden, und zwar dringend! Nicht als Soldaten, sondern weil sich jemand um diese riesigen Rinderherden kümmern musste. Und da war immer schon viel Geld drin! Einige von uns haben Frau und Kinder, Familie, meist weit weg. Wir haben nichts gegen Frauen, aber wir sind alle hier draußen zusammen, weil wir sein wollen, was wir sind: freie Männer, die freie Männer lieben. Macho-Cowboys sind fürs Kino. John Wayne, das große Vorbild, ist King of Hollywood. Frauen lieben ihn, aber wir halten ihn für ein ziemliches A..." Joe hatte sein Lachen behalten, wollte mich unbedingt mit meinem Cabrio zum nächsten Frühstückslokal kutschieren, spendierte Eier mit Speck und Kaffee. Beim Abschied sagte er mit Plüschaugen etwas traurig: „Die nettesten Vögel sind die Zugvögel ... loveya – an' godblessya!"

Der Grand Canyon ist schlicht großartig, beschreiben lässt er sich schwer. Man muss ihn sehen, es ist überwältigend. Das Besondere ist die rote Farbe des Gesteins, Siltstein und Schieferton mit hohem Eisengehalt, leuchtend rot oxidiert, ein *red for millions of years* – und obenauf rötlicher Sandstein. Am besten besucht man diesen Canyon frühmorgens zum Sonnenaufgang oder, besser noch, abends zum Sonnenuntergang – der Rest ist Schweigen.

In Las Vegas fuhr ich in der frühen Abenddämmerung ein, inzwischen Ende Oktober. Die riesigen Lichtreklamen waren überwältigend. Ich hatte mir vorgenommen, am nächsten Abend früh mit der Kamera loszuziehen. Zunächst wusste ich nicht so recht, wo ich bleiben sollte, fuhr langsam durch die Straßen und überholte eine Gruppe kostümierter junger Leute. Ich fragte sie nach einem billigen Motel und wo heute Abend etwas los sei. Da erkannte ich, dass ich in der großen Glücksspielstadt Las Vegas genau die Richtigen angesprochen hatte: Es waren Hotelpagen, Serviceboys, Croupies, Janitors, Showpeople, verkleidet und auf dem Weg zu einer kleinen Schwulenparty. Es war Halloween, was man damals in Deutschland noch nicht kannte, mir war es jedenfalls neu. Die Party war nur anfangs interessant. Man wählte selbstverständlich eine Halloween-Queen. Die Kostüme waren (für einen Rheinländer) nicht sonderlich originell. Den ersten Preis erhielt Miss Frankenstein, ein junger Tänzer, erkennbar Latino, der sich über vielen tuntigen Gewändern die Maske des bekannten narbenbedeckten Frankensteinmonsters mit den seitlichen Metallscharnieren übergestülpt hatte. Eigentlich passte gar nichts zueinander. Für meinen Geschmack war alles furchtbar kitschig, *hollywood at it's worst,* aber das war der kleinen Gruppe nicht bewusst, denn diese Feststellung war natürlich nichts anderes als meine europäische Überheblichkeit. „First Runner Up" – so nennt man, auch das musste ich lernen, in den USA den zweiten Sieger – wurde ein junger Schwarzer in einem Ballettröckchen. Das hinderte nicht den Blick auf seinen athletischen Körperbau, nicht hart, eher jung, und noch etwas weich – ich glaube, genau das verschaffte ihm die Zweitplatzierung. Ich war der Einzige, der nicht kostümiert war, doch erschien ich den namenlosen jungen Angestellten in dieser irrealen Stadt offenbar genügend kostümiert als fremder europäischer Exot, der auch noch mit so einem hübschen VW in Silbermetallic aus dem Himmel gefallen war – *pretty kinky.* Während die Party sich im weiteren Verlauf unter Kiffen, Saufen und Sniffen auflöste, machte mich der Zweitplatzierte zu seinem ersten Preis. Ich musste mich damit in erregter Vorfreude für diesen Abend nicht mehr um Unterkunft bemühen. Jimmy, mein schwarzer Eroberer, sah nicht nur gut aus, er war beim Sex schlicht eine Wucht, wunderbar, zumal ich mit Schwarzen bisher null Erfahrung hatte.

Er war beruflich ein offenbar cleverer Croupier und erzählte mir alles, was ich für die folgenden zwei Tage in Las Vegas wissen musste. Ich solle nicht nach einem Motel suchen, sondern gleich in eines der größten Hotels gehen. Das sei dennoch vergleichsweise billig: In Las Vegas könne man billig wohnen, das Auto kostenlos parken, billig tanken, billig essen, billig saufen, relativ billig „rumhuren" und zu relativ niedrigen Preisen in eine der fantastischen Shows gehen. Hauptsache, man blieb zuletzt in einem der unendlich vielen Casinos hängen und ließ viel Geld zurück. Und wenn man das nicht tat, hatte man eigentlich schon gewonnen.

Für den Abend besorgte mir Jimmy ein Ticket zu einer fantastischen Show von Quincy Jones. Ich musste alleine gehen, denn er hatte Dienst. Dergleichen Fantastisches an Shows habe ich in meinem Leben nie wieder gesehen. Jimmy fand Spaß daran, am nächsten freien Tag mit mir im offenen Flitzer eine Tour weit hinaus aus Las Vegas in die Wüste Nevada zu unternehmen. Er schilderte mir das im Grunde entsetzliche, öde und langweilige Leben in dieser verrückten Stadt, wo auf jeder Ebene alles und jedes dem Geldmachen geopfert wird. Er hoffe, bald genug gespart zu haben, um zu seiner Familie nach New Orleans zurückzukehren, dort sei die Spielwut nicht ganz so schlimm. Wir tauschten Adressen und korrespondierten in den folgenden Jahren, da er gerne einmal nach Deutschland gekommen wäre. Leider wurde nichts daraus. Sechs Jahre danach traf ich ihn bei meiner zweiten Autoreise quer durch die Staaten mit meinem Freund Horst in Las Vegas wieder. Er war immer noch da, hatte diesmal aber nur Augen für Horst. Offenbar war in diesem Moment ich nur noch der „First Runner Up".

Fazit bei Abfahrt aus Las Vegas: Immer schon hatte ich das Gefühl, im Leben so viel Glück gehabt zu haben, dass ich es nicht auch noch im Spiel herausfordern wollte. Ich verließ die Stadt, ohne einen einzigen Dime gespielt zu haben. Gewonnen! Von Las Vegas nach Los Angeles ging es sanft bergab, mein Flitzer rollte fast von allein. Der Highway One von Los Angeles nach San Francisco ist schlicht eine der schönsten Straßen der Welt. Das kann man nicht beschreiben. So etwas zu sehen, muss man planen, machen, zuletzt abfahren und die Augen offenhalten – oder den Gedanken besser gleich vergessen. Es gab so unglaublich viel zu sehen. Bald darauf war ich in meinem Zielort Berkeley, der intelligenten kleinen Schwester von San Francisco an der Bay gegenüber, angekommen – für das nächste halbe Jahr mein Zuhause. Nancy, eigentlich eine Cousine meiner Mutter, kannte mich seit über zehn Jahren und hatte sich wohl selbst schon gedacht, warum ich mit über dreißig im Status eines Junggesellen genau in die Bay Area passte. So war ich nicht überrascht, dass sie mich mit dem Hausarzt ihrer Kinder und dessen Freund in den nächsten Tagen bekanntmachen wollte.

Paul Hershel und Bob Lowary waren ein lange etabliertes schwules Paar Anfang ihrer Fünfziger. Sie bewohnten ein fantastisches Haus mit hochliegender Terrasse und freiem Blick auf die Bucht. Am Hauseingang prangte ein stolzes Schild mit dem Namen „Herlow", eine Zusammensetzung aus Teilen ihrer beider Nachnamen. Paul war einer der ältesten Belegärzte am Kinderkrankenhaus der berühmten Kaiser-Foundation-Hospital-Kette in der Bay Area. Bob, ehemaliger Opern- und Konzertsänger mit ausgebildeter Bassstimme, hatte wohl nicht den ganz großen Durchbruch geschafft. Er beeindruckte nach wie vor mit betonter Basslage und begnügte sich sonst damit, von jedem nach seiner versäumten Karriere detailliert befragt zu werden. Sie schleppten mich in einen uralten Koffer von Steakhouse in Downtown San Francisco, in dem das gesamte

Mobiliar aus den Fünfzigern mit bordeauxfarbenen Bezügen und Teppichen überzogen schien, verschossener, abgesetzter Samt, ein plüschiger Platz, der früher wohl mal „in“ gewesen war.

Es war für mich aus deutscher Sicht zuvor schwierig gewesen, Genaueres über die strafrechtliche Situation Homosexueller in den USA, speziell über die frühere Verfolgung von Schwulen dort zu erfahren. Das war nicht zuletzt dadurch bedingt, dass die Gesetzgebung in den fünfzig Staaten der USA seit jeher unterschiedlich gewesen war. In einem Punkt war ich mir allerdings sicher: Die strafrechtliche Situation könnte kaum schlimmer als in Deutschland gewesen sein.

Paul und Bob hatten mir berichtet, dass beide eventuell auch wegen ihrer nach außen erkennbar „anderen“ sexuellen Orientierung in jungen Jahren – Paul in Kalifornien, Bob in Oklahoma – in ihrer beruflichen Ausbildung Schwierigkeiten hatten. Während Paul im Zweiten Weltkrieg als Kinderarzt nicht an die Front eingezogen wurde, kam Bob mit den US-Truppen in den pazifischen Raum, Guam oder Ähnliches, fiel bei irgendeiner Gelegenheit als „gay“ auf und wurde kurz darauf „unehrenhaft“ aus der Armee entlassen. Wie viele aus diesem Grund gefeuerte GIs zog auch er in die kalifornische Bay Area. Die sich dort in den Fünfzigerjahren bereits versammelnde schwule Szene sei ihnen selbst zu aggressiv und umtriebig gewesen. Das wurde für sie nicht zuletzt Grund, sich von der Stadt San Francisco zu verabschieden und an die stille Nordhälfte der Bucht zu ziehen. Sie teilten meinen Eindruck, dass es in den USA immer schon weit mehr schwule Männer gegeben habe, als die allgemein verbreitete Homophobie vermuten ließ. Ein sehr seltsames Indiz liege für sie immer noch darin, dass ältere, betont homophobe Studenten in nahezu allen Colleges und Studentenwohnheimen zu Studiums- oder Semesterbeginn bei den Frischlingen sogenannte Initiationsriten vollzogen. Das ging nach anfänglichem Besäufnis zunehmend distanzlos in den Schlafsälen weiter, wo man die Neulinge meist gewaltsam entkleidete und zunächst verbal und spielerisch, später zunehmend handgreiflich misshandelte. Dies uferte oft in drastische Sexspiele bis zu regelrechten Vergewaltigungen aus. Am nächsten Morgen hörte man die stereotype Phrase, dass man ja mal wieder viel zu besoffen gewesen sei, um sich noch an irgendetwas erinnern zu können. Die Opfer des vorherigen Studienbeginns machten das mit den späteren Novizen genauso – es war eben ritualisiert, und an so was musste man eben festhalten. Genau das hätten sie immer sehr seltsam gefunden, und das gebe es ja wohl immer noch. Ein anderes Mal unterhielten wir uns darüber, wie Hollywood seit jeher mit dem Problem Homosexualität umgegangen war. Einerseits war der gesamten Filmindustrie immer schon unausgesprochen bewusst gewesen, welch große Bedeutung Schwule verdeckt oder versteckt in der Welt der Stars, der Filmschaffenden und nicht zuletzt in Zuschauermassen in den USA und der Welt bereits hatten. Der Anteil an Filmbesuchern unter Schwulen und Lesben war also höher als in der Normalbevölkerung. Dem musste in irgendeiner Form, mindestens mit komisch-schwulen Themen oder schrulligen Typen im Film, Rechnung getragen werden. Hätte man Schwule und Lesben und ihr Leben filmisch wirklich ernst genommen, wären solche Passagen damals unweigerlich der Zensur anheimgefallen. So gibt es in alten Hollywoodfilmen nur schrecklich-komische Tunten in allen Variationen bekannter Klischees oder total verrückte oder fast unangenehm schräge Typen. Hollywood hatte von Anfang an einen größeren Anteil an der Meinungsbildung der Massen gehabt als Kino in Europa. Wer in den USA schwul war, war für den Durchschnittsbürger Mr. Babbitt – jener Spießbürger, den der Schriftsteller Sinclair Lewis 1922 erschaffen hatte – nicht nur pervers, sondern auch im Kopf nicht ganz richtig. Das durfte man vorerst auch noch guten Gewissens denken, denn erst 1973 hatte die American Psychiatric Association (APA) als eine der ersten psychiatrischen Gesellschaften der Welt überhaupt Homosexualität von ihrem diagnostischen und statistischen Manual Mentaler Störungen (DSM) gestrichen. Das wurde ebenfalls zunächst nicht sonderlich interessiert zur Kenntnis genommen. Erst als im Jahre 1984 auch die Weltgesundheitsorganisation der UNO (WHO) den Begriff *Homosexualität* aus der internationalen Liste von Seuchen (!), Krankheiten (!) und Epidemien (!) strich, machte das etwas her, zumal diese Entscheidung wissenschaftlich begründet wurde. Hier auch liegt der Tenor der späteren Feststellung der WHO, dass seither „keine wissenschaftlich ernst zu nehmenden Ergebnisse bekannt geworden sind, die eine andere Sichtweise rechtfertigen könnten". Ein Satz, dem man weiterhin weltweit mehr Verbreitung wünschen möchte. Dabei fällt auf, dass dieser Entscheid der WHO erst neun Jahre später, am 1. Januar 1993, in Kraft treten konnte: Wie zu erwarten, hatte es sofort massive Einwände gegeben, „kulturell" begründet, aber eigentlich stärker aus betonierter ideologischer, politischer und besonders natürlich aus religiöser Haltung. Die Vorbehalte kamen nicht nur aus dem afroarabischen und südostasiatischen Raum (Malaysia und Indonesien haben einen hohen muslimischen Bevölkerungsanteil), auch auf den Vatikan war wieder einmal Verlass, wenn es um die Verhinderung jeder Form der Anerkennung oder Normalisierung homosexueller Verhaltensweisen ging.

Wie es in der Seele des amerikanischen Mannes wirklich aussehen konnte, darin waren die Dramen der Nachkriegsschriftsteller aus den Südstaaten der Filmwelt weit voraus; diese hat zuletzt allenfalls mit Verfilmung dieser Dramen etwas hinzugelernt. Man darf davon ausgehen, dass das die Mehrzahl der jungen amerikanischen Schwulen, die auf Befreiung aus waren, nicht sonderlich beschäftigt hat. Vielmehr hatte sich gleichzeitig, aber unabhängig von der weltweiten Hippiebewegung, unter den immer schon international orientierten Schwulen ganz simpel herumgesprochen, dass Kalifornien der Staat sei, in dem man seine Sexualität freier ausleben könne als überall woanders. Natürlich hatten auch die Schwulen Scott McKenzies Zeile vernommen, was sie, mit oder ohne Blumen im Haar, in Kalifornien alles an Freiheiten würden erleben können. Sie kamen, aber zu den Hippies gab es einen ganz entscheidenden Unterschied: Wenn Schwule und Lesben in jenen Jahren nach Kalifornien kamen, kamen sie, um zu bleiben, um definitiv dort ihr Leben zu gestalten und ihrer sexuellen Orientierung eine dauerhafte Zukunft zu sichern. Ich habe viele heruntergekommene Hippies gesehen, doch höchstens sporadisch in der Welt der Lesben und Schwulen. Diese brachten solide Klamotten mit, zogen entweder sofort in Kommunen oder hatten Geld oder fanden einen reichen Partner oder brachten lukrative berufliche Fertigkeiten oder anderes ein: Man sah ihnen an, dass es ihnen ernsthaft um *a new opening,* einen Neuanfang, ging. Wobei ihre Ideologie – freier lesbischer oder schwuler Sex – zugegebenermaßen etwas einfacher war als die krude und komplizierte gedankliche Anarchie vieler Hippies. Über die aktuelle oder neu sich entwickelnde Schwulenszene San Franciscos wussten Paul und Bob rein gar nichts und wollten damit eigentlich auch nichts mehr zu tun haben. Das alles gehörte bei ihnen zur Vergangenheit – sie reisten inzwischen viel, mieden aber dabei international bekannte schwule Plätze.

25 **Blumen im Haar**

I received a Medal of Honor for killing a man –
and a dishonorable discharge for loving one.

Is Marihuana an aphrodisiac?
It depends whom you're with when you're on it.

Graffiti, um 1975 an der Toilettenwand der
Twin Peaks Tavern, Market Castro, San Francisco

Persönlich kann ich mich nicht erinnern, zu meiner Zeit in San Francisco noch viele Hippies mit Blumen im Haar gesehen zu haben. Das sagt schon alles, ich war eben einfach zu spät dran ... oder zu alt. Nach meiner Ankunft in der Bay Area hatte ich mit der Hippieszene nur wenig Kontakt. Es gab zwar ein paar „bekennende Hippies" in der Klinik unter jungen Ärzten und Krankenpflegern. Die trugen aber nicht einmal mehr eine Blume am Revers. Immerhin hinterließ die Hippiebewegung der Stadt San Francisco nicht nur Erinnerungen an Drogenkultur oder Proteste, sondern auch eine recht charmante Visitenkarte. Die Stadt war nach dem Zweiten Weltkrieg etwas verkommen. Dies betraf besonders diese alten, wunderschönen, vorgeblich aus Stein gebauten, dennoch ganz aus Holz gefertigten viktorianischen Häuser. Sie standen in eindrucksvollen Reihen auf Straßen in den Stadtteilen Divisadero, Haight, Ashbury und Sacramento-Street, rund um den Alta Plaza wie um den Alamo Square, womit längst nicht alle viktorianischen Viertel benannt sind. Anstatt sie zu pflegen, hatte man die Häuser mit ihren ursprünglich aus edlem Holz gefertigten Fassaden jahrzehntelang immer wieder mit dicker weißer Farbe regelrecht überkleistert, sie vermittelten zuletzt einen uniformen gelblichweißen schmuddeligen Eindruck.

Von ihrer Grundstruktur her waren sie Holzkisten diverser Größe und Ausstattung, mit allenfalls einem Obergeschoss – ein oder zwei Turmzimmer galten schon als Luxus –, und wegen des Felsgrundes durchgängig nicht unterkellert. Viele der Stadtviertel mit „Victorians" waren auf diese Weise nach dem Krieg zu Slums verkommen. Die Hippies waren der billigen Mieten wegen eingezogen.

Einige von ihnen entdeckten ihre Geschicklichkeit in alten Handwerkskünsten – was zum Hippieprogramm dazugehörte. Sie begannen damit, zentimeterdicke Schichten dieser schmutzig-elfenbeinernen Farbe abzuflämmen und abzuschleifen. Dabei legten sie die originalen Farben frei. So gaben sie den Häusern ihre vergangene Schönheit wieder. Eine auffallend schöne Reihe dieser Häuser am Alamo Square erhielt später den Namen „Painted Ladies", charmant deswegen, weil hundert Jahre früher mit diesem Begriff etwas ganz anderes gemeint war. Es kam, was kommen musste: Die alten Besitzer erhöhten die Mieten, die Hippies flogen raus, es folgte eine Art „rückwärtiger Gentrifizierung". Heute sind diese Häuser unbezahlbar, weil inzwischen in den Händen hochbezahlter .coms vom nahen Silikon Valley, was zu meiner Zeit noch ein riesiger Acker gewesen war.

Im Vorspann des über drei Jahrzehnte später erschienenen Films *Milk* (2008) heißt es, dass in den Siebzigerjahren eine ständig steigende Zahl junger Lesben und Schwuler anfangs planlos und wenig organisiert in San Francisco einfiel, um ein Leben in sexueller Freiheit zu führen. Im November 1972, als Harvey Milk von New York aus mit seinem Freund Scott Smith in der Stadt eintraf, waren es erstmals eintausend (!) Menschen pro Monat. Das war der Monat, in dem ich selbst in San Francisco ankam.

Fünfzig Jahre später ist es schwierig, jene Atmosphäre zu vermitteln, die die wachsende und von Beginn an sehr diversifizierte junge schwule und lesbische Community in und um San Francisco verbreitete. Schwule Szenen, Plätze und Lokale haben es an sich, sich ständig zu verändern, wie auch Alter, Bedürfnisse, Mode, Geschmack und erotische Interessen der Gruppen in der Community sich entwickelten oder veränderten. Mir fiel bei meinen späteren

Besuchen auf, wie viele Orte der ersten Stunde Namen und Klientel gewechselt hatten, die Orte selbst aber blieben, wenn auch mit vielen Veränderungen.

Ich möchte – nicht zuletzt auch mir selbst – ein paar *landmarks,* ihre Bewohner oder Besucher in Erinnerung rufen, deren Bild mir bei der Schilderung meiner diversen Unterkünfte vor Augen tritt. Dabei sollte ich kaum in Gefahr geraten, der Art jener wunderbaren Bücher *Tales oft the City, More Tales oft the City* und *Further Tales of the City* von Armistead Maupin zu nahe zu treten: Jeder, der nach San Francisco kommt, erlebt seine unbestreitbar eigene Geschichte, die der anderer Neuankömmlinge ähnlich sein kann, die für ihn aber ureigenes Erlebnis bleibt. Wie man sieht, Maupin der Stoff nie ausgegangen. Seine *Tales,* zunächst als Seriengeschichten im San Francisco Chronicle, später in Buchform als Novellen, kamen alle erst heraus, lange nachdem ich San Francisco verlassen hatte. Sie bilden stärker das Leben des gesamten Gemischs der Bevölkerung ab, das der Hippies, Normalos, Schwulen, Lesben, ihre Zusammenschlüsse, die Maupin die „logical families" nannte, was ich persönlich damals noch nicht in dieser Form kennengelernt haben konnte.

Als ich nach Arbeitsaufnahme am Hospital nicht mehr zweimal täglich den langen Weg über die Oakland Bay Bridge von und nach Berkeley machen wollte, kam ich zunächst bei meinem Münchner Freund Johannes unter. Er hatte sich schon 1970 entschieden, in San Francisco zu bleiben, nachdem er bei einem früheren Besuch einem sehr gutaussehenden, tatkräftigen Italiener, Domenico, einem Gastronomen aus Sizilien, begegnet war. Sie kauften ein heruntergekommenes Straßenlokal auf der westlichen Polk Street und eröffneten nach nur einem halben Jahr ein Steak-Restaurant. The Butcher Shop wurde in ebenso kurzer Zeit zur Topadresse für Schwule des Polk-Street-Quarters, des Polk-Gulch. Durch Zufall erhielt ich danach ganz in der Nähe eine kleine komfortable Appartementwohnung an der Sacramento Street, fußläufig zur Klinik und günstig für den Schichtdienst. Die „Polkstraße" war früher bevorzugtes Wohngebiet von eingewanderten Deutschen gewesen, daher lange noch so genannt. Ab den Sechzigerjahren wurde sie eines der ersten schwulen

Wohngebiete der Stadt. Die Locations auf der Polk waren jedoch weit auseinandergezogen, die Mieten zogen an, die Schwulen zogen aus – in die damals billigere Castro Street. Die ist heutzutage unerschwinglich.

Das Haus Sacramento, Ecke Larkin Street, war ein unmittelbar nach dem Erdbeben von 1906 neuerbautes echtes Steinhaus mit sechs Stockwerken und über vierzig Appartements, ein eleganter Klassiker jener rationalen Appartementbauweise, die man in Europa erst ein halbes Jahrhundert später zu kopieren lernte. Die Hausbesitzerin Ms. Fairy war eine in diesem Haus geborene, aufgewachsene und ledig gebliebene alte Schachtel, bei der man sich persönlich vorstellen musste, bevor man einziehen durfte. Die Gays mit ihrem durchweg besseren Benehmen brachten Blümchen mit – schon waren sie drin!

Am Schluss hatte das Haus ein klares Übergewicht an jungen schwulen Männern. Der knorrige, ewig grantelnde Pförtner mit diesem grünen durchsichtigen Plastikschirm über dem Gesicht konnte sie alle nicht leiden, Ms. Fairy liebte sie. Das Haus hatte einen alten Rost-und-Messing-Käfigaufzug französischen Stils, der dem Entree und dem Treppenhaus ein abgelebt-elegantes, beinahe französisches Flair verlieh. Die Einzimmerappartements waren in den Zwanzigern sehr gut geplant und fantastisch platzsparend eingerichtet worden: Auf einer Seite fiel per Hebeldruck über eine klobige Mechanik ein komplettes Bett aus der Wand, mit Fächern seitlich für Klamotten. Auf der anderen Seite befand sich eine kalifornische 1920er-Einbauküche mit Mixer, großem Kühlschrank und Sitzecke vor großen Fenstern. Wenn alle Gäste auf dem Bett saßen, konnte man sogar Party machen. Rauchen war im Treppenhaus strikt verboten; wenn aber eine Tür offenstand, zog von dort immer ein bläuliches feines Wölkchen heraus, es roch zuverlässig illegal.

Hinunter zur Polk Street waren es ein paar Schritte. Um die Ecke eine Schwulenbar der früheren, eleganteren Sorte, gehobenem schwulen Publikum angepasst. Busby's, als Bar, war eine Hommage an Busby Berkeley und ist für mich Grund genug, ihn auch meinerseits zu würdigen. Jeder Amerikaner aus der Zeit zwischen und nach den Weltkriegen kannte das Werk dieses großen Hollywoodregisseurs und Choreografen mit seinen überwältigenden, in Schwarz-Weiß komponierten Bildern aus Wasser, Fontänen, Endlostreppen und einer Unzahl immer wieder aus dem rotierenden Zentrum auftauchender schwimmender und posierender Nixen im Wasser, auf Wasserfällen, auf Rutschen, in der Luft. Diese wie in einem Kaleidoskop ineinander übergehenden Bilder von Formationen von Körpern, Brüsten und Schenkeln in geometrischer Konfiguration und in atemberaubender Fülle und Folge boten der amerikanischen Bevölkerung in Zeiten der Depression einen wohldosierten Eskapismus der ganz besonderer Art.

Whiskey pur zu mögen habe ich nie gelernt. Aber es gab ja Irish Coffee! Kommen wir also zur damals wichtigsten schwulen Location in San Franciscos wichtigstem Stadtteil zur Zeit meines dortigen Lebens, der CASTRO! Hier kulminierte das öffentliche schwule Leben, das bei allen Veränderungen beständiger Teil meiner gelebten Erinnerungen bleibt. Die Twin Peaks Tavern war 1935 als Irish Pub für die eher arme, stinknormale irische Bevölkerung eröffnet worden und blieb über alle folgenden schwulen Dekaden bemerkenswert stabil, auch weil die Bar die Ecke Market und Castro Street markiert. Diese strategisch herausgehobene Stelle machte sie von Beginn an zum bekannten Treffpunkt. Als ich 1972 angekommen war, empfand man ihre riesigen, zum Boden reichenden Schaufenster als absolutes Novum. Man konnte so gut gesehen werden, wie sehen, wer schon da war, um sich an der alten Bar einen Irish Coffee verpassen zu lassen. Twin Peaks wurde zuletzt zu einer Bar eher älterer Männer, die sich zum „Irish" verabredeten, um gemeinsam alten, um die Ecke verschwundenen Träumen und den neu um die Ecke kommenden hübschen Jungs nachzusehen …

Die Straßenkreuzung Castro und 18th Street ist die vielleicht schwulste Straßenecke der Welt. Beim Farbwechsel der Ampel kreuzen Hunderte von schwulen Jungs und Männern jeder Couleur und Nationalität die Zebrastreifen in jede Richtung. Mit den Jahren wechselten auch die ursprünglich grau-weißen Zebrastreifen zu Regenbogenfarben. Frauen habe ich in meiner Zeit dort tatsächlich wenige gesehen. Ich hatte während der ganzen Zeit keine Ahnung, ob es so etwas wie Lesbenbars gab. Lesbische Frauen traten erst einige Jahre später, dafür umso eindrucksvoller, als Dykes mit ihren schweren und röhrenden Motorrädern mitten in der Castro auf. Die genannte Straßenkreuzung war damals durch kleinere Bars und großräumige Lokale markiert. Wände und Einrichtung der Toad Hall (Krötenhalle) waren naturnahem Zeitgeist entsprechend aus ungehobeltem, unpoliertem Holz, Fuge auf Fuge ohne Nägel gezimmert – was über Jahre gut roch. Über dem Eingang und als Wandschmuck sah man überdimensionierte Pilze, Hinweis auf Wunderpilze, oder „Magic Mushrooms", und damit Signal für Aficionados, die nur Gras allererster Provenienz kifften – auch das roch gut –, zur Abwechslung mal mit getrockneten mexikanischen Wunderpilzen auf psychedelische Trips zu gehen. Pharmakologisch war die Substanz, Psilocybin, als potent und gefährlich bekannt. Hier schien sich die Klientel, betont männlich erscheinende Jungs im Cowboy- oder Holzfällerlook, ihrer Sache sehr sicher, Unfälle wurden nicht bekannt. Toad Hall wurde spöttisch auch „Platz veganer Drogen" genannt. Midnight Sun war hingegen fleischlich tierisch zu nennen wegen offener Geschäfte mit und Gebrauchs von Acid (LSD) und Crack (Kokain), tierisch bei heftiger Rockmusik – und weil man sich das auch ins Fleisch oder besser in die gestaute Vene schießen konnte. Die Klientel war entsprechend entweder außer sich beim Rocken unterwegs oder einsilbig auf Einbahnstraße.

Das Ecklokal Elephant Walk, ebenfalls mit bodentiefen Fenstern, übernahm später die Rolle der Twin Peaks Tavern als ebenfalls einsehbaren Treffpunkts eher für jüngere Klientel. Nennen möchte ich noch das Pendulum, eine der wenigen Bars, die mit der komplexen Annäherungssituation zwischen schwarzen und weißen Männern pendelnd spielte. Dass sie über die Jahre nie verschwand, hat mich bei späteren Besuchen zugleich gefreut und enttäuscht – meine Erfahrungen mit Rassismus in der Szene waren auf lange Sicht unbefriedigend. Damals gab es für Schwarze nur ein Lokal, Mister Bojangles, im Businessdistrikt, da wurde wiederum kein Weißer reingelassen.

The Castro – heißt so wegen seiner monumentalen Landmark, dem Castro Theatre, einem Kino, dessen Neonreklame mit den fünf vertikalen Buchstaben C-A-S-T-R-O von Weitem sichtbar emblematisch für das ganze Viertel ist. Obwohl bereits 1922 als Vorstadtkino gebaut, wirkt es dennoch wie ein zeitlich passenderes Geschenk für die Gay Community, so nahe beieinander wie Movie und Gay sich nun einmal sind. Als ich es zum ersten Mal sah, empfand ich es, besonders wegen des überladenen Äußeren von für mich stilistischer Fragwürdigkeit, wie einen abgenutzten alten Koffer: Fassade, Vorhalle, riesiger Kinoraum schienen heruntergekommen. Das hinderte die Gay Community nicht daran, sich dieses Juwel mit über die Jahre zunehmender Investitionsfreude besonders fest ans Herz zu drücken. Der Stil, so lernte ich später, war eine Verbeugung vor der Fassade der nahe gelegenen Basilika der Mission Dolores, jener Kirche, die noch aus der spanischen Besetzung Kaliforniens stammte und nach dem verheerenden Erdbeben von 1906 in den Zwanzigern neu aufgebaut wurde. All denjenigen meiner Leser, die sich einen Begriff von der nach unserem Geschmack formal überquellenden Fassadengestaltung barocker oder neubarocker Kirchen auf dem amerikanischen Kontinent machen möchten, möchte ich nicht vorenthalten: Diesen Stil nennt man tatsächlich „Churrigueresco Barock“ – und so kompliziert wie das Adjektiv ist die Formgestaltung. Dieser spezifische Barock, vermischt mit Elementen des Zwanzigerjahre-Art-déco in den USA, wurde zuletzt doch auch ein Klassiker in den Sonnenstaaten Florida und Kalifornien. Die Decke des Castro Theatre, die den riesigen ovalen Saal überwölbt, ist das letzte Interieur in den USA im Stil einer „Leatherette“, einer Form flacher und brauner Kunststoffstukkatur, die den Eindruck von geprägtem Leder zu vermitteln versucht. Eine solche Gestaltung von Decken und Wänden in Treppenhäusern hatte ich in New York und Chicago gesehen. Dort passt es hin, diesen schrecklichsten aller Dekostile hat man aber, Gott sei Dank, nie in Europa übernommen. Anfangs ging ich mit meinen Freunden ins Castro des Kinoprogramms wegen. Es zeigte alte Hollywoodklassiker, eine Art Studiokino. Die große Zeit internationaler Kinofestivals sollte noch kommen. Das riesige Kino selbst mit insgesamt unglaublichen 1.400 Plätzen habe ich danach zunehmend als Versammlungsort und Showplace speziell für die Gay Community kennen- und lieben gelernt. Einen solchen großen Abend im Castro kann keiner mehr vergessen. Bei voll besetzten Plätzen, Gays jedes Alters und Outfits, unter zunehmendem Einfluss dessen, was eine Art Menükarte im Foyer anbot, wuchsen Spannung und Applaus ins Unermessliche, wenn sich plötzlich vorne mittig der Boden öffnete und langsam, majestätisch und dröhnend „The Mighty Wurlitzer", eine riesige Hammondorgel, hochgefahren kam, mit einem sich überschlagenden Organisten an Manualen und Pedalen. Die Castro-Konzerte wurden legendär, und es dürfte niemanden überraschen, dass Sammelaktionen der Gay Community dem Castro-Theater inzwischen zu der Welt größter Wurlitzer-Hammondorgel verhalfen: Sieben Manuale und hundertzwanzig im Raum verteilte Lautsprecher haben das Gerät längst ins Guinnessbuch der Rekorde gepustet. Ich möchte mit wenigen Strichen die Zeichnung der für mich damals aktuellen Szene abschließen, und ich hoffe, moderne schwule Reiseführer sehen ganz anders aus. South of Market (SoM) und Mission District waren damals Namen, die auf prekäre Lebensverhältnisse verwiesen. Auf der Mission Street gab es ein stilistisch einprägsames wie leider ebenfalls heruntergekommenes Kino, El Capitan, später als Hotel wiederauferstanden. Der Mission District war das relativ geschlossene Wohngebiet der Latinos in der Bay Area. Sie hielten sich in der Öffentlichkeit sehr zurück. Es gab damals in San Francisco Gebiete, vor deren Besuch man generell abriet, die Mission gehörte dazu. Dabei gingen einem bei einer Durchfahrt die Augen über vor so vielen jungen und hübschen Männern, die ihre eigenen Lokale hatten und niemanden sonst hineinließen. Das war die Antwort darauf, dass man Latinos damals nicht in die offiziell schwule Szene hineinließ. Angeblich hat sich das geändert. Wie ich erfuhr, wurde die Mission später ein bevorzugter Ort für lesbische Paare. Ein Haus wurde mit einem entsprechenden Motiv bemalt und als Frauenhaus bekannt.

Im Bogen quer durch die Mission und danach nordwärts zu den Piers nahe Oakland Bay Bridge führte die Folsom Street, deren insbesondere nach Leder duftendes Flair mittlerweile internationaler Exportartikel geworden ist – das jährliche Ledertreffen in Berlin heißt natürlich inzwischen auch so. Folsom Street war eine ursprünglich schlecht beleuchtete, farblose breite Straße zwischen endlosen Lagerhallen und zweistöckigen Lofts, wo tagsüber Schiffe entladen wurden. Nachts herrschte Totenstille, jedenfalls ging kein normaler Mensch nächtens in diese Gegend. Jede Form von ungewöhnlicher Szene und Fetisch konnte sich hier unbeobachtet frei fühlen und entfalten. Zeitlos auf der Folsom war The International Stud. Viele Namen waren Wortspiele, *stud,* wörtlich *Hengst,* bildhaft auch für *Mann* gebraucht, vielleicht genau das, was man suchte. „The Eagle" hießen quer durch die USA alle Bars, in denen sich eine rasant entwickelnde Motorrad- und Lederszene traf. Der schwarzlederne Fetisch begann, wo Cowboys ihre braunen gegen schwarzlederne Chaps eintauschten und vom Pferd auf die Harley umgestiegen waren. Eine etwas haarige Einrichtung war die Folsom Prison Bar. Tatsächlich gibt es in Kalifornien ein Folsom-State-Gefängnis, wo Schwerverbrecher einsitzen. Bei Besuchern dieser Bar war schwer zu sagen, ob die Jungs nicht vom früher eher ungewollten „knastschwul" lassen konnten, oder ob andere, die nie eingesessen hatten, genau diese SM-haltige Luft einatmen wollten. Keines traf auf mich zu, so traf man mich auch dort kein zweites Mal an. Immerhin hat sich kein Geringerer als Johnny Cash von der Atmosphäre dieses Knastes zu einem *Folsom Prison Blues* inspirieren lassen, ihn dort aus der Taufe gehoben, und er erhielt dafür, natürlich, „lebenslänglich" – die Ehrenmitgliedschaft.

Der schlimmste Ort – genauer: der mit dem unfehlbar schlechtesten Ruf, den daher jeder kannte –, wohin Ungeküsste nach zwei Uhr morgens pilgerten und wo nie jemand je gewesen sein wollte, war der Red Star Saloon an der Hallam Street mit den Folsom Barracks dahinter. Ähnlich Verruchtes hatte und habe ich in meinem Leben nie wieder gesehen. Die Folsom Barracks waren ein zwischen Hafengebäuden verloren gegangenes, altes, liebenswürdiges viktorianisches Haus, von außen grau und verwunschen. Angeblich war es früher ein niedlicher kleiner Puff gewesen, der aufgrund von

Besuchermangel in den Nachkriegsjahren in die roten Zahlen und danach in Vergessenheit geraten war. Die schwule Szene hatte die Location rehabilitiert – die Gays wussten immer schon, wo und wie aus fragwürdiger Geschichte, schlechtem Ruf und schrägem Bühnenbild ein zu gelegentlicher Unmoral einladendes, einzigartiges Ambiente geschaffen werden kann.

Im Red-Star-Saloon-Vorderhaus landete man eigentlich nur, um ein letztes Bier zu trinken und sich durch einen Hinterausgang diskret in ein kleines Foyer zu begeben, das Foyer jenes alten Puffs, Folsom Barracks. Dort erhielt man sein Ticket, einen Holzverschlag für Klamotten, ein tausendmal dünngewaschenes graues Handtuch als Lendenschurz für das, was sich „Bathhouse" nannte und welches außer einem mit Holz ausgekleideten Schwitzraum nur über eine einzige Dusche verfügte, für hinterher. Man konnte gegen Bezahlung ein Cocktailglas eines geheimnisvoll schimmernden grüngelben Zaubertranks nehmen, der in einer großen Glasschüssel auf einem Tischchen mitten im Foyer von einem einzelnen Spotlight ins rechte Licht gesetzt war. Was mit dem Besucher anschließend geschah, wusste vielleicht er selbst hinterher nicht mehr so genau, und daher werde auch ich dergleichen offenlassen müssen. Offen standen immer auch die Türen zu den Zimmern auf drei Holzetagen, wo ganz früher die Damen des Etablissements ihre Kundschaft empfangen hatten und wo die Jahre später schwule Besucher sich, voll auf Dröhnung, für Tage hatten einquartieren lassen, um unter anderem einzigartige psychedelische Gemälde über Decke, Wand, Türen und zuletzt Fußboden zu verteilen.

Zu meiner Zeit fand ich die schwule Szene in San Francisco sehr divers, dafür allgemein wenig organisiert. Ab 1975 etwa gab es Zeitschriften für die Community, beispielsweise The Advocate, in denen man Anzeigen und Hinweise zu Aktivitäten finden konnte. Ab 1970 hatte sich, von mir anfangs nicht wahrgenommen, als zartes Pflänzchen organisiert, was als „San Francisco Gay Pride" zögerlich groß wurde. Die Pflanze wuchs rasch in die Breite und begann damit, die von allen gelebte sexuelle Befreiung zunächst einmal offiziell für Lesben, danach auch für die anderen Randgruppen wie Bi- und

Intersexuelle und Transgender zu verwirklichen, zu organisieren und nicht zuletzt als etwas gemeinsam Erreichtes zu feiern. 1973 gab es auf der Castro Street die erste schwule Parade. Die Parade von 1974 habe ich selbst über viele Einstellungen in einem bunten Zwölf-Minuten-Dokument festgehalten. Sie wurde Herzstück meiner einstündigen filmischen Aufzeichnung im Film *California Dreamin',* in dem ich meine eigenen Erfahrungen und Erlebnisse festgehalten habe. Es sind einzigartige Momentaufnahmen aus der Frühzeit der Castro und vom Anfang der San Francisco Gay Pride.

Um Einseitigkeit in meiner Darstellung zu vermeiden, sollte ich betonen, dass es viele Menschen in der Community gab, die mit Drogen überhaupt nichts zu tun hatten, wobei Cannabisprodukte dann allerdings auch nicht als Droge galten, wie in Bayern Bier bekanntlich keine Form von Alkohol ist, sondern Nahrungsmittel. Schließlich musste die Community als solche funktionieren, obwohl meinem Eindruck nach nur knapp die Hälfte der Jungs damals irgendeiner beruflichen Tätigkeit nachging. Das hatte man sich von den Hippies abgeguckt. Wie das funktionierte, war mir nicht klar. Die meisten überlebten offenbar auf irgendeine Weise in Wohngemeinschaften, die es schafften, ihre Kumpels durchzuziehen, auch wenn es finanziellen Tiefstand gab.

Mit der gepriesenen sexuellen Befreiung wurde ein anderes Problem relevant, die Promiskuität. Es gab Typen, die damit angaben, seit Eintreffen in San Francisco mit niemandem zweimal geschlafen zu haben. Obwohl das die Ausnahme war, hatte die Stadt das Problem in seiner Breite erkannt und weitgehend im Griff. Es passierte, dass man völlig überraschend einen Anruf von der STD-Klinik für sexuell übertragbare Krankheiten erhielt, man habe sich am kommenden Tag dort vorzustellen. Fragen nach Informanten, Gründen oder vorgebliche terminliche Entschuldigungen wurden nicht akzeptiert. Man wurde zuerst getestet und erhielt postwendend, ohne irgendein Testergebnis abgewartet zu haben, prophylaktisch eine ganz dicke Spritze mit mehreren Millionen I.E. (Internat. Einheiten) Penizillin in den Po, was tagelang richtig weh tat. Zum Schluss bekam man eine Nummer und durfte sich sein Testergebnis eine Woche später erfragen, Pflicht war das nicht. Diesem System ist keiner entkommen. HIV warf später alles über den Haufen.

Selbstverständlich ist die Castro schon in den Siebzigerjahren ständigen Veränderungen unterworfen gewesen. In der Szene etablierte Menschen zogen aus, neue und neugierige Leute zogen ein, andere zogen weit weg. Schon früh wechselten erste schwule Paare zur Stabilisierung ihrer Verbindung weit hinaus aufs kalifornische Land. Wenn man, wie ich später mit meinem Freund Bruce in der Diamond Street, länger in der Castro wohnte, war man auf den Kontakt mit Menschen dieser Nachbarschaft allein nicht angewiesen. Es gab zwar keine Hauspartys, aber Brunch mit Freunden war sehr beliebt. Und wenn es etwas gab, wo man die Gay Community immer antraf oder wohin sie in Gruppen loszog, dann waren das in Kalifornien die „Great Outdoors" – die einzigartige freie Natur.

In den späten Siebzigern hatten die meisten jungen Bewohner in der Castro eine charakteristische äußerliche Identität entfaltet, die ihre Erscheinung als jungenhafter Kerl oder als besonders männlich unterstreichen sollte. Dies betraf Kleidung, Pflege, sogar die Frisur. Grundstock waren selbstverständlich Jeans, manchmal eher lässig, oft eng, damals sehr körperbetont, manchmal nur eines bestimmten Typs, dazu weißes T-Shirt oder kariertes Holzfällerhemd, schwarze Kampf- oder sandfarbene Bauarbeiterstiefel mit weißen Strümpfen, eine grüne, orangefarben gefütterte Bomberjacke aus Nylon mit Strickbund an Hüfte und Handgelenk. Im Winter wechselte die Nylonjacke zu einer braunen Lederbomberjacke mit imposantem echten Pelzkragen, oft solide und warm mit schottisch kariertem Baumwollfutterstoff. Kurz: Wir sahen alle gleich aus.

Selbst auf dem Höhepunkt der Hippiebewegung trugen die meist ebenfalls langhaarigen Gays ihr Haar schon etwas kürzer geschnitten, und nur persönlicher Geschmack konnte entscheiden, wen der schönste Moustache oder Vollbart zierte – Bart war damals unabdingbar. Über diese monotone Typisierung wurden Witze gemacht: Wie sollte die Polizei einen Vermissten suchen, wenn die Beschreibung immer die gleiche war? Erst gab es den „Castro Clone", danach das „Clone Canyon" für das kurze Stück zwischen 18th und Market Street.

Für mich war diese Uniformierung Ausdruck dafür, dass man zunächst einmal erkennbar dazugehören und danach immer nur den vergleichbar hübschesten Kerl erkennen wollte, nicht etwa die auf Anhieb interessantere Persönlichkeit. Und noch etwas anderes machte diesen besonderen Jeanstyp notwendig: „The Flying Bandanas" oder auch „Hankies" (statt handkerchiefs – Taschentücher) waren jene großen Seemannsschnupftücher, deren kräftiges Rot, Blau oder Grün eine längere Benutzung zuließ, ohne gewaschen werden zu müssen. Sie hatten ein charakteristisches Muster, von den Engländern Paisley genannt. Im Prinzip war aber war nur die Farbe ausschlaggebend. Es gab Bandanas in den Farben Weiß, Hellblau, Blau, Hellrot, Rot, Hellgrün, Olivgrün, Gelb, Braun, Grau, Schwarz. Man nannte dieses Phänomen auch „Hankycode". Die Gay Community pflegte die schöne Geschichte, dass man in Zeiten des Goldrauschs ab 1848 am Sacramento River, wo Frauen umstandsbedingt in der Minderzahl waren, dennoch zum Squaredance ging. Männer, die beim Squaredance den Mann machen wollten, trugen ein rotes Hanky auf der linken Seite, in der linken Hosentasche, am linken Handgelenk. Die, die beim Tanz den weiblichen Part übernahmen, trugen dementsprechend ein blaues Hanky – und in jedem Falle rechts! Damit kommen wir der Deutung der Flying Bandanas in der Schwulenszene von San Francisco schon etwas näher: Wer links trug, gab vor, in der angedeuteten Fetischnummer den männlichen Part zu beanspruchen oder auszuleben. Umgekehrt deutete das Tragen auf der rechten Seite passives Verhalten an. Man konnte das Tuch auch um den Hals tragen – dann war man „versatile". Nichts wird mich allerdings dazu bringen, die oben angegebene Farbskala in ihrem ganzen Umfang zu deuten. Es sei nur verraten, dass sie von links, als eher schüchtern, bis nach rechts, als extrem heftig, gesehen werden kann. Dieses Signalement fand ich persönlich immer schon öde. Ich bildete mir ein, meine Menschenkenntnis habe mir immer schon beim ersten Kennenlernen verraten, was mich oder den anderen erwartete, und das war selten falsch.

Die Castro ist, fast unnötig zu sagen, natürlich einer jener Bezirke in der Welt, die kein Tagesende kennen, immer geöffnet haben, wo das Licht nie ausgeht. Immer fiel aus irgendeiner Bar in den frühen Morgenstunden jemand heraus, der es noch wissen wollte. Ich bin nicht selten zu dieser Stunde mit meinem Flitzer zur Klinik gefahren und jemand hat mich prompt an der ersten Straßenecke angemacht. Auch für dieses Phänomen gab es einen charmanten Begriff: An der Ecke Castro und Market Street stand, und steht wohl immer noch, ein markantes Bankgebäude, ursprünglich war es die Hibernia Bank. Den Banknamen hat man weiterverwertet – für die dort zuletzt Hoffenden, Wartenden gab es den Begriff „Hibernia Beach", „... waiting at Hibernia Beach ..."

Während meiner Cross-Country-Tour 1972 war ich mit meinen langen Wildlederhosen unangenehm aufgefallen. In Kalifornien angekommen, wurden Jeans das Höchste. Alles, was sich der Szene von San Francisco, der Castro, zurechnete, trug entweder Five-O-Ones oder hatte keine Hose an. An dieser Halbuniformierung ergab sich etwas Interessantes: Man konnte die Eigenart seines Gegenüber daran erkennen, wie er seine Jeans zugerichtet hatte und wie er sie trug, ob beim Trocknen eng am Körper geformt, mit Steinen in der Maschine gewaschen, aufgeraut, ausgefranst oder wie auch immer. Diese Form der Individualität wurde damals geboren – fast die einzige. Und natürlich blieben in der Castro ein paar Individuen übrig, die ihrer Kleidung nach überhaupt keine Klone waren, weder kifften noch kritiklos herumvögelten. Auf die hatte ich es besonders abgesehen: frühe schwule besondere Persönlichkeiten. Gelegentlich wurde die Castro für den Autoverkehr gesperrt. Dann gab es Straßenmarkt. Besonders beliebt war der für den Verkauf von Handwerkskunst, also das, womit handwerklich geschickte Jungs, viele Hippies, ihren Etat aufbesserten.

Ich hatte Dennis schon eine ganze Zeit im Getümmel des Marktes beobachtet, mit seinem schwarzlockigen Wuschelkopf – so wie ihn die Bürgerrechtlerin Angela Davis und alle Black-is-beautiful-Menschen in der Bay Area trugen. Dennis, dessen richtiger Vorname Hernandez war, im Mexikanischen eher ein Familienname, interessierte sich erkennbar für schöne Dinge. Mir fiel auf, dass er sich auf diesem Handwerksmarkt alles ganz genau anschaute und erklären ließ. Wir lernten uns kennen, als ich ihm einen Pfeifenkopf zeigte, den ich selbst für Uncle Carl aus Meerschaum geschnitzt hatte, ein von einer Falkenkralle gehaltenes Vogelei. Dennis war begeistert. Wir zogen zur Twin Peaks Tavern, anschließend in die elegante Wohnung eines englischen Schriftstellers an der Divisadero Street, die Dennis während dessen Abwesenheit hüten durfte. Dennis trug keine Jeans (!), kein Holzfällerhemd, kiffte nicht und war, wie ich, während der letzten Tage ziemlich enthaltsam gewesen. Über die Tatsache hinaus, dass wir am nächsten Morgen erst einmal nicht aus dem Bett kamen, waren wir eigentlich das perfekte Match. Dennis suchte den „Senior-sophisticated-Gentleman". Wenn der dazu noch aus Europa kam, war das ein Plus. Ich wiederum suchte genau so etwas Hübsches wie ihn, sein Latino-Touch ein Plus. Sein Vater, Mexikaner, hatte seine deutsche Mutter Erika vor längerer Zeit verlassen. Sie blieb in Kalifornien, stolz auf ihre insgesamt drei Söhne, einer schöner als der andere.

Ja, auch Dennis war schön, er war auffallend schön! Unter seinem schon beschriebenen Wuschelkopf ein Gesicht von deutlich hellerer Hautfarbe als seine Brüder und besonders fein geschnitten, ein paar dunkelbraune Pigmentflecken, schmale, geschwungene, sehr schwarze Augenbrauen, rabenschwarze Augen, fein geformte Nase, fester entschlossener Mund. Wenn er sich langweilte oder abwesend war, kam ein etwas müder, arrogant wirkender Zug um seine Augen. Dann hatte er etwas ungewollt Abweisendes. Wenn ich ihn in dieser fast verträumten Pose ansprach, kam blitzartig Leben in sein Gesicht, ein unwiderstehlicher Schalk in seine Augen, sein Lachen anfangs verlegen, spöttisch, zuletzt offen und frei. Dennis war ein leidenschaftlicher Liebhaber. Dazu war er ehrgeizig, intellektuell fordernd, unterhaltsam, für seinen einfachen Schulabschluss erstaunlich gebildet. Dabei war er selbstbewusst und gelassen, denn er verdiente inzwischen gutes Geld als Model für Agenturen und Verkaufskataloge. Wir entdeckten, wie schön es war, gemeinsam am Kulturleben der Stadt teilzunehmen, solange für ihn ein bisschen Show dabei war. Oper interessierte ihn sehr. Wir sahen eine Aufführung von *Così fan tutte* im War Memorial Opera House am Civic Center. Diese Mozartoper war für uns ein intensives gemeinsames Erlebnis voller musikalischer und psychologischer Einsichten. Die Inszenierung fand ich in bester kalifornischer Weise total missverstanden und oberflächlich, das Bühnenbild verkitscht, aber ihn störte das nicht, dazu fehlte ihm der Vergleich. Die Musik faszinierte ihn, er hatte noch nie Mozart gehört.

Einmal sind wir voll bekifft ins Musical *Evita,* ein andermal, ebenfalls voll breit, in eine kitschig-szenische Aufführung von Bachs *Matthäuspassion.* Wunderbar. Dennis konnte mexikanisch kochen und brachte mir Sashimi-Essen bei. Wir haben es ein Jahr lang locker miteinander ausgehalten. Mit ihm in die Grand Outdoors, in den Yosemite Park zu gehen, das auch noch im Winter, war überhaupt nicht sein Ding. Er akzeptierte schließlich die Naturszene als grandiosen Hintergrund für Modefotografie in seinen besten Outfits, Pelze bevorzugt, obwohl in Kalifornien kein Mensch einen Pelz trug. Ich gab mir sehr große Mühe, die Fotos sind mir gut gelungen, schließlich liebte ich ihn, er sah gut aus, konnte sich hervorragend bewegen und er hatte eine bessere Kamera als ich – er verkaufte die Bilder sofort. Dennis träumte davon, eines Tages mit mir nach Europa auszuwandern. Er dachte an London, Paris, Mailand – München wäre auch erstmal okay gewesen. Als seine Mutter ihm vermittelte, dass sie mich auf der Gegenautobahn sah, erlosch sein Interesse. Dennoch sind wir gute Freunde geblieben. Er hat mich Jahre später in München besucht.

Wer Anfang der Siebzigerjahre als Schwuler nach Kalifornien gekommen war, wurde umgehend in den Strudel sexueller Abenteuer, allgemein ausgelebter Begehrlichkeiten, promisken Verhaltens, der Unverbindlichkeit, der Bindungslosigkeit, Partnerlosigkeit hineingezogen. Da wollte manch einer auch gar nicht so schnell wieder heraus. Der Zustand erschien unkompliziert, man ließ sich treiben, immer gab es jemanden, mit dem man auf einen Drink oder anschließend zum Essen gehen, danach Sex und für eine kurze Zeit gemeinsam Spaß haben und am Ende problemlos wieder auseinandergehen konnte.

Tatsächlich bin ich in meiner Anfangszeit in der Stadt lange ohne festen Partner geblieben, die Situation war promiskuitätsfreundlich, und ich war voll dabei. Dabei hatte ich wieder einmal im Schichtdienst der Klinik sehr viel zu tun und wenig Freizeit. Ein gewisses Alleinsein störte mich nicht, zumal man bei so vielen Kollegen, von denen viele schwul waren, nicht unbedingt ausgehen musste – oft kamen Einladungen zu privaten Partys.

Auf der Pierce Street nahe dem kleinen steilen Alta Plaza Park wohnte ein Kollege aus dem Fach Kinderheilkunde in einem sehr hübschen viktorianischen Haus. Orsetto war Italiener der zweiten Generation. Er lebte mit seinem jungen Freund Ron aus den Niederlanden zusammen, den ich tatsächlich viel früher schon einmal in Amsterdam kennengelernt hatte. Die Welt ist klein, sagte man dann – ein Taschentuch – und die schwule Welt gerade mal eine Ecke davon.

Orsetto und Ron gaben eine vorweihnachtliche Party mit Kollegen, Freunden, Nachbarn. In dieser Ecke und nicht weit von der Klinik, in der ich arbeitete, wohnte damals schon eine größere Zahl schwuler und lesbischer Paare. Frauen waren aber zu dieser Party nicht eingeladen, das hat in meiner ganzen Zeit jedenfalls dort nicht funktioniert. Langweilig war es trotzdem nicht, es war ziemlich voll. Über einem Drink kam ich mit einem attraktiven jungen Kollegen ins Gespräch, Alejandro, einem Latino aus Venezuela. Er schien mir von den anderen etwas ausgegrenzt, weswegen ich ihn zunehmend genauer beobachtete. Er merkte, dass er mein Interesse hatte, spielte auch ein bisschen mit mir, wieweit ich den Kontakt mit ihm ernst meinte. Allerdings war ich nicht ganz so bei der Sache. Ich hatte für den Folgetag ein Ticket für einen Flug nach München, um zum ersten Mal zu Weihnachten zu Hause zu sein. Deswegen tauschten Alejandro und ich nur Telefonnummern, ich wünschte „Feliz Navidad“, er lachte und sagte: „Merry Christmas – see you next year.“

Spät im Januar riefen mich die Freunde von Pierce Street an und sagten, ich solle mal Alejandro kontaktieren, er habe nach mir gefragt, das komme bei ihm ziemlich selten vor. Ich rief ihn an und erklärte ihm, warum es mit meiner Rückmeldung etwas später geworden sei. „No problema.“ Wenn ich zu ihm auf ein Glas Wein kommen wolle, dann sollten wir uns gleich am Wochenende bei ihm treffen. Ich solle viel Zeit mitbringen.

Er wohnte in zwei sehr schönen, schlichten Zimmern im Obergeschoss des viktorianischen Hauses eines Kollegen der Klinik, denen man mit viel restauriertem Holzwerk den ursprünglichen Charakter wiedergegeben hatte. Alejandro hatte meinen Besuch sorgfältig vorbereitet und einen trockenen Chardonnay kaltgestellt. Zum Knabbern gab es ein paar Cookies, deren Seelenverwandtschaft zu dem von ihm besorgten „top grass" leicht erkennbar war und von dem er uns einen langen Joint gedreht hatte. Es fällt mir schwer, zu beschreiben, was mich damals so vollkommen selig und hoffnungsvoll gemacht hatte. Alejandro übernahm ohne Anflug von Dominanz leicht und sicher die Führung bei unserem Ausflug, um mir *en détail* selbstbewusst seine Vorstellung einer aufmerksamen Zärtlichkeit zu vermitteln, auf der wir möglichst lange bleiben sollten. Er war der Erste, der mir seinen tief inhalierten blauen Atemstrom warm, langsam, endlos zwischen seinen leicht geschürzten Lippen zärtlich ins Gesicht blies, zur Stirn hin, zu den Augen, in die Ohrmuscheln, zum Nacken, zuletzt betont langsam in den Mund. Dabei berührte er mit weichem, wenig feuchtem Mund gerade eben und unendlich zart meine Lippen, bewegte die seinen fast kontaktlos hin und her. Wenn er ausgeatmet hatte, gab es auf die angeblasene Stelle einen leichten Kuss. Als alles aufgeraucht und aufgebraucht war, gab es nur noch Küsse, dazwischen unendlich viel unbeschreiblich Lustvolles, fantasievoll, gelegentlich kämpferisch.

Wir wurden erst am späten Vormittag des nächsten Tages richtig wach und hatten nach der Nacht richtig Hunger. Alejandro zog mich hinunter in die Küche – der Hausherr grüßte freundlich lächelnd und verschwand – und machte uns den mexikanischen Klassiker „Huevos rancheros" mit viel Orangensaft und Perrier. Gleich danach hatte Alejandro schon den nächsten langen Joint gedreht, und über einem Baseballspiel im TV, das mich weniger interessierte als ihn, haben wir uns am Schluss noch einmal so angefasst, dass ich mich erst am späten Abend ohne jede Eile nach Hause aufmachen wollte. Ich war glücklich und mir meiner Sache sehr sicher. Wir unterhielten uns weiter voll entspannt, ich machte einen Vorschlag, wann wir uns das nächste Mal treffen sollten, und deutete an, dass wir ja vielleicht eine gemeinsame Wohnung anstreben könnten, wann immer uns irgendwann einmal danach sei. Alejandro sah mich offen und direkt an und sagte mir, er wolle mir gleich klarmachen, dass seiner Meinung nach zwischen uns weiter nichts laufen werde. Ich war irritiert. Er setzte nach, er habe bei unserem ersten Treffen zu seiner Enttäuschung den Eindruck gewonnen, ich sei nicht interessiert gewesen und habe wohl grundsätzliche Hemmungen, mich mit ihm als Latino einzulassen. Bei seiner Feststellung wirkte er sehr entschlossen. Ich bin zutiefst unglücklich und enttäuscht nach Hause gegangen, diese Enttäuschung tat tatsächlich weh und hielt viele Tage an. Wenn ich es locker sagen soll, so hatte ich gerade den wohl besten Sex meines Lebens gehabt, und auch deswegen fand ich die abrupte Verweigerung mehr als schade. Wir sind uns nicht wieder begegnet. In all den Jahren habe ich ihn nie vergessen können und für mich immer noch keine schlüssige Antwort auf diese Entwicklung gefunden, denn ich hatte mich total verliebt.

Es war auch in jener Twin Peaks Tavern, wo ich einen anderen jungen Mann, einen Italiener, kennenlernte, einen Musiker von großem Talent und großer Liebenswürdigkeit. Nello stammte aus Süditalien, aus einer Musikerfamilie. Sein Vater hatte sein Talent früh erkannt und ihn nach Rom aufs Konservatorium geschickt. Nello lernte Klavier, war aber in Wirklichkeit ein begnadeter Konzertsolist am Cello. Als wir uns kennenlernten, hatte er sein Cello nicht dabei, was die Sache vereinfachte. Sein Sexappeal war unbeschreiblich, nicht zuletzt wegen seiner tiefschwarzen, wunderbar vollen und weichen Haare, die in großen Locken sein Gesicht einfassten. Er hatte mich mit strahlendem Lächeln frontal angemacht, und wir sind nach kurzem Kennenlernen sofort zu ihm in seine kleine Wohnung. Nello war ein Mann von großer Leidenschaft, unermüdlich und geradezu unersättlich. Beim Sex lächelte er ständig, manchmal strahlte er, manchmal schien er unter der stoßenden Überlegenheit seines Partners vor Lust und Sinnlichkeit völlig auszuflippen. Dabei warf er den Kopf schluchzend nach hinten, verdrehte unter Keuchen die Augen, um danach Unterkörper und Beine langsam sinken zu lassen, sich lasziv zu strecken, seinen Körper langsam und lächelnd ganz zu entspannen, ruhig und tief zu atmen, ganz zuletzt langsam einzuschlafen.

Nello lud mich zu allen Gelegenheiten seiner kleinen Hauskonzerte mit dem Cello ein. Da war er vollkommen konzentriert. Er beherrschte Antonín Dvořáks Cellokonzert perfekt. Außerdem war er dabei, ein selten gespieltes Cellokonzert von Clara Schumann zu erarbeiten. Es war etwas ganz Besonderes für mich, mit ihm über Bach zu sprechen. Bach schien ihm ungeheuer wichtig. Er selbst habe noch nicht viel Bach gespielt, versuche ihn gelegentlich auf seinem Klavier und bedauere, ein Cembalo weder zu besitzen noch spielen zu können. Wenn er probte, vergaß er die Welt. Nello machte zunehmend Karriere. Persönliche Momente mit ihm wurden seltene Kostbarkeit. Zu meiner großen Freude machte er die Bekanntschaft eines Musikmanagers, der ihm sofort fast alles abnahm. Er strukturierte in kürzester Zeit Nellos Leben, kümmerte sich um die gesamte Organisation von Auftritten. In einem großen Orchester zu spielen, war niemals sein Ding gewesen, da hatte er sich jetzt zu disziplinieren. Er kam als Solist musikalisch und optisch gleichermaßen gut an, das hatte im Moment keine Priorität. Außerhalb der Vereinigten Staaten hatte er noch nie gespielt. Selbstverständlich träumte er davon, irgendwann einmal auf Europatour zu gehen, und nicht zuletzt wollte er so auch in Süditalien gesehen werden, da stammte er schließlich her. Craig, sein Manager, würde ihm diesen Traum sicher irgendwann einmal möglich machen. Craig war ein wunderbarer, geduldiger Mensch. Sie kamen wie ein festes Paar daher, ich bin sicher, dass Craig sehr verliebt in Nello war – man musste nur hören, wie er dessen Namen aussprach! Ich bezweifelte, ob der ihn seinerseits als festen Lover ansah, aber Nello sah sich auch zunehmend als eine besondere Erscheinung von Künstler, der Anspruch auf eine gewisse Art dauerhafter Verehrung hatte.

26 Vom hässlichen jungen Entlein

Im Herbst des Jahres 1972 war ich mit 36 Jahren als ausgebildeter Facharzt für Innere Medizin, Anästhesie und Intensivmedizin mit einem Stipendiatenvisum nach Kalifornien gegangen, in der Absicht, Deutschland den Rücken zu kehren. Der Grund: Die deutsche Öffentlichkeit war in einer Zeit, in der sich selbst die ursprünglich rigide Gesetzgebung schrittweise änderte, nicht bereit, Homosexualität in irgendeiner Form zu akzeptieren. Ich war schwul und hatte lernen müssen, dass Menschen meines Alters in meiner Umgebung trotz hoher gesellschaftlicher Stellung, trotz hervorragender beruflicher Ausbildung und Leistung in ihrer Existenz vernichtet werden konnten, wenn etwas über ihre Homosexualität bekannt wurde.

Zum Ende meiner Zeit in Kalifornien musste ich erfahren, dass mein für die Stipendiatenzeit ausgestelltes Visum sich nicht unmittelbar in ein Einwanderungsvisum umwandeln ließ. Ich musste vor einem erneuten Antrag nach den Bestimmungen der USA für zwei Jahre nach Deutschland zurück. Da ich vorhatte, in zwei Jahren wieder in Kalifornien zu sein und in Deutschland keinen Ortswechsel vornehmen wollte, bemühte ich mich um eine Stelle in der Uniklinik der LMU in München, die für das eben fertiggestellte Klinikum

Großhadern moderne Intensiveinheiten vorsah. Mit dem Umzug nach Großhadern war ich voll zurück in der liebsten meiner zeitraubenden Beschäftigungen, der Intensivmedizin. Und hatte damit wieder mal wenig Zeit für Privates.

Ich war im letzten Halbjahr meiner Zeit in Kalifornien häufiger mit Männern aus der Lederszene unterwegs gewesen. Mir war aufgefallen, dass bei unseren Wochenendausflügen zu den Rocky Mountains die Cowboys unter uns, die anfangs sogenannte „Chaps", eine typische Reithose der Cowboys aus naturfarbenem Rinderleder, über ihren Jeans getragen hatten, plötzlich solche aus schwarzem Leder trugen und die Jeans einfach wegließen. Dafür trugen sie dann ein manchmal nietenbesetztes schwarzes Dreieck, mal vorne, mal hinten, was aufregend aussehen konnte und bei immer mehr Jungs der Lederszene auf der Folsom Street in Mode kam. Dazu verbreiteten sich schwarze Lederstiefel. Auch in München gab es diese Szene. Es war ein bisschen Show dabei, da alle so taten, als ob bei ihnen ein Motorrad der Marke Harley Davidson im Hinterhof stünde. In Wirklichkeit ging es um Ledererotik in allen Formen zwischen zart und hart. Ich hatte schon in Kalifornien festgestellt, dass die Männer der Lederszene in Zeiten noch bestehender Diskriminierung besser organisiert waren und als schwule Gruppe fester zusammenhielten. Als ich erfuhr, dass die Berliner Lederszene sich schneller entwickelt hatte und inzwischen jedes Jahr zu Ostern ein Ledertreffen organisierte, zu dem Jungs aus ganz Europa zum Ostereiersuchen in die Frontstadt kamen, fuhr ich mit ein paar Motorradfreunden aus München dorthin.

Zum Festabend der Berliner Lederszene war eine Show in den Charlottenburger Festsälen angekündigt. Was ich da erlebte, machte mich sprachlos und glücklich. Die Show, von jungen professionellen Berlinern aus den Bereichen Showtechnik, Beleuchtung und Projektion, Bühnenbild, Maske, Musik und Tanz (Ballett der Stiefelkerle), aus einem Gefühl des Könnens, ihrer Unentbehrlichkeit im Berliner Opern- und Theatergeschäft, aus dem Willen zur Selbstbehauptung und effektvollen Emanzipation begeistert, freiwillig und hochprofessionell konzipiert und um 22 Uhr auf die Bretter gebracht, überraschte mich als Theaterverwöhnten wie alle anderen. Ja, es überwältigte mich. Höhepunkt war eine herrliche Parodie des berühmten Songs von Evelyn Künneke: *In der Bar zum Krokodil, am Nil, am Nil, am Nil.*

Die Halle tobte eine halbe Stunde lang. Dann beruhigte der Frontmann das Publikum: „Jebt uns eene Stunde, um een Uhr zieh'n wa det Janze nochma ab." Das Dacapo kam pünktlich – Jubel ohne Ende. Mich hatte beeindruckt, wie sich die Szene in meiner Abwesenheit speziell in Berlin eher losgelöst von der übrigen Gesellschaft in Deutschland entwickelt und im Vergleich zu den USA selbst weitergebracht hatte. Das ermutigte mich sehr. Die Gründe dafür habe ich erst ein oder zwei Jahre später erfahren. Hier in Berlin hatte die Szene in einer kreativen Show eine schwule Eigeninitiative entfaltet von einer individuellen, persönlichen Art, wie ich sie in Kalifornien nie erlebt hatte. Ich fühlte mich mit meiner Situation, meinem Warten ein bisschen ausgesöhnt. Arbeit schmeckt besser, wenn man weiß, wie, wann und wohin man ausreißen kann.

Szenenwechsel: Schwule haben es schon immer und immer wieder geschafft, zur Erholung wie „Cruising" die schönsten Stellen der Welt ausfindig zu machen. So durchfließt die Isar das Stadtgebiet Münchens auf einer Strecke von knapp vierzehn Kilometern von Süden nach Norden und ist mit ihren vielen Flachwassern, Kiesbänken und Auen eines der schönsten Naherholungsgebiete einer deutschen Großstadt. Nähe zur Großstadt war allerdings das, was die Jungs beim textilfreien Sonnenbaden nicht so gern wollten. So fuhr man entweder zu einem Labyrinth von Büschen unterhalb der Großhesseloher Brücke oder gleich hinaus in das Flussgebiet um Wolfratshausen. Dort gibt es im Dreieck zwischen Zusammenfluss von Isar und Loisach ein Naturgebiet von ganz besonderer Schönheit. Schon in den Sechzigerjahren war ich mit meinen Freunden hier hingekommen, damals in kleinen Gruppen. Inzwischen bewegte sich wochenends ein ganzer Tross mit Auto und Fahrrad in dieses Naturschutzgebiet. Ein anliegender Bauer hatte seine Wiesen gegen Gebühr zum Parken freigemacht, was dem anderen Bauern missfiel. So gelangte Kunde von den Scharen unbekleideter und leicht enthemmter Sonnenanbeter zum Wolfratshausener geistlichen Herrn, der prompt in der nächsten Sonntagspredigt gegen das sündhafte Treiben in der Pupplinger Au wetterte und mit starken Worten Wunder wirkte: Über die folgenden Wochen hinweg vervielfachte sich die Zahl der Besucher prompt. Junge Menschen, wie Adam und Eva nackt und schön, lustwandelten durch Flussaue und niedriges Weidengebüsch, beobachteten, bewunderten oder ignorierten sich, fanden sich, liefen auseinander oder verloren sich aus dem Auge. Und wenn zwei sich gefunden und die Welt um sich verloren hatten, waren die anderen diskret genug, weiterzuwandern, sich nicht umzuwenden, und deswegen haben auch wir keinen Grund, hier etwas sehen oder gar beschreiben zu müssen.

Der hochgewachsene junge Mann mit dunkelblonder Mähne, der mit mir vom gemeinsamen Kurzausflug aus der Flussniederung und einem anschließenden Bad in der kalten Isar zu meinem Sonnenplatz zurückkehrte, hatte einen für die Umgebung ungewöhnlichen nordfriesischen Akzent. Horst, so stellte er sich vor, war in einem Fischerort bei Plön aufgewachsen, das jüngste von sieben Geschwistern einer Tagelöhnerfamilie, die aus Nidden stammte, Kurische Nehrung, damaliges Ostpreußen. Horst trug auch nackt am Isarstrand seine sperrige dunkelbraune Hornbrille, die ihn überhaupt nicht kleidete, die er aber nach endlosem Trocknen seiner Haarpracht wie unverzichtbar wieder anlegte. Beim nächsten Badeausflug hatte er die Brille auf meiner Zeitung abgelegt. Ich sah keinerlei optischen Effekt. Er räumte in großer Verlegenheit ein, sich mit der Brille ein intelligentes Aussehen verpassen zu wollen, sein Vater habe ihn immer als nutzlosen Dummkopf dargestellt. Ich ergriff die Gelegenheit wortwörtlich beim Schopf und sagte ihm, die Brille müsse gleich mal weg, seine lockige Haarpracht ein bisschen gekürzt und besser gefasst werden. Schon am nächsten Tag erhielt er dafür Komplimente. Beim ersten Wiedersehen erzählte er mir das mit einigem Stolz – so bekam ich meinen ersten Kuss außer der Reihe. Die Brille ist nie wieder aufgetaucht.

Von Nidden auf der Kurischen Nehrung, heute Litauen, weiß man vielleicht noch, dass es dort früher eine deutsche Künstlerkolonie gab. Manchen mag das Haus von Thomas Mann bekannt sein. Auf der Flucht aus Nidden vor der Roten Armee, im April 1945 nach Kriegsende, in den Westen hatte der Tross von Pferdefuhrwerken mit Horsts Familie in Köslin im damaligen Hinterpommern Halt gemacht, dem heutigen Koszalin in Polen. Seine Mutter war kurz nach Fluchtbeginn mit anderen Flüchtlingen über Nacht an Typhus erkrankt und nach zwei Tagen schon verstorben. Das trostlose Bild, das der gerade Fünfjährige von seiner Mutter fortan in sich trug, war ihr in ein Leintuch gehüllter schmaler Leichnam, wie er auf dem Hauptweg des von Toten überfüllten Friedhofs neben der Klosterkirche von Köslin unter Bäumen einfach abgelegt wurde, ohne Blumen, ohne Erde. Dieses Bild schilderte er mir immer wieder, wenn er verzagt war darüber, als Kind nie richtige Liebe empfangen zu haben. Am Endpunkt der Flucht in Laboe bei Plön hatte der Vater in sehr kurzer Zeit Wirtschaftshilfen für Vertriebene organisiert und es zu einem Fischkutter gebracht. Vier seiner Söhne lernten mit ihm um, Vater und Söhne gingen der Fischerei mit zuletzt drei Kuttern nach. Dass Horst nicht gleichfalls diesen Beruf ergriff, brachte den Vater maßlos auf. Er schlug den Jungen, bezeichnete ihn als einen dumm dreinschauenden, missratenen Nichtsnutz und prophezeite ihm eine verbrecherische Zukunft. Horst verließ zuletzt seinen unleidigen Vater, seine untröstlichen Schwestern, machte mit großem Erfolg eine Kunstschreinerlehre und zog tief in den Süden, nach München. Er hatte seinen Hang zu jungen Männern erkannt und wollte mit solchen Neuigkeiten dem Vater nicht auch noch halbwegs recht geben. Er erhielt eher durch Zufall ein sehr lukratives Angebot eines großen Münchener Bekleidungsgeschäftes, die Dekoration der großen Schaufenster zu übernehmen, wobei Horst schnell zu großer Form auflief. Andy Warhol, der in New York als Schaufensterdekorateur angefangen hatte, wurde sein Vorbild.

Wir hatten sehr schnell das Gefühl, zusammenzugehören, uns in vielen konträren Bereichen gut zu ergänzen und auf lange Zeit zusammenbleiben zu wollen. Beide hatten wir den sexuell erfahrungsgemäß heftigeren Teil unseres Lebens hinter uns. Von Beginn an war uns klar, der Erfahrung anderer Freundespaare zu folgen und

Gedanken an eine Art Monogamie oder an etwas so Dramatisches wie ewige Treue nicht groß nachzuhängen. Vielmehr wollten wir sichergehen, uns, unsere Ängste und Bedürfnisse so gut kennenzulernen, uns so weitgehend zu vertrauen, um uns in Situationen, so schwierig sie auch immer sein mochten, zu verständigen und uns gegenseitig problemlos und zuverlässig an der Seite zu haben. Wir lernten bald, uns nur über Blicke zu verständigen.

Für den folgenden Sommer, nach dem ich meinen Vierzigsten groß feiern wollte, hatten wir uns vorgenommen, uns im Sommerurlaub im täglichen Beieinander des Reisens richtig kennenzulernen. Ich war schon über ein paar griechische Inseln gerutscht, Horst hatte Aufregendes von Mykonos gehört. Er freute sich riesig darauf, Unbekanntes kennenzulernen – Seeluft ist immer gut. Ich hatte mit Horst besprochen, dass wir aufgrund des perfekten Klimas der Kykladen mit so wenig Kleidung und Gepäck wie möglich auskommen sollten. Zugleich wollten wir auf den verschiedenen Inseln jeden Abend ohne Zeltromantik immer unter einem festen Dach schlafen. Zuletzt hatten wir neben dem unvermeidlichen Kulturbeutel und einer faltbaren Regenpelerine nur ein Paar Jeans, zwei Sets Unterwäsche plus T-Shirt, Badehose, Flip-Flops und Wanderstiefel in unseren leichten Rucksäcken, dazu noch je eine Ledertasche mit großen Messingschließen über der Schulter, Arbeiten eines Hippies aus Kalifornien. Horst steuerte zuletzt zwei dunkelblau und weiß gestreifte kragenlose Fischerhemden aus seinem Heimatdorf Laboe bei und meinte grinsend, das wäre vielleicht das Einzige, was seinem Vater an ihm jetzt gefallen könnte. Der Vater war offenbar immer noch überall mit dabei.

In Athen kamen runde weiße griechische Matrosenmützen zu unserer Ausstattung hinzu, das machte sich sehr gut. Da ich die Stadt schon kannte, übernahm ich die Rolle des Fremdenführers für Horst, wobei er bei geplanten Museumsbesuchen ein paar Abstriche machte. Am Abend des letzten Tages sind wir der Küste entlang nach Kap Sounion gefahren, um bei diesem unvergleichlichen Sonnenuntergang auf Marmorblöcken des uralten Poseidontempels sitzend zögerlich dem anderen Worte der Liebe zu sagen, Küsse aufs Ohr zu flüstern, endlos Gefühle zu teilen. Hölderlin tat mir auf einmal richtig leid!

Vom Ausflug nach Delos brachten wir ein Foto mit, auf dem wir den riesigen Marmorphallus mit obszönen Bewegungen flankierten. Horst machte daraus eine Neujahrskarte für alle unsere, auch internationalen Freunde. Damit sicherte er uns schon gleich mal eine Unterkunft in New York bei Leuten, die wir noch gar nicht kannten, zu einer Zeit, als er nicht einmal davon träumte, je dort hinzukommen. Dass wir uns auf eine so unangestrengte Art kennengelernt und unser Verhältnis auf diese Weise intensiviert hatten, gab uns beiden große Lebenszuversicht und eine solide Stabilität. Es war interessant, wie wir von Mitreisenden auf Schiffen, am Strand, beim abendlichen Flanieren respektiert wurden als ein Paar junger selbstbewusster Männer, die sich erkennbar mochten, offenbar im Miteinander ihre Reise genossen und mit allen gut Freund sein wollten.

Horst hatte nach Bändigung seiner Haarpracht eine verblüffende Ähnlichkeit mit dem Schauspieler Raimund Harmstorf als „Seewolf" in der damaligen Verfilmung des Romans von Jack London. Vielleicht war Horst nicht so wuchtig, hatte dafür leicht betonte Wangenknochen als Zeichen seiner slawischen Herkunft. Er war in der Zeit unseres Zusammenseins zunehmend lockerer und selbstsicherer geworden. Alle kannten, alle mochten ihn, die Szene in München kannte uns plötzlich als Paar. Wir gingen zusammen in einen Sportverein, in dem junge Münchner merkten, dass sie ein eindeutig zusammengehörendes Männerpaar unter sich hatten. Anfangs wurde etwas komisch und fast verlegen geguckt, Probleme gab es keine, und nach dem dritten Mal wurden wir zum Saufen eingeladen, auf unsere Kosten natürlich.

Ja, wir wurden auch plötzlich von Leuten auf deren Kosten eingeladen, von Freunden von Freunden, Normalos, wie wir sagten, die uns kaum kannten. Nett aussehende Schwule zu kennen und einzuladen, war plötzlich in München total in. Irgendwann sagte Horst, es sei genug der missionarischen Tätigkeit und wir sollten ab sofort nirgendwo mehr die rosa Elefanten machen. Wollten wir ja sowieso nicht, wir wollten lieber den eigenen Geburtstag feiern!

Horst meinte, ich würde in der Münchener Szene inzwischen mit meinem USA-Fimmel identifiziert, und das sollten wir auf einer großen Party kräftig parodieren. Wir mieteten für ein Wochenende in Haimhausen nördlich von München einen klitzekleinen Bauernhof, der sich locker zu einer Farm zurückdrehen und mit Stars 'n' Stripes beflaggen ließ. Ein junger Freund, Metzger seines Zeichens und durch seine spätere Freundschaft mit einem bedeutenden Filmregisseur jener Tage „gefassbindert" und berühmt gemacht, schaffte es mit einem Arbeitskumpel, für etwa vierzig Gäste ausreichend Hamburger mit Fritten herzustellen, die schlicht exzellent zu sein hatten. Sie waren die einzig feste Nahrung. Die Jungs konnten später nicht genug davon kriegen. Dazu gab es amerikanisches Dosenbier und jede Menge improvisierter Show, soweit der eine oder andere das für amerikanisch hielt.

Obwohl ich die meisten der von Horst getroffenen Vorbereitungen kannte, bekam ich selbst doch eine echte Überraschung. Der Ablauf der Geburtstagsfeier schien plötzlich unterbrochen oder gar beendet, als eine riesige dreistöckige Torte mit elektrisch illuminierten Pappröhrenkerzen von einem Gabelstapler hereingefahren, in Szene gesetzt und mit Punktstrahler angeleuchtet wurde. Es war eine etwa 1,50 Meter hohe und zwei Meter durchmessende, einfallsreich konstruierte Orgie aus Pappe, Styropor und gespritztem Kunststoff in Weiß, Rosa, Hellblau und immer noch mehr rosa Tüll, ohne den man die Torte durchaus hätte anbeißen mögen, so lecker sah sie aus! Das dürfte aber manchem *too hot* gewesen sein, wie Billy Wilder schon immer wusste. Mit einem Knall zerbarst das Gebilde, und heraus sprang ein kaum zwanzigjähriger, muskulöser Bengel mit Cowboyhut und in echten Cowboystiefeln: der kleine Max, Liebling der Szene und von Horst angeheuert. Die sonstige Bekleidung dieser Überraschung bestand nur noch aus einem Revolvergürtel – außer den weißen Styroporfetzen, die seine Bräune noch erotischer machten. Sein bisschen Show-Exhibitionismus schien ihm offenbar Spaß zu machen, denn sein mittig auf die Zuschauer gerichteter, spontan erigierter Schießprügel war schlicht erstaunlich. Selbstverständlich schoss er nicht, auch wenn viele gerne den Rauch vom Colt geblasen hätten. Dabei war seine einzige Aufgabe, mir einen Geburtstagskuss geben. Horst zwinkerte: Kuss von mir, alles andere Deko!

Ich dachte, wie alle, das war die größte Überraschung – zwei völlig unerwartete sollten aber noch kommen. Zunächst einmal zog unser kleiner Cowboy Max kurz einen älteren Freund in die Szene. Der war niemand anders als Arthur – ja, Arthur! Arthur, ein klein wenig älter geworden, war etwas verlegen, er hatte keine Ahnung gehabt, dass sein Freund Max ausgerechnet auf meiner Geburtstagsparty zu posieren hatte. Aber er freute sich mit mir ganz dolle über unser unerwartetes Wiedersehen. Er lachte, als ich ihn fragte, ob er mal wieder auf längerem Urlaub gewesen sei, und nickte etwas verlegen.

Ich selbst hatte meine Gäste überraschen wollen und, da ich in Schwabing wohnte, eine junge Munich-Freedom-Country-Shuffle-Group aufgetan – der Name war Anspielung auf die Münchner Freiheit. Sie waren mir aufgefallen, weil sie sehr locker spielten, mit echtem Waschbrett und perfekter Beherrschung des Boom-Chikka-Boom-Rhythmus von Johnny Cash. Sie hatten sich schnell für die Idee eines Countrymusic-Auftritts auf einer mini amerikanischen Countryfarm begeistern lassen. Mit ihrem Leadsänger hatte ich ein gutes Honorar ausgemacht, sie kamen pünktlich zum zweiten Teil des Abends mit VW-Bus.

Sie shuffelten gleich richtig los, bekamen Dosenbier gereicht und spielten für eine begeisternde gute halbe Stunde. Danach verschwanden sie in der Bauernstube und blieben auffallend lange unsichtbar. Ich ging hinein und traf eine Gruppe, die lustlos und muffelig wirkte. Der Bandleader sagte mir etwas verlegen, seine Jungs seien beleidigt und pikiert, unversehens in eine Party voller Schwuler geraten zu sein. Das hätte ihnen fairerweise vorher gesagt werden müssen. Ich bemühte mich um Beherrschung, denn er hatte den richtigen Nerv bei mir getroffen, zumal ich so viel jugendliches Spießertum nach meiner Kalifornienzeit nicht erwartet hatte. Ich fragte ihn, ob er es fair fände, wenn ich sie alle gleich ohne Vorhersage und ohne einen Cent rauswürfe, anstatt mir eine Gruppe feiernder junger

Menschen, meine Geburtstagsgesellschaft, von ihnen diskriminieren zu lassen. Sie seien dabei, ihr eigenes begeistertes Publikum zu beleidigen. Sie sollten sich mal übers Büfett hermachen und ihren zweiten Teil abliefern. Offenbar mochten sie nicht recht essen, aber gerne trinken, und plötzlich standen sie dann doch wieder mittendrin und lieferten unglaubliche weitere vier Sessions ab, schrammelten und spielten bis zwei Uhr morgens, fast bis zur Bewusstlosigkeit. Sie verließen uns mit Scheck und extragroßem Trinkgeld und sagten, sie hätten noch nie ein so tolles Publikum gehabt. Es gibt Leute, die von dieser Party heute noch reden.

Auch wenn es sich nicht so anhört, ich steckte weiterhin dick in Arbeit, hatte wenig frei, die Zeit schritt fort, eineinhalb Jahre waren im Nu verflogen. Bei Horst klopfte ich vorsichtig an, ob unsere nächste Reise vielleicht in die Staaten gehen könnte. Er winkte sofort ab, das Land sei ja so groß, er möge es nicht, Englisch spreche er schon gar nicht, wolle er auch nicht, da sei er schon in der Schule schwach gewesen. Er verstehe, warum ich so schnell wieder ins schöne Heimatland zurückgekehrt sei. Bei dieser Abwehrhaltung blieb er standhaft. Bis Jim vor ihm saß. Wir waren in einem sonnigen Herbsttag noch einmal runter an unser Isardreieck gefahren. Jemand hatte ein paar amerikanische Touristen, sportliche Jungs aus Texas, dort hingeschleppt, sie waren von Fluss- und Alpenpanorama restlos begeistert. Einer von ihnen, Jim, baumlang, ein noch junger Kerl von einem Cowboy mit prachtvollem schwarzen Schnurrbart, machte kein Hehl daraus, wie begeistert er auch von Horst war. Bei solchen Sachen musste ich aufpassen, wusste ich doch längst, dass mein lieber Horst Sympathien zuletzt auch für Menschen entwickelte, die er anfangs überhaupt nicht leiden konnte, so sie ihm nur lange genug schmeichelten und Komplimente machten. Es gelang mir, die Situation in Grenzen zu halten. Beide hatten vielleicht ein kleines Abenteuer, doch Horst blockte ab: Er gehöre nach München und zu mir.

Entsagung gehörte allerdings wohl noch nicht zu Jims Erfahrungen. Er ließ nicht locker und versprach, wenn wir ihn jemals in Houston in Texas besuchten, würde er eine Party nach der anderen schmeißen, nur um Horst zu tollen Erinnerungen zu verhelfen. Das war ein Wort! Horst begann, mit mir Englisch zu üben. Lange ging es nur holprig, bis ich ihm sagte: „Den Rest lernst du später im Bett." „Im Bett?" „... oder in mehreren, wenn wir erst mal in den Staaten sind, Sprachen lernen wir alle am besten im Bett!" „Wann soll denn das sein? Hoffentlich nicht so bald, wo ich doch immer noch kein Englisch spreche." „Ich denke mal, wir planen für kommendes Frühjahr."

Horst würde Anfang April seinen neununddreißigsten Geburtstag feiern. Das Prinzip einer amerikanischen Geburtstagsüberraschungsparty ist immer gleich: Das Geburtstagskind muss auf Teufel komm raus mit einer Überraschung beglückt werden. Da musste man sich inzwischen viel einfallen lassen, oder das Geburtstagskind musste ab einem bestimmten Punkt so tun, als ob es nichts mehr wahrnähme oder von nichts eine Ahnung hätte. Raffinierte Vorbereitung mit möglichst perfekter Geheimhaltung bis zur überzeugend gelungenen Überraschung des Geburtstagskindes und seiner überraschend hohen Zahl absolut zufällig anwesender Gäste galten als Gradmesser für die Liebe des Partners zu seinem Geburtstagskind.

Bei den Vorbereitungen für unsere USA-Reise merkte Horst an, es sei zwar völlig unwichtig, aber wir müssten vielleicht in der Wüste von Nevada seinen Geburtstag feiern, und zwar, wie bei Schwulen besonders wichtig, genau den letzten vor dem Vierzigsten. Ob wir nicht besser doch deswegen auf die Reise verzichten könnten. Er sah wohl meinen erstaunten Blick und schob nach, das könne man nach der Rückkehr von einer so großen US-Tour mit den Freunden viel besser daheim nachfeiern. Ich stimmte zu und hatte meine Idee. Und da es eine Überraschung werden sollte, wird auch hier erst mal nichts verraten. Zunächst war es überraschend, dass Horst und ich es beide fertigbrachten, für März/April insgesamt sieben Wochen Urlaub für eine Reise in die USA zu bekommen. Horst hatte, obwohl er freiberuflich arbeitete, erkennbar weiterhin keine besondere Lust. In Wahrheit war er immer noch in Sorge, dass sein Englisch nicht ausreichte. Freunden, die wussten, dass Horst unterwegs Geburtstag hatte, gab ich Adresse und Telefonnummer von Jim in Houston, das sei die einzige Möglichkeit, uns in den nächsten sechs Wochen zu kontaktieren.

Im März, kurz bevor Horst neunundreißig werden sollte, flogen wir nach New York, auch wenn wir wussten, damit seinen Geburtstag in Deutschland nachfeiern zu müssen. Erneut hatten wir leichtes Gepäck, waren aber dem Rat unserer Freunde gefolgt, unsere schwarzen Lederklamotten mitzunehmen. Das New Yorker Paar, das uns für fast zehn Tage im Village aufnahm, kannten wir vorher nicht. Der Kontakt kam über einen schwulen Freund in München. Sie hatten viel Spaß an Horsts Delos-Postkarte gehabt und schlossen, wir schienen ausnahmsweise zu den lustigen Vertretern unseres Landes zu gehören. Beide Männer konnten unterschiedlicher nicht sein. Der eine, Bruce Voeller, etwas älter als ich, hatte deutsche Wurzeln, war Biologe und sprach ein bisschen Deutsch. Er war der mit Abstand gebildetste und interessanteste Gesprächspartner, den ich nach meinem Abschied aus den USA traf. Er hatte im Alter von neunundzwanzig Jahren ein recht spätes Coming-out gehabt, sich daraufhin von seiner Frau getrennt, mit der er drei Kinder hatte. Dann wurde er Schwulenaktivist in New York, zunächst als Präsident der New York Gay Aktivist Alliance, später der National Gay Task Force, aus der später, als diese Abkürzungen eingeführt wurden, die National LGBTQ Task Force wurde. Bruce trug viel zur Gründung von über 2.000 Lesben- und Schwulengruppen in den gesamten Vereinigten Staaten bei, und seine Organisation zählte 1978 bereits über 10.000 Mitglieder.

Ich erwähne das, weil Bruce Voeller in den USA immer mehr zu einer dynamischen Leitfigur für die Schwulenbewegung wurde. Es war ermutigend, ihn persönlich treffen und sein Gast sein zu dürfen. Aufgrund seiner Initiative kam es 1977 zum ersten, wenn auch bedauerlicherweise einzigen Treffen zwischen Offiziellen des Weißen Hauses und mehr als einem Dutzend Gründern und Anführern von schwulen und lesbischen Organisationen in den USA. Dieses Treffen mit einem dazu beauftragten Assistenten des Präsidenten Jimmy Carter kennzeichnete den ersten offiziellen Empfang und erste offizielle Gespräche der US-Regierung mit Vertretern von Arbeitsgruppen für lesbische und schwule Rechte im Land. Sein Freund Richard, ein jüngerer Mann aus New Jersey, hatte mit Bruce' Hilfe aus der Drogenabhängigkeit gefunden, war als Architekt immer noch auf Arbeitsuche und sprach einen schwer verständlichen, einsilbigen NY-Akzent, den Horst fast besser verstand als ich. Unsere Freunde sagten uns, New York sei in den letzten Jahren zunehmend gefährlich geworden. Wir sollten auf keinen Fall allein durch die Stadt ziehen. Sie wollten uns gerne das Village in Manhattan zeigen mit allem, was wir uns vielleicht noch gar nicht hatten vorstellen können. Richard brachte viel Zeit mit, schleppte uns überall hin und verliebte sich prompt in Horst und besonders in dessen „Kraut English" (Krauts sind in den USA die Deutschen, die „Sauerkrautfresser"). Richard hatte es deswegen auch nicht eilig, Horsts Englisch zu korrigieren, der weiterhin wortkarg blieb und ein bisschen fremdelte. Richard tingelte mit uns durch ein paar harmlose Gay Bars an der Christopher Street, wir besichtigten die wie eine echte Mauer aussehende Stonewall Bar, hatten ein scheinbar letztes Bier in einer Pianobar nahe Union Square, als Richard beiläufig meinte, er zeige uns gerne auch *the real thing,* wenn wir nur wollten. Wenn wir wirklich wollten, sollten wir lieber gleich mal unsere Lederklamotten anziehen. Und möglichst nicht viel drunter – er wolle mir uns in eine Fetischbar.

Jede Form von Fetisch ist so unmoralisch oder moralisch wie die andere, jedenfalls nicht unmoralischer als die berühmte Missionarsstellung. Wenn möglichst viele Menschen dies endlich mal akzeptieren könnten, ohne zu meinen, dadurch schlechtere Menschen zu werden, würde es vielen Menschen besser gehen, natürlich ohne dass diese dadurch zu besseren Menschen werden. Vielleicht ist „soziale Verträglichkeit" der begriffliche Rahmen, unter dem die Öffentlichkeit dergleichen wahrnehmen kann und vielleicht auch sollte, weil diese Dinge zur Lebenswirklichkeit gehören. Über die verrufene New Yorker Schwulenbar Mineshaft wurde hinter vorgehaltener Hand halblaut diskutiert, dort würden extreme Praktiken zelebriert, die seine Besucher noch einmal deutlich vom „konventionellen Schwulen" abgrenzten. Diese Vorstellung faszinierte viele Menschen. Richard brachte uns ins Mineshaft. Wer dort hinging, wusste, was er tat, zumal man es erst einmal finden musste. Rücksichtsvollerweise hatten die Männer, die die Bar 1976 gegründet hatten, einen Ort ausgesucht, in den sowieso niemand zufällig oder unfreiwillig geraten konnte: mitten hinein in den Meatpacking District von Greenwich Village, wo viele offene Metzgereien lagen und wo gammelndes Fleisch auch in der kältesten Winternacht im biblischen Sinne „gen Himmel stank". Es war nicht einfach, hineinzukommen. Ein Türsteher selektierte strikt. Lederklamotten waren das Mindeste, echte und verdreckte Cowboys hochwillkommen, Bicycle Outfit ebenso wie dreckige Bauarbeiterklamotten und stiefelgewichste Polizei- und Militäruniformen ein Plus! Berühmtheiten wie Mick Jagger und Rudolf Nurejew waren, so war zu vernehmen, nicht hereingelassen worden, weil sie den Dresscode nicht beachtet hatten. Berühmtheiten aus Kreativberufen, die das kapiert hatten, hatten keine Schwierigkeiten: Der amerikanische Filmemacher Vincente Minnelli (*Ein Amerikaner in Paris*), Rainer Werner Fassbinder (*Querelle*), Rock Hudson (*Giants*), Freddy Mercury (*Queen*) und der berühmte Grafiker Keith Haring hatten angeblich ebenso Dauerkarten wie der Fotograf Robert Mapplethorpe, der, wie Rainer Werner, sowieso nie ohne Lederjacke gesehen wurde und darin wahrscheinlich auch schlief. Der aufmerksam selektierende Türsteher konnte den Blick nicht von Horst lassen, war für den Moment verzaubert von dessen Ledermütze über dunkelblonden Locken – und schon waren wir drin, alle drei.

Nachdem das Mineshaft 1985 in allen Ehren wegen Aids geschlossen wurde und jede Menge Nachrufe in der Washington Post, im New Yorker und der New York Times erhielt, fühle ich mich nicht berufen, meine Eindrücke im Detail wiederzugeben über das, was da abging. Ich finde es viel amüsanter, vier Dinge in diesem bierernsten Zusammenhang aufzuspießen, die ich damals schon komisch fand. Zum einen gehört dazu der Dresscode des Mineshaft, in dem interessanterweise nicht das stand, was man tragen sollte, sondern das, was zu tragen verboten war: auf keinen Fall den Hauch vom Gebrauch parfümierter Seifen, kein Hauch von Eau de Cologne oder Aftershave, keine Anzüge oder Jacketts, weder Rugby-/Sportklamotten noch Disco-Dress, keine Lacoste-Alligator-Hemden und: ganz nackt ging auch nicht, jedenfalls nicht von Anfang an.

Das zweite war noch ein bisschen komischer. Seitdem ich als schwuler Arzt die USA kenne, weiß ich, dass dort immer noch die unentschiedene Frage des „cut" oder „uncut", beschnitten oder unbeschnitten, diskutiert wird. Das New England Journal of Medizin brachte in den Siebzigerjahren einmal eine nicht ganz wissenschaftliche, dafür sehr komische Serie mit Diskussionen über „The Foreskin Saga". In der Schwulenszene meiner Zeit in den USA erkannte ich dort das Trauma vieler junge Männer, im Kleinkindalter, also vor der eigenen Willensentscheidung, beschnitten worden zu sein, worüber sie ab der Pubertät nicht immer glücklich waren. Darüber wurde die männliche Vorhaut selbst zum Fetisch. Hier war man nicht „cut or uncut", man war „dressed or undressed".

Amerikaner wissen, dass Europäer meist unbeschnitten sind. Kaum hörte jemand meinen deutschen Akzent, lautete die Frage: „Cut or uncut?" So etwas nannte man in der Szene einen „Asset". In San Francisco empfahl mir mal ein enger Freund, einen Button zu tragen, auf dem das Wort „uncut" stand. Den habe ich nach nur einer halben Stunde in der Toad Hall Bar abgenommen, da mir zu viele Biere zum Kennenlernen zugeschoben wurden. In einer Bar in Boston wiederum lernte ich einmal einen attraktiven jungen Mann aus der Stadt kennen. Wir unterhielten uns glänzend. Er erkannte meinen deutschen Akzent, es folgte die fällige Frage. Als ich ihm sagte, dass das längere Wort zutreffe, wurde er vollkommen aufgeregt. Zunächst folgte er mir gleich beim nächsten Toilettenbesuch neugierig nach, ist mir am folgenden Wochenende mit seinem Camaro bis nach Gloucester in Massachusetts hinterhergefahren, um sich beim Sex im Haus meiner dortigen Freunde fast ausschließlich mit diesem Teil meiner natürlichen Bekleidung zu beschäftigen, was ich trotz seiner Begeisterung und seines guten Aussehens etwas einseitig fand. Damit sind wir zurück beim Dresscode vom Mineshaft und der zweiten bemerkenswert komischen Beobachtung: Neben der Garderobe hing ein Schild, dass man freien Eintritt erhielt, wenn man „uncut", also unbeschnitten sei und dies unmittelbar belegen können. Für Horst und mich kam das nicht infrage oder schlicht zu spät – wir hatten schon Eintritt bezahlt.

Die Mineshaft-Bar war sehr viel mehr New Yorkern ein Begriff, als man annehmen mochte. Die Bar galt als Extremsymbol der sexuellen Revolution, die in den Siebzigerjahren explodiert war. Polizeirazzien hat es dort nie gegeben. Die Polizisten, die dort in Originaluniformen auftraten, waren keine Ordnungskräfte, es waren ebenfalls Gäste, und für ihre bevorzugt auf der Stelle vollzogenen Disziplinarmaßnahmen mit Handfesseln und Gummiknüppel konnte man Gäste aufgereiht anstehen sehen. Irgendwann, genauer 1980, kam die Mineshaft-Bar ins Kino. Sie spielte sich quasi selbst, im Film *Crusing* mit Al Pacino. Es wurde bedauerlicherweise der vielleicht miserabelste Film, der über die Szene je gedreht wurde. Er gab ein kriminelles und blutiges Killer-und-Sex-Szenario als Teil schwuler Wirklichkeit vor. Was für Besucher des Mineshaft ganz klar Fantasie war, weckte bei einem zugleich ahnungslosen wie aufgeregt voyeuristischen Kinopublikum falsche Eindrücke und Vorurteile. Die Szene der New Yorker Schwulen empfand sich durch den Film massiv missverstanden. Es gab lautstarke Proteste und Sabotage schon während der Dreharbeiten. Der Film hatte angemessen schlechte Kritiken und wenig Erfolg.

New Yorker wussten nicht alle so genau, wo das Mineshaft lag, vermuteten die Bar jedoch zu Recht in Manhattan. Sie wussten auch nicht, dass die Männer, die dort hingingen, keine Exoten waren, sondern tagsüber in allen nur denkbaren karriereorientierten Berufen ihre Arbeit taten, wobei Kreative behaupteten, dort gar Impulse für einen Schaffensschub empfangen zu haben.

Als das Mineshaft vom New Yorker Bürgermeister Koch 1985 unter dem Druck der Aids-Epidemie geschlossen wurde, ließ dieser ausdrücklich verlauten, die Stadt habe diese Maßnahme nicht ergriffen, um Restriktionen gegenüber bestimmten Formen von Sexualität durchzusetzen, sondern um Leben zu retten. In späteren Betrachtungen repräsentierte der Club für New York und die New Yorker ein urteils- und störungsfreies Ambiente für Menschen, die Fantasien ausleben, sich persönlich ausdrücken wollten. Zugleich hatte er die Bedeutung eines Social Clubs für Begegnung und Gedankenaustausch zwischen Leuten ähnlicher Interessen über Themen, die sonst nirgendwo diskutiert werden durften. Der damals schon international berühmte Leadsänger der Gruppe Queen, Freddie Mercury, trug ein T-Shirt mit Mineshaft-Logo im Queen-Video *Don't Stop Me Now!*

Das Mineshaft ist Geschichte. Das gesamte Gebiet wurde baulich vollkommen revidiert und hat sich in ein gut riechendes, hochmodernes Büro-, Geschäfts- und Restaurantambiente verwandelt. Dennoch sollten – viel zu spät – ein paar bezeichnende kurze Blicke in die Inneneinrichtung zugelassen sein, gewissermaßen als Rätselaufgabe für den dort möglicherweise gelebten Fetisch. Wer das unterste Geschoss des Mineshaft über eine dunkle Kellertreppe erreicht hatte, erblickte mehrere kleine Räume mit primitiven Pritschen, dunkle Verliese mit Strohlager, die Nachbildung einer Gefängniszelle, überraschend gut nachgebildet die Ladefläche eines Trucks. Dort konnte man sich freiwillig, gegebenenfalls im Rausch, über extreme Erfahrungen hinwegträumen, ohne dauerhaft eingesperrt zu sein. Die Klatschspalte einer New Yorker Zeitung hatte es sich nicht entgehen lassen, für Gesprächsstoff in der ganzen Stadt zu sorgen, mit dem Hinweis, in einem in Nähe der Urinale liegenden Raum des Mineshaft stehe eine Badewanne mit Ablauf, aber ohne Zulauf. Das ist so eine Fetisch-Rätselaufgabe, die zu lösen nicht alle Menschen komisch finden.

Damit zu meiner nächsten Beobachtung, die man ebenso komisch oder extratypisch finden kann: Im Mineshaft wurde mit Beginn der Achtziger auf Wandplakaten und in der Szene der Umgebung ein Männertypus propagiert, dem man die Bezeichnung „uber masculine“ gegeben hatte. Interessant war die Entlehnung des Steigerungswortes *uber* aus der deutschen Sprache, nicht einfach das amerikanische *over.* Der „uber masculine man“ war eine dort wirklich herumlaufende Kunstfigur, die sich extrem maskulin gab. Meist waren es Bodybuilder, jedenfalls Typen, die nur extrem männliche Sachen sagten, aus Angst, eine weiche Seite von sich erkennen zu lassen. Also wurde wenig geredet, und wenn, dann nur mit lässig tiefer, ablehnend mürrischer Stimme und nur über Motorräder, Bodybuilding, Tattoos, Form des Barts oder anderer Körperbehaarung, also alles, was für extrem maskulin stand. Unerreichbares Ziel war, männlicher sein zu wollen als neunundneunzig Prozent aller Männer, das stand programmatisch sogar irgendwo geschrieben. Es war mithin ein zwangsweise kontaktarmer Fetisch, der zumindest in der Öffentlichkeit keine Berührung des „uber masculine body" duldete. Solche Typen kamen aus Berufen mit betont männlichem Erscheinungsbild, wie Bauarbeiter in Gummistiefeln oder Automechaniker im ölverdreckten Overall, man traf sie nach Arbeitsende im Fitnessstudio, nicht unbedingt in der Bar. Komischerweise gab es „uber masculine men" auch in der Schwulencommunity. Kenner sagten, das seien genau die Typen, die erst im allertiefsten Dunkel des untersten Mineshaft-Verlieses einräumten, irgendwo noch tiefer unten eine weiche Stelle zu haben. Meiner Erfahrung nach war das eigentlich nicht komisch, eher typisch. Horst durchlebte die ganze Exkursion mit einer Mischung von Neugier und Gelassenheit. Obwohl ihm ein paar kleine kalte Schweißtropfen auf der Stirn standen, bedauerte er sogar beiläufig, dass dergleichen in Deutschland völlig unvorstellbar sei. Ich hatte den Eindruck, dass sein Vater in seinen Gedanken inzwischen nicht mehr so oft vorkam. Dennoch war es gut, so etwas gemeinsam und in Begleitung unseres New Yorker Gastgebers erlebt zu haben. Richtig wohl war uns aber erst wieder, als wir mit Richard in frühester Morgenluft an der Washington Street nach dem Taxi riefen.

Auf der Fahrt durch New Jersey, dem „Garden State", erhielt Horst sein erstes Ticket wegen Geschwindigkeitsüberschreitung. Es dauerte zwei Wochen, mindestens tausend Meilen und viele Dollars, bis er mit seinem deutschen Tempofimmel aufhörte und den Bleifuß vom Gas nahm. Unsere Gastgeber in North Carolina empfingen uns mit größter Herzlichkeit. Sie hatten ein geräumiges Haus in einem nachgebauten Southern-Style-Landhaus, doch innerhalb der Stadtgrenzen von Charlotte. Dick war der ältere der beiden Freunde, ein jovialer Typ Mitte dreißig, Erbe dieses Hauses und einer großen Möbelfabrik. Sein Vater, strenggläubiger Protestant, hatte großes

Theater gemacht, als Dick ihm erklärte, er sei schwul und wolle mit seinem Freund Craig zusammenbleiben. Zunächst einmal verweigerte der Vater ihm in seiner Verzweiflung das Erbe der Möbelfabrik in bereits zweiter Generation, hatte damit aber ein schwaches Argument, denn es gab keine weiteren Kinder. Dick hatte ihm überdies versichert, auch ein schwuler Möbelfabrikant könne erfolgreich sein. Der Pfarrer habe ihm schon signalisiert – North Carolina ist nicht South Carolina! –, dass er selbstverständlich Kirchenmitglied bleiben könne, wenn er nicht unbedingt auf einer kirchlichen Trauung mit seinem Freund Craig bestehe und die Kirche stattdessen weiterhin so großzügig wie der Vater in diesen schweren Zeiten unterstütze. Craig war der jüngere der beiden Freunde, ein Intellektueller, Lehrer an einem College und mit eindeutig sozialkritischem Touch, weswegen Dick ihn grimmig als „Kommunisten" bezeichnete. Es ärgerte Dick, wenn ich daraufhin für Craig den Daumen hochhob. Irgendwann nahm Craig sich Horst vor und vermittelte ihm, wie wichtig es für ihn sei, auch in Europa gut Englisch zu können. Danach wurde Horst im Gebrauch der englischen Sprache etwas lockerer. Es wurde ein wundervolles verlängertes Wochenende mit den Jungs. Samstagabend kam der Vorschlag, in die Disco zu gehen. Die war einmal eine große alte Scheune gewesen mit fremd wirkender, bunter Lichtshow an der Decke und einer blitzenden Discokugel, die sich in der Mitte drehte, inzwischen so vertraut wie überall auf der Welt, aber wir hatten beide bis dahin noch nie einen derart riesigen Schuppen mit Discokugel und so vielen tollen jungen Kerlen im Disco- und Rockfieber gesehen. Und nachdem fast alle vom vielen Bier betrunken waren und es sehr warm war, zogen sie sich ihre T-Shirts aus. Auch das war eindrucksvoll, stramme Muskeln überall, Massenergebnis eines Fitness-Studiofiebers, welches sich kürzlich sprunghaft ausgebreitet, Europa aber noch nicht erreicht hatte. Wir wären gerne länger geblieben, aber hatten noch viele Meilen vor uns. So gab es zum Schluss viele Gäste und ein deutsches Frühstück im North Carolina Style. Der Abschied war sehr herzlich. Wir luden sie nach Deutschland ein. Zwei Jahre später kamen sie vorbei, auf ihrem Europa-in-sechs-Tagen-Trip.

Auf New Orleans, Louisiana, hatten wir uns besonders gut vorbereitet. Wir schauten die immer üppigere grüne Landschaft abwechselnd an. Einer von uns machte den Fahrer, während der andere sich auch schon einmal einfach auf die Hinterbank setzte, um für sich allein die Landschaft zu genießen oder zu schlafen. Wir hatten ein schwules Hotel im französischen Viertel benannt bekommen. Es war akzeptabel, noch ein bisschen primitiver, als wir befürchtet hatten, aber der Lage und des Publikums wegen jeden Cent wert! Am dritten Abend wollte Horst als Fischersohn und Kind der Küste unbedingt Hummer essen, der hier vor den Restaurants ausgestellt fantastisch aussah. Nachdem ich wenig Erfahrung hatte, aßen wir unbeschreiblich guten Lobster Thermidor. Zum Wochenende wollten wir in Houston/Texas bei Jimmy sein und hatten dem schon einmal telefonisch signalisiert, dass wir auf dem Weg waren. In der Nacht nach dem Hummeressen bekam Horst akut kaum noch Luft. Er konnte nur noch krächzen und keuchen, Augenlider und Hände waren geschwollen. Ich informierte sofort den Portier, und der wiederum die Nothilfe, die blitzartig da war und bei Horst ebenso blitzartig die Diagnose einer Hummerallergie stellte. Schon nach der langsamen intravenösen Injektion mit einem Antiallergikum bekam er langsam besser Luft. Wir fuhren in die Nothilferäume eines großen Krankenhauses, wo man ihn für mindestens eine Nacht beobachten wollte. Man war zufrieden, dass ich ihn als Arzt erst am übernächsten Tag sehr früh morgens abholen wollte, so seien wir auf der sicheren Seite. Das war ein Dienstag, und Horst meinte, dass wir es ja vielleicht zu seinem Geburtstag, nämlich genau an diesem Tag, bis zu Jimmy schaffen könnten. Ich schlug ihm vor, jetzt um sechs Uhr früh gleich loszufahren. Ich sei gut ausgeschlafen und wolle die Strecke von 350 Meilen, also etwa 580 Kilometern, mit mehreren Pausen allein fahren. Er solle sich derweil auf der Rückbank erholen.

Am späten Nachmittag kamen wir in Houston an. Ich war völlig fertig, aber wir fanden die Adresse von Jimmy sehr schnell, der uns begeistert begrüßte und wenig Verständnis dafür hatte, dass wir erst einmal ins Bad wollten, schließlich war ich völlig verschwitzt und Horst hatte noch immer seine dicken Hände. Jimmy sagte uns, seine Freunde und er wollten uns erst einmal richtig „Guten Tag“ sagen. Wir gingen durch den Flur ins Wohnzimmer, das Licht ging an, und etwa zwanzig Texaner saßen in einer Reihe auf verschieden großen Sofas, standen auf und nahmen uns alle erst einmal in den Arm, das Geburtstagskind natürlich besonders herzlich. Man stieß mit Bierdosen an. Danach wurde für Horst eine gewaltige amerikanische supersüße grün-rosa Schichttorte mit taktvoll wenigen silbernen Kerzen hereingefahren. Horst war völlig sprachlos und saß minutenlang bewegungslos in einem Sessel, sagte nicht mal was auf Deutsch, er hatte Tränen in den Augen. Dazu bekam er auch noch auf einem Tablett die gesamte Post aus Deutschland überreicht, die für ihn eingetroffen war. Ich hatte selbstverständlich in München dafür gesorgt, dass Horsts Freunde alle wussten, wann und unter welcher Adresse er Geburtstag feiern würde.

Die Party ging noch weiter, selbst nachdem Horst tiefschlafend in der Sofaecke zusammengesunken lag, Postkarten und ungeöffnete Briefe in seinem Schoß. Als er aufwachte, ließ ich Jimmy und ihn ein bisschen allein – Hand in Hand weinten sie vor geteilter Freude und Rührung. Die Gäste gingen viel später als geplant und nicht ohne zu sagen, sie seien schon lange nicht mehr auf einer so gelungenen Geburtstagsüberraschungsparty gewesen. Wann immer später jemand von dieser texanischen Party sprach, kam Horst herüber und gab mir einen Kuss, genau auf den Mund und in immer besserem Englisch.

Acht Tage später waren wir auf dem Highway One entlang der Küste Kaliforniens. Wir verbrachten mehrere Tage bei meinem früheren Freund Bruce in San Francisco in der alten Wohnung in der Diamond Street, beide verstanden sich sofort gut. Ein Doppelbild von diesen beiden hübschen Kerlen, meinen wunderbaren Freunden, lässt bis heute die Erinnerung an diese großartige Zeit in mir aufleben.

In der Bar The Ambush auf Folsom Street konnte ein alter Bekannter aus meiner früheren San-Francisco-Zeit ebenfalls die Augen nicht von Horst lassen. Er meinte provozierend, mein Freund sehe etwas sinister, oder finster, aus. Er erkundigte sich bei uns beiden, im ernsthaften Spaß oder spaßigen Ernst, ob er sich Horst einmal für ein paar Stunden ausleihen könne, um sich von ihm ein wenig quälen zu lassen. Ich musste beim Übersetzen helfen und sagte ihm vorbeugend, Horst könne keiner Fliege etwas zuleide tun. Der andere meinte, ich müsse der glücklichste Mensch der Welt sein, einen solchen Freund zu haben, der sehe ja aus wie Lohengrin. Horst hatte die Situation inzwischen verstanden, lachte zunächst verlegen. Doch wie er das beim Lachen oft tat, legte er bei dem Wort *Lohengrin* spontan beide Hände hinter den Kopf, reckte die Ellbogen vor, streckte danach beide Arme weit von sich und lachte schallend und aus tiefer Brust. Der Typ mit glänzenden Augen: „Oh no, not Lohengrin! Look, he spreads wings! – Dein Freund ist ja ein Schwan, der schönste, den ich je sah!“

27 **Deutsche Eiche im Märchenwald**

Mir waren neunzehn Jahre vergönnt, meinen Freund Horst zu kennen, zu lieben und ein abenteuerliches Leben mit ihm zu teilen. Ich hatte ihn 1975 in München kennengelernt, nachdem ich aus den USA zurückgekehrt war. Wir fuhren zunächst probeweise über die griechischen Inseln und kamen zurück mit dem Gefühl, wunderbar zusammen verreisen zu können. 1979 traten wir unsere erste geplante USA-Reise an. Wir verbrachten zum Schluss mit alten Freunden in San Francisco eine wunderbare Zeit und kamen zurück in dem Bewusstsein, lange zusammenbleiben zu wollen. Meinen persönlichen Plan, zwei Jahre nach Rückkehr aus den USA erneut und dann für immer nach Kalifornien zu gehen, gab ich im Laufe dieser Zeit auf. Gemeinsam mit Horst hätte ich das gewagt. Ich hatte ihm mehrfach klarzumachen versucht, mit seinen ungewöhnlichen handwerklichen Fähigkeiten werde er in Kalifornien nicht nur problemlos auf Jobsuche gehen können, man werde sich um ihn reißen. Aber er konnte sich einfach nicht entschließen. Vielleicht hatte das Land ihn während der kurzen Besuche nicht überzeugt. Auch meinte er irgendwann einmal, wegen unseres Schwulseins bräuchten wir sicher nicht mehr nach Kalifornien zu gehen, die Akzeptanz werde doch auch hier langsam besser. Das stimmte Ende der Siebziger sogar schon für einige Lebensbereiche, auch für seine kunsthandwerkliche Branche lag er richtig. Es traf aber auf keinen Fall zu auf Leute wie mich, in ganz anderer, sehr oft eitler, moralisch gegenüber ihrer eigenen Wirklichkeit völlig abgehobener medizinischer Umwelt.

Inzwischen war Horsts jüngste Halbschwester Brigitte nach München gekommen. Sie verstanden sich gut, hatten sich immer irgendwie aneinander festgehalten und mich gerne mit dabei. Horst und ich hatten früh vereinbart, zunächst keine gemeinsame neue Wohnung zu beziehen, sondern unsere bisherigen zu behalten. Sie waren optimal für unsere Bedürfnisse gewesen und zudem preisgünstig bei damals schon explodierenden Münchener Mietpreisen. Getrennt zu wohnen, erwies sich auch deswegen als klug, weil wir sehr verschiedene Arbeits- und Lebensrhythmen hatten. Spontanes Zusammensein, selbst wenn mitten in der Nacht nötig, war nie ein Problem, da wir nicht weit voneinander im populären Münchener Stadtteil Schwabing wohnten. Größere Partys veranstalteten wir später nur in seiner Wohnung, und dafür gab es auch bald einen aparten Grund.

Als ich Ende der Sechzigerjahre zur Anästhesie-Ausbildung nach München gekommen war, hatte ich eine sehr schöne Wohnung erobert. Sie lag in einem Neubaublock nahe dem Bonner Platz in Schwabing. Seltsamerweise war sie in einem Kirchenblättchen ausgeschrieben. Man sollte sich nicht beim Hausbesitzer, Hausverwalter oder Hausmeister bewerben, sondern bei dem sehr alten Architekten, der das Haus gebaut hatte. Den durchsichtigen Grund gab er offen zu: Die Frau Bauunternehmergattin wolle „anständige Leute für dieses sehr gediegene Wohnambiente haben, zumal die alten Herrschaften im Haus selbst wohnten“. Er habe mich wegen meines Titels und meiner Tätigkeit als Uni-Assistent sofort obenan auf die Liste gesetzt. Aus Gründen politischer Ausgewogenheit sei es gelungen, einen protestantischen bayerischen Landtagsabgeordneten mit SPD-Mitgliedschaft und einen katholischen Abgeordneten mit CSU-Mitgliedschaft ins Haus zu bitten. Ich fühlte mich auf angenehme Weise provoziert und ließ ihn wissen, ich entspräche nach kritischer Selbstprüfung allen gehobenen Erwartungen. Ich machte auch keinen Rückzieher mehr, als ich beim Einzug feststellte, auf derselben Etage zu wohnen wie die älteren Herrschaften. Das sollte eigentlich keine Probleme geben.

Während meines USA-Aufenthaltes überließ ich die Wohnung einer jungen Nichte, Krankenschwester im Schwabinger Krankenhaus, die nach meiner Rückkehr in eine größere, eigene Wohnung zog. Selbstverständlich hatte ich, wie früher auch immer schon, mehr männliche als weibliche Besucher, was aber in diesem unserem Lande noch nie als Verbrechen gegolten hat. Madame K., besagte Bauunternehmergattin, war Anfang fünfzig und mit wasserstoffblonder Betonfrisur immer noch erkennbar sehr viel jünger als ihr Mann, der im gesegneten Alter von dreiundachtzig Jahren etwas hinfällig war. Die Gattin muss nach meinem Wiedereinzug einen Verdacht gehabt und Stunden am Türspion verbracht haben, bis sich ihrer Sache so sicher schien, dass sie genau das Falsche tat. Mein älterer Bruder, seriös wirkender Direktor der österreichischen Vertretung einer deutschen Chemiefirma in Wien, hatte bei mir auf Durchreise Station gemacht. Früh am Sonntagmorgen klingelte es bei mir Sturm. Ich öffnete die Tür, das Bauunternehmerehepaar betrat sofort meine Wohnung, wandte sich an meinen Bruder und sagte: „Was machen Sie hier? Und übernachten Sie etwa auch hier?" Ich stellte meinen Bruder vor und komplimentierte die ungebetenen Besucher ebenso höflich wie bestimmt aus meiner Wohnung: Wir kämen in wenigen Minuten zu ihnen, es gebe wohl etwas zu klären. Wir waren wir empört, haben nach Minuten umgekehrt bei Bauunternehmers anhaltend geklingelt und sind unsererseits sofort eingetreten. Wir erkundigten uns bei Herrn Bauunternehmer, was das Theater bedeuten solle. Er schien völlig verwirrt, hatte wohl auf Drängen seiner Frau gehandelt und fragte sie, was zu tun sei. Wir rieten beiden, sich umgehend bei uns entschuldigen, bevor wir eine Anzeige wegen Hausfriedensbruch gegen sie als Hauseigentümer richteten. Die Betonfrisur wurde wütend und sagte, ich hätte eigentlich nur Männerbesuch, das sei nicht normal! Mein Bruder sagte, ich sei ein arbeitsamer Mensch, normalerweise würden Mietern eher Damenbesuche übelgenommen, aber das könne ich gerne nachholen. Ich unkte, Damen kämen bei mir immer nur, wenn Frau Bauunternehmergattin gerade nicht am Spion sitze. Da der alte Herr das Spiel seiner Frau nicht begriffen hatte und sich bei uns entschuldigte, sprühten Flammen aus der Betonfrisur. Ich weiß, dass ich dem Leser hiermit eine billige Hintertreppengeschichte zumute. Aber so etwas konnten Hauseigner und Hausmeister sich damals noch aufgrund rücksichtslos diskriminierenden Verdachts auf Homosexualität herausnehmen. Die ganze Geschichte war noch nicht zu Ende. Madame K. sprühte Feuer, wann immer sie mich sah, irgendwann würde sie mit Sicherheit voll zuschlagen.

Tatsächlich waren Horst und ich die Einzigen, die noch in den Siebzigern gelegentlich Partys machten und dafür bekannt wurden. Es gab sogar Gegeneinladungen. Wir hatten uns der Lederszene angeschlossen, auch ohne in irgendeiner ausschließlichen Form Lederfetischisten zu sein, und gingen regelmäßig in „Gustis Ochsengarten". Der Ochsengarten in Münchens Müllerstraße ist seit 1967 Münchener Legende als erstes Lederlokal der Republik und wird als solches in schwulen Reiseführern und schwulenfreundlichen Presseartikeln immer noch besungen. Wer behauptet, es sei die erste schwule Bar Münchens überhaupt gewesen, liegt allerdings falsch. In der Stadtmitte nahe dem Viktualienmarkt, hinter der Maximilianstraße und in der Reisinger Straße, gab es schon in den Fünfzigern schwule Bars, die in den frühen Jahren aber gesittet, keim- und fetischfrei gewesen waren. Mithin kann man Gustis Ochsengarten tatsächlich Münchens erste knarzigharte Lederbar im Sinne der Lederfetischszene nennen. Auch sie gibt es immer noch. Wir gingen nicht nur dorthin, weil man dort alles traf, was man treffen wollte, sondern weil man als Schwuler „bei Gusti" von Anfang an sicher war. Hier kam es nie zu Polizeirazzien. Die Gegend um das Sendlinger Tor war schon in den Fünfzigern Rotlichtviertel gewesen, als noch Marktleute und Viehhändler die täglichen Gäste waren – daher „Ochsengarten". Die Damen vom horizontalen Gewerbe kamen ins Lokal, um etwas zu trinken, sich frisch zu machen und geschäftliche Kontakte zu knüpfen. Als sich München 1972 als Olympiastadt zu einem sauberen Image verpflichtete und Sperrbezirke zum Ausschluss von Straßenprostitution einrichtete, ging das Geschäft aufgrund polizeilicher Restriktionen ein. Da hatte Fräulein Augusta Wirsing (Gusti), die frühere Bedienung, den richtigen Riecher, übernahm den Laden und machte eine Lederkneipe daraus. Da das von außen ruhig aussah, interessierte sich die Polizei nicht für das, was drinnen vor sich ging. Das Schlimmste, was man dort erleben konnte, war der Moment, in dem Gusti ab einem gewissen Alkoholpegel ihre Bluse öffnete, um ihre zwei welken Wirsingköpfe ans Licht zu heben. Da schauten alle genauso schnell weg wie bei dem, was sich in den hinteren Räumen so tat. Die gelegentlich kolportierte Liste prominenter Lederfetischisten unter den Gästen des Ochsengartens war vielleicht nicht ganz so illuster wie die für die Mineshaft-Bar in New York. Freddie Mercury gehörte aber auch hier zu den Stammgästen. Der Ochsengarten war auch Stammkneipe des Münchner Lederclubs selbst, der sich zur Tarnung als Motorradclub darstellte, im Logo aber zwei junge bayerische Löwen unbestimmter geschlechtlicher Zuordnung beim Liebesspiel zeigte. Zum Berliner Leder-Ostertreffen fuhren Clubmitglieder eher selten gemeinsam auf der Harley, sondern schwebten meist in Tempelhof ein und wohnten bei Volker aus Bochum. Der hatte 1980 in der Eisenacher Straße 10, hoch oben unterm Dach, die Pension Tom's House etabliert, die sein stilisiertes Profil mit Ledermütze zum Logo hatte. Tom's House gab es lange vor Tom's Bar und noch viel länger als Tom's Hotel. Die kleine Pension Tom's House, so bescheiden, wie wir damals alle noch waren, verfügte bei höchstens sechs Zimmern über ein paar Doppelstockbetten zur Mehrfachbelegung eines Raumes mit bis zu sechs Freunden gediegenen Leders. In der Mitte der Pension gab es das berühmte Berliner Durchgangszimmer. Dort richtete Volker morgens ab sieben Uhr ein Frühstücksbüfett für seine Lederjungs. Mindestens zehn von ihnen konnten um den ganz großen Tisch sitzen. Die Stimmung, die Geschichten waren einigermaßen verrückt, nicht zuletzt, wenn einige Spätheimkehrer noch voll auf Dröhnung waren. Eigentlich erzähle ich das nur, weil Horst und mir beim Besuch dieses Treffens eine ähnlich bezeichnende Überraschung bevorstand wie mir beim ersten Mal. Showtime war diesmal im historischen Metropol, dem alten Theater am Nollendorfplatz, und zwar noch das ganz alte, mit alter Bühne und Theaterbestuhlung aus der legendären Zeit von Erwin Piscator. Der Vorhang ging auf, und ein Zoowaggon wurde ein Stück hereingerollt. Die Luft erzitterte unter dem grässlichen Brüllen des hinter Gittern gehaltenen Raubtiers. Der Dompteur, ein Macho in vollem Lederdress, brachte sich mit knallender Peitsche in Stellung. Das Gitter wurde vorsichtig beiseitegezogen, unter anhaltendem Raubtiergebrüll hüpfte eine zarte Ballerina heraus, im duftigen Tutu, mit weißem Turban und – Überraschung – schwarzem Backenbart. Die zarte, bärtige Fee tanzte dem Macho vor der Nase herum, wurde zuletzt aber von ihm mit der Peitsche bedrängt und sank zitternd zu Boden – das Löwengebrüll erstarb. Gerade aber als der Dompteur in Siegerpose den Stiefel auf das zarte Wesen setzen wollte, ergriff dieses die Peitsche und zwang nun seinerseits mit lautem Peitschenknall den Ledermann auf die Knie. Der warf gesenkten Kopfes gehorchend ein Lederstück nach dem anderen von sich und ersetzte es durch den Ballettdress, während die Fee ihrerseits Leder und Stiefel anzog und zuletzt in Siegerpose triumphierte, mit schwarzem Backenbart und Ledermütze, plötzlich ohne Turban. Das war kreative Bildsprache vom Feinsten, wie ich sie nie wieder so gesehen habe. Und auch diesmal alles von Laien.

Es war einmal, dass sich märchenhafte, selbstgemachte Shows auch im Märchenwald der Deutschen Eiche in der Münchner Reichenbachstraße zur Faschingszeit präsentierten, ebenfalls von Laien gekonnt kreiert. Und genau dieses Hotel Deutsche Eiche, wie der Ort brav-deutsch-nationalistisch bereits vor über 125 Jahren hieß, wird inzwischen auch als märchenhafte Schwulenlegende und, auch hier nicht ganz korrekt, erster Treffpunkt der Homoszene in München gefeiert und verklärt. Doch wie es wirklich einmal war, liest man inzwischen nur noch in Nachrufen. Genauer: Die Deutsche Eiche gibt es immer noch, man hat ihr ein elegantes Drei-Sterne-Image übergezogen. Sie ist nicht mehr das, was sie mal war, aber Gott sei Dank ist sie immer noch in erster Linie für Schwule da.

Die Deutsche Eiche war ursprünglich (oder vorsichtig gesagt: seit ich sie kenne, und das war ab den Sechzigerjahren) eine biedere, typisch bayerische Straßenschankwirtschaft mit Gaststättenbetrieb, mit einfachen und guten bayerischen Gerichten zu moderaten Preisen. In der Mitte des Gastraumes stand ein wuchtiger, grün glasierter Kachelofen, der im Winter noch beheizt wurde. Drei wunderschöne alte Reliefkacheln vom Ofen sind immer noch an der Eingangswand zu bewundern. An den Wänden hingen damals zwei übergroße, goldgerahmte Genregemälde aus dem 19. Jahrhundert, auf denen mit Messern und Gabeln bewaffnete, vor Fettleibigkeit blau angelaufene Bauern mit großen Servietten um den Hals geknüpft darauf warteten, dass ihnen von einer wuchtig von rechts kommenden Zenzi die dampfende Knödelschüssel aufgetragen wurde. Kachelofen und Gemälde wurden bei der späteren Auflösung der Deutschen Eiche angeblich für viel Geld im Triumph in die USA entführt. Bis dahin passierte aber noch sehr viel. Ich erinnere mich selbst noch gerne daran, wie ich schon in den Fünfzigerjahren als Student dort des schmalen Geldbeutels wegen eingekehrt bin. Damals kamen auch immer schon die Balletttänzer vom naheliegenden Gärtnerplatz-Theater zum preiswerten Essen. Auch sie hatten ein knapp bemessenes Budget, bezahlten manchmal mit Eintrittskarten für die nächste Ballettpremiere, besonders wenn man ihnen ein paar Bier ausgab. Es war unverkennbar, dass sie nicht nur selbstverliebt waren, sondern auch sonst ihresgleichen anhimmelten und anmachten. Sie waren die Ersten, die aus Premierenfeiern Faschingsfeste machten. Diese Feste wurden für Münchens Schwule rasch zum Höhepunkt der Saison am Faschingsdienstag. Die betagte Seniorchefin Ella Reichenbach, ihre Tochter Sonja und die zur Institution gewordene Bedienung Toni führten legendäre selbsterdachte Sketches in selbstgeschneiderten Kostümen auf. Shakespeares Balkonszene in Verona – mit Toni als Julia mit wuchtigen Brüsten über der Brüstung des kleinen Treppenaufgangs hängend und mit Ellas streichholzdünnen Beinen in Romeos Strumpfhosen, Mandoline spielend am Treppenfuß –, das war unvergleichlich und ist unvergessen.

Damals, in den ausgehenden Siebzigerjahren, kam Rainer Werner Fassbinder mit Filmgefolge schon regelmäßig zu Premierenfeiern in die Deutsche Eiche, in frühen Jahren ein bescheidener, ruhiger, völlig uneitler Gast. Sein ungepflegtes Äußeres war Markenzeichen und Gewöhnungssache: Es war seine bekanntermaßen bewusst vorgetragene proletarische Macke. Ab und zu aber wurde es richtig laut, wenn RMF angetrunken oder „auf Dröhnung" mit großem Gefolge und großem Knall kam. An einem der berühmten Faschingsdienstage donnerte es zu später Stunde plötzlich an einem der alten, nach innen zu öffnenden Bleiglasfenster der Gaststätte. Es wurde sofort von außen aufgedrückt, bevor jemand aufmachen konnte. Rainer Werner, damals schon beleibt und von seinen Lieblingsfeinden „Die Dicke" genannt, zwängte sich gewaltsam durch, im abgewetzten Ledermantel, mit speckigem Hut und dünnem Bart. Es dauerte Minuten, bis die überraschten Gäste erkannten, dass es nicht RMW war, sondern dass Toni, der Bedienung, ihre allerbeste Verkleidung gelungen war! Großer Jubel, als kurz darauf auch RWF in persona ahnungslos reinkam. Er hatte viel Spaß an seiner Doppelgängerin.

In jener Zeit suchten und etablierten Schwule in einer für sie unfreundlichen Welt ihre kleinen, oft versteckten, dafür ausgelassenen Lebensräume, in denen sie sich ungestört und zum großen Spaß aller anderen höchst originell entfalten und fantasievoll ausleben konnten. Schutz war nötig. Es wurde bekannt, dass schon damals die Münchener Polizei RWF selbst in der Öffentlichkeit als „Das Schwein" bezeichnete. Als er 1982 unvorhergesehen an seiner Kombination von Koks und Schlaftabletten starb, hieß es bei der Münchener Polizei: „Das Schwein ist tot!"

Mit Beginn der Siebzigerjahre kam fast nur noch schwules Publikum in die Deutsche Eiche. Das hat ihr nicht etwa geschadet, vielmehr ihren Ruf in alle Welt getragen. Die österreichische Filmschauspielerin Barbara Valentin – mit einer überraschend frühen und langen Filmografie, die sie im Deutschland der Nachkriegszeit bekannt gemacht hatte – lebte damals in Münchens Glockenbachviertel und gehörte irgendwie selbst mit zur Einrichtung der Deutschen Eiche. Man konnte sie jedenfalls dort fast allabendlich treffen. Sie galt aufgrund ihrer eindrucksvollen Oberweite als „Busenwunder", war dabei aber ein angenehmer, sympathischer, überhaupt nicht vulgärer, sehr aufmerksamer Stammgast. Sie freundete sich früh eng mit Rainer Werner Fassbinder an, der ihr, nach vielen Filmchen, in seinen eigenen Filmprojekten zunehmend anspruchsvolle Rollen gab. Die Deutsche Eiche selbst wurde im Laufe der Zeit Fassbinders Wohnzimmer. Er hatte in der „Eiche", wie wir alle sagten, keinerlei Berührungsängste, sprach unkompliziert mit jedermann und machte mir persönlich Vorschläge zur Musikauswahl für meinen Kalifornienfilm. Wir saßen gemeinsam an einem der Holztische, neben ihm Barbara, zu seiner Rechten sein Lover Armin Meyer, den ich lange vor ihm kannte. Der verkörperte anfangs jenen proletenhaften Typen, wie RWF gerne selbst einer gewesen wäre. Immer mit dabei auch ein weiterer RWF-Filmstar, zugleich Produzent und professioneller Film- und Rechtsberater: Dieter Sch., unverzichtbar seit der Entstehung von *Querelle.* Dieter war es, der mir ständig versicherte, wie sehr er in meinem Freund Horst verliebt sei. Horst hatte viele Verehrer, daran hat sich nie etwas geändert. Er blieb aber selbst bei gelegentlichen „Aventuren" mein beständiger Freund. Wir lebten eine feste und zugleich offene Beziehung, der wir nicht den geringsten Anstrich von „Ehe" geben wollten. Wir waren aber sehr viel mehr als gute Kumpels, eine gewisse Verbindlichkeit unserer Beziehung war gesetzt. Ein Ende unseres Zusammenseins war nicht vereinbart. Wir wollten immer nur deswegen zusammenbleiben, wenn und weil es für uns beide gegenseitige Hilfe, Unterstützung, regen sachlichen und gedanklichen Austausch, abenteuerliche Unternehmungen, gemeinsames Erlebnis kultureller und sportlicher Ereignisse und vor allem viel gemeinsamen Spaß bedeutete. Horst war ein außerordentlich begabter und geschickter Handwerker, und es brachte mir die reine Freude, etwas mit ihm zusammen zu basteln oder fachmännisch zu reparieren. Und wir gaben uns gegenseitig seelische Unterstützung, wenn wir sie brauchten. Formen von offizieller Partnerschaft gab es damals nicht, sie waren noch unvorstellbar, und auch wir dachten nicht einmal in diese Richtung. Wir kochten dafür viel füreinander, da wir das beide gut konnten, und wenn wir dazu keine Lust hatten, gingen wir eben abends gemeinsam in die Deutsche Eiche, da dort immer viele unserer Freunde aufliefen. Es war immer jemand da, den man lange nicht gesehen hatte. In den Achtzigerjahren, nach dem Tode von Rainer Werner Fassbinder (1982), wurde die Deutsche Eiche zum zweiten Mal Wohnzimmer für einen schwulen Star, Freddy Mercury. Wie zu Fassbinders Zeiten war auch diesmal Barbara Valentin mit dabei und machte die Muse und den Boten für *recreational drugs*. Was in seinen Biografien selten deutlich wird: Freddie Mercury hatte eine klar definierte Schaffensperiode in München von 1979 bis 1985. Er liebte die Stadt, und die Stadt liebte ihn. In dieser Zeit wohnte er an verschiedenen illustren Stellen, vom Hotel Arabella über das Hilton am Tucherpark, einmal privat und bescheiden, zuallerletzt in einem Luxusappartement gemeinsam mit einem Lederhosen-Geliebten aus der Münchner Gastronomie. In München war er, ganz im Gegensatz zum schrillen London, auf der Straße nicht auf Anhieb bekannt, er wurde nicht um Autogramme gebeten, es gab keinen Aufstand, wo er erschien. Kam er in die Eiche, gab es auch dort kein großes Hallo. Man rückte einfach ein bisschen zusammen, das war's. Barbara bemutterte ihn ein wenig, zumal er zeitweise auch mit ihr gemeinsam wohnte. Auch in der Zusammenarbeit mit ihm erhielt sie schließlich eine kleine Rolle in einer gefilmten Show. Barbara traf Horst oft mittags schon in der Eiche und hielt ihn mit Berichten auf dem Laufenden. So kokettierte sie ihm gegenüber mit dem Hinweis, gelegentlich als Kurier Freddie nach London hinterherfliegen zu müssen, wenn ihm dort gerade etwas fehlte.

1990, als kaum jemand das Ende auch der Deutschen Eiche als weitere Folge einer sich rapide ausbreitenden unheimlichen Krankheit erahnte, haben wir noch mit vielen Gästen Horsts fünfzigsten Geburtstag gefeiert. Seit Mitte der Achtziger merkten wir, dass der Deutschen Eiche plötzlich die Luft ausging, ihr blieben die Gäste weg, und das hatte diesen anfangs nur vermuteten, später dann den allen bewussten, traurigen, zunehmend schrecklichen Grund: Das Gerücht kam auf, die Deutsche Eiche würde verkauft! Aber in einer einzigartigen internationalen schwulen Unterstützungs- und Rettungsaktion wurde sie vor einem offenbar bereits geplanten Abriss bewahrt. Das Gebäude steht immer noch, die bekannte alte Fassade mit ihrem inzwischen weltbekannten Hotelnamen, dahinter ein gediegen teures Restaurant im Erdgeschoss eines gediegen teuren sogenannten Designhotels mit einer gediegen teuren Designsauna, klinisch gestylt die Fetischzonen ... wer es mag ... Wieder einmal hatte ich in meinem Leben über viele Jahre etwas Uriges bis zu seinem Höhepunkt erlebt, was danach für immer verschwand.

Horst und ich gingen häufig ins Kino. Einen seit 1973 damals in seiner Gesamtwirkung für die schwule Community außerordentlich wichtigen Film konnten wir kurioserweise erst 1978 in München gemeinsam sehen. Als er 1973 im Fernsehen bundesweit ausgestrahlt wurde, hatte sich wieder einmal der Bayerische Rundfunk ausgeschaltet. Ich war noch in den USA. 1978 wurde der Film in Bayern tatsächlich erst mit großer Verspätung öffentlich gezeigt, in einem Kino am Karlsplatz/Stachus. Vielleicht war es für uns von Vorteil gewesen, zu diesem Film, von dem wir so viel gehört hatten, etwas Vorlauf gehabt zu haben. Es handelt sich natürlich um den Film von Rosa von Praunheim (RvP) mit dem achteckigen Titel *Nicht der Homosexuelle ist pervers, sondern die Situation, in der er lebt,* ein Titel, den selten jemand korrekt zitieren, doch keiner vergessen kann. Über diesen Film ist von allen alles gesagt, am meisten und immer noch vom Regisseur selbst. Er hatte gemeinsam mit dem Sexualwissenschaftler Martin Dannecker einen Film geschaffen, der die aktuelle ablehnende Haltung der Öffentlichkeit zum Thema Homosexualität demonstrativ und fast verachtend beiseiteließ und sich vielmehr kritisch direkt an die Schwulen mit der Aufforderung wandte, sich endlich freizumachen, sich zu ihrer Art zu leben und zu lieben offen zu bekennen! Wieweit der Film mutig oder vonseiten RvPs bewusst ein bisschen krawallopportunistisch war, lässt sich daran ermessen, wieweit die im Film propagierte Art des Comingouts und des offenen Schwulseins für ihn ganz persönlich ein Risiko darstellten: nämlich gar keines! Er war genauso wenig ein Schmuddelkind wie Rainer Werner Fassbinder, obwohl beide nicht zufällig mit diesem Image kokettierten. Er lebte auf der Insel Berlin, seit jeher Sonderschutzzone für Oppositionelle mit Linksdrall. Berlin fand sich damals im Spannungsfeld zwischen einem konservativen alten und einem aggressiv agierenden jungen Bevölkerungsanteil, in dem der Anteil schwuler Jungs weit über Bundesdurchschnitt lag.

RvP hatte keine Familie, keine Abhängigkeit von einer Arbeitssituation. Er war selbstgemachter Filmemacher im Sujet „Dokumentation des Phänomens schwul". Das war der Dauerbrenner, dem er bis in die 2020er-Jahre hinein mit Variationen treu geblieben ist. Dieser Film war damals ein Fanal. Meinem Empfinden nach hatte er zwar szenische und technische Mängel, von denen RvP später natürlich behauptete, sie seien Absicht, gar Kunstmittel gewesen. Ich sah den Film dreißig Jahre später mit Berliner Freunden erneut, wir kugelten uns stellenweise vor Lachen. RvP hatte offenbar kein Budget für proletenhafte Statisten von der Straße für seine Prügelszenen gehabt. Wenn erkennbar schwule Statisten schwulenhassende Bösewichte spielen und dabei so tun müssen, als ob sie nette alte und brave Schwule verprügeln, sieht das in diesem Film unglaubwürdig und fast komisch aus. Wir fanden auch die, wie man heute sagen würde, Retro-Form eines Stummfilms stilistisch überfrachtet, wobei es dafür ebenfalls Budgetgründe gegeben haben mochte: formal eigenartig verschobene, offenbar nachgesprochene Dialoge. Während die fast durchgehend aus dem Off gesprochene Sozialkritik für uns anfangs programmatisch und propagandistisch belehrend klang, schien sie uns inhaltlich zutreffend. Wir hatten allerdings zunehmende Schwierigkeiten damit, wann, wenn und wie oft uns das Wort *schwul* um die Ohren gehauen wurde. Der Film forderte Schwule zu einer Einstellung auf, zu der ich mit meinem Freund Horst längst gefunden hatte. Ich habe von ihr in der Geschichte „Von einem, der auszog, das Fürchten zu lernen" erzählt: Sie hatte mir zu jener Entschlossenheit verholfen, mit der ich 1972 in die USA gegangen war. Es war die Botschaft des „Get out of the Closet", dieses sehr amerikanischen Idioms für „Raus auf die Straße!". Es war die Aufforderung zum Selbstbekenntnis, wie ich sie aus Kalifornien kennengelernt hatte und mit der ich zurückgekommen war! Sie war richtig und wichtig! Und sie war zuletzt auch in unserem Land angekommen. Schwule Gruppen und Initiativen hatte es vor seinem Film schon gegeben, er verstärkte diese Entwicklung aber sicher erheblich. Dies bedeutete nicht, dass sich Gruppenmitglieder gleich geoutet hätten. Auf jeden Fall fühlten sie sich in der Gruppe erst einmal sicherer. Den Lebensweg Martin Danneckers, meiner Meinung nach *spiritus rector* hinter dem Film RvPs, hatte ich schon seit seiner Frankfurter Zeit verfolgt, und natürlich auch, nachdem ich 2000 nach Berlin gezogen war. Er war einer der wenigen verbliebenen Sexualwissenschaftler in einer Zeit, in der Universitäten befanden, ein Thema dieser Art müsse wissenschaftlich nicht weiter gepflegt werden, man wisse ja nun, wie es gehe ...

Sind wir zurück zurück im Deutschen Reichstag im ausgehenden 19. Jahrhundert, in den Zeiten von vor Magnus Hirschfeld? Ich habe 2010, als ich kurzzeitig die Seniorengruppe des Völklinger Kreises leitete, Martin Dannecker um ein Referat zum Thema „Schwuler Sex im Alter" gebeten. Es gab konservative Mitglieder der Gruppe, die sich wegen meines Vorschlags genierten. Danneckers Vortrag war hervorragend, die anschließende Diskussion lebhaft und für viele hilfreich. Bis heute bin ich traurig, dass Martin Dannecker diesen Vortrag nie veröffentlicht hat.

1980 waren Horst und ich zu unserer zweiten USA-Reise aufgebrochen, wohnten wieder bei unseren Gastgebern, Bruce und Richard, im New Yorker Greenwich Village. Im Village hatte sich 1978, ebenfalls kurz davor, die Discoband Village People etabliert, eine eindeutig für die Zielgruppe „schwul" konzipierte Band. Die Bandmitglieder waren sämtlich Verkörperungen der von Schwulen geträumten Typen klassischer Männlichkeit. Die Songs des ersten Albums enthielten ausnahmslos subtil versteckt schwule Bezüge und waren eindeutig für Discos an Orten geschrieben, die von schwulem Leben geprägt waren: Fire Island/New York, Key West/Florida, Provincetown/Massachusetts, San Francisco/California. Der Text eines ihrer größten Erfolge, *Together We Go West,* nimmt den Ruf der Pioniere aus dem historischen Westward Movement bewusst ironisch auf, weist diesmal aber den Schwulen von der Ostküste den Weg nach Kalifornien zu Sonnenschein, freier schwuler Liebe, Sorglosigkeit.

Zum Song *YMCA*: Diese Vereinigung (Young Men's Christian Assoziation, im Slang „the Y") war bekannt für ihre Sportzentren und preisgünstigen Jugendherbergen, die im Lied erwähnt werden.

The Y war Vorbild für den deutschen CVJM, Christlicher Verein junger Männer. In den USA ist es ein offenes Geheimnis, dass Sportstätten und Saunen des „Y“ in allen US-Großstädten zugleich als Schwulentreffs funktionieren. Auch hier Doppeldeutigkeit: Der Song kann unbefangen als Lobeshymne auf den Verein gesehen werden, versteckt nimmt er Bezug auf die ihn frequentierenden Schwulen und ihre Gemeinschaft.

Den Song *In the Navy* hatten Anwerber der US-Navy-Militärverwaltung zunächst begeistert als Werbung für den Militärdienst zur See verwenden wollen. Inoffiziell war bekannt, dass die begehrten „seamen/specialists“ auf Flugzeugträgern sich in Zeiten längerer Abstinenz auf großen Manövern sehr wohl gegenseitig auszuhelfen wussten. Die echte Navy nahm danach schnell Abschied von diesem Gedanken. Anfang der Achtziger kam die Gruppe nach Deutschland. Gastgeber für diskrete private Unternehmungen in München war der Münchner Leder Club. Wir luden die Jungs zur klassischen Floßfahrt von Bad Tölz nach München ein. Sie waren sehr bedacht darauf, ihr heteronormatives Image zu pflegen. Sobald das Floß abgelegt hatte, konnte an ihrer anderen, eigentlichen Bestimmung aber kein Zweifel mehr sein. Sie erlebten einen anonymen entspannten Nachmittag, weit entfernt von der Musikbühne. Alle großen Hits der Village People werden bis heute weltweit mit großer Begeisterung gespielt und sind damit fortgesetzt und unbemerkt Schnittstelle zwischen schwuler Kultur und heteronormativem Mainstream. Jedenfalls habe ich noch keinen sogenannten Normalo getroffen, dem diese Zusammenhänge klar gewesen wären. Wie hätten sie (oder besser: die soundsovielte Nachfolgegruppe) es sonst 2017 in die Hamburger „ElPhi“ geschafft?

Horst und ich hatten Besuche von Andy Warhol im Deutschland und speziell im München der Siebziger erlebt. Wir amüsierten uns darüber, dass Münchens Gesellschaft und Kunstszene die aus der Selbstbefreiung heraus künstlerisch extrem produktive Homosexualität von Warhol partout nicht zur Kenntnis nehmen wollten. Horst war total fasziniert von ihm und hatte vor allem deswegen nach New York gewollt, um Ausstellungen und die Factory nach dem Erlebnis von Warhols Filmen zu besuchen. In diesen hatte Warhol mit seinem Partner Paul Morissey das schauspielerische Naturtalent des ungemein erotischen Joe Dallesandro ans Licht gebracht und ihn zum Halbgott der New Yorker Schwulenszene gemacht. Horst nannte sich inzwischen belustigend selbstkritisch eine „Discoqueen", hatte sich kundig gemacht und verkündete, die gerade erst in New York eröffnete Disco The Saint müsse es diesmal sein – keine Diskussion! Ich musste ihm schon beim ersten Besuch – wir schafften es dreimal in fünf Tagen – absolut recht geben: So etwas sahen und erlebten wir nie wieder. Vor der Eröffnung von The Saint im September 1980 hatten sich Bewerbungen um eine Mitgliedschaft überschlagen, Kosten von anfangs fünfzig US-Dollar lagen inzwischen bei zweihundert US-Dollar. Der Club war von Anfang an als Gay-Superclub konzipiert und angekündigt worden. Er galt technisch, organisatorisch, mit genau geplantem Programm und grenzenloser Kreativität bei ausschließlicher Verpflichtung von führenden Performern als nicht zu übertreffen, als absolut bester Tanzclub seiner Zeit. Auch er war aus dem Baukörper eines Theaters hervorgegangen. Nach Umbaukosten in Höhe von 4,5 Millionen US-Dollar konnte er bis zu 4.000 Tanz- und Showwütige aufnehmen. Von den vielen Einzigartigkeiten, die diesen Club ausmachen, genügt es – außer der Erwähnung von 500 in einem Sphärenhimmel installierten Lautsprechern mit einzigartigem Surroundsound –, den faszinierenden Mittelpunkt zu beschreiben: Der hochgewölbte Dom dieses Tempels konnte nach zwei Seiten hin auseinanderweichen und den Blick auf eine sternenübersäte Himmelskuppel freigeben. Aus der Mitte der 450 Quadratmeter messenden Tanzfläche fuhr hydraulisch ein Lichterbaum mit 1.500 Lichtern langsam und gleißend nach oben. Aus dessen Mitte erhob sich ein weiteres, technisch hoch kompliziertes Monstrum von Sternenprojektor mit der zehnfachen Lichtstärke üblicher Planetarienprojektoren. Er schob sich immer weiter nach oben, hinauf bis ins Zentrum des gewaltigen Raumes. Weißes Licht flammte auf, unter pulsierendem Klanggewebe wanderten alle bekannten Sternbilder – die Amerikaner lieben ihre Zodiacs – langsam und gravitätisch über den simulierten Himmelsplan. Für kein anderes Ambiente konnte ich mir einen treffenderen Begriff vorstellen, als dass man in dieser Disco *completely spaced out* war. Nur unscharf erinnere ich mich an ein beängstigend schönes Gefühl, mit Horst und Hunderten anderer ausgeflippter Männer unter wuchtigen musikalischen Druckwellen durch eine grenzenlose Galaxis zu fliegen. The Saint wechselte irgendwann zu Disconächten, die über gleich drei Nächte gingen – wofür viel Koks erforderlich ist. Später las ich, dass diese Endlospartys Eingang in die amerikanische Discokultur unter dem Begriff „Circuit Partys" gefunden und prompt eine entsprechende Welle im ganzen Land ausgelöst hatten. Ich fand es beruhigend, dass wir in unserem Land inzwischen gelernt haben, nicht mehr alles zu übernehmen, nur weil es amerikanisch ist. Im The Saint gab es berüchtigte Balkons, auf denen sich Dinge abspielten, die man zwei Jahre zuvor selbst im Mineshaft für ungewöhnlich gehalten hätte. Das Raumschiff *The Saint* erlebte von ganz allein Mitte der Achtziger einen Absturz aus höchsten Höhen, schlicht wegen der rapide abfallenden Zahl schwuler Mitglieder. Und das aus sehr traurigen Gründen, denen auch ich in meinen weiteren Erzählungen nicht mehr ausweichen kann.

Am vorletzten Abend luden wir unsere Gastgeber in das Musical *A Chorus Line* ein. Es hatte auf dem Broadway schon fünf Jahre zuvor Premiere gehabt und war zum erfolgreichsten Musical der amerikanischen Bühnen geworden. Man erlebte ein Stück harter Broadwayrealität auf der Bühne. Es ging um die übliche rigide Auswahl von Tänzern für eine Aufführung auf, ja, dem Broadway natürlich. Die stark geforderten Bewerber mussten nicht nur ihr tänzerisches Können unter Beweis stellen, man wollte vielmehr auch ihre individuelle Persönlichkeit kennenlernen, um sie anzuspornen, ihr Äußerstes zu geben und mit ihrer aus der uniform kostümierten Tänzerreihe („A Chorus Line") plötzlich hervortretenden Einzigartigkeit das Publikum zu fesseln. Neu war, dass man mit den Geschichten, Dialogfolgen und Musikstücken den individuellen Lebensgeschichten der allerersten Protagonisten den Darstellern der Erstaufführung auch mit allen späteren Besetzungen folgte. Man wollte absolut realistisch sein. Bewegend, wie ein Teil der Bewerber sich in der Konkurrenz mit den anderen von ihrer provinziellen Vergangenheit lösen, einige von ihnen sich zugleich ihrer homosexuellen Wirklichkeit stellen wollten. Es war eindeutig, wie das New Yorker Publikum seine Sympathie besonders diesen um Anerkennung kämpfenden Menschen Ausdruck gab. Wir diskutierten das Musical am gleichen Abend noch mit unseren Gastgebern als Ausdruck des für uns als typisch amerikanisch geltenden, oft brutal erscheinenden Wettbewerbes. Es beschäftigte uns nicht zuletzt in der Hoffnung, ähnliche Offenheit bald auch in unserem Land sehen zu können. Es kam zu unserer Freude erstaunlich rasch auch auf deutsche Bühnen.

Hauptziel unserer Reise sollte diesmal die Insel Key West sein. Horst, Autofreak, hatte den Fimmel, dorthin mit dem Auto reisen zu wollen. Er wurde etwas kleinlaut, als unsere Gastgeber darauf hinwiesen, dass an die 1.500 Meilen Freeway zu bewältigen seien. Viel besser sei es, nach West Palm Beach zu fliegen. Von dort seien es nur noch dreihundert Kilometer, dafür aber auf einer der schönsten Strecken der gesamten USA: auf dem Overseas Highway über die gesamte Kette der Florida Keys bis zur allerletzten, der kleinsten der kleinen Seeräuberinsel, Key West. Der Ort West Palm Beach in Florida bietet mit seinen prachtvollen Häusern in pastellfarbenem amerikanischen Art déco ein Ambiente besonderer Art. Hier würde man gerne leben wollen. Man merkte aber schnell, dass Millionen Menschen den gleichen Traum hatten. Erst wird es voll, dann eng. Also wollen wir lieber doch nicht hier leben und besser erst gar nicht davon träumen. Key West hingegen wurde für Horst und mich wohl zu unserer schönsten gemeinsamen Zeit. Dadurch, dass man vom Festland Floridas mit dem Auto mindestens drei Stunden bis Key West benötigt, was auch immer schon für Polizeiautos gegolten hatte, war dieser „southernmost Point of USA“ seit jeher letzter Fluchtpunkt halbseidener Typen gewesen, die bei Gefahr per Motorboot nach Kuba abhauen konnten. Ernest Hemingway hatte diese flamboyante Atmosphäre geschätzt und darüber hinaus im Kampf mit dem Meer hart gewordene Fischertypen bewundert. Hier hatte er *Der alte Mann und das Meer* geschrieben, hier hatte er die subtropische Landschaft genossen, in die sein Haus eingebettet war, hier saß er zweifelnd in Sloppy Joe's Bar und trank seinen Kummer weg, meist mit dem von ihm erfundenen Gimlet. Key West hat eine überwältigende Vegetation, Blumen überall, blühende Zitrusbäume, blühende Azaleen, Bougainvilleas in allen Farben, duftende Frangipani, den typischen Gumbo-Limbo-Baum, überragt von hohen Sabalpalmen und der australischen Pinie (Kängurubaum).

Key West und einige seiner Nachbarinseln hatten sich immer schon als etwas Besonderes außerhalb des gängigen Amerika empfunden. Es nannte sich oft nur noch Conch Republic – Muschelrepublik. Das stand in großen Buchstaben auf der Rückseite der Baracke, die das Flughafengebäude von Key West darstellen sollte. Daneben eine Fahnenstange mit der eigenen Fahne der Republik mit einer Muschel in der Mitte und einem Wahlspruch, der auf die „Initiative zur Rettung des Menschen" mit ungewöhnlichen Mitteln hinweisen sollte. Das wichtigste Mittel: ein eher drolliger, aber gesunder Humor. Es hatte für Key West Ärger gegeben mit den US-Straßenbehörden, die auf der langen Straße dorthin Kontrollen wegen illegaler Einwanderung vorgenommen und den Touristenverkehr erheblich eingeschränkt hatten. Die Conch Republic hatte daraufhin 1982 den USA den Krieg erklärt, Minuten später bedingungslos kapituliert und um eine Milliarde Dollar für Wiederaufbau gebeten. Das erregte belustigte Aufmerksamkeit, die Kontrolle wurde aufgehoben. Schwule Pioniere hatten zwanzig Jahre vorher dieses damals noch außerhalb des Mainstreams liegende tropisch-paradiesische karibische Juwel entdeckt und entwickelt. Anfang der Sechziger waren auf einmal sämtliche Gästehäuser, Restaurants, Bars, Supermärkte, Friseure, Autovermietungen in der Hand schwuler Geschäftsleute, einfach so und einfach deswegen, weil sie diese Geschäfte alle selbst gegründet hatten – eine tolle Zeit für sie und ihre schwule Klientel. Und überall wehte plötzlich die Regenbogenfahne. Sie war 1978 in San Francisco für die Gay-Pride-Bewegung gestaltet worden – wir Schwulen hatten eine Fahne! Als deutsches Nachkriegskind hatte ich null Fahnenfimmel. In Deutschland sah man bis in die Neunziger hinein kein Schwarz-Rot-Gold – man vermied damals noch jeden Ausdruck von Nationalität. Die Regenbogenfahne stand für keine Nation. Aber die Schwulen hatten plötzlich eine Fahne, eine Fahne überall in der Welt. Sie brachte große Hoffnung in die Welt der Lesben, Schwulen, Transen und Menschen mit allen weiteren Ausprägungen von Sexualität, wie sie uns damals wenig und auch mir als Arzt bis dato nicht alle bekannt waren. Sie alle aber konnten sich plötzlich unter einem Label, einer Regenbogenfahne, zusammentun. Das war wichtig, denn es gab in den USA parallel zur schwulen Befreiungsbewegung zunehmend auch aggressive Gegner dieser Emanzipation, die sich religiös motiviert fühlten und intensive Kampagnen inszenierten. Ausgerechnet in Florida fiel damit eine bekannte amerikanische Sängerin auf, die ursprünglich aus dem Mittleren Westen stammte. Sie war 1959 zur „Miss Oklahoma" gekürt worden, landete 1960 auf dem dritten Platz im Miss-America-Schönheitswettbewerb und wurde durch drei Popsongs in den gesamten USA bekannt. Deshalb wurde sie Werbeträgerin der Florida Citrus Commission und machte Fernsehwerbung für deren Produkte, in der Hauptsache für einen Orangensaft. Sie hieß Anita Bryant und war zu jener Zeit, als wir Key West besuchten, bereits die bestgehasste Frau der US-amerikanischen Schwulenbewegung.

Das hatte einen komplexen Hintergrund. Ein County in Florida hatte eine Menschenrechtsverordnung erlassen, die Diskriminierung aufgrund der sexuellen Identität verbot. Bryant war Mitglied der Southern Baptist Church, sogar ein besonders frommfanatisches Kirchenmitglied. Sie rief eine Kampagne ins Leben, die die Rücknahme genau dieser Verordnung zum Ziel hatte und aufgrund ihres Bekanntheitsgrads auf breite Aufmerksamkeit stieß. Sie begründete die Kampagne mit der religiösen „Empfindung", Homosexualität sei sündhaft und für die Gesellschaft eine zusätzliche Bedrohung durch die angebliche Rekrutierung und Verführung von Kindern normaler Menschen zur Homosexualität.

Das wurde ihr kritiklos abgenommen. Ihre Besorgnis brachte sie dadurch zum Ausdruck, dass sie ihre Organisation „Save Our Children!" nannte. Sie schreckte zuletzt nicht vor haarsträubend falschen Unterstellungen an die Adresse von Homosexuellen zurück und erreichte, dass die genannte Menschenrechtsverordnung mit

Mehrheit zurückgenommen wurde. Bryant fühlte sich bestätigt und setzte ihre diffamierenden Äußerungen massiv fort. Endlich wachte die schwule Szene auf. Schwule Aktivisten riefen zum Boykott des von Anita Bryant beworbenen Florida-Orangensaftes auf, Prominente wie Barbara Streisand, Bette Midler, John Waters und Jane Fonda beteiligten sich. Über diese Gegenkampagne staunte ich dann doch. Bisher hatte ich die Schwulenbewegung in den USA als völlig unpolitisch wahrgenommen. Hier aber ging es ans Eingemachte. In Key West gab es schon jetzt ausdrücklich keinen von Anita Bryant beworbenen Orangensaft mehr. In den Folgejahren sah ich auf der Castro und in anderen Schwulenlokalen in San Francisco das Schild „We don't serve Florida Citrus Orange Juice", oder kürzer: „Anita Bryant sucks!" – ein hübsches, drastisches Wortspiel.

Bryant wurde zur Witzfigur. Zwei Dinge folgten: Sie verlor ihren Vertrag mit der Floridian Citrus Commission und ging bankrott. Als sie mit ihrer zwanzigjährigen Enkeltochter besprechen wollte, von welchem netten christlichen jungen Mann sie sich denn gerne heimführen lassen würde, entgegnete ihr diese, sie habe vor, ihre religionsfreie beste Freundin zu ehelichen. Männer interessierten sie nicht.

Peng!

Damit zurück zu den schwulen Männern und den von ihnen gegründeten Unternehmen auf Key West. Sie waren keine Freibeuter, keine Mafia, sie bildeten den Board of Economical Development of the Island. So versuchten sie, diese schwule Enklave in gelassenerem Tempo zu entwickeln, als es anderswo passierte. Der Inseltourismus wurden etwas langsamer, dafür solider durchstrukturiert. Die Conch Republic erhob keine Steuern, sondern wurde durch Spenden unterhalten. Motto war: „We don't believe in taxes. When we need to raise money we just throw a party!" – „Wir glauben nicht an Steuern. Wenn wir Geld brauchen, schmeißen wir eine Party!" Der lockere Stil zog dann doch jede Menge Touristen an, bald mehr Heteros als erwünscht, und damit kam es zu Veränderungen, die man gerne noch ein bisschen verzögert hätte. Plötzlich hatte jede Normalobar jeden Abend eine „Hurricane Night", wo es allerdings nur tröpfelte.

Abends saßen die Touristen am Hafen, warteten auf den Plumps der Sonne ins Meer und … applaudierten, was man ihnen in Urlaubsfliegern eigentlich längst abgewöhnt hatte. Da war er wieder einmal, der kennzeichnende Anfang vom Ende. Wieder einmal – ich sagte es wohl schon.

Aber es gab auch perfide Rückschläge, die an der Änderungsfähigkeit einer ganzen Gesellschaft zweifeln ließen. Es ist mir peinlich, meine Leser erneut mit dieser billigen Hintertreppengeschichte zu konfrontieren: Die feuersprühende Betonfrisur in meinem Mietshaus sah ihre Chance gekommen, und ich hatte ihr unglücklicherweise dazu auch noch eine Steilvorlage gegeben. Für eine Flugreise im Herbst 1978 hatte ich meinen Radiowecker für vier Uhr früh am Samstagmorgen eingestellt und das Abschalten vergessen. Gott sei Dank war ich nur am Wochenende weg. So plärrte der Wecker zwar auch am Sonntag in aller Frühe für zehn Minuten in mittlerer Stärke. Die Betonfrisur veranstaltete dennoch ein riesiges Theater, weckte das ganze Haus auf und ließ einen von ihrer Gunst abhängigen Zahnarztliebhaber, mittellos, wegen illegaler Machenschaften ohne Zulassung, dafür mietfrei im Hause einwohnend, minutenlang gegen meine Wohnungstür trommeln. Als der mir geneigte Hausmeister ablehnte, meine Wohnung aufzubrechen, und feststellte, nur die Polizei könne dergleichen anordnen, schwieg mein Radiowecker zur Enttäuschung der Betonfrisur von allein. Dennoch startete die Dame eine Unterschriftenaktion gegen mich. Dabei versprach sie einer jungen Nachbarin gleich neben mir, man wolle mich nur verwarnen: Sie dürfe gegen ihre Unterschrift unter die Beschwerdeliste gegen mich ab sofort ihren Freund nächtens bei sich behalten – eine typische Doppelmoral. Interessanterweise lehnten beide Landtagsabgeordneten ab, zu unterschreiben. Meine Nachbarin zog ihre Unterschrift ebenfalls zurück, als sie merkte, dass man sie getäuscht hatte. Mit dieser unvollständigen Liste bedrängte die Betonfrisur die willfährige Hausverwaltung, eine Kündigung gegen mich auszusprechen. Mein Rechtsanwalt hielt dagegen, der Vorfall reiche allenfalls für eine Abmahnung. Die Betonfrisur sprühte Feuer. Sie setzte den Hausverwalter erneut derart unter Druck, bis dieser meinem Rechtsanwalt schriftlich mitteilte: „... der Umgang des Herrn D. mit Personen männlichen Geschlechtes hat bereits zu Unruhe im Hause geführt!“ Mein Anwalt fand diesen Umgang völlig normal und verwies drauf, dass mehr als fünfzig Prozent seiner Klienten ebenfalls „Personen männlichen Geschlechts“ seien. Er vermute eine Verleumdungskampagne, bat um eine Klärung des Vorwurfsgehalts und um Namensnennung der Personen, die diese Verleumdung ausgesprochen hätten. Danach war Ruhe. Der SPD-Abgeordnete kam bei mir vorbei und versicherte, er finde diese Kampagne der Bauunternehmergattin skandalös und habe ihr das auch gesagt. Ich bin zur Genugtuung des Hausmeisters noch vier Jahre im Hause wohnen geblieben. Der Bauunternehmer starb, seine Betonfrisurwitwe, plötzlich sehr reich, sprühte weiterhin Feuer, wann immer sie mich sah. Nachdem sie an den Wochenenden unsichtbar wurde, erzählte mir der Hausmeister beiläufig, er habe Frau Bauunternehmerwitwe freitags mit dem alten Mercedes zum Flughafen Zürich zu chauffieren, von dort fliege sie direkt nach Nizza. „Ins Spielkasino? Ist sie noch nicht reich genug oder hat die Spielleidenschaft sie erfasst?“ „Nein“, grinste er, „ich denke, sie beschränkt sich auf den Umgang mit Personen männlichen Geschlechts.“

28 Diesseits des Regenbogens

Meine Berichte über Reisen und Abenteuer mit meinem Freund Horst haben vielleicht den Eindruck hinterlassen, ich hätte viel Zeit gehabt, um ständig abenteuerliche Dinge zu erleben. Das genaue Gegenteil war der Fall, ich arbeitete für Jahre täglich auf der Intensivstation, selbst an Wochenenden, tagsüber und nachts. Wenn man damals Bereitschaftsdienst hatte, musste man zu Hause in Erreichbarkeit des Festnetztelefons bleiben. Funker, Mobiltelefone, gab es noch nicht. Darunter litt auch unser Verhältnis stark, wie alle früheren freundschaftlichen Kontakte sowieso. Nach fünf Jahren leitender Tätigkeit auf der Intensivstation und der Ausbildung vieler begeisterungsfähiger junger Ärzte, Schwestern und Pfleger in diesem neuen aufregenden Gebiet ging ich in Erschöpfungszuständen und ungewohnten Depressionen geradezu unter. Horst brachte mich bei unseren immer seltener werdenden Gesprächen dazu, meine Situation realistisch einzuschätzen: Für eine Habilitation hatte ich zu wenig wissenschaftlich gearbeitet und war zu alt geworden. Die Intensivmedizin hatte mich an meine physischen und psychischen Grenzen gebracht. Ich musste raus aus der Klinik, eine späte Niederlassung als Internist war allerdings auch schwer vorstellbar. Ich hatte eine Art Burnout – diesen Begriff gab es damals noch nicht.

Zum ersten Mal in meinem Leben war ich ratlos und dachte an eine längere Pause.

Da kam wieder mal überraschend etwas ganz anderes: In der F.A.Z. suchte ein Headhunter einen Mediziner für den Bereich Internationale klinische Forschung in einem global operierenden Unternehmen der deutschen pharmazeutischen Industrie. Der Kandidat sollte kommunikativ, unabhängig, jederzeit reisebereit sein, im Englischen sicher in Vortrag und Schrift. Er sollte wissenschaftlich gearbeitet und publiziert haben, über didaktische Fähigkeiten und administrative Erfahrungen verfügen und innerhalb von vier Monaten anfangen können. Ich erfüllte alle Kriterien, stellte mich an drei Stellen in der dortigen Administration vor und hatte kurz danach meinen Job für die folgenden zwanzig Jahre.

Es war Sommer, mein neuer Job sollte im Oktober beginnen. So nutzte ich die Zeit – nach schwerem Abschied von der Klinik und einem der besten Zeugnisse meines Lebens –, um erst einmal ein paar Wochen zu faulenzen und zu spüren, wie sehr mir so etwas gefehlt hatte. Danach erreichte mich von der Ärztekammer München das Angebot, für zwei Monate die stellvertretende Leitung einer Kurklinik für Atemwegserkrankungen in Bad Reichenhall zu übernehmen. Das war eine unerwartet tolle, interessante Zeit, die mir zudem finanziell sehr guttat!

An einem Samstagmittag kehrte ich nach München zurück, duschte, zog mich um und fuhr gleich in den Ochsengarten, im „kleinen Schwarzen“ gewissermaßen. Als ich eintrat, drehte sich ein schlaksiger junger Mann auf seinem Barhocker um und sah mich freundlich lächelnd an. Er ließ mich nicht aus den Augen, bis ich auf ihn zutrat, um genau dieses freundliche Lächeln anzusprechen. Er kam mir zuvor: „Hi! I'm Donald, how are'ye doing?“ So einfach lernte ich den Mann kennen, der nach so vielen Bekanntschaften und Freundschaften die große Liebe meines Lebens wurde.

Für meinen neuen Job musste ich zu meinem Bedauern München verlassen und in den Raum Frankfurt umziehen. Der Frankfurter Flughafen war häufiger Ausgangspunkt für meine internationale Tätigkeit. Ich zog nach Wiesbaden. Diese Stadt hat alles, was man braucht, wenn man nicht unbedingt meint, in einer Großstadt leben zu müssen. Der traditionelle Weltkurort hatte ein Ambiente, das die allgemein anerkannte Zahl von fünf bis sieben Schwulen unter hundert „heteronormativ" erscheinenden Männern immer schon locker überschritten hatte. Wiesbaden war auch *en détail* eine gute Wahl. Die Innenstadt mit vielen Geschäften, alten Konditoreien, Cafés und Weinlokalen war sehr einladend, das kulturelle Angebot ausgezeichnet, Theater und Oper spielten in der ersten Liga.

„Heteronormativ" – diesen Begriff des 21. Jahrhunderts gab es damals auch noch nicht. Für mich klang es anfangs beinahe beleidigend, fast wie eine Strafe dafür, dass man nicht schwul ist. Haben „Heteronormative" etwa keinen Sex, so wie Heterosexuelle? Die reinste Sprachverwirrung. Ich finde, die „Heteronormativen" sollten etwas gegen diese diskriminierenden Begriffe unternehmen. Auch nach diesem weiteren Ortswechsel und bei den anschließenden Reisen ins Ausland möchte ich am Prinzip meiner Erzählungen festhalten, mich auf Dinge zu konzentrieren, die in Beziehung zur allgemeinen und meiner persönlichen Entwicklung in Sachen „schwul" standen. Das muss besonders für den weiteren Verlauf meiner Geschichten gelten, die leider bald auf eine überwältigende Weise bedrückend und traurig werden. Ich habe diesen Bericht lange vor mir hergeschoben, weil mich Erinnerungen daran immer noch belasten, die zuletzt auch die Fertigstellung dieses Berichtes verzögert haben. Noch aber geht es um einfach schwul, ganz unschuldig. Alle meine Diskussionen mit jungen Patienten und Freunden in vergangenen Jahren als Klinikarzt hatten zum Thema ergeben, dass sich nach ihrem mutigen Outing die Eltern mit den immer gleichen Fragen quälten: O Gott, das arme Kind! Von wem hat es das bloß? Kommt das aus deiner Familie? Nein! Aus deiner vielleicht? – Nein! Hat ihn jemand verführt? – O Gott, meinst Du? Ist er nicht überhaupt noch viel zu jung, so etwas zu wissen? Danach die wichtigste aller Fragen: Was haben wir falsch gemacht? Es folgte die schrecklichste aller Fragen: Was sollen bloß die Nachbarn denken? Was der Junge selbst dachte, wurde nicht gefragt. Daher konnte er auch nicht sagen, dass er sich selbst möglicherweise ganz in Ordnung fand und gerne auch so bleiben wollte. Da er nicht gefragt wurde, stellte sich den Eltern zuletzt die schwierigste aller Fragen: Wie kriegt man das weg?

Anfang 1983 rief mich ein damals etwa neunzehnjähriger entfernter Verwandter an. Er habe gerade sein Abitur gemacht, ihm stellten sich Fragen zu seiner Zukunft, die er nicht so recht mit seinen Eltern besprechen könne. Ob er mich einmal in Wiesbaden besuchen dürfe? Selbstverständlich! Am nächsten Wochenende war er da, Hemdkragen zierlich aufgestellt: ein Prinz! Als er durch die Tür kam, startete er mit: „Ich komme, weil ich schwul bin." „Komm rein, ich auch." „Ach, gut. Hatte ich schon gehofft und gedacht!" Mir fiel ein, dass die Mutter dieses jungen Mannes meiner Mutter einmal tränenreich geklagt hatte, sie hätten überraschend Erziehungsprobleme mit diesem wunderbaren begabten Einzelkind, für das alles getan wurde und auf dem alle Hoffnungen der Eltern ruhten. Mir war klar gewesen, worum es ging, hatte ich in diesem lockigen Bengel doch vor Jahren schon einen kleinen heranwachsenden Schicksalsgenossen gesehen.

Es bedurfte keiner Beratung, wir hatten einen angenehmen Gedankenaustausch selbst über unseren Altersabstand von über dreißig Jahren hinweg. An seiner Bestimmung war kein Zweifel, er nannte mir auf der Stelle Namen von schwulen Kneipen in Köln, von denen ich noch nie gehört hatte. Sein Problem war, dass seine entsetzten Eltern ihn schon einigen therapeutischen Bemühungen zugeführt hatten, weitere sich drastisch abzeichneten. Diese waren, seit es solche Therapievorstellungen gab, immer schon vergeblich und in der Anwendung schrecklich gewesen. Sie sind als Methoden der Konversionstherapie längst obsolet und inzwischen verboten. Ich gab ihm einen Gruß an seine Eltern mit, ihr Sohn brauche keine Therapie und müsse wegen seiner Orientierung auch nicht mit dem Kopf unterm Arm durchs Leben laufen. Punkt! Sollten sie mit diesem Rat Probleme haben, könnten sie mich jederzeit anrufen. Zwei Jahre hörte ich nichts von ihnen, weder vom Sohn noch von den Eltern. Danach musste ich erfahren, dass der Vater, ein selbstgerechter Jurist mit dem Spitznamen „Du-irrst-gewaltig!", in unserer Familie gegen mich intrigierte. Er scheute nicht einmal Andeutungen in der

Richtung, ich hätte den Sohn in seiner Homosexualität bestärkt, vielleicht sogar verführt. Meine Antwort: Seine diffamierenden Andeutungen seien falsch und strafwürdig. Ich bliebe bei meinem Rat an den Sohn: Die American Psychiatry Association (APA) habe bereits 1973 Homosexualität von ihrer Liste psychiatrischer Erkrankungen gestrichen und therapeutische Versuche zur „Konversion“ als inakzeptabel bezeichnet. (Ein gewisser Professor Sigmund Freud hatte das bereits 1920 gesagt. Die WHO zog mit einer entsprechenden Erklärung erst 1990 nach, also siebzig Jahre später.) Vielleicht liege das Problem ja bei dem egoistischen Vater. Der ist Ende der Neunziger verstorben. Vom Sohn, dessen Homosexualität die Therapieansätze glücklicherweise folgenlos überstanden hatte, habe ich seither leider auch nichts mehr gehört. Seine Mutter berichtete vor ein paar Jahren, ihr Sohn lebe in einer Partnerschaft. Na so was, mit wem denn? Sie voller Stolz: Mit einem Verfassungsrichter in Norddeutschland. Ich würde meinen, das ist doch noch weit mehr als einfach „heteronormativ“.

Des Teufels Beitrag zu all diesen Ereignissen lieferte kurz darauf, noch im Jahre 1983, ausgerechnet die Bundesrepublik Deutschland. Ein bornierter Verteidigungsminister brachte seinen eigenen deutschen NATO-Viersterne-General erst in den Verdacht der Homosexualität und erklärte ihn anschließend für nicht tragbar, weil ein Homosexueller in dieser Position „erpressbar“ sei. Nun gab es in der Geschichte genialer und erfolgreicher Heerführer von Alexander dem Großen bis Friedrich dem ebenso Großen viele Persönlichkeiten, die jeder denkbaren Form von Sex zugeneigt waren. Es hatte niemanden interessiert. Im 19. und 20. Jahrhundert waren „heteronormative“ Botschafter und Gesandte schon beinahe die Ausnahme. Schwul zu sein, nannte man nachsichtig „Diplomatenkrankheit“. Waren sie deswegen erpressbar? Es interessierte eigentlich niemanden.

Ob dieser Verteidigungsminister jemals darüber nachgedacht hat, dass diese generelle Art öffentlich diskriminierenden Umgangs solche Menschen überhaupt erst erpressbar macht? Mit der sogenannten Kießling-Affäre von 1983/84 hatte unser Land zu verspäteter Unzeit sich eilig noch einmal richtig lächerlich gemacht und den in der BRD sich gerade organisierenden Schwulen damit einen Bärendienst erwiesen. Der General wurde rehabilitiert. Gipfel der Geschichte war, dass Manfred, der Bundeswehrminister zur Belohnung danach NATO-Generalsekretär wurde. Deutschland tat alles, um als NATO-Mitglied nicht ernst genommen zu werden – vielleicht Absicht?

Unter der plakativen Darstellung dieser gernegroßen politischen Ereignisse in den Medien wurde eine kleine Meldung des CDC (Center of Disease Control in Georgia, USA) vom Juni 1981 fast übersehen. Dessen Experten hatten erfahren, dass bei einer Gruppe vorher gesunder homosexueller Jugendlicher in Los Angeles eine Lungenerkrankung zum raschen tödlichen Ende führte, nachweisbar durch den längst bekannten Erreger PCP (Pneumocystis-carinii-Pneumonie), der für Menschen mit gesundem Immunsystem generell als wenig gefährlich galt. Gleichzeitig wurde, ebenfalls bei jungen Homosexuellen, in New York eine ungewöhnliche Häufung des Kaposi-Sarkoms, einer seltenen Hautkrebsart beobachtet, die zuvor nur bei sehr alten Menschen mit schwachem Immunsystem diagnostiziert worden war. Es kam der Verdacht auf, dass ein Zusammenhang bestand zwischen sehr unterschiedlich erscheinenden Erkrankungen in der spezifischen Bevölkerungsgruppe von Homosexuellen, die nach Infektion mit einem bis dato unbekannten Erreger durch eine nachfolgende schwere Immunschwäche gekennzeichnet war. Ein diskriminierender Name war schnell gefunden, GRID (Gay-Related Immune Deficiency) – und hielt sich hartnäckig. In diesem Kollektiv junger Menschen waren neben Homosexualität und Promiskuität ein auffallend ähnlicher Gebrauch injizierbarer Drogen und besonders einer in der Medizin bekannten, durch Inhalation rausch-vermittelnden Substanz namens Amylnitrit erkennbar, von der sich viele Schwule einen intensiveren Orgasmus versprachen. Diese Substanzgruppe war mir aus der Inneren Medizin in Zusammenhang mit Herzerkrankungen bekannt. Bei der Analyse von Kollektiven konnte man diese Substanz aber schnell abhaken, sie hatte mit der Auslösung dieser mysteriösen Erkrankung nichts zu tun. Das CDC sah andererseits naheliegende Infektionswege nach gemeinsamem Spritzengebrauch auch bei heterosexuellen Drogenabhängigen, auf dem Wege der Weitergabe von Müttern an ihr Neugeborenes und – erschreckend – durch Bluttransfusionen.

Ich möchte gerne die Sachlichkeit in der Bewertung des CDC betonen, die sich jeder Diskriminierung enthalten hatte. Sehr schnell waren Repräsentanten des CDC wie auch anderer Gesundheitsorganisationen, Virologen, Infektiologen, Repräsentanten von Blutbanken, von Zweckbündnissen hämophiler Patienten, also Blutern, aber auch Vertreter des Gay Rights Movements in Washington zusammengekommen, um Richtlinien für Infektionsvermeidung und präzise Regeln für Blutspender zu entwickeln. Unser New Yorker Gastgeber und Freund Bruce Völler war Wissenschaftler (Biologe an der Cornell University) und Kämpfer für schwule Rechte. Er nahm an diesem Kongress teil. Er war es, der anstelle von GRID den wissenschaftlich korrekten Namen Aids (Acquired Immune Deficiency Syndrome) vorschlug und etablierte. Über das auslösende Agens, vermutet wurde ein Virus, herrschte zunächst lähmende Unwissenheit.

Dieser Bericht über die Anfänge von Aids soll für mich als Arzt die vorerst begrenzte Darstellung der ersten Verdachtsmomente und Verhütungsmaßnahmen bleiben, zumal diese Erkrankung für mich persönlich wie für viele meiner hilflosen Freunde rasch kein primär medizinisches Phänomen, sondern eine zunehmend große und leidvolle Katastrophe bedeuten sollte. Wenige Jahre später hatte ich nahezu alle meine Freunde und Patienten sowohl in Deutschland als auch in den USA durch diese Erkrankung verloren! Es waren zuletzt mehr als einhundert enge und engste Freunde, darunter auch ehemalige Sexpartner. Schwule zählten früher ihre Sexpartner genauso wenig, wie sie es heute tun. Wenn ihre Lust denn Sünde war, gaben sie sich gegenseitig Absolution. Ich litt für eine nicht enden wollende Zeit, während alle meine erkrankten Freunde und Patienten für eine absehbare Zeit unendlich leiden und zuletzt doch dahingehen mussten.

Ich bin nicht in der Lage, der Aids-Tragödie in ihrer Gesamtheit in meinen Schilderungen gerecht zu werden: Es sind die Einzelschicksale und nur diese, die uns und mich heute noch am ehesten daran erinnern, durch welches Elend so viele wunderbare, begabte, schöne junge Menschen, kaum erwachsen, kaum emanzipiert, in den frühen Tod gehen mussten. Mir und meinen Lesern werde ich zumuten, die schrecklichen und teilweise dennoch schönen Lebensphasen von sechs meiner Freunde bis zuletzt beispielhaft nachzuzeichnen. Dabei muss ich es aber nicht bewenden lassen: Zwei meiner Freunde, früh infiziert, haben es dank robuster Konstitution, Intelligenz und viel Glück in die Mitte der Neunzigerjahre geschafft, bis hinein in die aufgehende Sonne der antiretroviralen Therapie quasi „gesund" zu bleiben. Sie nutzten ihre Genesung ausschließlich dazu, für die vielen nachfolgend Leidenden ein breites Spektrum aktiver Prophylaxe, Therapie, Fürsorge und Information, nicht zuletzt aber eine Atmosphäre des Verständnisses, der Empathie zu schaffen. Sie haben mir ihre persönlichen Geschichten großzügig überlassen, um dieses Drama mit der großen Geste der Hilfe zur Selbsthilfe zu beschließen: „Betroffene helfen Betroffenen."

Horst hatte mir bei einem seiner Besuche von einem neuen Verehrer aus der Disco „New York" in München erzählt, der ihm anfangs unheimlich war. Beim ersten Telefonat sagte er mir, dass dieser dunkle, hagere Mensch jener Freddie Mercury sei, Chef der Gruppe Queen, an dem er zunächst einmal trotz dessen Berühmtheit nichts Besonderes fand. Und der habe auch noch schiefe Schneidezähne im Oberkiefer und halte sich deswegen dauernd die Hand vors Gesicht. Zwei Wochen später erschien er völlig hingerissen von dieser neuen Bekanntschaft. Freunde sagten ironisch, Freddie Mercury müsse eine Endlosline von der New-York-Disco in sein Hotelzimmer am Münchener Tucherpark gezogen haben, um Horst endlich da hinzubringen, wo er ihn hinhaben wollte. Ich war sehr unglücklich, nicht in München gewesen zu sein, kannte ich doch Horsts Schwäche, sich einem Übermaß an Komplimenten und Zuneigung nicht zu versagen. Hinzu kam für ihn wohl der Glamour, plötzlich zu dieser Truppe, zur Entourage eines Superstars zu gehören, als aktueller Liebhaber und Favorit des Meisters in Jets herumzufliegen und mit Helikoptern in Arenen einzuschweben. All das passierte für mich und für ihn mit unglaublicher Schnelligkeit und Hektik, nicht zuletzt deswegen, weil sie beide immer eine Prise Koks zur Hand hatten.

Bei all dem hatte ich Horst aus den Augen verloren, wir hatten uns verloren und wir waren beide nicht unschuldig daran. Immerhin war er stabil genug, diese Extravaganzen ab und zu als das zu sehen, was sie waren: der Wirklichkeit entrückte Augenblicke, in denen er als ein kleiner Stern um den großen Star kreisend zwar ausgenutzt wurde, es aber auch glaubte, genießen zu können. Seine robuste Natur steckte das zunächst alles weg. In München blieb er dabei, zuverlässig den perfekten Einrichtungsjob zu machen, in dem er wirklich aufging.

Mit Donald, oder einfach nur Don, hatte ich nach jener netten Begrüßung im Ochsengarten ein paar Bier getrunken, und obwohl ich ein paar Wochen nicht zu Hause gewesen war, hatte ich ihn doch gleich bei mir einquartiert. Er wollte gerne ein paar Tage bleiben. Don war groß und schlank, mit breiten Schultern, dennoch grazil, seine Körperbehaarung von einer für mich hocherotisierenden Textur. Seine stahlharten Unterarme und trainierten Beine waren kräftig behaart, der übrige gebräunte und nur leicht muskelbetonte Körper fast glatt. Von der Halsgrube lief ein schmaler Mittelstreifen gelockter Haare hinunter bis zum Bauchnabel, von dort als schmaler Streifen weiter hinunter bis zum Schamhaar. Das war so aufregend anzusehen, dass man im Halbdunkel zunächst einmal fast übersah, was sich eindrucksvoll darunter sonst noch erhob: „Don't look at me like this! I don't wanna be the slim kid with the big dick, I wanna be your loving friend, ha!" Don gehörte zu jenen glücklichen Menschen, die am charmantesten lachten, wenn Sex ihnen am meisten Spaß machte. Er stammte aus Colorado, Glenwood Springs, aus einer kinderreichen Familie niederländischer Einwanderer mit engem Zusammenhalt in dritter Generation. Glenwood Springs verfügte über jene heißen Quellen, die den Ort für Skisportler besonders begehrt machten. Weltberühmt waren Aspen, Vail und

Breckenridge in der Nähe, im Winter ein riesiger, weiß bestäubter Teppich, Teil der Rocky Mountains.

Schlank und groß, wie alle in der Familie, hatte Don das Skilaufen von Kindesbeinen an gelernt. Er war ein Skigott! Skisportbegeisterte Männer und Frauen strahlten ihn an, wenn er aus dem Skilift kam, er nahm es gelassen, lächelte verlegen. Skilehrer war ihm auf die Dauer zu langweilig, er konnte hingegen immer auch schon gut kochen. So startete er in einer Hotelküche in Denver – sein Talent zum Küchenchef wurde entdeckt. Jemand vermittelte ihn dem Chef einer feinen, erstklassigen Küche eines Restaurants in New York, wo er fast ein Jahr lang arbeitete und wo er seinen französischen Freund Jacques kennenlernte. Auf dessen Zureden folgte Don ihm nach Paris, um französische Küche zu lernen. Jacques ging bald zurück nach New York zurück und ließ Don allein in Paris, der – er hatte inzwischen genug Französisch gelernt – dort seine Ausbildung fortsetzte. Zu dieser Zeit lernten wir uns kennen. Wir waren beide traurig, dass wir uns anfangs so selten sehen konnten, und unternahmen bereits im Frühjahr unseres zweiten Jahres eine große Reise nach Portugal, eine der schönsten Reisen meines Lebens. Wir mieteten einen Mini Cooper und machten mit einem Zelt eine Rundreise durch Portugal, von der Algarve bis nach Porto und zurück. Don war begeistert, überall in Portugal blühende Forsythien, seine Lieblingsblumen, zu sehen. In Colorado, wo es bis in den Frühsommer zu überraschenden Schneefällen kommen kann, stehen solche riesigen goldblühenden Forsythienbüsche von frischem Schnee bedeckt, ein flirrendes Weiß-Gold.

Don war begeisterungsfähig für alles, was er nicht kannte, und ich habe ihm viel erklärt, besonders alte Abteien und Kirchen. Unvergessen die Bemerkung, mit der er sich meinem Kulturprogramm zuletzt aber verweigerte: „Sorry, I'm a bit churched-up, let's go to the beach!" Zum Schluss blieben wir für zwei Wochen an der Algarve. In Lissabon waren wir an einem Abend in hellen Bermudas und Leinenjacketts zum Essen gegangen. Wir wurden von einem älteren, zierlichen Kellner bedient, den seine Bewunderung für Don völlig durcheinanderbrachte. Nach dem Menü servierte er uns als Dessert knackige schwarze Süßkirschen, Blauschimmelkäse und ein Glas alten Port. Wir hatten das nicht bestellt. Don schaute mich verblüfft an, dann den Kellner: „From the house?" „De mi parte", sagte der alte Herr auf Spanisch mit zierlicher Verbeugung vor Don, errötete und trippelte grazil davon ...

Im darauffolgenden Winter schaffte ich es, für knapp zwei Wochen nach Colorado zu kommen. Don hatte immer schon die Idee gehabt, nahe der Endstation der Skilifte ein französisches Restaurant aufzumachen. Nachdem ich den Ort und die näheren Umstände kennengelernt hatte, äußerte ich gegen die Idee eines französischen Lokals große Bedenken: Don würde einen hohen Aufwand an perfektem Personal benötigen und pro Abend einen Tisch höchstens zweimal bekochen können. Ich wusste zwar, dass Amerikaner grundsätzlich alles Französische lieben, im Skiurlaub würden sie das Französische bei Tisch aber bei einer Flasche Perrier zum Hamburger belassen. Ich schlug ihm eine Idee vor, die wir gemeinsam entwickelten: Don sollte ein Tagescafé von zehn Uhr morgens bis zehn Uhr abends aufmachen, Cake 'n' Coffee, mit vielen kleinen Tischen. „The Apfelstrudel" sollte strikt an sieben Tagen nur sieben ausschließlich europäische Torten anbieten, davon täglich eine als „Special of the Day", auf einer interessant gestalteten Karte gut fotografiert dargestellt und beschrieben. French Coffee, Cognac, Liköre – leerer Stuhl vom nächsten Gast besetzt, fliegender Wechsel und damit großer Umsatz.

Don war von der Idee rasch überzeugt und zunehmend begeistert. Er ging nach Paris zurück, um ab sofort französische Patisserie zu lernen. Im Folgejahr kam er für einige Monate nach Wiesbaden, wo ich ihm ein unbezahltes Volontariat in der führenden Konditorei des Café M. besorgt hatte. Dort legten wir auch die sieben Tortenspezialitäten fest, Klassiker seines Angebotes in dem für ihn geplanten Café in Colorado: Johannisbeertorte mit flambiertem Baiser beherrschte er perfekt – das kannte bestimmt noch kein Mensch dort und das sollte sein großer Hit werden!

Wir unterhielten uns auch über diese unheimliche neue Erkrankung, die weltweit große Verunsicherung unter Schwulen und Ratlosigkeit unter Ärzten ausgelöst hatte, die besonders über die hohe Rate rascher Todesfälle entsetzt waren. Dabei berichtete Don, dass sein Freund Jacques in New York möglicherweise schon erkrankt sei. Es gehe ihm nicht gut und er verhalte sich auffallend schweigsam über die Umstände seines schlechten Befindens. Don erzählte mir, dass Jacques von New York aus regelmäßig zu den berühmten weißen, roten oder schwarzen Partys nach Fire Island gefahren sei. Ich hatte eine ziemlich gute Vorstellung von dem, was dort los war, war ich doch selbst Jahre zuvor mehrere Wochenenden auf Fire Island gewesen.

In einem längeren Gespräch legte ich Don dar, dass wir es offenbar mit einer in vielen Details noch unbekannten Infektionskrankheit zu tun hätten. Die Übertragungswege solcher Infektionskrankheiten waren der Medizin aber lange bekannt. Ich schlug ihm vor, nur noch genau das zu tun oder zu lassen, was später als „Safer Sex" spezifiziert wurde: kein Schleimhautkontakt, kein Austausch von Körperflüssigkeiten! Das bedeutete, auf Küssen (deep-throat-kissing), Oral- und ungeschützten Analverkehr zu verzichten. „Bist du vollkommen verrückt geworden …?" Don schaute mich völlig entgeistert an. „Jetzt habe ich endlich mal wieder jemanden in Deutschland getroffen, in den ich mich sofort verliebt habe und bei dem alles stimmt! Und jetzt will ich mich mit dir mal wieder so richtig loslassen, und dann soll ich das alles plötzlich nicht mehr tun dürfen …?"

Es war sehr schwierig und entmutigend für mich, ihm diese notwendige Zurückhaltung zu erklären und zu begründen. Ich umarmte ihn, um ihm beim leidenschaftlichen Küssen auf Gesicht, Brust, Hals und abwärts zu erklären, dass man sich immer noch viel geben konnte und gleichzeitig vorsichtig blieb. Wir lernten gemeinsam, die Betonung auf endlose und möglichst raffinierte Zärtlichkeiten zu legen. Längst ist mir klar, dass diese Gespräche und alle Vorschläge dessen, was man später striktesten „Safe Sex" nannte, zuallerletzt nur mir dazu verholfen haben, immer noch gesund und grübelnd über dieser Geschichte zu sitzen. Damals wussten wir es beide noch nicht, aber Don war bereits infiziert.

Angst und Ungewissheit stiegen, als das Thema von den Medien aufgegriffen wurde. Der erste kurze Spiegel-Artikel im Heft 22 vom Mai 1982, Überschrift „Schreck von drüben", fischte im Trüben. Er blieb bei der Aufzählung der aktuellen Spekulationen. Der ausführliche zweite Spiegel-Artikel im Heft 23 vom Juni 1983 verbreitete meinem Eindruck nach aber bereits eher Panik auf eine sensationsgierige und fahrlässige Weise: zunächst ein ungewohntes, aber annehmbares Titelbild, auf dem eine zart angedeutete sexuelle Berührung zwischen zwei jungen Männern abgedeckt war durch ein mikroskopisches Bild von Lymphozyten, infektionsabwehrenden Blutkörperchen. Die Verbindung von Bild und Text brachte es gezielt einseitig auf den Punkt: Tödliche Seuche – Aids, die rätselhafte Krankheit. Die Kombination aus allem legte jedoch nahe: Diese Krankheit wurde als Homosexuellenseuche angesehen. Der Artikel wirkte auf die breite Bevölkerung und die Schwulen unterschiedlich. Ich las den Artikel wiederholt sorgfältig, habe ihn heute noch in meinen Akten. Ich fand ihn damals medizinisch fachlich gut und detailliert auf dem Stand der Dinge, wohl von einem Wissenschaftsjournalisten, vielleicht Arzt, geschrieben. Allerdings las ich ihn als Arzt, für den die beschränkte Sicht der Verbreitung des Virus angeblich nur unter Schwulen wiederum inakzeptabel war. Die damals verfügbaren Informationen hatte mir der Beitrag kompakt vermittelt. Der Auslöser, ein sogenanntes Retrovirus, war 1983 identifiziert worden. Sachlicher und zugleich alarmierender Hinweis: Bis dahin gab es keinen Test! Der Spiegel hatte besonders diskriminierende Stimmen im Artikel herausgestellt. Phrasen wie „moderne Lustseuche", „Schwulenkrebs", „Gottes Peitsche für Homosexuelle", Vergleiche mit Pest und Cholera flogen durch die Luft. Deutschlands Schwule fühlten sich diffamiert und diskriminiert. Erst recht unerträglich wurde es, als die katholische Kirche und ihre obersten Repräsentanten, wie jener unsägliche Kardinal Josef Ratzinger, begannen, die Erkrankung als Strafe Gottes für das Verbrechen der Homosexualität, der Prostitution und für Drogenabhängigkeit zu deuten. Für mich ein Verbrechen heiliger Verunglimpfung! Ich hatte damals ein Telefonat mit meinem früheren Chef in San Francisco, Prof. Bob F. Seine Frau Alison führte eine internistische Intensivstation, die plötzlich voll eigentlich junger, begabter, freundlicher und hoffnungsvoller todkranker Schwuler war. Er sagte nur: „Believe me, this is no gay disease here. It's just because this fucking cities' sexually most active guys are the gays." („Glaub mir, es gibt hier keine *Schwulen*krankheit. Der Grund ist, dass die sexuell Aktivsten in dieser verdammten Stadt die Schwulen sind.") Es dauerte Jahre, bis sich diese simple Einsicht aus Amerika auch in Deutschland durchgesetzt hatte. Durch Bobs Auskunft über die Verbreitung in der Stadt wurde ich unruhig. Ich versuchte, meine Freunde in San Francisco telefonisch zu erreichen, und hörte zu meinem Entsetzen, dass die beiden Freunde von Pacific Heights, Ron und sein Freund Ursetto, zu den ersten Opfern der Erkrankung gehört hatten und bereits verstorben waren.

Ich hatte noch die Telefonnummer von Dennis' Mutter. Als sie meine Stimme hörte, brach sie in Tränen aus und war kaum fähig, zu sagen, dass er und einer seiner schwulen Brüder ebenfalls nach Infektion und sehr kurzer Krankheit verstorben seien. Das machte mich fassungslos. Bruce, ein anderer früherer Freund, war bei meinem Anruf wortkarg. Er schien den Tränen nahe und deutete an, dass er bald zurück nach Kentucky wolle. Die Situation in der Stadt werde ihm unheimlich und zunehmend schwer erträglich, er fühle sich lange schon nicht mehr wohl. Ich habe nie mehr etwas von ihm gehört. Daraufhin telefonierte ich mit meiner Freundin Barbara in Oakland. Sie sagte mir, ich solle auf keinen Fall in der nächsten Zeit nach San Francisco kommen, es bräche mir das Herz!

Ab 1985 gab es dann Gott sei Dank die ersten HIV-spezifischen Tests, sogenannte Such- und Bestätigungstests. Die Möglichkeit der frühen Diagnostik war zugleich ein großer Fortschritt für die Prävention. Nicht aber gegen weitere Diskriminierung. In München stand der seit 1972 meiner Meinung nach immer schon politisch profilierungssüchtige Rechtsanwalt Dr. Peter Gauweiler in der vordersten Front der Diskriminierenden. Er trieb, wie ich finde, die Dinge 1987 auf die Spitze, als er in seiner Funktion als Kreisverwaltungsreferent der Landeshauptstadt München zwar zuerst und vernünftigerweise die inzwischen sowieso schon leeren schwulen Saunen schloss. Anschließend wollte er aber unmittelbar auf Aids-Kranke in Bayern das Bundesseuchengesetz anwenden: Er entwickelte einen Maßnahmenkatalog, den Medien öffentlichkeitswirksam als Erstes zugespielt, der einen Zwangstest für Schwule und für HIV-positiv Getestete und anschließend eine Absonderung quasi in Internierungslager vorsah, so wurde es von uns wahrgenommen. Sogar eine Kennzeichnung durch Tätowierung wurde erwogen. Sein geplantes Gesetz wurde allerdings als unpassend angesehen, eine Bundesinitiative vonseiten des Landes Bayern wurde mit zehn zu einer Stimme abgeschmettert. In meinem ganzen Leben hatte ich bis dahin nicht eine einzige Erkrankung gekannt, die eine solche politische Dimension annahm. Man darf die durch offene Beschäftigung mit dem Unheimlichen, die Angst der Allgemeinbevölkerung, beim einzelnen Bürger nicht unterschätzen, diese Erkrankung könne über jede bisher betroffene Gruppe hinaus explosionsartig zur unkontrollierbaren Seuche expandieren. Später waren es mehr Gefühle von Trauer, Wut und Verzweiflung, nicht nur bei den Betroffenen, sondern zunehmend auch bei behandelnden Ärzten, Schwestern und Pflegern in den Kliniken, bald auch in den eingerichteten Beratungsstellen, solange man keine Therapeutika an der Hand hatte.

Es bedurfte empathischer, sachlicher und mutiger Entscheidungsträger wie einer Rita Süssmuth, die in dieser wichtigen Zeit von 1985 bis 1988 Bundesministerin für Jugend, Familie und Gesundheit war und ab 1988 für zehn Jahre Präsidentin des Deutschen Bundestages wurde. Sie beschrieb später eine entscheidende Sitzung im Kabinett Kohl, bei der sie ihre eigenen Konzepte vortragen wollte. Kohl hatte jedoch als erstem Sprecher dem Scharfmacher aus Bayern das Wort erteilt. Für den Kanzler selbst waren Zwangstest und Ausgrenzung keine abwegige Vorstellung. Für Rita Süssmuth waren sie ein Gräuel. Sie positionierte sich strikt gegen Diskriminierung, setzte stark auf Vorbeugungsmaßnahmen: Beratung und Aufklärung durch Ärzte und Beratungsstellen – und sollte recht behalten.

Es war das bekannte Bild religiös gebundener Politiker aus den C-Parteien, die alles, was nicht in ihr religiös orientiertes tugendhaftes Weltbild passte, ausgrenzen wollten. Süssmuth hingegen propagierte – gegen heftigen Widerstand bornierter Christdemokraten, für die allein der Gedanke an dergleichen Grund für einen Parteiausschluss war! – inzwischen die Verwendung von Kondomen. Sie zog sich auf einem berühmten Foto dafür auch einmal eine Art Kondomfolie über. 1987 initiierte sie die Gründung der Nationalen Aids-Stiftung, die später mit der Deutschen Aids-Stiftung „Positiv leben" fusionierte. Die Schwulen schwärmten bald von „lovely Rita", für meine Freunde kam sie zu spät. Ebenfalls zu spät für meine Freunde, aber immer noch früh genug und geradezu grandios war die Geste einer ebenso besonderen, völlig anderen Frau, der zuletzt selbst tragischen Figur der Lady Diana Spencer. In einer von den Unwägbarkeiten der Erkrankung hysterisierten Welt, die sich schon durch die Nähe von Aids-Patienten gefährdet sah, hatte Prinzessin Diana 1987 einen Aids-Kranken demonstrativ umarmt und ein Aidskrankes Kind in die Arme genommen. Das Bild ging um die Welt. Damit schaffte sie eine andere Art der Aufmerksamkeit, die diese unheimliche Krankheit brauchte, um Forschungsgelder und Hilfsfonds zu mobilisieren. Für Deutschland muss wegen seines unermüdlichen und selbstlosen Einsatzes für die Belange von Aids-Kranken ein Pastor der Nordelbischen Landeskirche genannt werden, Rainer Jarchow. 1986 wurde er bundesweit erster Berater für Menschen mit HIV und Aids auf Initiative des Gesundheitsamtes Köln („Kölner Linie"). 1987 gründete er die erwähnte Deutsche Aids-Stiftung „Positiv leben". In Hamburg trat er 1994 die bundesweit erste Pfarrstelle für die Seelsorge von Menschen mit HIV und Aids in Hamburg an, leistete Hilfe in sozialen Fragen und Sterbebegleitung. 1996 war Rainer Jarchow der Erste, der bundesweit den Lebensbund eines schwulen Paares im Gottesdienst segnete. Diese Namen müssen wir in Erinnerung behalten.

Horst und Don ging es in jenen Tagen noch auffallend gut. Don sah blendend aus, Horst äußerte auf meine regelmäßige Nachfrage hin keine Probleme. Waren sie gesund, waren sie dauerhaft gesund, hatten sie bisher Glück gehabt? War meine anhaltende Besorgnis also grundlos? Horst war jedenfalls voll zurück in seinem Job, hatte wieder seine Truppe um sich. Er war tief gekränkt davon, wie schnell er in seiner Favoritenrolle beim „Champion" ersetzt worden war.

Ich besuchte Don für ein paar Tage in Paris. Er überraschte mich im Restaurant seines Maître mit seinen Kreationen, sah völlig gesund aus, strahlte vor Stolz. Es war 1987, in Paris war soeben das Musée d'Orsay eröffnet worden, jener geniale Umbau des früheren Bahnhofs Gare d'Orsay auf dem südlichen Seineufer gegenüber den Tuilerien. Wir gingen frühmorgens hin. Don gab in erfrischender Unbefangenheit seine Sicht auf diese Ansammlung einzigartiger französischer Kunstwerke. Wir hatten einen herrlichen letzten Abend mit großem Diner im Restaurant seines Maitre d'Hotel und saßen in der warmen Luft der „blauen Stunde", wir fühlten uns entspannt, fast befreit.

Drei Wochen später rief er mich an und sagte, er habe einen wohl harmlosen, doch unangenehmen schmalen Streifen auf seiner linken Flanke entlang dem Rippenverlauf, kleine schmerzende Pusteln. Ich fragte, ob er in seiner Jugend gegen Pocken geimpft worden sei. Natürlich, aber was das jetzt mit dieser Sache zu tun habe? Mir wurde ganz schlecht, ich musste mich im Gespräch mit ihm selbst beruhigen: Er solle zum Arzt gehen und seine Impfausweise mitnehmen, vielleicht hätte es etwas mit Windpocken zu tun. Einige Tage später rief er mich zurück, er sei ins amerikanische Militärkrankenhaus in Paris gegangen, man habe ihm einen medizinischen Puder aufgetragen, die Pusteln seien eingetrocknet. Es sei so etwas Ähnliches gewesen wie von mir vermutet, keine weitere Therapie und keine Schmerzen mehr. Man habe ein paar Tests mit ihm gemacht, Ergebnis offen. Kurz darauf erhielt ich eine bunte Postkarte vom Montmartre, auf der war wie beiläufig vermerkt, man habe eine „Zone" bei ihm festgestellt, er sei im Übrigen „zéro-positiv", es gehe ihm wieder ziemlich gut. Er schien das Laborergebnis mit der Kennzeichnung von Blutgruppen zu verwechseln. Ich brach in Tränen aus: Don hatte eine Gürtelrose gehabt, eindeutiges Zeichen für einen schweren Immundefekt bei einem jungen Menschen. Er hatte mir ahnungslos mitgeteilt, dass er an Aids erkrankt war! Ihm hatte man das nicht gesagt, außer dass er derzeit keine Therapie brauche. Wenn es ihm plötzlich schlecht gehe, dann solle er besser in die USA zurückkehren und ein Krankenhaus in Denver aufsuchen. Er blieb in Paris: Sein Freund Jacques sei schwer an Aids erkrankt von New York nach Paris zurückgekehrt und jetzt bei seinen Eltern, da wolle er sich etwas um ihn kümmern. Jacques wurde gleich danach in ein Kurhotel an der Adria gebracht. Don war mit nach Italien gegangen, um selbst Urlaub zu machen und bei seinem alten Freund zu sein. Er rief mich schon nach wenigen Tagen an. Die Situation sei bedrückend für ihn. Jacques' Familie rede nur noch vom Sterben, er halte beides nicht aus, die ständige Angst um seinen Freund wie um seine eigene Situation. Es schien ihm etwas zu dämmern. Ich sprach ihn darauf an und merkte, dass er diese Wahrheit im Moment noch nicht wissen wollte, sie im Augenblick nicht würde verkraften können. So versprach ich ihm, für ein paar Tage zu ihm an die Adria zu kommen, und machte mit meinem Auto eine Gewalttour von zwei Tagen. Don fiel mir glücklich und erleichtert um den Hals. Dabei sah er kräftig aus, gut gebräunt und gesund, und so fühlte er sich nach eigenem Bekunden auch. Für das Wochenende besorgte ich über den Hotelportier für ein dickes Trinkgeld Karten für die Arena di Verona, wo der Klassiker *Carmen* gegeben wurde. Das war das Spektakel, das wir beide dringend zur Abwechslung brauchten. Wir saßen wieder einmal in hellen Leinenjacketts in warmer Abendluft auf den warmen Stufen des alten römischen Amphitheaters. Don legte seinen Arm um meine Schultern, ich fasste seine Hand, wir ließen uns ablenken und waren für ein paar Momente grenzenlos glücklich. In der Nacht haben wir uns geliebt. Don schien in Sachen Liebe völlig ausgehungert, war äußerst leidenschaftlich. Ich wusste, was ich tat und wie es zu tun hatte. Beide gaben und nahmen wir alles. Vielleicht war ich noch eine Spur aggressiver und dominanter, denn Don hing, während wir tobten, unverwandt an meinen Augen. Ich erinnere mich oft an diese einzigartige Nacht, in der ich mich vollkommen verlieren wollte und den Kopf oben behalten musste. Unser Glück schien auch hier grenzenlos. Don konnte nicht, ich wollte nicht wissen, dass es unsere letzte gemeinsame Nacht sein sollte. Ich habe Schwierigkeiten, diesen einfachen Satz so aufzuschreiben.

Don zog es aus Italien zurück nach Paris. Wir fuhren zunächst nach München. Ich schob eine Kassette mit der Alpensinfonie von

Richard Strauss in das Autoradio. Mit dieser Musik brausten wir durch die Alpen, Don strahlte, lachte vor Begeisterung: „Yipppeeeee!“ Er fühlte sich streckenweise an die Hänge von Mount Elbert in den Rocky Mountains von Colorado versetzt. Ich gab ihm die Kassette gleich mit. Drei Wochen später sagte er mir leise bei unseren fast täglichen Telefonaten, dass Jacques verstorben sei. Er solle mit den Eltern zur Beisetzung in Paris zusammentreffen, ihm selbst gehe es aber auch nicht gut. Ich schlug ihm vor, nach Wiesbaden zu kommen. Er sagte mir, seine Zeit in Paris sei sowieso abgeschlossen. Er wolle gleich nach Jacques' Beerdigung zurück nach Colorado, er habe eine unendliche Sehnsucht nach zu Hause. Und wir hätten da doch auch noch ein gemeinsames Projekt, darum wolle er sich kümmern. Ich war glücklich, dass er optimistisch war. Oder zumindest so tat. Auch für mich selbst war das wichtig, denn ich hatte zunehmend eigene, familiäre Sorgen.

Von Wiesbaden aus war es leicht, über das Wochenende nach Köln zu fahren, um meine Mutter zu besuchen. Nachdem ich berufsbedingt oft wochenlang nicht im Lande war, bemühte ich mich, einen solchen Besuch bei ihr mindestens alle zwei Monate möglich zu machen. Ihr zweiter Mann war Ende der Siebziger plötzlich verstorben. Mein älterer Bruder kümmerte sich lange schon vor Ort intensiv um sie. Allein zu sein auf längere Zeit, war nichts für sie, so hatte er einen Pflegeplatz, eine abgeschlossene kleine Wohnung in einer neu geschaffenen Seniorenresidenz in der Mitte des Ortes für sie gefunden. Dort lebte sie Ende der Achtziger plötzlich wieder nahe am Markt, unweit der früheren Praxis unseres Vaters. Bei seinen Patienten und in den umliegenden Geschäften war sie noch bekannt – was ihr guttat. In der Residenz steckte sie mit ihren engsten ehemaligen Freundinnen zusammen, alle hatten sie mit ihren gemeinsamen Erinnerungen noch einmal eine schöne Zeit. Sie ließ sich leicht aufmuntern, wenn ich von früheren schönen Zeiten berichtete, die in ihrem Leben eher selten gewesen waren. Mit viel Spaß erinnerten wir uns an unsere gemeinsame, lange zurückliegende Reise nach Paris. Sie berichtete viel von sich selbst und den Unternehmungen mit ihren alten Freundinnen, deren Ableben sie zu meiner Überraschung relativ gelassen nahm. Ich sprach sie darauf an, und sie antwortete, darüber hätten sie sich abgesprochen: Sie wollten nicht zu viel um Hingegangene trauen, alle hatten sie viel erlebt, sie wollten ihre verrinnenden Tage besonders intensiv leben. Leider entwickelte sie in der Zeit meiner Besorgnis um Horst, Don und meine vielen anderen Freunde aus heiterem Himmel eine schwere endogene Depression – endogen bedeutet, nicht von äußeren Ereignissen ausgelöst. Medikamentöse Therapie durch einen Psychiater brachte ihr keine Stimmungsaufhellung. Nach Empfehlungen durch einen Fachkollegen fuhr ich sie in Absprache mit meinen Brüdern schließlich für ein paar Wochen zur Behandlung in eine stationäre Einrichtung im Taunus. Danach verbesserte sich ihr Zustand über eine Behandlungszeit von sechs Wochen zunächst langsam. Nach einem halben Jahr wurde sie ohne Therapie stabil bis in die Neunziger.

Im Juni 1987 hielten die Medien die deutsche Öffentlichkeit mit dem Besuch des US-amerikanischen Präsidenten Ronald Reagan beschäftigt. Er lieferte in der Mitte seiner zweiten Amtszeit vor dem Brandenburger Tor vom Teleprompter seine „Berliner Rede" ab, die ich der damaligen politischen Konstellation für angemessen wirkungsvoll hielt, obwohl darüber viel gespottet worden war. Dieser religiös-konservative und kontroverse, von vielen als oberflächlich wahrgenommene Republikaner hatte innenpolitisch mit Wirtschaftsliberalismus und Steuererleichterungen Wahlen und Ansehen gewonnen. International hatte er wegen hemmungslos teurer, bis in den Weltraum reichender Verteidigungspläne ein katastrophales Image. Reagan weigerte sich in offener und moralisierender Missachtung der Homosexuellen in den USA seit Jahren, die sich immens ausbreitende Aids-Katastrophe überhaupt zur Kenntnis zu nehmen. Seine „Berliner Rede", erkennbar von guten Redenschreibern entworfen, war im Spiritus Loci angemessen und pointiert abgestimmt. Er hatte als professioneller Schauspieler persönliche Akzente gesetzt dadurch, dass er sich direkt an die Moskauer Führung wandte: „Mr. Gorbachev, please open this gate. Mr. Gorbachev, tear down this wall!" Der Auftritt Reagans wurde meinem Eindruck nach möglicherweise unterschätzt. Die Rede galt als naiv und wurde belächelt.

Es hatte massive Proteste in Westberlin gegen seinen Besuch und Auftritt gegeben, die er sich nicht scheute, direkt anzusprechen. Die Bedeutung dieser für Deutschland wichtigen Rede wurde meiner Erinnerung nach im Westen erst nach der deutschen Wiedervereinigung erkannt. Amerikanische Rechte halten Ronald Reagan inzwischen für einen der besten Präsidenten der US-Geschichte. Damit wurde sein Versagen in der US-Aids-Krise völlig verdrängt. Nach ihm gab es, damals schwer vorstellbar und in diesem Kontext ein nur schwacher Trost, tatsächlich noch schlechtere US-Präsidenten …

Ich plante und organisierte im Herbst 1987 eine längere Dienstreise mit Besuchen unserer Büros in Karachi/Pakistan, Bombay/Indien, Jakarta/Indonesien und Sydney/Australien. Es war nachts um drei Uhr in Sydney, als Horst mich völlig aufgelöst in meinem Hotelzimmer anrief und unter Weinen und Schluchzen sagte, er habe soeben vom Arzt erfahren müssen, dass er HIV-positiv sei, vielleicht schon seit über einem Jahr. Auf meine genaue Nachfrage hin ging es ihm selbst derzeit aber offenbar immer noch gut, er hatte keine Symptome. Er sagte, dass er – obwohl das natürlich nicht offen bekannt werden dürfe – von einem positiven Ergebnis bei Freddy Mercury wisse. Ihm schien es klar, dass er sich bei ihm wohl auch infiziert habe. Ich tat alles, um ihn zu beruhigen, keine Panik! Er solle das Ergebnis strikt für sich behalten, Sex ebenso strikt nur nach veröffentlichten Regeln haben und seinem Job mit der Truppe ergebnisorientiert weiter nachgehen. Die Erkrankung sei im täglichen Umgang mit Menschen nicht übertragbar. Horsts Geschichte war insofern besonders tragisch, als er ein Jahr zuvor bei einem mit uns befreundeten selbst schwulen Hautarzt gewesen war, um den damals bei uns allen üblichen jährlichen Syphilistest machen zu lassen. Der hatte ihn offenbar zusätzlich auf Aids getestet, ihm das Ergebnis aber vorenthalten. Patienten hatten damals das wiederholt geprüfte und bestätigte Recht darauf, einen Nachweis nicht erfahren zu müssen, da eine Therapie nicht bekannt war. Man wollte damit Fehlreaktionen vermeiden, denn viele junge Menschen hatten sich nach dieser aussichtslosen Diagnose etwas angetan. Der junge Dermatologe war kurz darauf selbst erkrankt und überraschend schnell an Aids verstorben, der Praxisnachfolger hatte das Ergebnis in der Akte vorgefunden und arglos an Horst weitergegeben.

Nach meiner Rückkehr lud ich Horst nach Wiesbaden ein. Für mich war er immer ein robuster Mann gewesen, auch jetzt überraschend stabil, körperlich wie seelisch. Er sah gesund aus, wir sprachen darüber, dass die internationale Pharmaindustrie konzentriert jeder therapeutischen Option nachgehe, vielleicht komme das Glück doch noch rechtzeitig. Horst blieb auch bemerkenswert stabil. Seine Arbeit wurde immer mehr anerkannt und angemessen honoriert. Er verspürte die Gefolgschaft seiner jungen Mitarbeiter an ihrer guten Arbeit, das machte ihn glücklich.

Eigentlich drückten ihn zum ersten Mal in seinem Leben zu jener Zeit keine Geldsorgen. Drei Jahre später feierten wir seinen Fünfzigsten in der Deutschen Eiche, ich erwähnte es bereits: Wir waren voller Hoffnung! Wir konnten auch nur hoffen, alle konnten wir nur hoffen, denn inzwischen erfuhren wir von nahen und fernen Bekannten, von engen und engsten Freunden, dass sie krank geworden waren. Nach kurzer Zeit schon kam ein Anruf, eine Postkarte, ein Brief ohne Trauerrand, sie alle waren ganz rasch verstorben. Es war eine grausame Zeit, in der junge Menschen begannen, für ihre eigene Beisetzung grandiose, individuelle und kreative Zeremonien zu entwickeln. Sie legten vorab fest, welche Gedichte zu rezitieren, welche Musikstücke zu spielen seien, um es „dem Augenblicke zu sagen", um einen kurzen Moment der Ewigkeit für sich zu erhaschen – letzter bunter Ausdruck ihrer vielversprechenden Schaffenskraft, die in irgendeiner Fülle auszuleben ihnen kein Raum, keine Zeit mehr gegeben war.

Bald erhielt ich einen Anruf aus San Francisco von Craig, Neals Freund und Manager. Wir hatten lange keinen Kontakt mehr gehabt. Craig sagte, Neal sei schon seit einigen Monaten krank. Sein letztes Konzert habe er vor fünf Monaten gegeben, mit einem Ensemble für Kammermusik in Kanada, die Probenarbeiten und das Konzert hätten ihn sehr inspiriert und doch auch angestrengt. Seither liege er zu Hause, er wolle auf keinen Fall in ein Krankenhaus, in keine der inzwischen auch bei den Kliniken in der Stadt geschaffenen Einrichtungen, zumal es keine spezifische Therapie gebe. Er hatte wohl auch schon deutlich gemacht, dass er nur zu Hause sterben wolle. Zu Hause, das meinte seine kleine Wohnung in San Francisco. Zu seinen Eltern nach Süditalien wollte er auf keinen Fall. Dort war er als der kommende große Cello-Solist vor Jahren nach Amerika aufgebrochen. In diesem Moment gewissermaßen als Aids-kranker Verlierer nach Italien zurückzukehren, würden seine Eltern nicht verkraften, es würde möglicherweise ihre Existenz zerstören.

Craig versicherte mir, er pflege ihn und er pflege ihn gerne. Ärzte in ihrem Freundeskreis hätten ihnen schon zugesagt, Neal zu helfen, wenn es zum Ende hin für ihn schwer werden sollte. Zu meiner Überraschung wollte und konnte Neal mich selbst sprechen. Ich konnte seine schwache Stimme zunächst kaum verstehen, meinte zu vernehmen, wie er zugleich weinte und lächelte – ich habe mir sein Gesicht nie anders als lächelnd vorstellen können. Er fragte, ob ich mich noch an unser gemeinsames Erlebnis der Johannespassion erinnern könne? – Selbstverständlich! – Ob ich mich an dieses schwer fassbare Stück Barockdichtung erinnere, mit dem Regenbogen als Siegeszeichen? – Of course, ich habe es dir doch erklärt! Neal sagte, das gehe ihm nicht mehr aus dem Kopf. Überall in San Francisco sehe man jetzt diese Regenbogenfahnen. Das gebe ihm so viel Mut!

Ob ich ihm eine Einspielung der Johannespassion ...? Natürlich! Und natürlich die von Karl Richter und dem Münchener Bach-Chor! Neal sagte stockend und unter Tränen, es sei alles seine Schuld, sein eigener Fehler gewesen, seine Gier nach Sex ... „Nein, Neal, es ist niemals deine Schuld gewesen. Es war immer ein Teil deiner Persönlichkeit. Du hast leidenschaftlich genommen und du hast leidenschaftlich gegeben. Das eine ging bei dir nicht ohne das andere!“ „Niemand hat mir das jemals so einfach erklärt“, war seine Antwort. „Es ist ein Virus, Neal, noch sind wir machtlos. Aber eine Therapie wird kommen! Nello, ich liebe dich, ich habe deine Musik geliebt, ich möchte dich so gerne wieder spielen hören und sehen, du musst ... gesund werden!“

Ein Arzt muss realistisch sein und darf keine falschen Hoffnungen wecken. Das hieße, den Patienten zu infantilisieren, ihn wie ein Kind zu behandeln. Hier habe ich sicher falsch, zu schnell und emotional reagiert. Was im Himmel aber hätte ich ihm denn sagen können? Ich war doch selbst inzwischen ganz verzweifelt über das, was um mich herum geschah. Trost und Hoffnung halten wir für das Mindeste, was ein Freund dem Freunde zuletzt noch geben kann. Es ist schön, zu spüren, wenn es angenommen wird und hilft. Am gleichen Tag noch habe ich die Kassette an ihn abgeschickt, im verzagten Gefühl, mehr für ihn nicht tun zu können. Craigs trauriger Anruf drei Wochen später traf mich, obwohl erwartet, doch ganz schwer. Ich glaube, ich bin ein hilfsbereiter Mensch. Ich fühlte mich plötzlich entsetzlich hilflos, nicht das tun zu können, was ich gerne tat, auch weil ich das bisher immer gut konnte: jemandem helfen, mit Rat und Tat! Ich hatte jetzt noch drei Sorgenkinder: Mutter, Don und Horst – und auch in Wiesbaden Freunde und Bekannte, die mich zunehmend zu ihrer plötzlichen HIV-Infektion befragten.

Plötzlich erfuhr ich aus München, mein langjähriger Freund Peter, der im Sommer 1972 für unbeschwerte Tage mit mir in der Suburra in Rom gelebt hatte, sei HIV-positiv getestet worden. Zwei Wochen zuvor hatte ich mit ihm telefoniert, da war er putzmunter. Ich rief ihn sofort an und merkte erleichtert, dass er gesundheitlich gut beieinander war und keine Symptome hatte. Das Testergebnis habe ihn zwar traurig gemacht, aber er war bemerkenswert gefasst und mitteilsam. Peter war bei allen, die er kannte und die ihn kannten, außerordentlich beliebt. Das hatte auch damit zu tun, dass er für alle und jeden immer ein offenes Ohr hatte. Er sah immer noch blendend aus, war immer ein großer Charmeur gewesen, hatte sich in seiner unmittelbaren Umgebung, im Ort und am Arbeitsumfeld sehr offen gegeben. Alle wussten seit Jahren, dass er schwul war. Nun hatte er den Schritt getan, Bekannten, Nachbarn und Arbeitskollegen über sein HIV-positiv-Ergebnis zu unterrichten, was alle schockiert und auch mich zunächst überrascht und irritiert hatte. Die ständigen Nachrichten von erkrankten und verstorbenen Freunden hatten ihn ungeheuer belastet. Vielleicht suchte er Erleichterung darin, sich solidarisch mit ihnen in eine Reihe zu stellen. Außerdem war er außerordentlich gut über alle bisher bekannten Einzelheiten zu dieser Erkrankung informiert, viel besser, als ich das geschafft hatte. Kurz danach sagte er mir, dass er sich wegen der psychischen Belastung durch seine und seiner Freunde Erkrankung in den vorzeitigen Ruhestand versetzen lassen wollte.

Viele junge und intelligente HIV-Infizierte hatten sich inzwischen schnell in medizinische Terminologien und Behandlungsansätze eingelesen. Alle schauten gespannt auf mögliche Entwicklungen. 1985 wurde erstmals über eine Substanz berichtet, Azidothymid (AZT), deren Entwicklung in Richtung eines synthetischen Krebsmedikamentes fehlgeschlagen war. Weitere Untersuchungen hatten Hoffnung auf seine mögliche Eignung zur Behandlung von Aids geweckt. Es wurde von der US-amerikanischen Zulassungsbehörde FDA erst- und einmalig ohne das erforderliche Studienprogramm bedingt zugelassen. AZT hatte leider enorme Nebenwirkungen und musste anfänglich bis zu sechsmal am Tag eingenommen werden. Erst in viel geringeren Dosen und in Kombination mit anderen wirksamen Medikamenten hat es zuletzt seinen Platz in der Therapie gefunden. Horst und Peter konnten beschränkt davon profitieren, für Don kam es zu spät.

29 Betroffenheit vs. Narrativ der Betroffenen

Als Arzt in der Intensivmedizin hatte ich seit jeher viel Leid gesehen, vielen Menschen beim Sterben zuschauen müssen. Ich konnte mich immer in der sachlich notwendigen Weise davon distanzieren, um weiterarbeiten zu können. Daneben war ich in München immer schon privat und diskret von Bekannten und Freunden auf ihre Probleme mit sexuell übertragbaren Krankheiten angesprochen worden. Das waren, ich muss es schamhaft enthüllen, bis in die Fünfziger auch noch sogenannten Filzläuse gewesen. Danach kamen Jungs mit Gonorrhoe, dem Tripper, oft überrascht davon, dass man davon auch im Mundbereich betroffen und infektiös sein konnte. Und mit dem Grad der sexuellen Befreiung kam die Syphilis zurück, in allen Formen und Stadien. Ich habe niemanden zu Hause therapiert. Wichtig war aber, dass sie mich als Schwulen auf kurze Distanz ansprechen und ich sie nach einer ersten Diagnose diskret und zielgenau Fachärzten zuweisen konnte. Mit der Aids-Erkrankung fand ich mich plötzlich in einer Situation, auf die ich, wie fast alle meine Kollegen, nicht vorbereitet war. Sie überkam uns mit einer Schnelligkeit, wie wir es für keine Erkrankung bisher erlebt und erwartet hatten. Die Situation für die Infizierten wie für ihre Ärzte zu einer baldigen effektiven Therapie war zunächst hoffnungslos. Mut machte, wie beschrieben, eine Gesundheitsministerin Rita Süssmuth mit ihrer Devise, keine Stigmatisierung und Isolation der Patienten zuzulassen. „Wir bekämpfen die Krankheit, nicht die Betroffenen!"

Mein Freund Don hatte mir die Telefonnummer seiner Familie in Glenwood Springs gegeben. Meine Telefonrechnung war hoch. Auch sein Zustand war kritisch, er wollte sich aber nicht in eine Klinik begeben, denn er gehörte zu den Wenigen, die hoffen konnten, von einer verständnisvollen Familie gepflegt zu werden. Von dort aus bekam ich den Anruf, unvergessen Mitte November 1988, dass sein Zustand sich rapide verschlechterte. Ich erhielt die Möglichkeit, unter Hinweis auf „einen schwer erkrankten Verwandten" in den USA, ein paar Tage freizunehmen. Zu meiner Überraschung gab es eine Flugverbindung von München mit drei Stopps über fast zwanzig Stunden zum Glenwood Springs Municipal Airport in Colorado, der bei meiner frühmorgendlichen Ankunft tief verschneit war. Ich hatte meinen Besuch in einem Gespräch mit Don angekündigt. Man war überrascht und tieftraurig, als ich eintraf: Don war in der Nacht verstorben. Ich war zutiefst schockiert, hilflos, verwirrt, fühlte mich verzweifelt in der Fremde. Es war zugleich überwältigend, wie man mir bei der Trauer helfen wollte, mich als Freund eines der ihren ohne Zögern akzeptierte. Dons junger Vater, gerade mal einundzwanzig Jahre älter als er, sah aus wie ein älterer Bruder. Alle seine Brüder und Neffen sahen aus wie er – wohin ich schaute, er lächelte mich von allen Seiten traurig und etwas verlegen an. Ich musste wegschauen, um nicht unablässig zu weinen. Ein Album mit Bildern von unserem Portugalurlaub hatte ich mitgebracht: Erstaunen, Freude – unter den Kindern auch ein bisschen Lachen. Am Folgetage fand schon die kurze Trauerfeier im Familienkreis mit anschließender Einäscherung statt. Wegen des gefrorenen Bodens stellten sie Dons Urne auf den Kaminsims. Ich blieb noch eine Nacht, mich drängte es zurück. Es bereitete mir Probleme, die Fassung zu bewahren. Beim Abschied küssten mich seine Mutter und seine Schwestern. Vom raschen Tod meines Freundes habe ich mich nur schwer erholt. Zu Hause merkte niemand meine Bedrückung. Nahestehende Menschen, die vom Verlust erfuhren, kondolierten mir nicht einmal richtig. Er war ja nur der Freund aus Amerika, der mit Aids, kein Verwandter … Zuletzt half mir ein Gedicht, für das ich vom Entwurf bis zum Abschluss Wochen brauchte, eine englische Übersetzung folgte. Mir tut es gut, es immer wieder einmal zu zitieren:

Morning Sun of Colorado

Morgensonne folgt gleißenden Schienen durch Colorado,
Aufsteigend wärmt sie das fröstelnd atmende Canyon,
dessen Schatten noch eisig im Nachtblau versteinert.
Sie bringt alles und hinterlässt doch nichts:
auch keine Sorgen, keine Verpflichtungen.
Doch jetzt wird der Nebel versilbert durch Glücksaugenblicke,
Schnee stäubt hinter uns auf von unserer gleißenden Spur,
in der Morgensonne von Colorado.

Neugieriges Auge weit offen nach Osten gewendet,
den Sonnenkönig zu suchen und sein Gefolge,
seine flammende Erbschaft in Alpen und Tälern Europas.
Die Hitze des Tages zu ahnen, die Welt erneut zu erobern,
mit den Seefahrern ab von Portugals leuchtenden Stränden,
um heimzukehren mit glühender Kenntnis des Lebens.

Begabt, doch nicht gesandt, um Blumen voll zu entfalten,
warst du bestimmt, deine Wärme, um Keime zu wehen,
aus deren Grün erst Freude und Leben sprießen.
Der Winter nahm dich von uns – meine Wurzeln zerspalten:
Wie viele Male nach Osten noch wollte ich mit dir gehen.

Doch bald wird das Frühjahr dich mir wiederbringen.
Ich will sehn jede Morgensonne auf ihren leuchtenden Schwingen,
will sehn, wie Forsythien dir sprühend entgegenschießen,
und einzig aus deiner Kraft dich immer aufs Neue umschließen.

H.-P. D. in memoriam Donald v. H. † 7. Dezember 1988

Horst hat Dons Tod sehr getroffen. Er hatte ihn sehr gemocht und war glücklich gewesen, dass ich im Anschluss an unsere eigene langjährige Freundschaft mit einem so wunderbaren Mann zusammengekommen war. Er selbst war in München in einer Therapiegruppe, die von einem frühen Spezialisten, Dr. Hunter, aufgebaut worden war. Es gab Begleiterkrankungen zu Aids, die behandelbar waren. Horsts persönlicher Arzt war selbst infiziert, Horsts Erzählungen nach aber auch drogenabhängig und unzuverlässig. Seinen Patienten gegenüber hatte er zugegeben, immer noch zu rauchen, zu kiffen und zu koksen. Seiner Meinung nach könnten sie alle dasselbe tun. Er wolle zwar gerne „ihre Wehwehchen" behandeln, daneben sollten sie sich keinen Beschränkungen unterwerfen, sie hätten ja, wie er selbst, nicht mehr lange zu leben. Ich war empört, aber Horst verbat sich jede Intervention.

Anfang November 1989 fand in München ein internationaler Pharmakongress zu therapeutischen Visionen und Entwicklungen im Europa des 21. Jahrhunderts statt. Zur wichtigsten Frage gab es nichts Neues. Ein professoraler Moderator meinte, alle Substanzen, die im heraufziehenden 21. Jahrhundert eine Rolle spielen würden, seien bereits synthetisiert, in Prüfungsphasen, in der klinischen Entwicklung. Diese Feststellung wurde von Profis als banal und situationsvergessen belächelt. Die wichtigste Erwartung, ein wirksames Medikament gegen das Aids-Virus, kam im Programm nicht vor.

Für eine Grußadresse halte man mit Blick auf den europäischen Bezug des Kongressthemas den glühenden Europäer Sir Edward Heath, Premier des Vereinigten Königreiches bis 1974, gewinnen können. Er hatte 1972 gegen erhebliche Widerstände den Eintritt Großbritanniens in die Europäische Gemeinschaft durchgesetzt. Sir Edward war erfolgreicher Hochseesegler, ein bemerkenswert guter Musiker, ein begabter Orgelspieler. Außerdem nahmen alle mir bekannten Schwulen an, dass Sir Ted schwul sei. Während niemand etwas Genaues wusste, wurde genau das von Margaret Thatcher überall herumposaunt, deren Amtsübernahme Heath aufgrund ihrer Europafeindlichkeit hatte verhindern wollen. Aufregend an der Adresse von Sir Edward war allerdings etwas ganz anderes: seine

Hinweise auf eigene Beobachtungen in osteuropäischen Ländern, aus denen er gerade von politischen Gesprächen zurückkam. Demnach waren „größere Veränderungen im Ostblock“ zu erwarten! Der Kongress endete am Wochenende. Es war Donnerstagabend, ich kam zurück zu meinen Gastgebern und erfuhr, dass in Berlin die Mauer gefallen sei. Wir konnten das zunächst nicht glauben und entschlossen uns sofort, nach Berlin zu fahren, was auffällig problemlos über die sonst so streng kontrollierten Autobahnstrecken ging. Horst konnte nicht mitkommen, er war in Planungen eingebunden. So saß ich ohne ihn mit anderen Freunden und unglaublich vielen fremden jungen begeisterten Menschen auf der östlichen Seite der Mauer, von der schon Teile abgebaut und Stücke abgeklopft wurden, während immer mehr Autos durch das Brandenburger Tor quollen.

Im Jahr darauf, am 3. Oktober 1990, zog ich mit Horst und unseren Berliner Freunden zur Feier der deutschen Wiedervereinigung auf das Feld vor das alte Reichstagsgebäude in Berlin. Wir hielten uns umarmt, als nach den Adressen aller bekannter Akteure („… nun wächst zusammen …“) die Glocken läuteten und das große Feuerwerk begann. Wir bemühten uns nicht, unsere Tränen zurückzuhalten, unsere Freude war grenzenlos. Danach liefen wir quer durch den Tiergarten zum Bahnhof Zoo zurück. Dort standen einige Prostituierte in Netzstrümpfen, hochhackig, in plüschigen, etwas ausgefransten russischen Generalsjacken mit Kordeln, Orden und Epauletten, passende riesige und etwas fleckige russische Generalsmützen obenauf – irgendwie total irre. Wolfgang, einer meiner Freunde, sprach eine von ihnen an, was die Kostümierung solle. Sie sagte: „Heut kann hier jeder für ’n Fuffi, der die schon längst immer mal f…n wollte.“ Im Bahnhof Zoo gab es Postkarten mit Brandenburger Tor und Briefmarken zur Deutschen Einheit, gestempelt auf den 3. Oktober 1990, 00:00 Uhr. Ich kaufte genug davon, verschickte sie in die ganze Welt, alle Empfänger haben sie heute noch. So kam ich mit Horst im wiedervereinigten Deutschland an.

Im Frühjahr 1990 fuhr ich mit ihm durch die ehemalige DDR zum Ostertreffen nach Berlin. Wir blieben eine Nacht in Quedlinburg, jener Stadt, aus der ein Vorfahr unserer Familie aus dem

17. Jahrhundert stammte. Auf dem Marktplatz von Quedlinburg stand am Abend ein untersetzter glatzköpfiger Mann mit Brille auf einem Podest und hielt große Reden. Jemand klärte uns auf: „Das ist der Gysi, der Gregor. Der war immer schon was – und wird jetzt auch bald wieder was, bei die Schnauze …"

Nach dem Wochenende in Berlin erinnerte ich Horst daran, dass ich eigentlich mit ihm noch hatte weiterfahren wollen, nach Polen, vielleicht Danzig oder Marienburg. Horst schien überrascht: „Aber nur bei schönem Wetter!" Es war schönes Wetter. „Als Erstes fahren wir nach Köslin!" Horst zuckte zusammen, sah mich bewegt an und hatte plötzlich Tränen in den Augen: „Fahren wir nach Köslin? Mein Gott, ja! Fahren wir nach Köslin!"

Wir kamen in Köslin an, heute polnisch Koszalin, und fuhren gleich in die Ortsmitte. Die Kirche mit dem Friedhof fanden wir schnell. Er war inzwischen aufgelassen, auf einer Seite ein paar alte Steinkreuze, zerbrochene Grabmale, sonst nur große dichte Wiese. Ein Baum stand auf der anderen Seite, viele Austriebe, wie festes Buschwerk. Wir kamen mit einem Efeukranz, frischen Blumen und einem Kränzchen aus Strohblumen zurück. Das alles stellten wir am Fuß des Baumes dekorativ auf. Es sah aus wie ein frischgeschmücktes Grab, die Grabstelle von Horsts Mutter. Wir machten endlos viele Fotos, die Horst an seine Familie schickte. Er umarmte mich, noch bevor wir am Auto zurück waren: „Danke!" Mit dir möchte ich sooo gerne richtig alt werden, ganz alt. Mit dir wird es nie langweilig!"

Horst blieb in seiner Therapiegruppe, und er blieb stabil. Inzwischen rauchte er wieder, kiffte, kokste und blieb auf dieses Thema weiter unansprechbar. Im Sommer 1991 hatte sein Chef die Idee, eine „Peaches Bar" auf Mallorca auf der berühmten Saufmeile in El Arenal aufzumachen. Horsts Truppe war komplett mitgezogen. Er rief mich an: „Haste Lust auf Malle?" „Hatte ich eigentlich nie Lust drauf." „Komm doch einfach mit, tu mir den Gefallen! Reg dich mal ab! Vergiss Intensiv und mach mal eine Aids-Pause. Du kannst hier deine Ruhe haben und viel Spaß dazu, und alles superbillig!"

Einer der Jungs hatte seine Freundin aus Weimar mitgebracht. Die hatte eine unglaublich schöne Figur, eine geborene Stripperin mit großen Brüsten, an deren Nippeln abends prompt Ähnliches baumelte wie damals bei den Bauchtänzerinnen in Port Said: Sie strippte nachts in verschiedenen Kneipen auf der Saufmeile und ging manchmal mit Männern, denen sie völlig den Kopf verdreht hatte, für den Rest der Nacht in ein Hotel – Bares für Rares. Sonst wohnten wir alle in einem angemieteten alten spanischen Haus im Hinterland mit eindrucksvollem Söller und großer Dachterrasse. Dort war Platz ohne Ende, fast alle hatten ein eigenes Zimmer, man konnte sogar auch auf dem Flachdach schlafen. Ich kam hin und habe mich schnell in diese eigenwillige Truppe eingefunden, nette Kerls, hübsche Mädels. Sie schliefen bis tief in den Vormittag hinein, wenn ich am Strand war. Dafür begannen sie nachmittags mit der Arbeit bis Sonnenuntergang und machten dann einen drauf. Das war wiederum die Zeit, zu der ich schlafen ging. Und obwohl die Bar noch nicht fertig und schon gar nicht eingerichtet war, wurden schon große Fruchtcocktails aufgefüllt, dekoriert und zum Einführungspreis angeboten.

Horst war nicht nur der Boss für seine Bauleute, er hatte auch die Barbedienungen einzuweisen. So blieb mir ausreichend Zeit, mir einsame Strände auszusuchen, wo ich mich dem Lesevergnügen hingeben konnte. Ich feierte meinen einundfünfzigsten Geburtstag mit all diesen viel jüngeren Leuten, etwas ungewöhnlich und doch lustig. Sie hatten Kuchen gebacken, eine Bowle angerichtet und waren unglaublich nett zu mir, zu „Horsts Lover“. Es hat irgendwie gepasst. Die Freundin mit der unglaublichen Oberweite sagte zu mir: „Für einundfünfzig bist du noch ziemlich verrückt.“ Horst revanchierte sich großartig: Es war wirklich eine ganz große Geburtstagsüberraschungsparty!

Danach kam Horst öfter am Wochenende nach Wiesbaden. Er hatte Verständigungsprobleme mit seinem HIV-Arzt, der ihm zu sehr auf die reine Aids-Therapie fokussiert sei, wo er doch noch andere Probleme habe. Ich fuhr mit ihm in die Ambulanz der größten Wiesbadener Klinik, wo ihn ein Internist sah. Horst wusste von einem in seiner Familie erblich weitergegebenen Nierenproblem. Sein Vater war zuletzt an einer sogenannten Zystenniere verstorben, zwei Brüder hatten aktuelle große Probleme damit. Nach kurzer Untersuchung kam der internistische Kollege raus zu mir, wunderte sich über die Medikation des Patienten und fragte, ob er vielleicht …? Ich bestätigte das und erklärte Horst, er könne seinen Ärzten vertrauen, sie seien an die Schweigepflicht gebunden und sollten möglichst immer beim ersten Kontakt über die HIV-Erkrankung informiert werden. Der Kollege hatte umfassend Laborwerte kontrolliert und erklärte, Horsts Nierenfunktion sei erheblich eingeschränkt, er müsse dringend fachärztlich betreut werden. Ich schlug vor, ihn im Klinikum rechts der Isar im Münchener Stadtteil Haidhausen anzumelden, in dessen Nähe er wohnte. Da sei er sicher gut aufgehoben, meinte der Internist.

Am Montag riefen wir das Klinikum an, ich ließ mich mit der Fachabteilung für Urologie verbinden und bat um direkten Kontakt mit dem Klinikleiter. Horst war seit 1980 auf meinen Rat hin privat versichert. Der Sekretärin stellte ich mich als Arzt aus Wiesbaden vor, der einen Privatpatienten zuweisen wollte. Der Professor übernahm selbst, Horst erklärte ihm die familiäre Belastung mit Zystennieren und seine eigenen Symptome. Der Professor war freundlichst bereit, den netten Privatpatienten aus München schnellstens zur Diagnostik aufzunehmen, der Termin werde uns per Rückruf von der Sekretärin mitgeteilt. Hocherfreut fügte Horst den verhängnisvollen Satz an, an dem ich nicht unschuldig war: „Übrigens, Herr Professor, Sie müssen sicher wissen, dass ich HIV-positiv bin." Ich fiel fast in Ohnmacht, der Professor geriet ins Stottern und legte auf. Fünf Minuten später Anruf der Sekretärin: Der Herr Professor kenne sich mit seiner Terminplanung überhaupt nicht aus, das sei auch nicht seine, sondern ausschließlich ihre Sache. Die Station sei für die nächsten Wochen voll belegt, danach müsse der Herr Professor auf eine Kongressreise in die USA. Wenn es eilig wäre, möge der Patient sich anderweitig bemühen. Ich hatte Mühe, mich zu beherrschen und machte mir Vorwürfe, Horst an falscher Stelle zur Offenheit gedrängt zu haben. Diesen Vorgang habe ich nie vergessen: Er war der erste in einer Reihe professionellen Fehlverhaltens gegenüber Horst in München, von anderen Betroffenen hörte ich

Ähnliches. Horst war niedergeschmettert, völlig entmutigt, spürte Zurückweisung jetzt auch schon von ärztlicher Seite.

Und selbst hilfsbereite Ärzte konnten immer noch keine überzeugende Therapie anbieten. Infizierte hatten überall große Probleme, alle brauchten Hilfe, alle erlebten Ablehnung, manchmal selbst von Freunden und Eltern. Ich wurde immer häufiger zu Beisetzungen eingeladen, denen ich, soweit möglich, nur mit beruflichen Verpflichtungen entschuldigend ausweichen konnte. Die wenigen, an denen ich teilnahm, deprimierten mich über Tage.

Das Letzte, was wir in dieser Situation brauchen konnten, passierte im Dezember 1991. Rosa von Praunheim (RvP) trat in der RTL-Talkshow „Explosiv – der heiße Stuhl" auf. In einer beispiellosen Aktion outete der Aktivist den TV-Liebling Hape Kerkeling, der nicht anwesend war, vor vier Millionen Zuschauern eindeutig gegen dessen Willen als schwul. Gleiches tat er Alfred Biolek an. Er versuchte später diese Erklärung: „Mein Outing von schwulen Prominenten war ein Verzweiflungsschrei auf dem Höhepunkt der Aids-Krise." Allgemeinem Eindruck nach hatte er auf dem „heißen Stuhl" nicht sonderlich verzweifelt, eher geltungssüchtig gewirkt, zumal die ganze Aktion wenig Sinn ergab. Kommentare wären unnötig, hätte RvP jemals das Selbstverständliche getan und sich für diese Aktion entschuldigt. Er hat es bis heute nicht geschafft, bis heute den Anstand dafür nicht aufgebracht. Er hatte wohl auch niemals die Absicht, da er längst herausgefunden hat, wie sich dieses billige Skandälchen für ihn nach all den Jahren immer noch auszahlt: Jedes Interview fängt damit an und hört damit auf. Er wusste genau, dass sein Outing für den einzelnen Schwulen ein langer und schwieriger Prozess ist. Sich zu outen oder das doch erst einmal hinauszuschieben, war damals und ist heute immer noch jedermanns eigenes gutes Recht! Die Entscheidungsfreiheit des Menschen ist Teil seiner Würde. Sie ist nach Artikel 1 des deutschen Grundgesetzes unantastbar. Rosa von Praunheim hat dagegen verstoßen!

1993 rief die IX. Internationale Aids-Konferenz Berlin 14.000 Teilnehmer nach Berlin. Die Ortswahl war umstritten gewesen: Trotz Wiedervereinigung trug der Name Berlins selbst zu jener Zeit immer noch international an der Belastung durch den Nationalsozialismus und der Wannsee-Konferenz von 1942 als Ort, an dem der Holocaust beschlossen wurde. Das war ja gerade einmal fünfzig Jahre her. Trotz dieses Hinweises erhielt Berlin letztlich den Zuschlag, „um Rassismus und Diskriminierung gerade hier zu bekämpfen".

„Tear down the Wall" wurde zum Schlachtruf, auch die Mauern einzureißen zwischen HIV-Positiven und -Negativen, zwischen Arm und Reich. Wissenschaftlich war das Jahr 1993 ohne nennenswerte Fortschritte geblieben. Nachdem eine Forschungsabteilung unseres Unternehmens in den USA eine vielversprechende Substanz in der Entwicklung hatte, nahm ich mit anderen Ärzten des Unternehmens an der Konferenz teil.

Ich traf meinen alten Freund Peter aus Freising wieder, der mit mir seinerzeit in Roms Suburra gelebt und nun nach früher Infektion in München eine Initiative gegründet hatte – „Betroffene helfen Betroffenen". Er stellte mich einem Freund und Arzt aus Südafrika vor, Dr. Ignatius (Naas) van der Westhuizen, der in der Provinz von Kapstadt ein vergleichbares Projekt in großem Umfang aufbaute. Wir beide verstanden uns auf Anhieb. Er lud Peter und mich ein, nach Kapstadt zu kommen und seine Familie und ihn zu besuchen, wann immer wir es einrichten könnten. Mit Peter war es die Fortsetzung, mit Naas der Beginn einer fortbestehenden Freundschaft.

Horst war einige Monate nach der Absage des Münchner Urologie-Professors in einer anderen Münchener Urologenpraxis gewesen, die Zystennieren bei ihm wurden bestätigt. Man wies ihn darauf hin, dass beide erkrankten Nieren zusammen nur noch die Funktion einer einzigen hätten. Damit könne er alt werden, er müsse sich nur präzise an Verhaltensregeln halten. Den Befund müsse beispielsweise jeder behandelnde Arzt kennen, um Medikamente entsprechend niedriger zu verordnen. Horst teilte das sowohl mir wie seinem Aids-Arzt mit. Er wollte weiter in München bleiben, obwohl ihn die Arbeit zunehmend erschöpfte und er auf lange Sicht keine richtige Pflege hatte. Immerhin achtete er aber inzwischen auf seine Flüssigkeitsbilanz und notierte Einfuhr und Ausfuhr. Alkohol vermied er strikt. Gliederschwellungen hatte er bisher keine. Er arbeitete weniger, schlief mehr und fühlte sich dadurch besser. Wir haben jeden Freitag versucht, uns telefonisch zu erreichen, wo immer wir waren.

Im März 1994 wollte ich von Wiesbaden heim nach Köln fahren, zum Geburtstag unserer Mutter. Am Tag zuvor erfuhr ich von meinen Brüdern, dass sie kurz nach einem Kreislaufkollaps verstorben war. Leiden musste sie nicht. Wir Brüder gaben uns große Mühe, eine besonders schöne Beisetzungsfeier für sie auszurichten, das half uns. Meine große Freundin, die mich immer eher mit Gesten als mit Worten darin bestätigt hatte, zu tun, was ich, meist auch in ihrem Sinne, für richtig hielt, war dahingegangen. Ich bin sehr lange sehr traurig gewesen und habe mir immer wieder erzählt, wie schön es mit ihr hier und da gewesen war, besonders ganz am Anfang in Paris ...

Mitte Juni musste ich zu einem Kongress nach Lillehammer in Norwegen. An die Atmosphäre der Tageshelligkeit um Mitternacht, „the midnight sun", erinnere ich mich gut, eine eigenartige, nie zuvor erlebte Stille. Freitagmittag versuchte ich von Lillehammer aus, Horst in München zu erreichen. Er antwortete nicht, war auch im Restaurant darunter nicht erschienen. Per Telefon hetzte ich alle hinauf in seine Wohnung, sie fanden ihn bewusstlos vor. Es dauerte endlose Minuten, bis ich zwei seiner zuverlässigsten Freunde an der Leitung hatte. Sie konnten mir seinen Zustand nicht erklären. Ich drang darauf, Horst sofort über den Notarzt in ein Krankenhaus bringen zu lassen. Spät am Abend erreichte ich sie erneut, der Notarzt selbst habe Horst in der Stadt nirgendwo unterbringen können, er sei in einem Krankenhaus am Starnberger See aufgenommen worden. Am Samstag sprach ich mit seiner Schwester, die ihn dort besuchen konnte. Sie war völlig aufgewühlt und sagte, nach Ansicht der Ärzte zeige Horst ein akutes Nierenversagen. Er sei weiter bewusstlos, die Ursache habe man noch nicht ermitteln können. Sonntagmorgen konnte ich das Krankenhaus erreichen. Man erklärte mir, man versuche eine sogenannte Peritonealdialyse, eine provisorische, für akute Fälle weitgehend veraltete, langsame Form der „Blutwäsche". Ich erkundigte mich, warum er nicht direkt an eine maschinelle Dialyse angeschlossen werde. Die unglaubliche Antwort war, dass man Weisung habe, „Aids-Patienten nicht maschinell zu dialysieren", da „man anschließend die Maschine nicht mehr reinigen" könne. Mir zersprang fast der Kopf bei so viel unprofessioneller Scheinheiligkeit. Es war entsetzlich, zu erleben, wie die medizinische Profession automatisch Patienten mit Aids regelrecht abwehrte. Zu einem Arzt konnte oder sollte ich nicht durchgestellt werden. Ich flog nach Frankfurt und nahm am späten Abend den Zug nach München. Morgens um sieben Uhr kam ich auf dem Hauptbahnhof an. Von der Telefonzelle aus erreichte ich den Vorarbeiter seiner Arbeitskolonne. Er weinte, als er mir sagte: „Der Horst, der is groad heit' früh scho g'storbn." Es bereitete mir Mühe, eine Sitzbank zu erreichen, ich saß einige Minuten erstarrt da. Erneut war ich zu spät gekommen. Plötzlich verlor ich jede Fassung und begann in einer Weise zu weinen, wie es mich kaum einmal zuvor in meinem Leben überfallen hatte. Ein kleines Mädchen hatte mich beobachtet, die Mutter bei der Hand gefasst, so kamen sie und setzten sich zu mir. Diese wunderbare junge Frau ergriff meine Hand: Was mich denn so erschütterte und ob und wie sie mir vielleicht helfen könne? „Ich habe gerade erfahren, dass mein Freund gestorben ist." Sie streichelte mir wortlos den Rücken und blieb mit der kleinen Tochter so lange bei mir, bis ich mich äußerlich beruhigt und bei ihr bedankt hatte. Innerlich fühlte ich mich ratlos, leer und tot.

Ich rief in der Klinik am Tegernsee an, stellte mich als Arzt und Freund des Verstorbenen vor, verlangte nach dem diensttuenden Arzt, der tatsächlich über den Fall Bescheid wusste. Der wollte mir korrekterweise am Telefon keinerlei Auskünfte geben, schon gar nicht zur Dialysetherapie und noch viel weniger, nachdem ich nicht einmal ein Verwandter sei. Zuletzt ließ er durchblicken, dass man aus den spärlichen Unterlagen des Patienten ersehen habe, dass er wegen angeblicher Pneumocystis-Pneumonie mit Cotrimoxazol behandelt worden und damit wohl Aids-Patient sei. Ein Test habe das bestätigt. Man habe ein gestempeltes Rezept für ihn vom behandelnden Arzt einer Aids-Therapiegruppe gefunden. Ich war überrascht und wandte ein, dass mein Freund weder etwas von einer solchen Pneumonie, einer akuten Lungenerkrankung noch von einem Röntgenbild und auch nicht von einem möglichen Sputumbefund berichtet habe. Der Kollege war irritiert. Ob denn die stark eingeschränkte Nierenfunktion nicht bekannt gewesen sei? Natürlich war das bekannt! Wie es denn dann sein könne, dass der Kollege eine derart hohe Dosis des stark nierentoxischen Cotrimoxazol verschrieben habe? Dies habe zur Schockniere, zum akuten Nierenversagen geführt. Ich musste das Gespräch entsetzt abbrechen. Mir war, als hätte ich den nächsten Schlag gegen den Kopf erhalten. Es machte mich verzweifelt und wütend. Ich besprach mit Horsts Schwester am Folgetag, dass und wie ich den behandelnden Arzt zur Rechenschaft ziehen wolle. Sie flehte mich an, davon abzusehen. Die Verwandten seien alle schon von Schleswig-Holstein nach München unterwegs. Es sei gut für alle, zu wissen, dass Horst an einem Nierenversagen aufgrund eines in der Familie bekannten Leidens verstorben sei und sonst nichts!

Horsts älteste Schwester traf im Laufe des Tages ein, sie war offenbar über unsere Beziehung informiert. Ich erklärte ihr, Horst und ich hätten früher schon besprochen, im Falle seines Ablebens auf eine religiöse Aussegnung zu verzichten. Er sei wie ich nicht religiös, er habe nur den Wunsch geäußert, eingeäschert zu werden. Seine Urne sollte auf dem Friedhof von Nidden an der Grabstelle der Großeltern beigesetzt werden. Sie reagierte abweisend und rigoros und bedeutete mir, eine große Trauerfeier mit Pastor sei bereits organisiert, teure Begräbnisse kämen aber nicht infrage. Ich wies darauf hin, eine Einäscherung sei billiger als jede andere Beisetzung. „Tatsächlich? Billiger?“ Daraufhin wurde das sofort genehmigt. Sie fuhr fort und erklärte, die Familie werde im nächsten Jahr eine Reise ins Baltikum unternehmen, in die alte Heimat, natürlich auch nach Nidden; kein Problem also, eine Urne zur Beisetzung auf dem alten Friedhof mitzunehmen. Zu keiner Zeit hatte ich mich von Horst verabschieden können. Jetzt hatte ich das Gefühl, er werde mir unmittelbar nach seinem Tode ganz weggenommen. Nach unserer wunderbaren Zeit in München würde ich dort nie wieder leben wollen, das wusste ich. Im Jahr 2000 ging ich nach Berlin.

Dem Begriff *Betroffenheit* bin ich zeitlebens mit Skepsis begegnet. Irgendwo passiert etwas in der Welt. Politiker reagieren mit Betroffenheit, machen ein betroffenes Gesicht, ließen ihre Betroffenheitssoße darüber und gehen mit geglätteten Minen zur Tagesordnung über. Nur eine Epidemie oder Pandemie, eine weltweite Seuche bringt schlagartig eine hohe Zahl Erkrankter, physisch Betroffener und eine korrespondiere Zahl von Mitleiden betroffener Menschen mit sich.

Ich möchte abschließen mit dem, was das Aids-Drama auch an Positivem hervorgebracht hat: Empathie, Vorurteilslosigkeit, Hoffnung, Protest gegen untätige Regierungen, Gruppierungen von Aktivisten, Act Up in New York und in der Folge auch in Deutschland. Große Hilfsbereitschaft unter dem Gedanken „Betroffene helfen Betroffenen!". Dieses Motto lässt bewusst offen, wer physisch betroffen ist und wer sich als nicht Betroffener zu aktiver Hilfeleistung aufgerufen fühlt. Meine Freunde, Peter Lechl in Deutschland und Dr. Naas van der Westhuizen in Südafrika, die wiederholt in diesem Buch vorgekommen sind, waren solche einzigartigen Menschen, die großzügig von ihrer Lebenszeit gaben, um Betroffenen zu helfen. Die Berichte über ihr Herkunft, ihre Motivation, ihre Arbeit und ihre Ergebnisse werden vom Archiv des Schwulen Museums in Berlin betreut.

Jahrzehnte nach Ausbruch der Aids-Katastrophe erschüttert mich als Autor und Arzt immer noch das offenkundige Versagen von Strukturen selbst in Deutschland, unserem eigenen Land, von denen wir uns beschützt glaubten. Es waren Repräsentanten von Staat und Parteien, die in erkennbarer Hilflosigkeit Schwule und Aids-Kranke erst einmal auszugrenzen versuchten. Es war die katholische Kirche, die auf ganzer Linie und bis in den Vatikan hinauf versagte. Es waren Ärzte, Vertreter meiner eigenen Profession, Leiter von Kliniken in München und anderswo, die in den ersten Jahren HIV+-Patienten ängstlich um ihrer Reputation und ihrer persönlichen Einkünfte willen ignoriert und höchst unprofessionell und absolut unethisch abgewiesen haben. Dass einige wenige niedergelassene Ärzte, darunter Betroffene, sich früh schon stark engagiert und beispielgebend Schwerpunktpraxen eingerichtet hatten, war eindrucksvoll, blieb aber zunächst die Ausnahme, die hier ebenfalls nachdrücklich hervorgehoben werden soll. Es war ernüchternd, zu sehen, wie viele zuvor verständnisvoll erscheinende Menschen aus Familie, Verwandtschaft, Vereinen mit Schwulen und Aids-Kranken plötzlich nichts mehr zu tun haben wollten.

Aids hatte die Welt kleiner gemacht, was nicht bedeutete, dass überall das Gleiche passierte. Ich konnte die Verhältnisse an der amerikanischen Westküste in Kalifornien mit denen an der Ostküste in New York gut vergleichen. Dabei sah ich auch Unterschiede zwischen den Entwicklungen in den USA und in Deutschland. Die Freunde in Kalifornien fühlten sich auch von ihren *straight friends,* ihren Verwandten, ihren Mitmenschen, ihren Ärzten, den Kliniken, den Gesundheitsstrukturen, selbst vom Staat besser verstanden und angemessen betreut. Größtes Problem war die fehlende Therapie.

Die Situation an der Ostküste stellte sich ganz anders dar. Zwar war aufgrund der unterschiedlichen Größe von San Francisco gegenüber New York ein direkter Vergleich nicht zulässig. Die vielfach größere New York City war in den frühen Achtzigern die von der Aids-Epidemie am stärksten betroffene Stadt der USA. Aids hatte New York völlig unvorbereitet und sowohl administrativ wie finanziell unzureichend ausgestattet getroffen. Aids-Infizierte rekrutierten sich dort nicht primär aus der Gruppe der Schwulen, sondern aus denen von Drogenabhängigen und Prostituierten in ethnisch und sozial unterschiedlichen, verarmten Gruppen. Größte Probleme: Diskriminierung und fehlendes Budget.

Die Stadt New York hatte in Sachen Aids doppeltes Pech. Während sich der republikanische Präsident Ronald Reagan (1911–2004) in Washington taub stellte, hatte New York in Ed Koch einen demokratischen, spottlustigen und unverwüstlichen Bürgermeister, der in seinen drei Amtsperioden (1978–1989) zwar die Stadt erstaunlich effizient finanziell sanierte, die Kriminalität senkte und New York „sauber“ machte. Aber auch er ignorierte Aids, obwohl er seit Beginn der Amtszeit im Verdacht stand, trotz eindeutiger Hinweise die eigene Homosexualität geheim zu halten.

In New York waren es anfangs nur Aktivisten der Gay Community, die früh effektive Gruppen und Strategien auf die Beine stellten: Nach Gay Men's Health Crisis (GMHC) 1982 war es die American Foundation of Aids Research, die Gelder für Forschung und Therapie eintrieb und eine effektive Lobbyarbeit gegen die Verzögerungstaktik Washingtons betrieb. Schließlich etablierte sich 1987 in New York Act Up (Aids Coalition To Unleash Power), eine im Programm politisch radikal aktive Gruppe, die bald internationale Nachahmer fand. Die sich in Act Up versammelnde Wut gegen das politische Establishment in Washington war berechtigt: Präsident Reagan, in dessen erster Amtszeit (1981–1984) die Krankheit bekannt wurde, ignorierte die Gefahr der Epidemie nicht nur bewusst, sondern instrumentalisierte sie, passte sie ihm doch in das schwulenfeindliche Weltbild, mit dem er seine christlich-fundamentalistische, rechts-konservative Wählerschaft in Vorurteil und Abwehr gegen Homosexuelle bestärkte: „Aids ist die Rache der Natur an den Schwulen." Das war auf entsetzliche Weise päpstlicher als der Papst.

Der Demokrat Henry Wachsmann mahnte 1985 in der Washington Post, es sei unverständlich und inakzeptabel, wie der Präsident der Vereinigten Statten eine gesundheitliche Katastrophe diesen Ausmaßes seiner konservativen Wählerschaft zuliebe einfach ignorieren könne. Sein Schweigen sei skandalös angesichts von inzwischen mehr als 6.000 an Aids verstorbener US-Bürger. Die Reagan-Regierung blieb weiterhin untätig. Weder wurden Mittel zur Verfügung gestellt noch ein Plan zur Bekämpfung der Epidemie entwickelt.

Es waren von Beginn an also nicht etwa Vertreter von Regierung oder Gesundheitsbehörden, es waren Ärzte, Wissenschaftler, Verhaltensforscher, Aktivisten, Betroffene und Medienvertreter, die 1985 zur ersten Internationalen Aids-Konferenz mit 2.000 Teilnehmern in Atlanta/Georgia, USA, zusammenkamen. Die zweite folgte 1986 in Paris. Aktivisten von Act Up erreichten dann auf der dritten, 1987 in Washington D.C. mit inzwischen 6.000 Teilnehmern, dass Präsident Reagan in seiner zweiten Amtszeit (1985–1989) erstmalig offizielle Worte zu Aids sagte. Die Konferenz stand unter dem Schock von damals bereits 60.000 registrierten Aids-Fällen von US-Bürgern, von denen mehr als 28.000 verstorben waren. Die Seuche hatte sich inzwischen auf 113 Länder ausgebreitet und weltweit mehr als 50.000 Tote gefordert. Das sind Kriegszahlen. Diese Bilanz zeigt Reagans Versagen, damit sollte er zu den schlechtesten Präsidenten gezählt werden.

Die Washingtonkonferenz erreichte die internationale Anerkennung von Aids als weltweitem Gesundheitsproblem über Nationen und Gesellschaftsgruppen hinaus. Im Konferenzabschluss wurde ein nationales Erziehungsprogramm zur Prävention von Aids in den USA verabschiedet. Act Up stürmte danach auf der sechsten Internationalen Aids-Konferenz 1990 in San Francisco, die inzwischen über 10.000 qualifizierte Teilnehmer hatte, mit Protestaktionen von außen regelrecht das Plenum und bestimmte fortan die Agenda weiterer Konferenzen.

Act Up bestand anfänglich nur aus radikalen Schwulen. Liberale, Feministinnen, Lesben und Mitglieder anderer sozialer Gruppen kamen später dazu. Sie traten ein gegen Diskriminierung und Stigmatisierung von Menschen mit Aids und erarbeiteten Sozial-, Präventions- und Hilfsprogramme. Dabei ging Act Up kreativ, geplant und zielgerichtet vor. Man versuchte, den üblichen Negativdarstellungen in den Medien zuvorzukommen, das Wesen der Krankheit von moralischer Bewertung und dem Gedanken von Schuld zu befreien und zu versachlichen, eine unzureichend oder falsch informierte Öffentlichkeit zu sensibilisieren und für Unterstützung zu gewinnen. Informationen von Act Up an die Medien waren sorgfältig vorbereitet. Es gelang, New Yorker Zeitungen und Abendnachrichten der lokalen TV-Sender als Multiplikatoren der Botschaften einzubinden. Zwangsouting gehörte selbst im Falle verdeckt lebender, homophob agierender schwuler Politiker eindeutig nicht zum Programm von Act Up. Larry Kramer, Gründer der Gruppe, hatte sich bereits bei einem solchen Versuch bei dem New Yorker Bürgermeister Ed Koch, einem vielfacher Meinung nach verdeckt lebenden schwulen Mann, eine blutige Nase geholt und mit dieser Aktion keine Sympathien für die Gruppe gewonnen.

Es gab immer noch keine Therapie, es blieb die Prävention. Im Hinblick darauf war die Bundesrepublik Deutschland damals, Anfang der Achtzigerjahre, bereits vergleichsweise vorbildlich. Ich erinnere mich präzise daran, wie 1982 das Robert-Koch-Institut damit begonnen hatte, ein Aids-Fallregister für die BRD zu führen. 1985 hatte die Bundeszentrale für gesundheitliche Aufklärung (BZgA) zum Thema Aids eine Informationsbroschüre herausgegeben, die in Postwurfsendungen an alle Haushalte ging. 1987 starteten das „Sofortprogramm der Bundesregierung zur Bekämpfung von Aids" und die Kampagne „Gib Aids keine Chance" der BZgA. Beide wurden sehr erfolgreich. Zugleich nahmen Telefonberatungen zu HIV und Aids der BZgA ihre Arbeit auf. Und immer noch gab es keine Therapie. Umso wichtiger war effektive Prophylaxe, überall!

Aids ist mehr als vierzig Jahre nach Ausbruch immer noch eines der größten Gesundheitsprobleme der Welt. Das Spektrum der Therapien und ein allgemeines Bewusstsein für die Gefahren der Krankheit haben die Situation der Gesamtbevölkerung und die von HIV-Infizierten deutlich verbessert. Effektive Prävention ist und bleibt das wirksamste Mittel bei der Bekämpfung von Aids. Für Deutschland gibt es vergleichsweise gute Zahlen nach einer Publikation der Forschungsgruppe Public Health am Wissenschaftszentrum Berlin für Sozialforschung aus dem Jahre 2010: Während die Ausbreitung von HIV in den sogenannten postindustriellen Ländern, zum Beispiel den USA und der Schweiz, immer noch am stärksten ist (0,6 Prozent der Bevölkerung zwischen 15 und 49 Jahren), liegt sie in Deutschland bei 0,1 Prozent. Eine US-amerikanische Studie aus dem Jahr 2015 errechnete, dass selbst Höchstausgaben für Prävention sich volkswirtschaftlich für das Land um ein Vielfaches günstiger rechnen als Behandlungskosten für HIV, eingeschlossen alle Patienten, die überleben und deren Erkrankung chronisch wird. Ein deutsches Pharmaunternehmen brachte mit Viramune einen der ersten sogenannten Replikatorenhemmer, eine Substanz zur Hemmung der Virusvermehrung, erfolgreich in die Therapie ein. Klinische Prüfungen mit dem Medikament ab der sogenannten Phase 3 waren in großem Umfang unter anderem auch in Südafrika durchgeführt worden. Andere Substanzen folgten, bis der Durchbruch zuletzt mit Dreierkombinationen wirksamer Substanzen gelang.

Mein eigenes glückliches Überleben macht mich zu einem dankbaren Zeitzeugen jener traurigen, emotional stark belastenden und besonders herausfordernden Zeit. Im Herzen habe ich immer noch das Empfinden eines tiefen Schmerzes, wenn ich an meine Freunde Horst und Don denke – ich hätte so gerne immer wieder einmal mit ihnen gesprochen! Sie fehlen mir immer noch. Etwas von mir ist mit ihnen dahingegangen. Ich habe mit meinem Buch versucht, an das Leben, Leiden und Sterben meiner wunderbaren Freunde zu erinnern. Dieses Erinnern hat meiner Seele gutgetan.

30 Regenbogennation

Als Arzt im Bereich Internationale Klinische Forschung hatte ich 1982 eine Position in einem Pharma-Weltunternehmen angenommen, das seit den Sechzigerjahren international besonders erfolgreich agierte. Sein globaler Geschäftsbereich war strategisch in vier Regionen aufgeteilt. Die wichtigste Region I schloss die USA ein; dort gab es eigene Forschungs- und Entwicklungsabteilungen, eigene Produktionsanlagen und Vertriebssysteme. Mein Tätigkeitsbereich betraf die geographisch größte Region IV mit Niederlassungen in den Landeshauptstädten – in der Firmenterminologie „operative Einheiten" genannt –, vorwiegend in Entwicklungsländern wie in Afrika mit Lagos/Nigeria, Nairobi/Kenia und Johannesburg/Südafrika. Auf dem indischen Subkontinent waren es Karachi/Pakistan und Bombay (heute Mumbai)/Indien, in Südostasien die operativen Einheiten Jakarta/Indonesien und Manila/Philippinen sowie Sydney/Australien und Auckland/Neuseeland. Niederlassungen in Fernost befanden sich in Hongkong und Taipeh/Taiwan. Die Niederlassung in Japan arbeitete autark und wurde von mir nicht betreut. Die Geschäfte des Unternehmens in China waren aufgrund staatlicher Direktiven nur in Zusammenarbeit mit einem chinesischen Staatsunternehmen möglich und in dieser Hinsicht autonom, offizielle Besuche für mich deshalb dort auch nicht vorgesehen.

Ein weiterer großer Teil meiner Kontakte galt Besuchen bei sogenannten Meinungsbildnern unter den fachlich führenden Pharmakologen und Klinikern in den Ländern. Für Registrierungsgespräche neuer Medikamente standen in einigen der Länder Besuche bei entsprechenden Behörden gemeinsam mit dem lokalen Pharmakologen oder Pharmazeuten zur Herausstellung progressiver medizinischer Aspekte der neuen Substanz an. Eine meiner wichtigen Aufgaben bestand darin, die Geschäftsführer der operativen Einheiten über alle Neuigkeiten im Medikamentenportfolio des Unternehmens informiert zu halten. Damit war ich fester Teilnehmer ihrer Jahrestagungen, zu denen auch die Regionalmanager aus der Zentrale hinzukamen. Meistens gab es als Krönung einen Nachmittag mit Exkursionen im Gastland zu Sehenswürdigkeiten in die Umgebung zu besonderen Gebäuden oder Landschaften. Ich habe gelegentlich Urlaubstage an diese Konferenzen angehängt, um Land, Leute, geschichtsträchtige Orte und Besonderheiten näher kennenzulernen. Alle genannten Länder bereiste ich etwa im Jahresturnus.

1983 führte mich meine erste Reise in die „operative Einheit Südafrika". Auf der Fahrt vom damals noch recht provinziellen Flughafen von Kapstadt auf der kurzen Autobahnstrecke in die Stadt hinein waren mir bereits die endlosen primitiven Wellblechbehausungen der Townships aufgefallen, in denen die schwarze Bevölkerung unter sehr prekären Umständen hausen musste. Die Stadt hatte damals viele Problemzonen – und hat sie immer noch. Einige im Stadtbild durch ihre Buntheit auffallenden Quartiere wurden immer noch als ehemalige „Sklavenviertel" bezeichnet. Das allerdings hat sich inzwischen völlig verändert. Eine ungekannte Gentrifizierung führte dazu, dass ausgerechnet diese Häuser inzwischen als Wochenendobjekte der Reichen gesucht sind.

Kapstadt zähle ich wie die Städte Sydney, Rio de Janeiro, Lissabon und San Francisco allein deswegen zu den schönsten Städten der Welt, weil sie alle an Buchten von Weltmeeren weit und großzügig ausgelegte Hafenstädte sind, mit grandiosem hügeligen oder bergigen Hinterland. In Kapstadt ist es das einzigartige Tafelbergmassiv, welches sich gen Westen hin in einer Bergkette von zwölf aufragenden Gipfeln („Die zwölf Apostel") fortsetzt.

Bei meiner Auseinandersetzung mit der neueren südafrikanischen Geschichte beschäftigte ich mich auch mit dem damals von deutschen Konservativen als „subversiv" bezeichneten südafrikanischen schwarzen anglikanischen Bischof Desmond Tutu (1931–2021). Dieser hatte sich früh schon in einzigartig mutiger Weise von kirchlicher Seite gegen das Apartheidsystem der nationalistischen Regierung gewandt und war prompt und massiv in seiner Kirchenarbeit behindert worden. Ende der Siebzigerjahre hatte man ihn zum Generalsekretär des südafrikanischen Kirchenrates gewählt. Aus seinem Amt heraus konnte er mit Zustimmung fast aller Kirchen des Landes seine Arbeit gegen das Apartheidsystem organisieren, womit er sich offen zum Feind der Regierung machte. Diese schlug zurück und klagte Tutu offiziell wegen seines Feldzuges gegen das Apartheidsystem an. Er verteidigte seine Haltung in diesem sehr religiösen Land gezielt mit Bibelzitaten und hatte den Mut, die herrschende Form der gesellschaftlichen Unterdrückung als „genauso bösartig und verwerflich wie die untergegangene Form des Nationalsozialismus in Deutschland" zu verurteilen. Trotz aller Schwierigkeiten gelang es ihm, durch Publikationen und Auslandsreisen das Interesse der Weltöffentlichkeit auf dieses menschenverachtende, ausgrenzende Apartheidsystem in Südafrika zu lenken. Desmond Tutu erhielt 1984, inzwischen Erzbischof der anglikanischen Kirche in Kapstadt, wegen seiner Rolle als führender Kopf und Einiger der inzwischen landesweiten Bewegung zur Lösung des Apartheidproblems in Südafrika als Zeichen internationaler Friedensunterstützung den Friedensnobelpreis.

Das Apartheidsystem war zuletzt nach schweren und langanhaltenden gewalttätigen Auseinandersetzungen mit verschiedenen oppositionellen Gruppen, allen voran dem ANC (African National Congress) international unter Druck geraten. 1983, im Jahr meines ersten Besuches, war immerhin eine durch Volksabstimmung herbeigeführte Verfassungsreform in Kraft getreten, die erstmals den Gruppen der Coloured und Asiaten eingeschränkte politische Rechte gewährte. Ein mutiger südafrikanischer Staatspräsident, Frederik Willem de Klerk (1936–2021), erklärte 1990 das Scheitern der Apartheidpolitik und verkündete deren Ende im Parlament von Kapstadt. Er hob das Verbot des ANC und weiterer oppositioneller Gruppierungen auf und ebnete den Weg für erste offizielle Gespräche der Nationalisten mit der gesamten Opposition des Landes. Im Zuge dieser Verhandlungen wurde Nelson Mandela (1918–2013) zur profiliertesten Figur des ANC-Widerstandes. Er war 1990 aus 26-jähriger Haft entlassen worden und wurde rasch auch international zur einigenden Symbolfigur des neuen Südafrika. 1991 wurde die Apartheid endgültig abgeschafft. Südafrika bereitete sich auf die ersten allgemeinen und freien Wahlen seiner Geschichte vor. 1994 trat eine Übergangsverfassung in Kraft, die die Gleichberechtigung aller Bürger sicherstellen und die sogenannten „Homelands", also die von der Apartheid vorgeschriebenen ausgrenzenden Siedlungsgebiete für verschiedene ethnische Gruppen, in den neuen südafrikanischen Staat eingliedern sollte. Zuvor schon, 1993, hatten sowohl Frederik de Klerk wie Nelson Mandela für ihre gemeinsamen Bemühungen um die Schaffung eines demokratischen Südafrika den Friedensnobelpreis erhalten. Der ANC unter Nelson Mandela gewann 1994 die ersten demokratischen Wahlen des Landes, Nelson Mandela wurde dessen erster nichtweißer Präsident. Südafrika erhielt 1996 eine moderne demokratische Verfassung, in die interessanterweise auch Elemente des Grundgesetzes der Bundesrepublik Deutschland eingeflossen sind. Ab 1994 hatten deutsche Verfassungsrechtler auf dortigen Wunsch hin sowohl mit dem ANC von Nelson Mandela als auch Vertretern der (schwarzen, in Konkurrenz zum ANC stehenden) Inkatha Freedom Party sowie mit der Democratic Alliance Gespräche geführt. Diese Democratic Alliance war eine Bewegung fortschrittlicher südafrikanischer Weißer in Abgrenzung zur Apartheidpolitik der ehemaligen Nationalen Partei – und sie besteht immer noch und wächst! Die Konsultation deutscher Verfassungsrechtler entsprang dem Wunsch aller genannter Gruppen, nach dem Vorbild des Neuanfangs in der Bundesrepublik Deutschland nach

1945 auch in Südafrika mit dem Ende des Apartheidsystems einen vollkommenen Neuanfang zu versuchen. Mandela und Tutu gingen danach weiter gemeinsame Wege in der Versöhnung der so unterschiedlichen und zerstrittenen politischen Strömungen des Landes mit der Schaffung einer sogenannten Wahrheits- und Versöhnungskommission (Truth and Reconciliation Commission).Tutu prägte 1994 im Zuge dieser Einigkeitsbemühungen für die neue Republic of South Africa den Begriff der „Rainbow Nation“, der international mit großer Begeisterung aufgegriffen wurde und deren Gelingen seither aufmerksam verfolgt wird.

Vor dem Hintergrund einer derart bewegten politischen Entwicklung in Südafrika stellte ich mir die Frage, wie Homosexualität in dieser gemischten Gesellschaft gesehen und ob, wo und wie sie vielleicht in irgendeiner Weise doch noch unterdrückt oder gar verfolgt wurde. Vor dem Hintergrund größter Diversität hat Homosexualität in Südafrika verständlicherweise eine gruppenentsprechend vielfältige Geschichte, soweit es um Akzeptanz und spezifische Rechte homosexueller Menschen geht: Traditionelle schwarzafrikanische Sitten und Tabus sind etwas anderes als die Moralvorstellungen der westlichen Länder unter christlich-religiösen Vorstellungen, und wieder anders als die Bewertung, oder besser: die scharfe Zurückweisung vonseiten kirchlich-konservativer Moralvorstellungen der Burengesellschaft.

Vom Ende her betrachtet vereinfacht sich die Geschichte Südafrikas auf den Moment der Abschaffung des Apartheidsystems und der Neuschaffung der Republik mit dem Grundgesetz von 1996. In ähnlicher Vereinfachung kann man die Entwicklung der Haltung zur Sexualität vom Ende beziehungsweise von der Schaffung des neuen Staates her betrachten. Erzbischof Tutu hatte von kirchlicher Seite eine sehr wichtige Rolle bei der Anerkennung homosexueller Menschen in Südafrika gespielt. Seine Kirche unterstützte die Eheöffnung für homosexuelle Paare, was selbst von den der Kirche nahestehenden Teilen des ANC befürwortet wurde. Für Nelson Mandela war in den Jahren seines Befreiungskampfes, zuletzt auch unter dem Eindruck der Probleme der Aids-Epidemie, die Gleichstellung von

Menschen jeglicher sexueller Orientierung wichtiger Teil seines Programms gewesen. Es waren immer schon Gruppierungen von schwulen (!) Weißen gewesen, die den Freiheitskampf Mandelas betont als weiße Bevölkerungsgruppe in der Öffentlichkeit unterstützt hatten. Mandela hatte seinerseits die Zusicherung gegeben, in einer neuen Verfassung, neben strikter Zurückweisung der Diskriminierung nach Rasse und Geschlecht, auch die nach der sexuellen Ausprägung, der selbst empfundenen sexuellen Identität und der sexuellen Orientierung zu versammeln. In der „Section Nine of the Constitution of South Africa“ von 1996 weist der dritte Passus ausdrücklich jegliche direkte und indirekte Diskriminierung nach „race, gender, sex and sexual orientation (!)“ zurück. Das war in dieser Form erstmalig und einmalig. Darunter sehen heutige Menschen auch neuer LGBTI-Definition ihre Rechte in der südafrikanischen Verfassung erstmals verankert.

Männliche Homosexualität ist in der schwarzen Bevölkerung Südafrikas weiterhin stark tabuiert. Im Filmdrama *Inxeba/Die Wunde* des südafrikanischen Regisseurs John Trengove, mit dem 2017 das Panorama-Hauptprogramm der 67. Berlinale eröffnet wurde, werden die bei den Xhosa in Südafrika besonders geheim gehaltenen Themen der Beschneidung junger Männer im Alter von sechzehn bis dreiundzwanzig Jahren und die den jungen noch erlaubte Homosexualität differenziert und hoch sensibel behandelt. Der Film erhielt bedeutende internationale Preise, obwohl Häuptlinge der Xhosa gegen die Aufführung in Südafrika protestiert hatten.

Damit bin auch ich von der Darstellung der Überwindung des Apartheidsystems unmittelbar auf die Überwindung bis dato geltender Gesetze gegen Homosexualität in Südafrika gekommen. Dabei wusste ich zunächst einfach gar nichts über die Entwicklung der rechtlichen und zivilisatorischen Situation von lesbischen Frauen in Südafrika. Nach der Jahrtausendwende las ich erstmals in deutschen Medien Details über die inakzeptable Situation dieses Bevölkerungsanteils unter der Schlagzeile „Gute Verfassung – grausame Wirklichkeit“. Da sie selbst bei oberflächlicher Betrachtung gen Himmel schreit, komme ich nicht umhin, sie ebenfalls kurz darzustellen. Mein Freund Naas bestätigte mir danach alle Details: Im – wohlgemerkt! – modernen Südafrika werden jährlich geschätzt 500.000 Frauen vergewaltigt. Eine nicht genau bekannte Zahl lesbischer Frauen, geschätzt etwa fünfzig im letzten Jahrzehnt, wurde nach brutaler Vergewaltigung ermordet. Zynischerweise nennt es die dortige Männerwelt „corrective rape". In einer Machovorstellung kann aktiv nur ein Mann Sex mit einer Frau suchen. Der lesbischen Frau müsse gezeigt werden, dass sie eine Frau sei und passiv zu bleiben habe. Man müsse sie „kurieren", man müsse ihr zeigen, woran „sie wirklich Spaß habe". Sie wird vergewaltigt, gefoltert, oft ermordet. Auf der dokumenta 13 in Kassel 2012 erlebte ich dieses Drama auf eine sehr bildhafte Weise dargestellt mithilfe einer Fotodokumentation der „binären" Aktivistin Zanele Muholi. Trotz hohen internationalen Drucks, vor allem durch die international immer aktivere LGBTI-Bewegung, blieb die südafrikanische Regierung bisher bedauerlicherweise passiv. Meinen Freund, den Arzt und HIV-Spezialisten Dr. Naas van der Westhuizen, hatte ich auf der World-Aids-Konferenz in Berlin 1993 kennengelernt. Er wiederholte seine Einladung, ihn einmal in Kapstadt zu besuchen, so oft, dass wir es zum Weihnachtsfest 1995 endlich gemeinsam wahrmachen konnten. Peter und ich flogen Mitte Dezember Richtung Kapstadt, dort die heißeste Zeit des Jahres. Naas wohnte in einem Haus an den Hängen von Camps Bay und hatte weiter unten im Ort seine Praxis. Aufgrund seines Rufes als allererste Autorität in Sachen HIV war das Wartezimmer immer voll von Patienten aus Kapstadt und oft auch von solchen, die es sich leisten konnten, selbst aus Johannesburg oder anderen Städten Südafrikas anzureisen.

Zunächst einmal war ich sprachlos, wie wunderbar Naas wohnte. Camps Bay war als nahe, flache und besonders feinsandige Bucht immer schon ein traditioneller Ausflugs- und Picknickort für „Captonians" gewesen. Der Ort war einzigartig: Den dramatischen Hintergrund und Abschluss dieses riesigen Strandes bildete die aufragende Westfläche des Tafelberges mit dem Lion's Head und den zwölf anschließenden Berggipfeln der sogenannten Zwölf Apostel. Über Tausende von Jahren waren riesige Felsbrocken, groß wie Häuser, von den Berggipfeln heruntergerollt, lagen am Strand umher bis hinaus in die Brandung.

Naas lebte mit seinem kanadischen Freund Steve zusammen. Sie hatten sich kennengelernt, als Naas mit größeren klinischen Prüfungen im Krankheitsbild HIV bei seinen Patienten begann. Beide kannten sich damit erst seit drei Jahren und führten ein eher ruhiges Leben. Diesmal aber war über Weihnachten das Haus voll. Naas' Schwester war mit Mann und zwei Kindern aus Johannesburg gekommen und hatte ihre gemeinsame alte Mutter mitgebracht. Außer Peter und mir hatten zwei britische Freunde angedockt, die mit ihrer Segelyacht auf dem Weg nach Australien waren und zu Weihnachten gerne für ein paar Tage Geselligkeit mit der Möglichkeit zu heißer Dusche Station machten. Guter Geist des Hauses war Naas' alte schwarze Mamsell Trini, die er von dem verstorbenen britischen Vorbesitzer des Hauses übernommen hatte. Sie war vor zehn Jahren Teil seiner Familie geworden und Herreneinquartierung gewohnt: Der Vorbesitzer des Hauses hatte ebenfalls mit seinem Freund und Partner hier gelebt.

Bei so vielen Menschen verspürten wir die für das Land typische Offenheit und Gastfreundschaft besonders eindrucksvoll. Peter und ich wollten uns revanchieren und dem Weihnachtsfest zumindest kulinarisch eine deutsche Note hinzufügen. Zu meiner Überraschung konnten wir in einer deutschen Metzgerei im Garden Center von Kapstadt zwei Weihnachtsgänse erwerben, die vielleicht mit uns aus Deutschland eingeflogen waren.

Nach diesem ersten Urlaub kam ich in den Folgejahren immer häufiger in meinem Jahresurlaub hierher, nach Berufsende fast jeden Winter. Naas und ich entwickelten schnell eine besondere persönliche und berufliche Freundschaft. Durch ihn und seinen Freundeskreis habe ich zunächst einmal die schwule Szene in Kapstadt rascher und genauer kennengelernt. Naas verfügte trotz seiner vielen Arbeit über eine belastbare Partykonstitution und lebte ebenfalls nach dem Motto „Work hard, play hard". Wenn es für ihn irgend möglich war, zogen wir eigentlich an jedem Wochenende los. Anfangs besuchten wir ältere, etablierte Bars auf Long Street im Zentrum Kapstadts, die erstmals nach dem Fall des Apartheidregimes von schwulen Männern frequentiert werden konnten. Ich lernte dort Männer kennen, die mit den örtlichen Besonderheiten seit Jahren fast schon professionell vertraut waren. Mit Dr. Gordon I., Professor an der Schule für Sozialarbeit an der Universität in Kapstadt, wurde ich einem seiner engsten Freunde vorgestellt, der mit einem Fachkollegen der Universität von Witwatersrand/Johannesburg eine auf der spärlichen wissenschaftlichen Literatur und eigenen umfangreichen empirischen Studien basierende Arbeit zur männlichen Homosexualität in Südafrika veröffentlicht hatte. Leider hatte er keine Daten zur schwarzafrikanischen Bevölkerung, was aus dem zuvor gesagten verständlich war. Sein Buch zur Entwicklung der eigenen Identität bei Schwulen in Südafrika aus dem Jahr 1992 berücksichtigte bereits die Auswirkungen der Aids-Erkrankung auch auf Betroffene unter ihnen und ihre mögliche doppelte Stigmatisierung. Mich erstaunte an diesem Buch besonders, dass es mir in einem sogenannten Entwicklungsland vorgelegt wurde, wie wir es in unserem hoch arrivierten mitteleuropäischen Land bisher nicht fertiggebracht hatten. Was für ein Drama an Diskriminierung und Stigmatisierung lief damals zur gleichen Zeit in Deutschland zu dieser Thematik ab! Ein junger Schwuler in Südafrika hatte immerhin mithilfe eines solchen Buches die Chance, zu erkennen, wie er seine Situation in diesem Land mit so großer ethnischer und sozialer Diversität einzuschätzen hatte. Gordon selbst lebte fast provokant offen schwul, konnte in seiner extravaganten Verkleidungswut oft schrill sein. Er nannte sich „The Empress of Africa", posierte auch so und erwartete, als selbsterklärte Obertunte entsprechend hofiert zu werden. Zugleich verfügte er über die nötige Portion Selbstironie, um seine Ausfälle erträglich zu machen, und war eher die Hilfsbereitschaft in Person.

Meiner Erinnerung nach habe ich in meiner Zeit in Südafrika, in drei Jahrzehnten von 1985 bis 2015, nur die weiß dominierte schwule Szene der Kapprovinz kennengelernt. Die verschiedenen ethnischen Gruppen konnten im schwulen Nachtleben von Kapstadt in bekannten Bars, Clubs und Dancefloors aufeinandertreffen, blieben grundsätzlich aber getrennt. Die damalige junge farbige

Szene, die sich in Kapstadt nahe Waterkant/Somerset Street etabliert hatte, habe ich in guter und ganz und gar angenehmer Erinnerung. Und da ich sie immer noch gleichzeitig so pittoresk wie nahezu romantisch vor mir sehe, möchte ich sie so auch im Gedächtnis fixieren und beschreiben, zumal auch sie sich inzwischen vollkommen verändert hat.

Das Gebäude Somerset/Napier Street hatte einen großen, von Säulen flankierten Eingang genau an der Ecke. Ursprünglich war dieses Eckhaus ein prachtvolles Geschäftshaus vom Ende des 19. Jahrhunderts gewesen. Der obere Teil des Gebäudes war bereits abgetragen, es war erkennbar dem Verfall preisgegeben. Die grelle Neonreklame hoch oben über dem Eingang sagte nichts als „BAD" – die Anfangsbuchstaben der drei miteinander verbundenen Bars Bronx, Angels und Detour in seinen verbliebenen Mauern. Ein schöneres Labyrinth schwuler Lüste habe ich in meinem Leben nie wieder getroffen. Bronx, im Stil einer großen amerikanischen Afterhour-Bar, war ohne jeden Dresscode für jedermann offen, man mischte sich unter das gemischte Volk, das zwischen zehn Uhr abends und Mitternacht spontan aufkreuzte. Es war der Platz zum Sehen und Gesehenwerden: schnelles Kennenlernen, Wiedererkennen, heftiges Trinken, Zuprosten, *cruising for quickies.* Angels war eine riesige Tanzbar im Untergeschoss, über eine kurze Treppe im Sprung zu erreichen und vielleicht der romantischste Teil des Ensembles. Hier tanzten sehr irdische Engel bei romantisch gedämpfter Beleuchtung und noch romantischerer Musik, alles belebt und bewegt von einer großen Zahl der jüngsten und hübschesten liebeshungrigen multiethnischen Typen, die diese „Mother of All African Cities", wie Kapstadt auch genannt wird, zu später Stunde zusammenbringen konnte. Es waren schwarze Südafrikaner, Malayen, Mulatten und Kreolen, wobei man diese Begriffe durchaus verwenden durfte und auch hier verwenden darf, denn sie waren dort selbst üblich. Kapmalaien dominierten die Tanzfläche, dazu junge Inder, Filipinos, fernöstliche Geishas – „Fifty Shades of Mixed Blood".

Detour, die dritte Bar im Bunde, vervollständigt das Bild dieses so abwechslungsreichen nächtlichen Ambientes. Sie bestand aus einem Raum, der im allerobersten Stockwerk des Nachbargebäudes beim Abriss auf irgendeine Weise hängengeblieben war. Man erreichte ihn auf etwas abenteuerliche Weise nur über eine Metalltreppe. Die Deko sollte den Tanzwütigen den Traum vieler Schwuler von einem Ambiente für maskuline Straßen- und Bauarbeiter suggerieren; überall hingen Schilder mit Aufschriften wie „Detour" oder „Men At Work", eigentlich ein zu jener Zeit bereits internationales Klischee. Hier wirkte es noch neu und einzigartig. „Diese Bar war letzte Station der Tanzwütigen, immer gepackt voll, erzitterte sie unter dem Stampfen einer vorwiegend weißen Gruppe junger Männer, sämtlich die üblichen Verdächtigen, durchgehend Bodybuildingfiguren, Dutch-Afrikaans, Briten, Franzosen, Amerikaner, Deutsche, internationaler schwuler Jetset. Sobald sie den Raum geentert hatten, zogen sie das T-Shirt aus und stampften im vorgegebenen Rhythmus, im Dampf ihrer schwitzenden Oberkörper, ausnahmslos bis unter die Nase gestrichen voll, für einen Tanz ohne Ende und zu kaum mehr als einem kurzen Blickkontakt fähig. Von hier oben sah man, dass es auf Straßenebene hinter den teilweise abgerissenen Gebäuden eine Art verwilderten Garten gab, einen *court d'amour,* wo man flanierte, flirtete, kiffte ... Es war eigenartig, aber die gesamte Szene dieses Barensembles erinnerte mich selbst in ihrer unbekümmerten Wildheit ein wenig an die frühe Szene von San Francisco in den Siebzigerjahren, also mehr als zwanzig Jahre zuvor. Auch das hier ist längst vergangen.

Nach meinem achtzigsten Geburtstag wurden meine Besuche in Südafrika seltener. Dennoch bin ich diesem Land in besonderer Weise verbunden geblieben. Fast vier Jahrzehnte Südafrika waren ein großes Erlebnis mit vielen kleinen Geschichten. Aufgeschrieben habe ich sie nie, wünschte mir aber, dass sehr viel mehr Menschen in dieses Land kämen, um seine Ursprünglichkeit und seine zugleich spürbare rasante Entwicklung zu erleben. Dazu braucht man großzügige Freunde im Lande oder einen soliden ersten Ausgangspunkt, denn Südafrika befindet sich seit Jahren im Zustand politischer Ausbeutung, wirtschaftlichen Verfalls und galoppierender Inflation.

31 **Ende des Regenbogens**

In der zweiten Hälfte der Neunzigerjahre hatte ich beruflich intensiv in Asien zu tun, war für fast drei Jahre in Hongkong fest stationiert., weit entfernt vom Geschehen in Europa. Vor meiner Rückkehr nach Deutschland 1998 hatte ich mich mehr der Illusion als echter Hoffnung hingegeben, die Aids-Katastrophe habe in den Jahren meiner Abwesenheit an Dramatik verloren, sich vielleicht schon zum Besseren gewendet. In Hongkong war dieses Thema öffentlich wie privat nahezu tabu gewesen. Zu Hause zurück musste ich bilanzieren: Alle meine früheren Patienten und Bekannten mit Aids oder einer früheren HIV+-Diagnose waren verstorben, die Seuche grassierte weiter, die Infektionszahlen stiegen. Mir wurde klar: Ich war vor der Aids-Realität davongelaufen, weil ich sie nicht mehr hatte ertragen können. Jetzt war alles wieder da.

Ich stieß auf das schon 1991 veröffentlichte Buch *Schweine müssen nackt sein. Ein Leben mit dem Tod* von Napoleon Seyfarth. Das Buch schockierte mich zunächst, dann faszinierte es mich und zuletzt beeindruckte es mich tief und anhaltend. Zehn Jahre nach Beginn der Aids-Epidemie schreibt ein Betroffener in der romanhaften Autobiografie eines Aids-Erkrankten erstmals eine Art Zeitzeugenbericht über die Schwulenbewegung seiner engeren Heimat und, auf eine ironische, exhibitionistische Art, seine eigene, im Grunde hoffnungslose Krankengeschichte. Das Besondere daran war die aus der Verzweiflung geborene, aggressive, befreit und befreiend wirkende Offenheit, die provokante Direktheit, mit der er Erkrankung und voraussichtlichen Tod darstellte. Er arbeitete mit Geschmacklosigkeiten und makabren Einfällen – so hatte er ganz praktisch den für ihn selbst bestimmten Sarg schon in seiner Wohnung aufgestellt –, wurde aber gerade deswegen als ehrlich wahrgenommen: Wenn ein Schwuler am Ende seines Lebens Bilanz zieht, hilft es natürlich auch ihm, möglichst ehrlich zu sich selbst zu sein.

Auch wenn die Infektionszahlen weiter stiegen, gilt es, zwei Dinge, die ich bereits erwähnt hatte, auf der positiven Seite zu vermerken: 1987 war mit privaten Mitteln die Deutsche Aids-Stiftung „Positiv Leben" von dem bereits erwähnten Pastor Rainer Jarchow (*1941) gegründet worden. Seit 2011 heißt er Rainer Ehlers. Parallel dazu erwähne ich gerne nochmals die ebenso großartige Initiative der damaligen charismatischen Gesundheitsministerin Rita Süssmuth, die gemeinsam mit dem Verband der privaten Krankenversicherungen (PKV) und dem Deutschen Roten Kreuz (DRK) die Nationale Aids-Stiftung ins Leben rief. Beide Stiftungen schlossen sich 1989 zu einer Arbeitsgemeinschaft zusammen. Daraus ging 1996 die Deutsche Aids-Stiftung als Stiftung des öffentlichen Rechts hervor. Auf der anderen Seite waren zwischen 1989 und 1995 drei sogenannte antiretrovirale Medikamente aus den USA auf den internationalen Markt gekommen. Ab 1995 erwies sich die Kombinationsbehandlung mit zwei oder mehr Wirkstoffen als besser gegenüber einer Monotherapie. Ab 2021 fielen die Infektionszahlen für HIV unter schwulen Männern in Deutschland erstmals leicht. Es wäre schön, wenn ein weiterer Rückgang es noch in dieses Buch schaffte. Aus meiner Zeit vor Asien erinnerte ich mich an die Ereignisse vom November 1990 in Berlin mit „schwulen Hausbesetzungen" in der Mainzer Straße in Berlin-Friedrichshain. Hausbesetzungen als politischen Protest gab es in Berlin seit den Achtzigerjahren. Primär Ausdruck von Wohnungsnot, wurden sie zunehmend Metapher für in besetzten Häusern realisierte alternative Lebensführung Einzelner. In einem der Häuser hatte sich das Tuntenhaus Forellenhof als Projekt eines vereinigten schwulen Berlins mit Schwulen aus beiden Stadthälften etabliert. Diese besetzten Häuser wurden zu Zeiten einer damals aktuell starken Berliner SPD unter dem Regierenden Bürgermeister Walter Momper (*1945) mit großem westdeutschen Polizeiaufgebot geräumt. Danach sah die Mainzer Straße aus wie nach einem Bombenangriff. Obwohl die Baufälligkeit der besetzten Häuser als Hauptgrund zutraf, war die Aktion so kurz nach der Wende äußerst unsensibel, ein Skandal, da die zeitweilig „gemischte" Hausbesetzerszene die Häuser provisorisch instandgehalten und dafür auch Kulturangebote geschaffen hatte. Heute gehört diese Geschichte zum Gründungsmythos eines prosperierenden Stadtteils Friedrichhain. Details zeigen ein damals turbulentes Ringen um Identität in der Folge jenes großen geschichtlichen Wandels unserer Nation. Die Berliner Schwulen wollten sichtbar mit dabei sein. Ich beschloss, ebenfalls nicht nur Statist vollzogener Geschichte, sondern Mitspieler in Geschichten werden. Diese Aktionen machten Berlin für mich zusätzlich attraktiv. 1999 zog ich um, den Jahreswechsel 1999/2000 erlebte ich zwischen riesigen weiß leuchtenden Ballons unter Zehntausenden auf der Straße des 17. Juni mit einem großen Feuerwerk am Brandenburger Tor, wie es seit der Vereinigung Tradition geworden war.

In Wiesbaden hatte ich es über die vergangenen fünfzehn Jahren zu einer Eigentumswohnung in einem Altbau von 1892 im Stil der Gründerzeit gebracht. Das war schön und repräsentativ gewesen und auf so was hatte ich keine Lust mehr. Ich erfuhr von einer steuerbegünstigten Sanierung einer Fabrikanlage von 1890 in Berlins früherem Arbeiterviertel Wedding. Daraufhin kaufte ich preisgünstig die rechteckige hundertdreißig Quadratmeter große Erdgeschosshalle in reinem Ziegelmauerwerk mit einer Deckenhöhe von über vier Metern, die zur Schall- und Wärmedämmung auf 3,50 Meter heruntergezogen wurde. Nach Nordosten und Südwesten hin gab es über drei Meter hohe und ebenso breite Fabrikfenster, deren Sprossenrahmen in neuem Material nachgebaut wurden. Die Halle habe ich in Wohn-, Schlaf- und Küchenbereich unterteilt, oben offen, dazwischen ein geschlossener Kubus für Bad, Dusche und Toilette. War ich allein so verrückt?

In die anderen, teilweise sehr viel größeren Lofts waren nach Kauf immerhin schon drei schwule Paare eingezogen, alles Kreativberufler. Dazu kam ein Konsularbeamter mit Symptomen eben dieser „Diplomatenkrankheit" – versteht sich, gut zwanzig Jahre jünger als ich. Eben aus Thailand zurückgekehrt, wunderte er sich über meine offen schwule Lebensführung und überlegte, ob er das jetzt mit einem neuen Freund im Loftstyle-Lifestyle nicht auch mal versuchen solle. Dann hatten sich noch zwei völlig normale Paare eingekauft. Es begann ein stummer Wettstreit der Inneneinrichtungstalente, der keinen Gewinner haben konnte, da sämtliche neuen Loftbesitzer sehr individuelle Vorstellungen verwirklichten. Glanzstück meines Lofts war die Umsetzung des Eigenentwurfes zu einem offenen Kamin aus Stahlblech mit meterhohem Abzug. In ihm fand sich alles wieder, was mich als Schüler in einer Schmiede in Niedersachsen beeindruckt hatte. Vor diesem Kamin ist noch jeder Gast romantisch geworden.

Als ich im Juni 2001 fertig eingerichtet war, wurde Klaus Wowereit zum Regierenden Bürgermeister von Berlin gewählt. Er hatte seine Kandidatenrede auf dem SPD-Parteitag bekanntermaßen mit den Worten beschlossen: „Liebe Genossinnen und Genossen, ich sag es euch auch, und wer es noch nicht gewusst hat: Ich bin schwul, und das ist auch gut so!" Die Geschichte ging über alle Medien rund um den Globus. Meine internationalen Freunde wussten augenblicks, dass ich in Berlin nicht nur angekommen, sondern auch gut aufgehoben war. Auf der Suche nach Kontakten erinnerte ich mich an den Völklinger Kreis, mit dem ich 1993 in Wiesbaden erste Berührung hatte. Ich fand ihn mit sehr vielen engagierten Mitgliedern in Berlin wieder und wurde 2004 Mitglied. Heute definiert er sich als Verband schwuler Führungskräfte aus Wirtschaft, Wissenschaft, Verwaltung und Kultur mit dem Ziel der Gleichberechtigung Schwuler im bewusst divers gesehenen Berufsleben. Obwohl ich nicht mehr berufstätig war, war der Kontakt denkbar schnell und erfolgreich, und ich freue mich, sagen zu können, dass sich aus meiner Mitgliedschaft im Verband über die letzten zwanzig Jahre einige meiner zuverlässigsten Freundschaften entwickelt haben. Der Verband ist mit rund achthundert Mitgliedern in einundzwanzig Regionalgruppen in ganz Deutschland vertreten. Wichtiger ist dabei die berufliche und private Vernetzung der Mitglieder in vierzehn Fachgruppen.

Am Clubleben des Völklinger Kreises ist mir immer schon eine hohe Fluktuation am Rande aufgefallen. Viele junge Professionelle entern den Verband mit hoher Erwartungshaltung und sehen sich in der reinen Hoffnung auf Kontakte schnell enttäuscht. Eigentliche Zufriedenheit stellt sich erst durch aktive Mitarbeit in der Regionalgruppe und vor allem in den Fachgruppen ein, in die sich der harte Kern umso effektiver einbringt. Die Aktivitäten der besonders starken Berliner Gruppe haben meiner Meinung nach ein beispielhaft hohes Niveau erreicht. Es gibt einen monatlichen Jour fixe für Gespräch und Netzwerken. An einem Sonntagvormittag geht es zum entspannten späten Frühstück in immer andere Stadtteile Berlins. Höhepunkt des Monats ist der „Grüne Salon“ mit anspruchsvollen Themen, zu dem qualifizierte Referenten eingeladen werden. Die Organisation dieses Salons erfährt hohen logistischen, idealistischen und oft auch großzügigen privaten wirtschaftlichen Input. Die Themen, oft von eingeladenen Referenten vorbereitet, sind spezifisch berufsbezogen oder aktuell politisch. Viele Freunde im VK hatten wenig Zeit, sich für das einzigartige Kulturleben der Stadt Programm und Karten zu besorgen. Als ich auf die achtzig zuging, habe ich als quasi „Dorfältester“ meine Kenntnisse und Zeit für die Freunde im VK eingebracht, schöpfte für zwei Jahre aus dem Vollen und organisierte für sie den Besuch von mehr als fünfundzwanzig kulturellen Veranstaltungen. Dazu gehörten auch Spaziergänge durch den klassischen Schöneberger Schwulenkiez zu den Resten dessen, was hundert Jahre zuvor allererste schwul-lesbische Treffpunkte in diesem Teil des Berlin der berühmten Goldenen Zwanzigern gewesen waren, von Motzstraße mit EL DORADO bis zum Haus in der Nollendorfstraße, wo der Britische Schriftsteller Christopher Isherwood 1931 vor den Nazis aus seinem schwulen Exil in die USA floh.

Da ich ungebunden nach Berlin kam, sah ich mich natürlich in der heute wieder sehr offenen Schwulenszene besonders gründlich um. Es gab endlos viele schwule Clubs, Discos und Lederlokale, alle üblicherweise erst weit nach Mitternacht interessant. Das war insgesamt nicht langweilig, aufregend war es aber auch nicht. Es musste noch etwas mit Kick geben, und ich fand es zuletzt im wildesten schwulen Berliner Nachtleben, im Technoclub Ostgut (1999–2003) im Osten der Stadt. Das Ostgut war eine riesige Industriebrache mit einer abbruchreifen Reparaturhalle für Eisenbahnzüge östlich des Ostbahnhofs gewesen. Direkt an der Spree gelegen, galt es als kultiger puristischer Techno-Hotspot, einzigartig auch für die Lederszene. Dazu bot das Innere der Werkhalle eine originale technische Kulisse von gigantischen Ausmaßen, in der nackt oder ledrig sich zu bewegen auch Höhepunkt schwuler Fantasien sein konnte. Mittendurch führte eine breite, flach ansteigende Rampe, fast wie die Spanische Treppe in Rom, ideal für eine sich ständig auf- und abbewegende Parade der hübschesten und jüngsten, der schönsten und allerschönsten Ledertypen aus der ganzen Welt. Nie habe ich Vergleichbares gesehen. Zwischen Cruising und Dancing erholte man sich beim Drink an der Bar. Ich kam mit dem Barmann ins Gespräch, einem bühnenhaften Afroamerikaner Mitte dreißig, der kein Interesse an der Lederszene hatte, dafür an einem deutschen Ledermann meines Alters. Er bat mich, bis zum Ende zu bleiben, das war gegen zehn Uhr am frischkalten nächsten Morgen. Er wohnte ausgerechnet in einer Wohnung in Friedrichshain an der Frankfurter Allee in einem jener Häuser, in dem ich vor fünfzig Jahren während meines DDR-Besuches gewohnt hatte. Ausgerechnet von der unverwüstlichen Qualität der dort verbauten Armaturen schwärmte er! Weiter berichtete er mir, er sei als originelle Figur des Berliner Nachtlebens vom Tagesspiegel interviewt und zu seinen Eindrücken vom Berliner Kulturleben befragt worden. Seine Antwort sei gewesen: „Dunno nothin' 'bout Berlin's cultural life – but subculture is beyond cool ...!"

Als das Ostgut abgerissen wurde, rückte das Berghain 1998 dem Technoclub im klanglichen Purismus nach, gelangte schnell zu globalem Ruhm und schaffte es dennoch, den Touch von Subkultur zu erhalten. Meiner besten Erinnerung nach hatte es bereits im Ostgut ein fetischorientiertes „lab.oratory“ gegeben. Der heutige schwule Sexclub dieses Namens, immer noch ausschließlich für Männer, befindet sich auch im Gebäude des Berghain, man muss nur den besonderen Eingang auf der Nordseite finden. Es ist wohl der Ort Berlins, in dem noch verrücktere Sachen abgehen als in allen anderen Darkrooms zusammen. Irgendwie fiel mir das New Yorker Mineshaft ein. Das lab.oratory hat im Internet einen abrufbaren Fetischkalender – wir sind schließlich im ordentlichen Deutschland. Musikalisch wird Techno, Elektro und Deep House geboten. Sein Mix aus Sound, Deko, Atmosphäre gilt als phänomenal, die Location als weltweit einzigartig.

Über die Jahre ging es mir logischerweise zuerst vom Alter her ans Leder. In den schwulen JAXX-Club auf der Motzstraße in Berlin-Schöneberg wurde ich nach 2000 mit deutlichem Verweis auf meine gereifte Erscheinung nicht mehr eingelassen. Eine Diskriminierung dieser Art war im schwulen Berlin lange schon nicht mehr politisch korrekt. Allerdings weiß ich, dass der JAXX-Club tagsüber in erster Linie für Twens öffnet. In dieser Situation auf den zu warten, für den ein Mann im gehobenen Alter attraktiv sein mag, kann sehr zeitraubend sein. So oder so ähnlich hört es sich an, wenn man damit beginnt, die Trauben als zu sauer zu befinden … Immer noch fand ich aber 2020 Einlass als Lederzeitzeuge zum Vierzigjährigen in der nahen Toms Bar, die meiner besten Erinnerung nach 1980 eröffnet wurde. Da „Toms“ im schwulen Berlin mit der Straßenecke Motz-/Eisenacher Straße eine Begriffseinheit ist, die im Schöneberger Stadtanzeiger schon einmal zur Spurensuche unter dem Titel „Tom here – Tom there – Tom everywhere“ geführt hatte, mache ich mich meiner besten Erinnerung nach für folgende Reihenfolge stark: Seit etwa 1972 gab es die kleine Pension Tom's House, Eisenacher Straße, 5. oder 6. Stock, geführt von dem wunderbar gelassenen Rainer aus Bochum. Von ihm stammt auch das Logo für die Pension, das ihn mit Bart und Ledermütze im damals populären Stil des Tom of Finnland zeigt, von diesem aber nicht entworfen wurde. 1980 folgte Toms Bar an der Ecke Motz-/Eisenacher Straße, und seit 2007 gibt es Toms Hotel in der Motzstraße – und seit etwa 2020 nix mehr …

2002 war ich im Ruhestand in Berlin etabliert, also ging ich endlich wieder mal auf Besuch in der alten Heimat. Ich erfuhr, dass Juppi als erfolgreicher Elektromeister im Nachbarort zwei bestens laufende Werkstattgeschäfte für Elektronik aufgebaut hatte. Mit fünfundsechzig Jahren hatte er genug, verkaufte beide Geschäfte und überlegte, für sich und seine Kumpel eine Kneipe in einer der Altstadtstraßen unseres Ortes aufzumachen. Für zwei abendliche Kölsch zum Schwärmen von den guten alten Zeiten war der Laden immer voll. Juppi hatte lebenslang nicht nur seinen Ruf als Charmeur und Frauenheld erfolgreich verteidigt, er galt auch als korrekter Typ.

Da wir uns lange nicht gesehen hatten, meldete ich mich an, und so hatten wir genügend Zeit, uns gegenseitig Komplimente zu machen, wie überraschend gut wir uns gehalten hätten. Etwas allerdings irritierte mich völlig an ihm: Er trug einen damals modischen lockigen Minipli, auch Pudellook genannt, der den trotzigen Zug in seinem Gesicht völlig verhängte. „Alles wegen die Weiber!“, war seine Antwort, als ich ihn auf diese komische Frisur ansprach. Ich saß am Tresen, als er zu erzählen begann und dabei konzentriert ein Kölsch nach dem andern zapfte und auf den Tresen stellte. Er war dabei wieder ganz er selbst und fühlte sich unbeobachtet. Selbstverständlich hatte es bei der Übergabe seiner Geschäfte, bei der es um viel Geld ging, auch Ärger gegeben. Das alles malte sich in seinem Gesicht, und langsam kehrte auch jener trotzige Gesichtsausdruck, die vorgeschobene Unterlippe, zurück. Das kannte ich an ihm, wenn man ihm unrecht getan und er sich nicht hatte wehren können, und mochte es immer noch. Irgendwann merkte er, dass ich ihn fortwährend anschaute, und sagte leicht irritiert: „Hier hat mal jemand behauptet, du wärst schwul. Dem habe ich fast die Fresse poliert!“ „Aber ich bin …“ „Das passt einfach nicht!“, fiel er mir ins Wort. „Für mich warst du immer perfekt, einfach der Beste. Was anderes will ich gar nicht hören.“ Ich widersprach: „Das eine ist wohl nicht richtig und das andere vielleicht nicht so schlimm. Und ich bin gekommen, um dir das persönlich zu sagen und mich auch endlich mal vor dir ehrlich zu machen. Schließlich bist du der erste echte Freund in meinem Leben gewesen."

Juppi stutzte, hatte begriffen. Er blieb für längere Zeit stumm, kam dann ganz plötzlich um den Tresen herum und umarmte mich kurz: „Das brauchen die anderen jetzt nicht unbedingt zu sehen, aber ich danke dir für deine Ehrlichkeit. Das ist einfach das Wichtigste! Wir sollten uns vielleicht mal wieder öfter treffen. Wenn du ein paar Tage bleibst, würde ich dich gerne meiner Frau vorstellen." Seine Frau war völlig unkompliziert. Juppi sagte etwas verlegen: „Da bewundere ich diesen Mann von Kind auf, und jetzt kommt er daher und erzählt, er sei schwul", und schob ein paar alberne Faxen nach. „Da bist du wohl der Letzte, der das kapiert hat", sagte seine Frau und lächelte mich an. „Ich würde mich freuen. Kommen Sie mal wieder vorbei, wenn Sie im Lande sind."

Monate später rief sie mich verstört und traurig an, Juppi sei vor wenigen Tagen ganz plötzlich verstorben. Er habe eben noch seine Faxen gemacht, sich plötzlich an die Brust gegriffen und sei am Stuhl entlang still auf den Boden gesunken: „Er sah ganz friedlich aus. Gesund gelebt hat er ja schon lange nicht mehr." Den ganzen Tag lang fühlte ich tiefe Trauer – und dann Trost im Gefühl, dass sein schneller Fortgang ihm irgendwie gerecht geworden war. Der Tod, so sah ich es nach einem langen Leben als Kliniker, war neben den in Jahrtausenden entstandenen sinnstiftenden religiösen, philosophischen, literarischen und kunstgeschichtlichen Stilisierungen zuallerletzt dem Einzelnen eine einzige von vielen Metaphern, in der Realität fast ein Nichts, ein Hauch, ein Ausatmen, völlig unsichtbar – so, wie der Tod unserer Geschäftigkeit auf der Intensivstation spöttisch zuschaute, wir ihn nicht erkannten und zu spät merkten, dass er mit einem unserer Patienten lautlos davongegangen war. Für Juppi drängte sich mir eine besondere Metapher auf: eine zu seinen Füßen hochaufgerichtet stehende, dunkel gekleidete Respektsperson mit scharfen Konturen, ohne Sense, mehr ein Gevatter mit großer Lebenserfahrung. Sie ließ nicht zu, dass ihm ein freches Grinsen mit

Senkrechtfalte in der vorgeschobenen Unterlippe noch mit Faxen kam, selbst wenn es ernst wurde. Der Hochaufgerichtete senkte leicht pikiert den Daumen, so ging es gnädig und schnell.

Ich selber hatte noch wunderbare Jahre vor mir, um Berlin in jedem Detail kennenzulernen. Seit 1995 hatte sich hier aus kleinen Anfängen etwas entwickelt, was für die Stadt in ungewöhnlicher Frühsommerzeit zu einer überwältigenden Tradition werden sollte: der Karneval der Kulturen samt einem Umzug am Pfingstsonntag. Inzwischen umfasst er mehr als fünftausend aktive Teilnehmer in über fünfzig ethnischen Gruppen, die ihr Brauchtum, ihren heimischen Karneval präsentieren wie brasilianische Sambagruppen, chinesische Drachentänzer, venezianische Masken, alemannische Fasenacht, grazile Thai, afrikanische Trommler, ethnische und karnevalistische Musikgruppen aus Europa und aller Welt. Berlin zeigt hier sein Bestes: Vielfalt und Internationalität! Stadt und Umgebung wurden für mich noch einmal zur großen Entdeckungsreise, besonders in seinen schwul-lesbischen Bereich, und präsentierten sich dazu oft schon ab März in traumhaft stabilem Wetter, wurden im Sommer leuchtend, im Herbst und Winter auf natürliche Weise dreckig, und auf andere dreckiger und enttäuschender. Wann immer ich aus Städten „Westdeutschlands“ zurückkehrte und sich mir der Vergleich aufdrängte: Berlin vergammelte zuerst optisch, verdreckte über den Grad jener Versumpfung hinaus, den Sumpforchideen zum Blühen brauchen …

Hatte ich anfangs mit Genugtuung verfolgt, wie sich die seit dreißig Jahren berüchtigten Kreuzberger Randale zum 1. Mai durch die originelle Initiative junger Kurden und Türken von Gewalt zu Party veränderten, indem sie den Stadtteil mit dem Motto „MyFest“ demonstrativ wieder in ihren Besitz genommen hatten, so flammte Gewalt jetzt in anderen Stadtteilen auf. Der Begriff „Berliner Verhältnisse“, von den Medien geprägt, von Literatur und Theater aufgegriffen, beschrieb in immer schnellerer Folge chaotische Verhältnisse, Gewaltexzesse auf Straßen und zwischen sozialen Gruppierungen. Zuletzt bedeutete er die mangelhaften politischen Grundvoraussetzungen einer Berliner Verwaltung, der die Stadt über den Kopf gewachsen zu sein schien. Er bringt zum Ausdruck, dass man in Berlin keiner Partei oder Koalition mehr zutraut, die Stadt und ihre Probleme in den Griff zu bekommen. Dennoch wäre es allgemeiner und eigener Erfahrung nach unfair, dies als letzten Eindruck über unsere Stadt im Vergleich zu anderen Großstädten weltweit so stehen zu lassen. Immerhin hat unsere Stadt seit langem Probleme mit Asylpolitik, Einwanderung und Integration bei Flüchtlingen aus Afghanistan, Syrien und der Ukraine, und sich lange motivieren lassen, das alles schaffen zu können.

Ich selber wohne inzwischen ein Vierteljahrhundert in Berlin. Mein Lebensstil hat sich mit dem Alter verändert, von Aktion zur Kontemplation, von Betriebsamkeit zu Gespräch und Gelassenheit. Zunehmend treffe ich auf Menschen, die ich vorher nicht kannte, die nicht primär wegen Krieg, Vertreibung oder aus ökonomischen Gründen bei uns Aufnahme suchen. Sie suchen einen Ort, in dem sie ihre Identität, vor allem ihre sexuelle Identität nicht verstecken müssen, einen Zufluchts- und Sehnsuchtsort. Sie wollten ihre Heimat eigentlich nicht verlassen, doch ihr Land akzeptiert sie nicht. Sie kommen aus Polen, Russland, Südosteuropa, islamischen Ländern des Nahen Ostens. Und ich lerne, wovon ich bisher wenig weiß: Angeblich stellen sie die größte Gruppe im Bereich LGBTI.

Berlin ist eine Stadt ständigen Wandels und damit perfekter Ort für Menschen auf der Suche nach ihrer eigenen Identität. Ich lerne, dass ich nicht schwul, sondern im weiteren Sinne *queer* bin. Berlin ist eine Stadt für Menschen im *Queer Exile* geworden. Einhundert Jahre nach Christopher Isherwoods Flucht vor Deutschen aus Berlin kommen Menschen zu uns, um hier sicher zu sein. Das müssen wir verteidigen!

32 **Last thing on my mind**

Am Pfingstmontag 2001 ging ich mit einem früheren Studienfreund aus Göttingen bei strahlendem Wetter auf die Schwulenwiese im Berliner Tiergarten. Es war sehr voll. Klaus und ich hatten uns lange nicht gesehen und viel zu erzählen. Als sich zwei offenbar türkische Jungs in unserer Nähe erhoben und fortgingen, meinte Klaus, einer von beiden habe mich die ganze Zeit über angeschaut – ich hatte das nicht bemerkt. Zwei Stunden später kamen sie zurück, die Wiese hatte sich etwas geleert. Wieder setzten sie sich in unserer Nähe, wieder sagte Klaus: „Du, der schaut auf dich! Hübscher Mann!" „Wer?" „Der ältere und männlichere von beiden." Ich stand auf, ging hinüber und sprach den älteren an: „Meinst du mich?" Er blickte mich voll an und sagte: „Wie blöd muss ein deutscher Mann sein, um nicht zu merken, dass er so offen angemacht wird!" Wir kamen ins Gespräch, er sprach langsam, mit rollendem R, einem etwas schweren Akzent. Ich schätzte ihn auf Anfang dreißig und lag richtig. Er war ein gut aussehender kräftiger Mann, ein selbstbewusster Kurde, hieß Miran. Seit fast zehn Jahren lebte er in Deutschland und arbeitete wechselnd als Koch und Kellner im Berliner Gaststättengewerbe, meist in türkischen Lokalen. Und er war verheiratet und hatte einen kleinen Sohn, wie er sagte. Sein Zuhause war in Kreuzberg, mitten in seinem kurdischen Klan, also eher kompliziert. Wir passten eigentlich überhaupt nicht zusammen und haben prompt eine Beziehung angefangen – wir mochten uns einfach. Miran hatte sich, nach seinen Worten, immer schon nur für ältere Männer interessiert, und ich bekam mit meinen über sechzig Jahren beinahe das Gefühl, noch einmal groß im Lotto gewonnen zu haben.

Miran hatte wenige Wochen zuvor eine Beziehung zu einem älteren Mann im Norden Berlins beendet, der auf gemeinsamen Reisen gelegentlich einen weiteren Mann zu einer Ménage-à-trois hinzulud, was Miran gar nicht gefiel. Ich ließ ihn wissen, dass mir dergleichen eigentlich noch nie Spaß gemacht habe. Miran nahm das als Einladung. Daraufhin vermittelte ich ihm, dass ich Probleme mit seinem Status als verheiratetem Mann und Vater eines kleinen Sohnes hatte und darüber sprechen wollte. Seine Frau hatte ich einmal kurz getroffen, eine groß gewachsene, blonde, derbe junge Bauerntochter aus Mecklenburg-Vorpommern, die sich vor Jahren in ihn verliebt hatte. Der kleine Sohn, Dilo, kurz vor der Jahrtausendwende geboren, war ihr wie aus dem Gesicht geschnitten, nur seine schwarzen Haare hatte er vom Vater. Die jungen Eltern waren zuletzt immer schwerer miteinander zurechtgekommen, stritten sich häufiger, hatten sich bald zur Scheidung entschlossen. Das Verfahren laufe, so berichtete Miran. Später ließ mich der Verdacht nie los, er habe nicht zuletzt geheiratet, um einen permanenten Aufenthaltstitel in Deutschland zu bekommen.

Wenn ich je in meinem Leben eine Beziehung hatte, die vorwiegend sexbasiert war, so war es diese. Das muss nicht falsch sein, ist aber einseitig und auf Dauer schwierig. Miran hatte große Bildungsdefizite, für die er nicht verantwortlich war. Wie mein Freund Horst war er jüngstes Kind aus zweiter Ehe eines Vaters, der in einem Dorf im entferntesten Osten der Türkei, im Kurdengebiet, entfernt von Erzurum nahe der Grenze zu Armenien, große Schafherden gehalten hatte. Im Frühjahr und Herbst, zur besten Schulzeit, hatte der Vater kein Problem gesehen, seinen Jüngsten im Alter zwischen zwölf und vierzehn Jahren über Tage und Wochen zum Schafehüten in die umgebende karge Landschaft zu schicken. Miran hatte einen Schulabschluss, der nicht einmal der Hälfte einer Grundschulbildung in Deutschland entsprach. Er gestand mir, kaum richtig schreiben gelernt zu haben, und berichtete von seiner Einsamkeit, wenn er beim Schafehüten nicht einmal immer ein Dach über dem Kopf gehabt hatte. Immer noch hing er an seiner Mutter, die bei so vielen Kindern selten für ihn erreichbar gewesen und zu seinem Entsetzen früh an einem Unterleibskrebs verstorben war. Immer noch sprach er oft sehr liebevoll von ihr, die unter der männerdominierten Gesellschaft und dem Machogebaren des Vaters gelitten hatte.

Miran sprach gut Deutsch, immerhin lebte er seit über dreißig Jahren im Lande. Umso überraschter war ich über sein katastrophales Schriftdeutsch. Ich erstritt bei der Agentur für Arbeit in Berlin für ihn eine Auszeit für neun Monate, in denen er einen bezahlten Deutschkurs für korrektes Sprechen und Schreiben belegen konnte. Ich besorgte mir dasselbe Lehrbuch, welches im Kurs empfohlen worden war, und arbeitete das Tagespensum abends mit ihm nach. Das führte schnell zu Spannungen zwischen uns, denn er machte nur geringe Fortschritte und war entsprechend frustriert. Ich habe dabei festgestellt, dass er nie Lernen gelernt hatte. Im Kurs wurde er zunehmend kleinlaut und lustlos und schaffte das Abschlussexamen nicht. Damit war das Thema für ihn erledigt, denn er kam ja sonst im Leben und in Berlin gut klar. Seine Mitteilungen per SMS waren für mich von Beginn an fast nur phonetisch zu verstehen gewesen. Er lebte mit einer jüngeren Schwester zusammen, der die Zusammenhänge schnell klar waren und die persönlich keine Probleme damit hatte. Miran und sie hatten sich immer schon gut verstanden.

Als Arzt konnte ich auf seine Bitte hin viel für gute medizinische Behandlung bei ihm selber, mehr noch bei den orthopädischen Problemen seines kleinen Sohns Dilo über spezialisierte Berliner Kollegen arrangieren, zuletzt noch bei einem Schulterbruch für einen Neffen in Kreuzberg. Ich wurde selbst danach aber auch nur als der freundliche ältere Hausarzt ihres Familienmitgliedes Miran akzeptiert, mehr war für den Clan nicht drin. Sie alle konnten keinen Zweifel an der Art unserer Beziehung haben, Dilo hatte es längst kapiert. Die anderen spielten von früh an Theater, dankten mir aber nicht einmal. Sie schienen nicht homophob zu sein, respektierten aber erkennbar die Homophobie anderer. Das war nicht so bei seinen kurdischen Familienmitgliedern in Istanbul und seinem Dorf bei Erzurum weit in Ostanatolien gewesen. Dort begrüßte man uns mit großer Herzlichkeit. Sein uralter Vater umarmte mich, nannte mich „Sohn“, seine Brüder umarmten mich und nannten mich „Bruder“, und sein Neffe, Marineoffizier in Istanbul, begleitete mich unbefangen zu Besuchen in die archäologischen Museen. Was seine Verwandten in der Türkei wohl über unsere Beziehung dächten, fragte ich Miran. Der erklärte, sie würden sich nicht erlauben, irgendetwas auch nur zu denken. „Und deine Leute in Berlin?“ „Sie erlauben sich nicht, anderer Leute Vorbehalte zu ignorieren.“ Das war der Punkt! Als Aleviten, einer eher liberalen Glaubensgruppe unter den Kurden, waren sie nicht sonderlich religiös, fühlten sich dennoch stark beobachtet darin, wie weit sie für ihre kurdischen Clanbrüder und Straßennachbarn in Kreuzberg religiös vorgegebene Ehrenkodizes einhielten – man erinnere sich der schrecklichen Fälle von „Ehrenmorden“ in Kreuzberg und Neukölln. Boss in Mirans Clan war seine zweitälteste Schwester, eine sehr starke Frau mit vielen Kindern, die sorgfältig darauf achtete, dass ich beispielsweise bei kurdischen Hochzeiten nicht einmal visuell zu stark in seine Nähe kam.

Kurden sind, ganz ähnlich wie das Volk Israel, eine ethnische Gruppe, der nie ein eigenes Siedlungsgebiet gehörte; Teile von ihnen lebten als Minderheiten lange schon im Iran, Irak, Syrien und der Türkei, wo es seit jeher besondere Integrationsprobleme gab. Ich hatte das Gefühl, dass die Familie nicht zuletzt deswegen nach Deutschland gekommen war. Hier blieb die kleine Familienstruktur bestehen, und man hielt an alten, sozial wichtigen Gebräuchen intensiv fest. In Berlin taumeln Kurden von einer Kurdenhochzeit zur nächsten; in Neukölln gibt es riesige Hochzeitspaläste für nicht unter tausend Gäste. Das sieht teuer aus, ist aber nicht so dolle, und dadurch, dass jeder Gast vor dem großen Publikum eine große Geldmenge sichtbar zu spenden aufgefordert ist, machen, machen jungvermählte Paare immer noch den Gewinn, der für den neuen

Hausstand notwendig ist. Am besten gefielen mir nach diesem öden Geldbewurf jene wunderbaren alten türkischen und kurdischen Tänze, bei denen alle mitmachen und mit den Kleinfingern verhaken. Miran war der gesuchte Experte, der mit einem roten Tuch in der Hand diese ganze Polonaise zu immer größerem Tempo anfeuerte. Bei solchen Anlässen war ich visuell noch am besten unterzubringen. Meine Geburtstage konnte ich groß mit ihm und Freunden feiern, er machte das im eigenen Familienkreis – ohne mich. Ich fand das bedauerlich für unser Verhältnis, für eine Familie von Zuwanderern auf Dauer zu opportunistisch und auf längere Zeit schwer akzeptabel, wo andere Tabus längst verschwunden waren. Unser Verhältnis funktionierte daher am besten, wenn der Berliner Teil seines Clans möglichst weit weg war – oder wir. Unsere besten Zeiten hatten wir so bei Urlaubsreisen, zum Wandern auf die steile kanarische Hippie-Insel La Gomera, in die Osttürkei, nach Istanbul, an die türkische Riviera zwischen Antalya und Side, und zuletzt nach Bodrum.

Nach meinen Erfahrungen von früheren Reisen habe ich mich im neuen Lebensabschnitt in Berlin, auch nach Beginn meiner Beziehung zu Miran, erneut mit der Sicht islamischer Menschen auf Homosexualität und Homosexuelle beschäftigt. Mir erschien der von ihnen geübte praktische Umgang damit vielfach wie eine große Bigotterie. Neben aller Theorie hatte ich Jahre zuvor eine praktische Erfahrung selber gemacht. In meiner Zeit in Wiesbaden hatte ich im dortigen Kaiser-Friedrich-Bad einen jungen arabischen Mann kennengelernt, Massoud, zweiunddreißig Jahre, Geschäftsmann aus Dubai. Er wohnte im luxuriösen Nassauer Hof, blieb jedoch lieber mit mir in meiner Wohnung, einen Tag länger als geplant. Er war zum ersten Mal in Deutschland und begeistert von dem, was ich ihm zeigte. Dabei ließ er durchblicken, dass er vorerst nicht ans Heiraten denke und man Tipps, wie zum Bad in Wiesbaden und ähnlichen Möglichkeiten in deutschen Städten, in der arabischen Männerwelt leicht erfahren könne. Zuletzt lud er mich nach Dubai ein und war freudig überrascht, dass ich auch kommen wollte. Das war als Zwischenstopp an Wochenenden vor oder im Anschluss an eine meiner beruflichen Reisen nach Fernost machbar. Bei meinem ersten Besuch holte er mich persönlich am Flughafen ab und ließ mich umgehend in einem Tuchgeschäft in klassische weiße arabische Gewandung kleiden, der Baumwollschal auf dem Kopf befestigt mit dieser runden schwarzen Kordel, dem Agal. Massoud fuhr einen hellen Mercedes älterer Bauart, mit dem wir nur einmal eine Rundfahrt durch das damalige Dubai und dessen Strandbereich unternahmen, was ich als Anhäufung endlos vieler Baustellen in der Hitze eher langweilig fand. Seine Wohnung in einem Hochhaus war kühl, modern, schlicht, zweckmäßig eingerichtet, Wohn, Schlaf- und Essensbereich mit hellen, durchsichtigen Vorhängen abgeteilt. Dort beschäftigten wir uns über Stunden miteinander – er wollte immer mehr lernen – und wurden bei selbstgewählten Pausen mit Getränken und kleinen Köstlichkeiten vom Personal versorgt, dem diese Situation nicht ungewöhnlich schien. Bei meinem zweiten Besuch ging er mit mir am frühen Abend in ein Restaurants der besten Klasse und grüßte nach allen Seiten. Beim dritten Besuch stellte er mich auf einer reinen Männerparty einer Reihe seiner Freunde vor, in ebenfalls klassisch arabischer Kleidung. Auffallend viele waren groß gewachsen, fast alle sahen fantastisch aus, einige furchterregend, nahezu alle ließen mich wissen, ebenfalls gerne Besuch von einem durchreisenden Deutschen zu haben, vielleicht beim nächsten Mal. Es gibt viele Kodizes für Besucher, hier schien keiner zu existieren, und ich habe nie eine Frau gesehen. Mir erschien das alles Ausdruck einer von vornherein frauenfeindlichen Welt, in der Männer alles tun konnten, was sie wollten, solange nicht darüber gesprochen wurde. Sie hatten Sex untereinander und verurteilten Homosexualität aus religiösen Gründen. Ich bin kein weiteres Mal nach Dubai geflogen.

Um das Jahr 2011 hatte ich, eingangs geschildert, vor meinen Freunden im Völklinger Kreis mit dem Erzählen von Geschichten aus meinem schwulen Leben begonnen. Eine Mitarbeiterin des Berliner Senats erfuhr davon und berichtete der damaligen Senatorin für Arbeit, Integration und Frauen im Kabinett Wowereit, Dilek Kolat (heute Kalayci). Die Bundesstiftung Magnus Hirschfeld plante, in jenem Jahr 2015 mit ihrem Projekt „Archiv der anderen Erinnerungen“ an die Öffentlichkeit zu treten: Noch erreichbare Zeitzeugen,

Schwule und Lesben aus den Dreißigerjahren und danach, wurden gesucht und waren eingeladen, von ihren teilweise turbulenten, öfter aber bedrückenden Lebenserfahrungen zu berichten. Frau Senatorin Kolat und die Stiftung luden mich ein, bei der Gründungsversammlung zum Archiv aus meinem Leben zu erzählen. Danach wurde ich einer der ersten Interviewten zum Archiv der Stiftung. Diesem Kontakt folgten TV-Interviews zu den Themen „Homosexualität zur Zeit des Nationalsozialismus“ (BR), „Der Schwulenparagraf“ (hr) und zu Erinnerungen an Homosexualität im Deutschland der Kriegs- und Nachkriegszeit (hr). Ich spürte am überraschend großen Echo, an Briefen, E-Mails und Anrufen Bekannter und vieler unbekannter Menschen, wie wichtig es war, diese Erinnerungen festzuhalten und öffentlich zu machen. Das bestärkte mich in meinem Buchprojekt.

Meinen achtzigsten Geburtstag feierte ich 2016 im Berliner Ellington Hotel. Dazu lud ich Barbara, alle meine Freunde aus den USA und Südafrika, insgesamt fünfundsechzig Gäste ein, einschließlich des schwulenfreundlichen Teils meiner Familie. Schon mit der Einladung machte ich klar, dass es ein großes schwules Event werden sollte – und es wurde darüber hinaus auch ein großer Erfolg. Bei den Vorbereitungen lernte ich David kennen, einen jungen Kunststudierenden, der gerade seinen Bachelor im Filmmetier an der Universität der Künste in Berlin gemacht hatte. Ich hatte von meinem Kalifornienabenteuer vierzig Jahre zuvor etwa acht Stunden belichteten Kodak-8-mm-Farbfilm in Plastikrollen mitgebracht, welche in Metallkisten in meinem Keller ihrer Auferstehung harrten. Wir sichteten das Material, es hatte zu unserer Überraschung und Freude keinen Schaden genommen. In monatelanger Kleinarbeit schufen wir den Sechzig-Minuten-Farbfilm „California Dreamin'“, der in dreißig Episoden meine Erlebnisse und Erfahrungen schildert, nicht zuletzt im schwulen Amerika. Dieser Film begeisterte viele meiner Bekannten und Freunde.

Dass ich schwul war und bin, ist für mich über Achtzigjährigen längst kein Problem mehr. Nach endgültiger Klärung der Rechtssituation 1994, einer zunächst nur langsam wachsenden Akzeptanz seitens der Bevölkerung und zunehmend positiver Beschäftigung mit dem Phänomen in den Medien schien sich nach der Jahrtausendwende die Situation in Deutschland der von liberalen europäischen Ländern anzugleichen. Es gab immer mehr Outings von Künstlern, Persönlichkeiten des öffentlichen Lebens und von Politiker:innen, die immer weniger Aufmerksamkeit erregten. Aber erst 2023 konnte sich der Deutsche Bundestag zu einer Gedenkstunde für alle von den Nationalsozialisten verfolgten Schwulen und Lesben entschließen – von der Schwulenverfolgung in der Nachkriegszeit und den Verfolgungen durch christliche Kirchen war und ist dabei keine Rede gewesen!! In der Diskussion vor der genannten Gedenkstunde im Bundestag habe ich offen dagegen protestiert und viel Applaus erhalten! Offiziell hat mich dazu nichts erreicht.

Ich höre immer öfter: „Aber meine besten Freunde sind doch schwul." Das klingt genauso unecht wie vor fünfzig Jahren in den USA: „Our best friends are black!" Auch Homophobie kann sich ändern und in der Camouflage gefährlich bleiben. Seit 2009 schreibt der Kölner LGBTI-Aktivist, Autor, Blogger und Textdichter Johannes Kram in seinem Berliner Nollendorf-Blog über Homophobie und die Rolle von Lesben und Schwulen in unserer Gesellschaft unter: „Ich habe ja nichts gegen Schwule, aber …" Unter dem gleichen vielsagenden Titel folgte 2018 im Berliner QuerVerlag sein Buch mit dem Untertitel *Die schrecklich nette Homophobie in der Mitte der Gesellschaft.* Ein brillantes Buch, jede Jugendgruppe in Deutschland sollte es lesen lassen.

Im letzten Jahrzehnt ging ich persönlich voll im Berliner Kulturleben auf. Leider war Miran daran immer schon desinteressiert gewesen. Mir fehlte damit etwas enorm Wichtiges in unserer Beziehung. Wobei es für ihn sicher zunehmend problematisch wurde, dass bei meinem Alter von über achtzig und einem Altersunterschied von mehr als dreißig Jahren das Thema Sex immer seltener aufkam. Wir gingen zunehmend getrennte Wege. Ich selbst erfuhr altersbedingte Behinderungen, wurde weniger mobil. Wir sahen uns kaum noch, fanden immer weniger Zeit, etwas gemeinsam zu unternehmen. Irgendwann merkte ich, dass er von sich aus seltener kam, irgendwann dachte ich, dass er wenigstens meines letzten Briefes wegen noch einmal hätte kommen können, wurde unsicher in der Frage, ob er gerade dieses Briefes wegen nicht mehr kam. Irgendwann blieben SMS ohne Antwort. Ich konnte annehmen, dass er sexuelle Kontakte hatte, habe dergleichen aber nie erwähnt – *that would have been the last thing on my mind.*

Unsere zuletzt quasi stille Trennung machte mich anfangs auf eine hilflose Weise traurig – bis mir klar wurde, dass ich eher Grund zu Dank für zwanzig Jahre einer solch ungewöhnlichen Freundschaft hatte!! Ich spürte, wie mir die Kraft zuwuchs, die Trauer durch Schreiben zu sublimieren. Kreativität half mir. Das hatte ich erlebt, als ich die Skizze vom Vater auf dem Totenbett gezeichnet und als ich das Gedicht zu Dons Tod geschrieben hatte: Ich musste mein Buch zu Ende bringen! Wenn ich an Miran denke, fühle ich ein schmerzhaftes Ziehen in der Brust. Wenn ich mich ins turbulente Berlin aufmache, fehlt mir der starke Arm, auf den zu stützen ich alter Mann mich gewöhnt hatte.

33 **Fairy Tale 2**

Inzwischen wohne ich in Berlin-Wilmersdorf in einer Seniorenresidenz. Nach einem Herzinfarkt und lebensbedrohlichen Asthmaanfällen hatte ich mich nach vierzehn Jahren Loftherrlichkeit schweren Herzens auf die Suche nach einer alterssicheren Umgebung gemacht. Ich war achtundsiebzig und rechnete mir nur noch eine kurze Frist aus. Inzwischen ist mein Zustand überraschend stabil. Mir fielen die Diskussionen in meiner VK-Seniorengruppe zum Thema „Schwules Wohnen im Alter“ ein, wo Grundannahme war, ein „normales“ Altersheim könne es für uns nicht sein, da wäre man der gebissene Hund. Man müsse warten, bis es richtige Schwulenaltersheime gebe, ausschließlich für Schwule – mit einem großen Blumengesteck vom schwulen Floristen im Foyer, das schien ihnen ganz wichtig. Sie diskutieren, glaube ich, immer noch.

Nach meinem Aufnahmeantrag suchte ich direkt das Gespräch mit dem Geschäftsführer. Normalerweise ergibt sich eine solche Gelegenheit erst nach dem Einzug. Ich hatte vor, ihn über meine Orientierung zu informieren, wusste aber nicht so recht, wie ich das anstellen sollte. Der Zufall schoss mir den Eckball zu: Auf seinem Schreibtisch lag der Tagesspiegel vom Januar 2014 mit dem großen Aufmacher, dass sich der ehemalige Fußballnationalspieler Thomas

Hitzlsperger gerade geoutet habe. Ich wies auf die Zeitung und fragte ihn, ob Thomas im Alter hier einziehen dürfe. „Aber natürlich. Ist doch ein prima Typ, Partner kann gleich mitkommen!“ „Erst mal gut für mich“, entgegnete ich, „mein Partner ist noch zu jung.“ Da lachte der Geschäftsführer: „Ich hatte schon Homopaare in einem Altersheim in Hamburg, die haben das offen gesagt, und es hat nie Probleme gegeben. Warum sagen Sie mir das?“ „Wenn ich hier einziehe, kenne ich weder die Altersgruppe, noch weiß ich, wie einzelne Leute hier ticken. Sollte mir einer dumm kommen, könnte ich den vielleicht zu Ihnen runterschicken und sagen, kümmern Sie sich mal um den, der hat ein Problem.“ Das fand der Geschäftsführer gut. Ich bin froh, dass ich mich in meinen Vorbehalten getäuscht hatte. Nach spätestens einem Jahr weiß jeder über jeden Bescheid. Es gab keine Probleme.

Ob das Leben in einer Alterseinrichtung lustig oder fade ist, hängt in erster Linie vom Bewohner selbst ab. Ich habe die Frage „Was ist das Schönste an dieser Residenz?“ anfangs immer so beantwortet, dass es nur je fünfhundert Meter zu zwei verschiedenen U-Bahn-Eingängen sind, von wo aus man irgendwohin in die große Stadt abhauen kann. Man muss auch nicht ständig in den eigenen vier Wänden bleiben – ein großer, gut eingewachsener, im Sommer angenehm kühler parkähnlicher Garten verlockt dazu, die eigenen Räume zu verlassen. Dort strecke ich mich gerne mittags auf einem der Liegestühle aus, um mich herum alte Damen mit weißem oder blau getöntem Elfenhaar, die endlos klönen und stundenlang Kaffee trinken.

Wegen hartnäckiger, von meiner Lendenwirbelsäule ausgehender Neuralgien hat mir mein Spezialdoktor Tropfen eines Cannabinolharzes verschrieben, alles ganz legal. Wenn ich die nehme, entspanne ich mich auf dem Liegestuhl im Schatten, die Schmerzen verschwinden. Ich schließe die Augen und kann mich auf eine früh im Studium erlernte Weise völlig entspannen! „Träum’ oder wach’ ich? Lebe ich? Bin ich bei Sinnen?“, fragt schon der Prinz von Homburg.

Höre ich recht? Ich höre nur noch eine Stimme, die fragt, und eine, die antwortet:

„Der wohnt doch auch schon lange hier – ist der so gesund?"

„Eigentlich eher nicht – er ist selber ganz überrascht, denn er leidet an einem nicht-allergischen Asthma, was bei ihm erst Mitte dreißig auftrat; hat ihm wohl die 13. noch mit reingedrückt … Aber er war ja ein Glückskind, für das die Pharmaindustrie jahrzehntelang immer genau das Medikament im richtigen Moment parat hielt, wenn er es brauchte. Das hat ihn nicht von schweren Asthmaanfällen bewahrt, aber er hat sie alle überstanden, und was ihn nicht umbrachte, machte ihn tatsächlich hart!"

„Oder war er religiös?"

„Nee! Er war zwar sehr christlich erzogen, aber seit er sich früh mit Giordano Bruno beschäftigt hat, haben sich Glaubensfragen für ihn im Grunde schon erledigt. Später hat er sich über derlei Dinge noch mit seiner Cousine Kathy und ihrem Mann Jens in Utah/USA unterhalten, sie Paläontologin, er Geologe und Ornithologe. Die beiden beschäftigen sich mit Galaxien und Astrophysik, reisen zur Vogelbeobachtung nach Sumatra und besuchen die Galapagosinseln. Sie haben ihr Haus in Utah in der Nähe von versteinerten Dinosauriern erbaut, die sie in den Siebzigerjahren ausgraben halfen, die ticken ganz anders. Die haben eher Ahnung von Evolution und all dem, was nach dem Urknall kam. Sie bezeichnen sich schlicht als ‚not religious'. So hat er sich zuletzt auch gesehen."

„Sind eigentlich unsere Wünsche für ihn nach seiner Geburt in Erfüllung gegangen?"

„Ja! Ziemlich genau von Anfang an! Dass er sich vorsichtshalber an Jungs halten sollte, das hat ganz dolle geklappt. Er wollte mit fünfzehn Jahren sogar mal wegen eines Jungen einfach tot umfallen, hat sich danach aber schnell wieder erholt."

„War er glücklich?"

„Was für eine Frage! Glück sah er aber nie als Zustand, allenfalls als Glücksmoment, und er hat das Leben ständig auf solche Momente hin herausgefordert. Zuletzt hat er regelrecht gelernt, glücklich zu sein, das kann man, so seltsam sich das anhört."

„Hätte er je anders sein wollen, ‚heteronormativ' oder wie eine Frau? Er war neugierig …"

„Nicht dass ich wüsste. Als Schwuler war er schon ein ziemlicher Macho, für seine Partner nicht immer einfach, vielleicht auch beiderseits so gewollt. Aber total anders? Nee, so was hat er immer für absolut unrealistisch und solche Gedanken für unnötig gehalten. Er hat auch nie was von Wiedergeburt, gar in andere Wesen, gehalten."

„Er ist ja nicht mehr der Jüngste, daher vielleicht eine heute eher unübliche Frage: Ist aus ihm eigentlich was Richtiges geworden?"

„Jein! – Natürlich wäre er gern so was wie ein richtiger Medizinprofessor geworden, wie er es von sich und andere von ihm erwartet hatten. Aber das war zu seiner Zeit bei seiner Orientierung wegen möglicher Diskriminierung nicht ohne größere Einschränkungen möglich, und dafür fand er das dann doch nicht so wichtig. Er war ja ein Multitalent, hätte auch Jurist, Florist, Journalist, Lehrer, Grafiker, Bühnenbildner, Innenarchitekt und Schönheitschirurg werden können. Hat er gedanklich alles durchgespielt. Überall hätte er über dem Durchschnitt gelegen. Er hat von dem Augenblick an die Herausforderung des Lebens angenommen, zudem er begriff, wohin bei ihm die Reise geht. Er lernte, er musste besser sein. Wie wir Elfenfrauen von heute! Nicht intelligenter oder so, eben anders, flexibler, alternativer, cleverer, charmanter, kommunikativer, lustiger – und unbedingt diszipliniert – Hauptsache selbstbewusst!"

„Ist er mit der Schwulenemanzipation in Deutschland und der Anerkennung der Schwulen in der Welt zufrieden?"

„Da hat er ja persönlich sehr viel Glück gehabt. Was sich da für ihn in der Zeit seines Lebens getan hat, kommt ihm persönlich immer noch wie ein Wunder vor. Aber er sieht auch, dass für die Zukunft absolut nichts sicher ist, was viele seiner schwulen Freunde nicht kapieren wollen. Die liberalen Jahre in Deutschland waren seiner Ansicht nach mit den Achtzigern vorbei. Man denkt, Schwulsein ist in Europa ziemlich sicher, aber Polen und Ungarn bleiben homophob, von Russland und China ganz zu schweigen. Von den Evangelikalen in den USA sei, so meint er, überhaupt nichts Gutes zu erwarten! Und in einem afrikanischen Land diskutiert man schon wieder die Todesstrafe. Ihn beunruhigt als alten Mann, der selbst keine Kinder hat, wie die globalisierte Welt mit ihren Problemen nicht mehr zurechtkommt, sich im Gegenteil immer stärker polarisiert."

„Er ist doch vor dem Krieg geboren, da konnte man ja allen noch so viele schöne Dinge wünschen, da gab es ja noch alles. Hatten wir ihm eigentlich auch was für später gewünscht? So was wie ein Happy End?"

„Ich bitte Sie, meine Liebe, wir sind doch hier nicht im Kino! Aber wenn Sie schon in diese Richtung denken, der sitzt jedenfalls am Ende nicht händchenhaltend auf dem Sofa, der reitet eher wie John Wayne allein in den Sonnenuntergang... Papa William sagt doch immer: „All's well that ends well – Ende jut, allet jut!" Kann man auch rückwärts lesen! Klar würde er sich einen Abgang wünschen, wie Juppi ihn hingelegt hat. Wer will das nicht, Angst vorm Sterben hat er jedenfalls nicht, da kennt er sich als Profi ja ziemlich gut aus. Wer ein Happy Life geführt hat, braucht nicht unbedingt noch ein Happy End, und es hat sich ihm am Ende auch keins aufgedrängt. Wichtig in seinem Leben schien ihm unter anderem, Menschen, Landschaften und Situationen gesehen, erlebt und erinnert zu haben, die es inzwischen nicht mehr gibt. Wir hatten ihm nicht versprochen, dass seine Mitmenschen diesen Planeten so erhalten würden, wie er früher war. Dass es ganz anders kommen könnte, an so was haben ja nicht einmal wir gedacht."

Ich reiße die Augen auf und sehe in der Ferne zwei Gestalten mit Rollator entschwinden, weißes und bläuliches Feenhaar ... wie das? Sollten Elfen nicht einfach immer schweben – oder sind die zu alt dafür?

34 **Sweet Surrender**

Now you wanna know the reason
why I cheated you again.
Well, I had to be a hunter again,
this little man had to try to make me feel love again.

Sweet surrender – surrender your love
Sweet sweet sweet surrender – surrender your love

Tim Buckley (1947–1975), Greetings from LA, 1972

Zum Jahreswechsel 2013/14 war ich zu einer jener Partys in die Berliner Torstraße in Nähe des Rosenthaler Platzes eingeladen, die Besonderes verhieß. Ich sagte sofort zu, allein die Gestaltung der Einladung hatte mich begeistert, hatte doch dieser interessante „Flyer of Invitation“ das damals gerade wieder einmal auftauchende Phänomen eines nahen Weltuntergangs grafisch aufgegriffen. Die Darstellung verhieß die Zuversicht der Gastgeber, dass der erste Tag des neuen Jahres, dem man entgegenfieberte, -tanzte, -kiffte, -schniefte oder -soff, realistisch erlebbar sein würde. Das war schon mal tröstlich. Außerdem war eine „Schrottwichteltombola“ angekündigt. Die setzte ebenfalls schon deswegen einen Fortgang der Geschichte voraus, weil man aufgefordert war, mit möglichst raffinierten, vielschichtigen Verpackungen Gegenstände des täglichen unnützen Doppellebens, das heißt offen kitschiger oder zweitrangig geschmackloser, auch schlüpfriger, selbst erwiesenermaßen nutzloser Art zum Angebot der Tombola beizutragen. Nur so konnte man selbst ein kostenloses Los erhalten. Die Verheißung: Jedes Los gewinnt!

Der Rosenthaler Platz in Berlins Mitte, mit den sternförmigen Abgängen von Weinbergsweg/Kastanienallee in den Prenzlauer

Berg, über die Brunnenstraße in den Wedding und entlang der alten Torstraße ins Stadtzentrum, war vor der Vereinigung schlicht ein Drecksloch gewesen, vergleichbar allenfalls mit dem noch schlimmeren Zustand des Monbijouplatzes, der bei meinem letzten Besuch Mitte der Achtzigerjahre in der ehemaligen Hauptstadt der DDR als verlorene Ecke so verkommen erschien, dass mir der Köll'sche Ausdruck eingefallen war: „Do möd' isch nit emol als Leiche überm Zaun hängen."

In der Gegend des alten Monbijouplatzes mit dem gleichnamigen Park war im 19. Jahrhundert die Spandauer Vorstadt entstanden, in deren Kneipen sich schon Franz Biberkopf die Nächte um die Ohren schlug. In den Zwanzigerjahren war der Rosenthaler Platz einer der belebtesten Plätze der Weltstadt gewesen. Er hatte nach der deutschen Vereinigung erneut eine rasante Entwicklung genommen. Da griff nicht einmal mehr der neo-sozialromantische Begriff der „Gentrifikation", der investitionswütige Neuberliner zum Beispiel in Kreuzberg, Friedrichshain und Neukölln zurückhalten sollte. Was sich nach 1990 auf und um den Platz herum abspielte, war schlicht atemberaubend. Kaum aufgebaute Dönerbuden wurden von Haufen angelieferter modernster Baumaterialien für zunehmend anspruchsvollere moderne Wohnhäuser mit ebenerdigen Gaststätten fast verschüttet und verdrängt. Beton, Eisenstäbe, Stahl und Glas schossen in die Höhe. In den abgehenden Straßen gab es zwar beschädigte, aber doch erhaltenswerte Einzelfassaden und Altbauensembles, die sich als reizvoller Kontrast restaurieren ließen. Die unterirdische Instandsetzung, der erweiterte Ausbau, die Modernisierung der Treppen- und Schachtanlagen der uralten U-Bahnlinie 8 fand ihre oberirdische Entsprechung in der Etablierung mehrerer Straßenbahnhaltestellen. Wo vorher Kopfsteinpflaster, Plattenbelag oder Schotterstrecken von verrosteten Straßenbahnschienen unterbrochen worden waren, hatte plötzlich eine elegante moderne Straßengestaltung die Verkehrsführung übernommen. Straßen und Trottoir waren wieder fest abgetrennt, allseits solide Grundlagen für einen erneut anschwellenden Big-City-Platzverkehr. Immer aber konnte man wie früher mittendrin im Weinbergspark im Zwickel zwischen

Veteranenstraße und Weinbergsweg chillen, wie das heute heißt. Auf diesem Gelände eines echten früheren Berliner Weinberges, nach Osten leicht ansteigend, konnte man so sorglos wie endlos im Gras liegen. Man konnte im oben gelegenen Restaurant essen oder aus dem gängigen Kleinprogramm an rauch- beziehungsweise einwerfbaren *recreational drugs* wählen, solange der Vorrat reichte. Auf diese Entwicklung hatten die eingeschüchtert verbliebenen Rentner und Altmieter in Dachgeschosswohnungen der Torstraße in den letzten Jahren allenfalls mal von ihren baufälligen Balkonen oder den Gauben ihrer Dachfenster besorgt herabgelugt und sich gefragt, wie lange sie hier wohl noch wohnen bleiben könnten.

Und in eine dieser Altbauwohnungen waren wir genau jetzt zum Jahreswechsel eingeladen. In eine WG, natürlich, und da machte auch der angekündigte Weltuntergang Sinn. Auch hier überlegt man sorgenvoll, wie lange diese Altbauherrlichkeit mit gedrosselten Mieten denn noch anhalten werde und ob das nicht alles bald in Teuersanierung untergehe. Hinein in den großen Flur eines klassischen Berliner Altbaus, drei Treppenstufen hinauf, an verrosteten Fahrrädern vorbei, schiefen Postkästen – und dann das schwere eichene Treppenhaus hoch. Auf dem letzten Treppenabsatz, fünfter oder sechster Stock, hatten Gäste eine Pause eingelegt, das Treppenhausfenster geöffnet, um den blauen Dunst entschweben zu lassen. Sie wollten den Gastgebern zu dieser frühen Stunde keinen Ärger machen. Jetzt also in die Wohnung hinein und durch den Schlauch von Flur, irgendwo am Anfang oder dazwischen durch das für seine Verbindlichkeit berühmte „Berliner Zimmer“. Am Schluss bestand die endlos erscheinende Wohnung, außer gemeinsam benutzter großer Küche als Wohnzimmer, realiter nur aus drei relativ kleinen Zimmern plus einer gemeinsam genutzten Toilette am Ende eines Kurzschlauchs mit schmaler Badewanne und einem Abstell-Notfall-Cabinet – gerade mal Platz für eine Drei- bis Vier-Männer-WG mit gelegentlicher Übernachtungsbelegung. Flur- und Zimmerwände waren bedeckt mit Malereien unterschiedlich begabter Hände der Vor- und Nachwendezeit, zu deren Betrachtung wenig Zeit und Raum blieb. Denn bei unserem Eintreffen waren schon etwa dreißig andere Gäste akklimatisiert. Kaum angekommen, erhielt man das übliche Glas Sekt und durfte aus einem Korb ein Los für das spätere Schrottwichteln entnehmen. Drei Gastgeber gab es, gut erkennbar am bestimmten Ton, mit dem sie Hinweise auf Getränkedepots auf dem Balkon oder ein Raucherabteil gleich daneben gaben.

Ich war mit anderen Gästen eher spät gekommen, kurz vor dreiundzwanzig Uhr, mit einem Karton Crémant de Loire und einem aufwändig und auffallend geschmacklos verpackten Überraschungsgeschenk für das Schrottwichteln. Die meisten Gäste waren noch ansprechbar, es war ja noch eine Stunde bis Mitternacht. DJane des Abends war Robert, ein absoluter Profi, sonst immer als DJ unterwegs, aber heute Abend hatte er aus Spaß hier zugesagt. Ich kannte ihn vom Vorjahr. Zunächst mal nur Schmusiges zum Tanzen, Disco erst nach dem Jahreswechsel. Ich entdeckte eine CD in einer altmodischen Hülle und schaute ihn überrascht fragend an. Auch er schien überrascht: „Kennste det – und woher?" Ich sagte: „*Greetings from LA,* 1972 in Kalifornien, die absolut heißeste Trip-Platte. Schon seine gezogene Stimme machte süchtig. Er ist ja bald darauf einer Überdosis ... so was kannste doch hier nicht bringen?!" Er lachte: „Die hab' ich irgendwie immer mit dabei, aber doch nicht für das Publikum hier. Die kiffen und saufen, und nach Mitternacht sind sie weg in'n Prinzknecht und haben noch ville vor. Nee, heute Abend unterwirft sich hier keener mehr, weder der Musik, noch einem Trip, noch der Liebe. Aber interessant, dat de dit noch kennst!"

Punkt Mitternacht wurden alle Fenster für kurze Zeit aufgemacht, es krachte endlos, stank, weswegen sie gleich wieder geschlossen wurden. Mit den Umarmungen, Bussis, dem Zuprosten und guten Wünschen war man ganz schnell im neuen Jahr angekommen. Dann ging das Schrottwichteln los. Guido, ein hochgewachsener Schauspielertyp, trat auf, der mich anfangs mit sehr männlichen Zügen und Dreitagebart beeindruckt hatte. In kürzester Zeit hatte er sich völlig verändert, diesmal im fließend langen Fummel, der Dreitagebart fast verschwunden: Dem Gesicht war ein starkes Make-up aufgelegt worden, erst völlig weiß geschminkt, dann rosa getönt, zuletzt gepudert. Für einen Moment tat mir das ein wenig weh. Ich hatte mich immer schon schwer damit getan, gutaussehende Männer nach Verwandlung in mondäne weibliche, gar laszive Erscheinungen in gleicher Weise zu akzeptieren. Offensichtlich habe ich lebenslang versäumt, zur Analyse dieser meiner früh begonnenen und chronisch andauernden Phobie einen Psychiater zu konsultieren. Guido, jetzt also „Gisela", legte in sein:ihrer neuen Rolle sehr witzig los, war seit Jahren als Zeremonienmeister:in des Schrottwichtelns etabliert und unentbehrlich. Das Prinzip des Schrottwichtelns, in Berlin sehr populär, ist denkbar einfach: Es bietet dem Teilnehmer der Party Gelegenheit, irgendetwas, was er zu Hause, ob selbst gekauft, geschenkt erhalten oder zugeflogen, immer schon für als völlig überflüssig und geschmacklos empfunden hatte, endlich loszuwerden und damit den ahnungslosen Empfänger ein bisschen ratlos zu machen. So gewann ein junger Mann einen in immer kleiner werdende Kartons und zuletzt in Goldpapier verpackten verrosteten Penisring, mit dem er nichts anzufangen wusste. Daraufhin brachte Gisela ihn unter allgemeinem Gelächter mit dem etwas vorwurfsvollen Verweis „... und hetero bist du auch noch!" völlig in Verlegenheit und zur anhaltenden Begeisterung auch noch zum Erröten. Das alte Prinzip, ein billiges, abgeschmacktes Objekt vielversprechend auffällig und aufwändig zu verpacken, funktionierte wie eh und je, mit viel Spaß und noch mehr Anspielungen und Anzüglichkeiten. Gleich danach trieb es einige unruhige Geister schon wieder in die Neujahrsnacht hinaus. Die Verbliebenen, immer noch ein unübersichtlicher Haufen, begaben sich im warmen Ambiente auf die Suche nach Gras, Getränk und Gesellschaft. An der Tür eines der hinteren Zimmer hing plötzlich ein improvisiertes Schild „Für Jugendliche unter 18 und über 80 kein Zutritt". Im Bewusstsein, noch in diesem Jahrzehnt von dem auf dem Schild vorgegebenen Zeitfenster aussortiert zu werden, habe ich mir einen Besuch freiwillig verkniffen. Dafür driftete der größere von zwei schwarz-gelockten Venezolanern, die auf ihrer Deutschlandreise ebenfalls eine Einladung zum Weltuntergang erhalten hatten, wie zufällig einige Male an mir vorbei. Jedes Mal erhielt ich ein paar kurze ermunternde Blicke, er wollte offenbar unterhalten werden. Bei meinen Besuchen in südamerikanischen

Ländern hatte ich die Erfahrung gemacht, dass junge Männer Anfang zwanzig zu keiner Form von Sex mehr verführt werden müssen. Sie kennen sich aus und tun das, was sie gerade wollen. Viele von ihnen hatten Interesse, einmal einen älteren männlichen Zeitgenossen kennenzulernen, gar so was wie spontanen Sex mit ihm zu haben. Seine Blicke deutete ich als Einladung zum Tanz, und lag nicht falsch. Gegen geringen Widerstand zog ich ihn in eine dunkle Ecke, begann das Spiel und merkte sofort, dass Küssen nicht zu seinem Wunschprogramm gehörte. Das überraschte mich nicht. Es war eher ein Indiz mehr dafür, dass eine andere erotische Sprache mit erweitertem Sprachschatz erwartet wurde. Wenn Küssen als Teil lustvoller Kommunikation wegfiel – Spanisch konnte ich nur wenig, für Französisch war es zu früh –, wurde ein umfangreicheres, ton- und atemloses Vokabular erwartet, welches außer Zeichensprache alles umfasste, was die wildeste Fantasie sich vorstellen kann. Gerade das uns umgebende Halbdunkel und ein ihm schräg gegenüberstehender Garderobenspiegel gaben uns die Idee, ihn langsam, dafür mit sehr viel Raffinement, seiner wenigen Klamotten zu entledigen, was im Spiegel zu verfolgen ihn fühlbar erregte. Es waren seine Allerweltsjeans und karierte Boxershorts, was beides nicht ganz fallen musste und was halbwegs anzubehalten, ihn ebenfalls stärker erregte als jede Nacktheit. Er blieb weiter ohne Widerstand, betont passiv, schloss langsam die Augen, was bei mir die Lust steigerte, seine noch sehr jungenhafte Schönheit zu bewundern, seine harten kleinen Brustwarzen zu berühren, seine Lippen mit meinem Atem zu entdecken, ihn an empfindlichsten Stellen immer fester anzufassen und seine Reaktion dabei lustvoll zu beobachten. Nachdem er sich zunächst mit gespreiztem Schritt nur leicht mit dem Rücken gegen die Wand gelehnt hatte, schob ich seine Füße so weit wie möglich auseinander. Er seufzte tief und erregt, ließ sich ruckweise, den Kopf gegen die Wand gepresst, in den Schultern tiefer sinken, seine Schenkel gebogen und gespannt. Er schob sein Becken nach vorn, immer weiter, bedeutete mir, wo er immer heftiger berührt werden wollte. Ich war auf die Knie gesunken. Vor meinen Augen stand eine harte Erektion, wie nur diese Jugendlichkeit sie zustande bringt, das Glied pochte im schnellen Pulsrhythmus. Ich berührte es bewusst ganz zart und langsam von unten bis zur Spitze, umfasste danach mit meiner linken Hand kräftig und voll sein Gemächt, er stöhnte wild auf, atmete stoßweise. Meine Hände und mein Mund sprachen im Wechsel. Sein jugendlicher Körper spannte sich im Bogen noch weiter vor, wie eine Stahlfeder hin zu mir. Dann die erwartete, lang anhaltende, tonlose, gepresste Atemlosigkeit – ich hatte im letzten Moment mein Hemd aufgerissen –, und danach dieser wiederholte hemmungslose Schrei, bei dem meine Brust stoßweise immer wieder voll getroffen wurde. Ich schaute an mir hinunter auf den Boden, auf meine ausgebreiteten nassen Hände, atmete tief ein und blies langsam und voll gegen meine geschlossenen Lippen wieder aus. Als ich zuletzt hochschaute, war er verschwunden. Ich setzte mich in eine Ecke und merkte erst jetzt, wie aufgeregt und erschöpft ich war. Über einem Glas Crémant beruhigte ich mich, noch eines hinterher gegen den starken Durst, ein weiteres betont langsam und zunehmend genussvoll. Ich zog mich ebenso bedächtig an, winkte dem Gastgeber. Er winkte zurück und lachte: „Kompliment! Toller Weltuntergang! – Ein gutes Neues!" Ich wandte mich um zur Treppe, ging langsam und vorsichtig Stufe um Stufe hinunter.

Vor dem Haus ein paar hustende schwarze Gestalten, die hin- und herhetzten und ihre letzten Böller zündeten. Kein Taxi in Sicht. Zurück ab Rosenthaler Platz, ging es jetzt nur noch mit der U8, morgens nach drei Uhr im neuen Jahr. Der Platz erschien ohne Grenzen und milchig verschwommen, markiert nur durch scharf umrissene Lichtkegel der Straßenlaternen unter aufgewirbelten, nach Schwefel riechenden und hustenreizenden Schwaden abgebrannter Pyrotechnik. Flucht hinunter in die U-Bahn, Party und Bambule auf allen Stationen. Alles lacht, Bier- und Sektflaschen in der Hand, küsst sich, kräht und quatscht durcheinander auf Türkisch, Kurdisch, Rumänisch, Polnisch, Kroatisch, von Albanisch bis Zulu – *you name it.* Zu meiner Überraschung ist auch noch richtig Party im Bahnhof Osloer Straße, wo ich rausmuss. Ich lasse den Lärm hinter mir, gehe langsam, zunehmend ernüchtert die blockierte Fahrtreppe hinauf in die klare und kalte Nachtluft des Berliner Weddings zwischen Jüdischem Krankenhaus und der von stechend weißen Neonröhren grell erleuchteten, brechend vollen Shishabar gegenüber, biege am Kopf der Straße links um die Ecke, vorbei am angolanisch-kongolesischen Spezialitätenrestaurant, vorbei am Späti, trabe nach Hause, packe mich ins Bett und mache mir um eine Traumphase keine Gedanken. Ich bin todmüde und doch hellwach, gespannt. Irgendetwas bedrängt mich. Plötzlich weiß ich, dass ich noch nicht schlafen kann. Ich muss doch noch etwas zu Ende bringen! Ich mache mir eine Kanne heißen, starken Tee, schiebe zwei große Holzscheite in den Kamin, setze mich vor den PC. Womit anfangen? Was habe ich nicht alles erlebt?! Alle Szenen, all jene unvergesslichen, oft so märchenhaften Augenblicke, die ich schon immer hatte aufschreiben wollen, jetzt stürmen sie plötzlich alle auf mich ein, immer mehr, immer stärker. Immer mit der Ruhe! Aber mit einem Märchen, einem echten, dem allerersten muss ich beginnen, jenem Klassiker, der mir so früh schon und fast ein bisschen brutal die Augen für meine eigene Wirklichkeit geöffnet hatte, damals, vor sooo vielen Jahren, als ich noch ein Kind war und die erste Kinokarte für einen Märchenfilm bekam – vom Nikolaus.

Ende